Edgar E. Schaetzing • Karl Englisch

Fachwörterbuch für Hotellerie & Gastronomie
deutsch-englisch/english-german

Edgar E. Schaetzing · Karl Englisch

Fachwörterbuch
für Hotellerie & Gastronomie
deutsch-englisch/english-german

Unter Mitarbeit von Stephanie Boss

5., überarbeitete und
erweiterte Auflage

Deutscher Fachverlag

Bibliografische Information Der Deutschen Bibliothek
Die Deutsche Bibliothek verzeichnet diese Publikation in der Deutschen Nationalbibliografie; detaillierte bibliografische Daten sind im Internet über http://dnb.ddb.de abrufbar.

ISSN 1437-8868
ISBN 3-87150-870-5

Umschlag: Bayerl & Ost GmbH, Frankfurt am Main
Satz: UCMG, Kiew
Druck und Bindung: abcdruck GmbH, Heidelberg

Inhaltsverzeichnis

Vorwort

Das vorliegende Fachwörterbuch ist für Mitarbeiter von Hotels und Restaurants, für Beratungsgesellschaften sowie für die Aus- und Weiterbildung im Gastgewerbe bestimmt.

Das Erfassen der heutzutage gängigen Branchenterminologie und deren übersichtliche Zusammenstellung war natürlich das Hauptanliegen bei der Überarbeitung und Ergänzung der vorliegenden 5. Auflage. Auch galt es, eine genaue und zutreffende Übersetzung der wichtigsten Fachausdrücke des Rechnungswesens anzubieten, die auf dem neuesten Stand und für das Verständnis des „Uniform System of Accounts for Hotels" erforderlich sind. In einer Zeit, in der sich die europäische Hotellerie und Gastronomie – auch die mittleren Betriebe – anschickt, sich mit diesem Kostenrechnungssystem vertraut zu machen, scheint ein Wörterbuch, das dessen komplexe Fachterminologie behandelt, besonders am Platz zu sein.

Das „Expense and Payroll Dictionary" wurde erstellt, um den Fachleuten im Rechnungswesen eine Orientierungshilfe für die Kontierung der zahlreichen Aufwandspositionen zu geben, mit denen sie täglich zu tun haben.

Wer sich für das amerikanische Bilanzrecht interessiert, findet im Anhang des Wörterbuches genaue Informationen über die wichtigsten Regelungsinstitutionen in den USA.

Die Fachterminologie ist einem ständigen Wandel unterworfen, und eine Sammlung des gebräuchlichsten Fachausdrucks kann niemals „fertig" werden. Bewusst haben wir dieses Fachwörterbuch für die Hotellerie und Gastronomie nicht nach philologischen Richtlinien zusammengestellt; es setzt deshalb auch Grundkenntnisse in beiden Sprachen voraus.

Für die Übersetzung verschiedener Fachausdrücke sind wir Herrn Prof. Wolfgang Leiderer sehr verbunden. Besonderer Dank gilt auch Herrn Prof. Robert A. Beck, Dekan der Cornell University, und Herrn John P. Daschler, Director Industry Relations des Amerikanischen Hotel- und Motelverbandes, die mit wertvollen Ratschlägen bei einer Reihe von Übersetzungsschwierigkeiten zur Fertigstellung des Wörterbuches beigetragen haben. Danken möchte ich meiner Frau Ilsa Schaetzing, die die Kartei für die gastronomischen Fachausdrücke ursprünglich erstellt hat.

Für Anregungen zur Verbesserung und Ergänzung sind wir besonders verbunden.

Edgar E. Schaetzing
Karl Englisch

Anlagespiegel analysis of fixed assets
Anlagevermögen fixed assets
Anlagevermögen, zu Anschaffungs- bzw. Herstellkosten property, plant and equipment, at cost
anlaufen (Seefahrt) call at
Anlaufhafen port of call
Anlegehafen port of call
Anlegen (Schiff) make fast, moor
anlegen (Schiff) mooring
Anlegeplatz landing dock
Anlegestelle landing place, mooring pier
Anleihe loan, bond
Anleiheemission bond issue
Anlernen training
anlernen train
Anmeldebestätigung registration confirmation
Anmeldeformular registration form
anmelden declare, register
anmelden, sich (Hotel) check-in
Anmeldeschluss registration closing
Anmeldung declaration, registration
Anmeldung (Hotel) reception
Anmerkungen zum Jahresabschluss notes accompanying the financial statements
Anmietung rental
Annahme (Entgegennahme) acceptance
Annahme (Vermutung) assumption
annehmen (aufnehmen) adopt
annehmen (entgegen-, hinnehmen) accept
annehmen (Kreditkarte) hono(u)r (credit card)
annehmen (vermuten) assume
Annehmlichkeit amenity
Annonce advertisement (Abk.: ad)
annullieren cancel
Anorak anorak, parka
anordnen arrange, direct
Anordnung arrangement, direction
Anordnung, räumliche layout
Anpassungsfähigkeit flexibility
anregen suggest
anregen (Appetit) whet
Anregung suggestion
Anreise journey
Anreisemöglichkeit possibility of travel(l)ing
anreisen arrive
Anreisetag day of arrival
Anreiseweg way here/there
Anreiz incentive
Anruf call
Ansager(in) announcer
ansammeln accumulate
Anschaffungs- und Herstellungskosten, ursprüngliche original historical acquisition or production costs
Anschaffungskosten, fortgeschriebene durchschnittliche moving average acquisition costs
Anschlagbrett bill-board, bulletin board
Anschlagtafel poster board
anschließend an adjoining
Anschluss connection
Anschlussfahrt connection
Anschlussflug connecting flight
Anschlussstrecke connecting line, connecting route
Anschlusszug connecting train
Anschnallen bitte! Fasten seat belts!
Anschuldigung accusation
Ansehen reputation
Ansichtskarte greetings card, picture postcard
Ansporn incentive
ansprechen auf respond to
Anspruch claim, demand, requirement, right
anspruchsvoll pretentious
anstatt in lieu of, instead of
anstelle von instead of
anstellen employ, engage

Anstellung employment, engagement
ansteuern head for
anstrahlen floodlight, illuminate
Antenne aerial, antenna
Antiquität antique
Antiquitätengeschäft antique shop
Antrag application, proposal
Antragsformular application form
Antwort answer, reply
antworten answer, reply
Antwortschein, internationaler international reply coupon
anweisen direct, instruct
Anweisung direction, instruction
anwendbar applicable
Anwendbarkeit applicability
anwendbar, nicht inapplicable
anwenden apply
Anwendersoftware application software
Anwesenheit attendance
Anzahlung advance deposit
Anzahlungen, geleistete advances to suppliers, prepayments
Anzeige (Inserat) advertisement (Abk.: ad)
anzeigen (inserieren) advertise
Anzeigenspalte avertisement column
Anzeigentarif advertising rate
Anzeigenwerbung press advertising
anzeigepflichtig notifiable
Anziehungskraft appeal, attraction
Anzug suit
anzünden kindle, light
Aparthotel aparthotel
Aperitif aperitif
Apfel apple
Apfel im Ofen gebacken baked apple, oven-baked apple
Apfel im Schlafrock baked apple in puff, paste apple turnover
Apfelauflauf apple soufflé
Apfelgelee apple jelly
Apfelkompott stewed apples
Apfelkonfitüre apple jam
Apfelkuchen apple pie
Apfelküchlein apple fritter
Apfelmus apple sauce, apple purée
Apfelreis apple rice
Apfelsaft apple juice, sweet cider
Apfelsine orange
Apfelspalte apple fritter
Apfelstrudel apple strudel, covered apple pie
Apfelstückchen gewürfelt diced apples
Apfeltasche apple-stuffed turnover
Apfeltorte apple tart
Apfelwein cider, hard cider
Apotheke chemist's shop, pharmacy
Apparat (Telefon) line, phone
Appartement self-contained flat
Appartement, möbliertes furnished self-contained flat
Appartementhaus apartment house, block of flats
Appartementhotel apart-hotel
Appetit appetite
Appetitanreger appetizer, whet
appetitlich appetizing
Applaus applause
Après-Ski après-ski
Aprikose apricot
Aprikosenauflauf apricot soufflé
Aprikosenröllchen, warmes baked apricot roll
Arbeit job, labo(u)r, work
Arbeiter blue collar worker
Arbeitgeber(in) employer
Arbeitgeberverband employers' association
Arbeitnehmer(in) employee
Arbeitnehmervertrag employees' representative
Arbeitsablauf flow of work
Arbeitsablaufanalyse flow process chart, work flow analysis
Arbeitsablaufbogen flow process chart
Arbeitsablaufdiagramm process chart
Arbeitsanalytiker(in) job analyst

Arbeitsanreicherung job enrichment
Arbeitsanweisung instruction card
Arbeitsbedingung working condition
Arbeitsbedingungen work terms
Arbeitsbelastung work load
Arbeitsbereich work area
Arbeitsbewertung job evaluation
Arbeitsbogen work sheet
Arbeitserlaubnis work permit
Arbeitsersparnis labo(u)r saving
Arbeitserweiterung job enlargement
Arbeitsfähigkeit ability to work
Arbeitsgemeinschaft workig group
Arbeitsgriff grasp
Arbeitsgruppe task force, team
Arbeitshäufung peak load
Arbeitskraft manpower
Arbeitskräfte labo(u)r force, work force
Arbeitskräfte, gelernte skilled manpower
Arbeitsleistung output
arbeitslos unemployed
Arbeitsmarkt labo(u)r market
Arbeitsmoral employee morale
Arbeitspapiere working papers
Arbeitsplatz work place
Arbeitsplatzbeschreibung job description, job specification
Arbeitsplatzbewertung performance appraisal
Arbeitsplatzgestaltung work place design
Arbeitsplatzrotation job rotation
Arbeitsplatzsicherheit job security
Arbeitsplatzstandardisierung job standardization
Arbeitsproduktivität labo(u)r productivity
Arbeitsstreitigkeit labo(u)r dispute
Arbeitsstudie job analysis
Arbeitsstunde man hour
Arbeitsstunden, geleistete hours worked
Arbeitstag man-day
arbeitsunfähig (dauernd) disabled
Arbeitsunterlage work sheet
Arbeitsunterlagen working papers
Arbeitsunterweisung job instruction
Arbeitsvereinfachung work simplification
Arbeitsvertrag employment contract
Arbeitszufriedenheit job satisfaction, work satisfaction
Architektur architecture
Arena arena, circus-ring
ärgern annoy
Argument argument
argumentieren argue
Arie aria
Arkade arcade
Arm arm
Ärmelkanal und Irische See narrow seas
Aroma aroma, flavo(u)r
aromatisch aromatic, spicy
Arrangement arrangement, composition
Arrest arrest
Art kind
Artikel commodity
Artischocke artichoke
Artischockenboden bottom of artichoke
Artischockenherz heart of artichoke
ärztliche Betreuung medical care
ärztliches Attest doctor's certificate
ärztliches Zeugnis medical certificate
Arzt, behandelnder doctor in attendance
Arzt, Dienst tuender doctor on duty
Asche ash
Äsche grayling
Aschenbecher ashtray
Aspik aspic, jelly
Assistent(in) assistant
Assistent(in) der Geschäftsleitung (Empfang) assistant manager (front)

Asthma asthma
Atemgymnastik breathing exercises
Atmosphäre atmosphere
Attraktion attraction, feature
Au-pair-Aufenthalt au pair stay
Auerhahn mountain-cock, wood grouse, grouse, black cock
auf Bundesebene federal
Aufbau structure
Aufbewahrung von Wertgegenständen safe deposit of valuables
Aufbewahrungsschein baggage check
Aufbewahrungsstelle checkroom
aufbrechen set off
Aufenthalt stay, stop, halt
Aufenthaltsdauer period of stay, time of stay, duration of the stay, length of stay
Aufenthaltserlaubnis residence permit
Aufenthaltsgenehmigung residence permit
Aufenthaltsgutschein board and lodging voucher
Aufenthaltskosten cost of board and lodging
Aufenthaltsort residence, whereabouts
Aufenthaltsraum day-room, lounge, hotel lounge
Aufenthaltstag day of stay
Aufenthaltsverlängerung extension of stay
Aufenthaltsvisum temporary residence visa
auferlegen impose on
Auffahrt drive(way), upward journey
Auffahrunfall nose-to-tail collision
auffordern request
Aufforderung request
Aufführung performance
Aufgabe task
Aufgabe, entscheidende pivotal role
Aufgang way up
aufgeben quit, renounce, give up, forego
aufgeben (Post) mail
aufgebracht angry
aufgeschoben deferred
aufgliedern itemize
Aufguss infusion
aufheben lift up
aufheben (ungültig machen) cancel
aufhören cease
aufklären (Wetter) clear up
Aufklebezettel sticker
Auflauf soufflé
Auflauf aus Hackfleisch und Kartoffeln shepherd's pie
auflaufen (ansammeln) accumulate
Auflaufkartoffeln puffed potatoes, soufflé-potatoes
Auflaufomelett omelet soufflé
Auflösung solution
Aufmachung make up
aufmerksam attentive
Aufmerksamkeit attention
Aufmerksamkeiten für Gäste guests' supplies
Aufnahme reception
Aufnahmekapazität capacity of accommodation
aufnehmen raise
aufprägen imprint
aufräumen clean-up
aufrechterhalten maintain
Aufregung excitement, worry
aufrichtig sincere
aufrunden round up
aufschieben postpone, defer
Aufschlag surcharge, extra charge, additional charge, increment
aufschließen (Schloss) unlock
Aufschnitt assorted cold meat
Aufschnitt (gemischt) selection of cold cuts, selection of cold meat
Aufschnitt (kalt) cold cuts, cold meat
Aufschub delay
Aufschwung, geschäftlicher boom
Aufsicht supervision

Aufsichtsorgan supervisory body
Aufsichtsperson supervisor
aufstehen arise, get up
Aufstellkosten installation costs
Aufstellung schedule, statement
Aufstieg ascent, rise
Auftauen thaw
auftauen thaw
aufteilen subdivide
Aufteilung subdivision
Auftrag order, commission
Auftrag erteilen place an order
auftragen (Speisen) serve
Auftragsgröße lot size
aufwachen wake up
aufwärmen reheat
aufwendig expensive
aufwerten up-value
aufzählen enumerate
aufzeichnen note
Aufzeichnung note
aufziehen wind up
Aufzug elevator, lift
Aufzugsschacht elevator shaft
Augenkontakt eye contact
Augenzeuge eye-witness
Aus- und Weiterbildung (Service Center 9) training (schedule 9)
Ausbau extension
ausbessern repair, darn
ausbilden train, educate
Ausbilder(in) trainer, training manager
Ausbildung training, education
Ausbildung am Arbeitsplatz training on the job
Ausbildungsleiter(in) training manager
Ausbildungsmethode training method
Ausbildungsvertrag contract of apprenticeship, indenture
Ausbildungszeit apprenticeship
ausbuchen write off
Auschecken check out
ausdrücken, in Worten verbalize, express
auseinander gehen part
auserlesen exquisite
Ausfahrt outing, way out, exit
Ausfall deficit, loss, failure, breakdown
Ausfallbürgschaft deficiency (or deficit) guarantee, indemnity bond
ausfindig machen trace
Ausflug outing, excursion
Ausflugsdampfer excursion steamer
Ausflugsfahrpreis excursion fare
Ausflugsgebiet tour region, excursion area
Ausflugskarte tour ticket, excursion ticket
Ausflugslokal roadside café
Ausflugsmöglichkeiten touring facilities, excursion facilities
Ausflugsort place of interest
Ausflugsprogramm tour program, excursion program
Ausflugstarif excursion rate
Ausflugsverkehr tourist traffic, holiday traffic
Ausflugsziel destination, day-trippers' goal, excursionists' goal
Ausflügler(in) tourist, tripper, day-tripper, excursionist
Ausfuhr export
Ausfuhrbewilligung export permit
Ausfuhrsperre embargo
Ausfuhrzoll export duty
ausführen accomplish
ausführen (Ware) export
Ausführungsbestimmungen regulations
ausfüllen fill in
Ausgabe issue
Ausgabe (Geld) expenditure
Ausgabebüro issuing office
Ausgaben einschränken curtail one's expenses
Ausgaben, persönliche personal expenses
Ausgabetag day of issue
Ausgang way out, exit
Ausgangshafen port of departure

Ausgangsort point of origin, starting-point
Ausgangspunkt starting-point
ausgeben issue
ausgeben (Geld) spend
ausgebucht full
ausgelassen (Fett) melted
ausgenommen exempt, except
ausgestattet mit equipped with
ausgesucht assorted
ausgezeichnet excellent
ausgleichen balance
Ausgleichsposten für Anteile im Fremdbesitz minority interests
Ausgleichszahlung compensation payment
Ausgrabung excavation
Aushang notice
aushändigen hand over
Aushilfe temporary help, part-timer
Aushilfskellner extra waiter
Aushilfskellner für Veranstaltungen banquet extra waiter
auskernen stone
Auskunft information
Auskunft auf Anfrage information on application
Auskunft erteilt information given
Auskunftsformular information request form
Auskunftsstelle inquiry office
ausladen unload
Ausland foreign country
Ausland, im abroad
Ausländer(in) alien, foreigner
ausländisch foreign
Auslandsaufenthalt stay abroad
Auslandsflug international fight
Auslandsgast foreign guest, foreign visitor
Auslandsgast oversea(s) visitor
Auslandsgespräch international call
Auslandskrankenschein proof of foreign medical coverage
Auslandskrankenversicherung health insurance for abroad
Auslandsreise journey abroad, trip abroad
Auslandsreisende(r) tourist abroad
Auslandstarif foreign rate
Auslandstelegramm oversea(s) telegram
Auslandstourist(in) foreign tourist, oversea(s) tourist
Auslandsüberweisung overseas (bank) transfer
Auslandsvertretung overseas representation, embassy, consulate
Auslandswerbung advertising abroad, publicity campaign abroad
Auslass outlet
auslasten utilize fully
auslaufen (ausrinnen) leak
auslaufen (Schiff) put up to sea, leave port
Auslegung construction
ausleihen lend
Ausleihungen an verbundene Unternehmen loans receivable from affiliated companies
Auslöser shutter-release, trigger
Ausnahme exception
ausnehmen exempt
auspacken unpack
ausreichend satisfying
Ausreise exit(ing)
Ausreise, bei der on leaving the country
ausreisen exit (a country)
Ausreisesichtvermerk exit visa
Ausreisevisum exit visa
ausrollen (Teig) roll out
Ausrüstung outfit
Ausschank pub, public house, saloon, saloon-bar, tavern
Ausschank alkoholischer Getränke sale of alcoholic drinks
Ausschanklizenz (alkoholische Getränke) license (US), licence (GB), fully licensed
ausscheiden eliminate
Ausscheidung elimination

Ausschiffung debarkation
Ausschiffungsgebühr disembarkation charge
ausschreiben write out
Ausschuss committee
ausschütten distribute
Ausstiegspunkt (z. B. für einen Transferbus) drop-off point (e.g. for transfer bus)
Außenbord-Motorboot outboard motor boat
Außendienst field work
Außenkabine outside room
Außenseiter(in) outsider
Außenvertreter(in) outside representative
Außenwerbung outdoor advertising
außer Kraft ineffective
außerhalb exterior
äußerlich exterior
Aussicht view
Aussichtsfenster observation window, wide-vision window
Aussichtsturm observation tower
Ausspannung relaxation
Ausstattung equipment, make-up, outfit
Aussteigebahnhof arrival station
aussteigen alight, get off
aussteigen (Flugzeug) deplane
ausstellen display, exhibit
ausstellen (Dokument) issue
Aussteller(in) exhibitor
Ausstellung exhibition
Ausstellung (Dokument) issue
Ausstellungsgelände exhibition grounds
Ausstellungsort (Dokument) place of issue
Ausstellungsstand exhibition stand
Austausch exchange
austauschen swap
Austauschgutschein exchange voucher
Auster oyster
Austernbank oyster bank, oyster bed
Austernpark oyster farm
Australien Australia
Ausverkauf sale, sellout
ausverkauft sold out
Auswahl assortment, choice, range, selection
auswählen select
auswärts outward
Ausweichangebot alternative offer
Ausweichstelle passing place
Ausweis admission card, identification card, legitimation, membership card
Ausweis beim Jahresabschluss financial statement presentation
ausweisen, sich prove one's identity
Ausweisnummer I.D. number
Ausweispapier identification paper
Ausziehbett pull-out bed
ausziehen (Kleidung) take off
ausziehen, sich undress
Auszubildende(r) apprentice, trainee
Auszug abstract
Auto car, motor-car
Autoanhänger trailer
Autoausfahrt exit drive
Autobahn freeway (US), motorway (GB)
Autobahnausfahrt exit, motorway exit (GB)
Autobahneinfahrt access road, motorway entrance (GB)
Autobahngebühr motorway toll, toll
Autobahnhotel motorway hotel, motel
Autobahnkreuz freeway interchange, junction
Autobahnraststätte motorway restaurant, motorway service area
Autobahnzubringer feeder road, motorway feeder road
Autobeförderung conveyance of cars
Autobus bus

Autobusbetrieb, städtischer urban bus service
Autodach-Gepäckträger roof rack
Autoeinfahrt way in
Autofähre car ferry
Autofahrer(in) motorist, driver
Autofahrt car ride, motor ride, motoring trip
Autoführer motoring guide
Autogepäckträger luggage rack
Autohilfe motorist's roadside assistance service
Autohupe hooter
Autokarte road map
Autokino drive-in cinema
Automat slot machine
Automatenrestaurant self-service restaurant with slot machines
Automatenverkauf automatic selling
Automation automation
automatisieren automate
Automobilclub motor club
Automobildienst automobile service
Autonummernschild licence plate
Autorally motor-rally
Autoreise motoring journey, motoring trip
Autoreisende(r) motoring tourist
Autoreisezug car-carrier train, motorail (train)
Autoreisezug (Schlafwagen) car sleeper train
Autorennen motor race
Autoschlüssel car key
Autostraße driveway, motor road
Autotour motoring trip
Autounfall car accident, car crash
Autoverkehr automobile traffic, car traffic, motor traffic
Autoverladung (bei Schiffen) roll on – roll off, car-loading
Autoverleih car hire, car rental (US)
Autovermietung an Selbstfahrer self-drive car hire service
avisieren advise, inform, notify
Avocadobirne avocado pear

B

Babytragekorb infant's carrying basket
Bachforelle brook trout
Backblech baking tin
backen bake, fry
backen, in der Schale bake in their jackets
Bäcker baker
Backhuhn fried chicken
Backofen oven
Backpflaume prune
Backpulver baking powder
Bad, medizinisches medicinal bath
Bad (Wanne) bath
Badeanlage bathing facility
Badeanstalt bathing establishment, swimming-pool
Badeanzug bathing costume, bathing suit, swimsuit
Badearzt spa doctor
Badebucht cove for bathing
Badefreuden seaside pleasures
Badegast bather, watering-place visitor
Badehaube bathing cap
Badehose bathing shorts, bathing trunks, trunks
Badekur course of treatment at a spa, cure at a spa
Bademantel bathing gown, bathrobe
Badematte bath mat
Bademeister pool attendant
Bademeister (Heilbad) bath attendant
Bademütze bathing cap
baden bath(e)
Baden verboten! Bathing prohibited!
Badeort bathing resort, spa, watering-place
Badeplatz bathing place
Bäderbehandlung balneotherapy
Bäderwesen balneology
Badesaison bathing season
Badesee lake resort

Beförderungsmittel conveyance, means of transportation
Beförderungspreis transport charge
befreien (Pflicht) relieve
befreit exempt, liberated
befriedigen satisfy
befriedigend satisfying
Befugnis authority
begebbar negotiable
Begebbarkeit negotiability
begeben, sich go to
begießen, mit Fett baste
Begleitbrief couvering letter
begleiten accompany
begleitende Kinder accompanying children
Begleitperson accompanying person
begrenzen limit
begrenzt restricted
Begrenzung limitation
Begrüßungsgetränk welcome drink
Begrüßungstechnik encounter technique
behaglich snug, cosy
Behaglichkeit cosiness
Behälter container
Behandlung treatment
behaupten affirm, assert
Behauptung statement, affirmation, assertion
beherbergen lodge, put up, accommodate
Beherbergungsabteilung rooms department
Beherbergungsbereich room division department
Beherbergungsbetrieb establishment of the hotel trade
Beherbergungskapazität accommodation capacity
Beherbergungsstatistik rooms statistic
Beherbergungsvertrag contract of accommodation
bei (Adresse) care of (c/o)
bei Durchsicht at sight
Beifahrer(in) co-driver, (front seat) passenger
Beifall applause
Beifuß mugwort
beifügen annex, attach, enclose
Beigeschmack aftertaste, tang
Beilage side dish, trimmings
Beilagenwerbung insert advertising
Bein leg
Beinfleisch rib of beef boiled
Beisammensein gathering
beistehen assist
beitragen (beisteuern) contribute (to)
beitreten join, enter
beiwohnen attend
Bekannter acquaintance
Bekanntgabe notice, notification
bekannt geben notice, announce
Bekanntmachung announcement
Bekanntschaft acquaintance
Beköstigung board
belasten (Konto) debit, charge to (an account)
belästigen molest, annoy, disturb
Belästigung molestation, nuisance, annoyance, disturbance
Belastungsspitze peak load
belaufen auf, sich amount to
belebt animated, busy
Beleg voucher
Belegschaft work force
belegt (Telefon) busy
Belegung occupancy, reservation
Belegungsliste vacancy list, reservation list
Belegungsprozentsatz percentage of occupancy
beleidigen insult, offend
Beleidigung affront, insult
beleuchten illuminate
Beleuchtung lighting
belichten (Foto) expose
Belichtungsmesser exposure meter
Beliebtheitsgrad popularity rate

belohnen reward, award
Belohnung reward, award
bemängeln complain
bemühen, sich endeavo(u)r, solicit
benachbart adjacent
benachrichtigen inform, advise
Benachrichtigung notification, advice
Benehmen behavio(u)r, performance
benehmen, sich behave
benennen name
Benutzer(in) user
Benzin petrol, fuel, gasoline
Benzinkanister petrol can, gasoline can
Benzinschein petrol voucher, gasoline coupon
Benzintank petrol tank, fuel tank
Benzinverbrauch petrol consumption
beobachten observe
Beobachtung observation
bequem comfortable
Bequemlichkeit comfort
beraten advise
Berater(in) advisor, consultant
Beratungsdienst advisory service
berechnen invoice, bill, calculate, charge
Berechnung calculation
berechtigen justify
berechtigen, j-n enable
Berechtigung justification, right
Bereich range
bereisen travel, tour
bereit ready
bereitstellen provide, supply
Berg mountain
Berg- und Talfahrt upward and downward journey
bergauf uphill
Bergausrüstung climbing equipment
Bergbahn mountain railway
Bergdorf mountain village
Bergfahrt upward journey
Bergführer(in) mountain guide
Berggasthof mountain inn
Berggipfel mountain peak, mountain top
Berghotel mountain hotel, mountain lodge
Berghütte mountain cabin, mountain hut
Bergpass mountain pass, defile
Bergrestaurant mountain restaurant
Bergschuh climbing boot
Bergsee mountain lake
Bergstation top terminal, unloading station
Bergsteigen mountaineering, rock-climbing
Bergsteiger(in) mountain climber, mountaineer
Bergsteigerausrüstung mountaineering equipment
Bergsteigerschule mountaineering school
Bergstraße mountain road
Bergtour mountain tour
Bergwacht mountain rescue service
Bergwanderung mountain hike
Bergwiese mountain meadow
Bericht report
berichten report, advise
berichtigen adjust, correct
Berichtigung adjustment
Berichtigungsbuchung adjusting entry
Berieselungsapparat sprinkler
Berliner Pfannkuchen Berlin doughnut
Berner Platte sauerkraut or string beans with meat and sausage
Bernstein amber
Beruf occupation, profession
Berufsausbildung vocational training
Berufskrankheit occupational illness
beruhigend reassuring, satisfying
beruhigen, j-n put at ease, calm s.o. down
beruhigen, sich calm down
besänftigen calm
Besatzung crew

beschädigen damage, injure
Beschaffenheit quality
beschäftigen employ, engage
beschäftigen (mit), sich deal (with)
beschäftigt busy
Beschäftigung employment, engagement, occupation, activity
Beschäftigung, saisonale seasonal employment
Beschäftigungsgrad operating rate, utilization of capacity, volume, activity level
Bescheidenheit modesty
Bescheinigung certificate
beschlagnahmen confiscate
beschleunigen accelerate
beschließen decide
Beschließerin matron
Beschluss decision
Beschränkung restriction
beschreiben describe
Beschreibung description, specification
Beschwerde complaint, grievance
Beschwerdebuch complaints book
beschweren aggrieve
beschweren, sich complain
beseitigen remove
Besen broom
besetzt full, occupied, taken
besetzt (Telefon) busy, engaged
besichtigen inspect, perambulate
Besichtigung viewing, visit, tour
Besichtigungsfahrt sightseeing excursion
Besichtigungsreise perambulation
Besitz, ungestörter undisturbed possession
Besitzer(in) owner, possessor, tenant
Besitzgesellschaft holding company
Besitzwechsel notes receivable
besonder(er, e, es, s) extra
besonnen discreet
besorgt anxious
Besprechung conference, meeting
Bestand inventory, stock, on hand (amount)
Bestandsaufnahme der Warenvorräte, körperliche physical inventory count
Bestandskonto balance sheet account, real account
Bestandteil part
bestätigen acknowledge, affirm, confirm, reconfirm, verify
Bestätigung acknowledg(e)ment, affirmation, confirmation, reconfirmation, verification
Bestattungsunternehmen undertaker, funeral home (US), funeral parlo(u)r
bestechen bribe
Bestechung bribe
Bestechungsgeld bribe
Besteck cutlery
bestehen auf insist (on, upon)
bestehen aus consist of
Besteigung ascent
Bestellaufnahme ordertaking
bestellen order
bestellen, telefonisch book by telephone
Bestellformular order form
Bestellhäufigkeit ordering rate
Bestellkopie order copy
Bestellkosten, jährliche annual ordering costs
Bestellmenge order quantity
Bestellmenge, Berechnung der wirtschaftlichen calculation of an economic order quantity
Bestellung booking, order, requisition
Bestellung, telefonische order by telephone
Bestellungen, Anzahl der jährlichen annual placing of orders
Bestellverfahren ordering procedure, reorder system
besteuern tax
Besteuerung taxation
bestimmen determine

bestimmt definite
Bestimmungsbahnhof destination station
Bestimmungsflughafen airport of destination
Bestimmungshafen port of call
Bestimmungsland country of destination
Bestimmungsort place of destination, destination
Bestrahlung heat therapy
bestreuen powder, sprinkle
Besuch visit
besuchen visit
Besucher(in) visitor, guest
Besucherbalkon observation platform
Besucherkarte visitors' card
Besuchervisum visitors' visa
Besuchszeiten visiting hours
beteiligen, sich participate
Beteiligung investment, participation
Beteiligung, stille silent partnership
Beteiligungsgesellschaft investee company, holding company
Beteiligungsunternehmen, nichtkonsolidiertes nonconsolidated subsidiary
betonen emphasize
Betrag amount
Betrag, aufgelaufener accumulated amount
betragen amount
betreten enter
Betreuung care
Betreuung, persönliche individual care
Betrieb business, company, firm
Betriebs- und Gewerbesteuer (Service Center 14) business and occupation taxes (schedule 14)
Betriebsbesichtigung tour of a/the company
Betriebserweiterung increase in capacity, capacity increase, business extension
Betriebsferien staff holiday
betriebsfertig ready for use
Betriebsfunktion activity
Betriebsführung management, top management
Betriebsführung, wissenschaftliche scientific management
Betriebsklima work climate
Betriebskosten, laufende current operating expenses
Betriebskreislauf operating cycle
Betriebsmittel working fund
Betriebsordnung company policy
Betriebsrat works committee, works council
Betriebsschluss closing hour
Betriebsstätte outlet
Betriebsstoffe operating supplies
Betriebssystem operating system
Betriebsübersicht work sheet
Betriebsvereinbarung company policy, operating agreement
Betriebsverlust operating loss
Betriebszeit hours of service, operating time
Betriebszugehörigkeit company seniority
Betrug betrayal
betrügen betray
Bett bed, berth, sleeping-berth
Bettcouch studio couch, bed-couch, divan
Bettüberzug bedspread
Bettvorleger bedside rug
Bettwäsche bed-linen
Bettzeug bedding
Bett, Französisches french bed
Beute quarry, prey
bevollmächtigen authorize
Bevollmächtige(r) representative
bevorraten keep in stock, store
Bevorschussung advance
bevorzugen prefer

bevorzugt favo(u)red, preferred
Bevölkerung population
Bevölkerungsdichte population density
Bewachung guarding, surveillance
bewandert experienced
bewegen move
beweglich movable
Beweis proof, evidence
Bewerber(in) applicant
Bewerbung application, employment application
Bewerbungsbogen application form
bewerten evaluate, value, appraise
Bewertung appraisal, evaluation, valuation
Bewertung des Umlaufvermögens valuation of current assets
Bewertung des Vorratsvermögens valuation of inventory
bewiesen proven
Bewilligung grant, approval
bewirten cater for
bewirten, festlich feast
Bewirtung entertainment
Bewirtungsspesen entertainment expense
Bewohner(in) resident
bewölkt cloudy
bezahlen pay
Bezahlung payment
bezeichnen describe
bezeichnend significant
Bezeichnung description
beziehen auf, sich refer to
Beziehung relation
Beziehungen, zwischenmenschliche human relations, relationships
Bezirk area, district
Bezugnahme reference
bezugsfertig ready for occupancy
bezweifeln doubt
Bibliothek library
Bidet bidet
Bier beer
Bier vom Fass beer on tap, draught beer, draft beer
Bier (Lager-) lager
Bier, deutsches helles (dunkles) German light (dark) beer
Bier, dunkles dark beer, porter
Bier, dunkles (schwächeres) stout beer
Bier, englisches ale (pale ale)
Bier, helles light beer, pale ale
Bier, offenes beer on tap, draught beer, draft beer
Bierausschank ale-house, beer-shop
Bierfest beer festival
Biergarten beer garden
Bierkeller beer cellar
Bierlokal public house
Bierstube ale-house, taproom
bieten bid
Bilanz balance, statement of financial position, balance sheet
Bilanz, konsolidierte consolidated balance sheet
Bilanzansatz balance sheet value
Bilanzfrisur window dressing
Bilanzgewinn unappropriated surplus, unappropriated retained earnings
Bilanzgleichung balance sheet equation
Bilanzierung financial accounting
Bilanzierungsgrundsätze accounting principles, principles of proper accounting
Bilanzierungszeitraum balance sheet period
Bilanzkennzahlen balance sheet ratios
Bilanzposition balance sheet item
Bilanzstichtag balance (sheet) date
Bilanzvermerk parenthetical disclosure
Bilanzwert balance sheet value
Bildprospekt illustrated booklet
Bildschirm screen
Bildungsaufenthalt educational stay

Bildungsreise educational tour
Bildungsurlaub educational holiday, educational leave
Billardzimmer billiard room, poolroom
Billett ticket
billig cheap, inexpensive, low-priced, reasonable
billigen approve, authorize
Bindeglied link
bindend obligatory
Binnenflugverkehr domestic air traffic
Binnenhafen inland harbo(u)r, river port
Binnengewässer inland waterway
Binnenland interior
Binnenschifffahrt inland navigation
Binnentarif internal tariff
Binnenverkehr inland carriage
Birchermüsli Swiss porridge with fresh fruit
Birkhahn heath-cock, black-cock
Birkhenne heath-hen, moor-hen
Birkhuhn black grouse
Birne pear
bis heute to date, till this day
Biskotten lady finger cake
Biskuit mit Weinschaum biscuit in wine sauce
Biskuittorte fancy cake of biscuit
Bismarckhering marinated herring, soused herring
Bistrowagen buffet car
Bitte request
Bitte anschnallen! Fasten seat belts!
Bitte nicht berühren! Please do not touch!
Bitte nicht stören! Do not disturb!
bitten request
bitten um ask for
bitter bitter
Blankofahrschein blank ticket
Blässhuhn water hen
Blatt leaf, sheet
Blätterteig puff-paste
Blätterteiggebäck puff pastry
Blätterteigpastetchen patty, puff-paste patty
Blätterteigpastete filled puff pastry, large patty, large puff-paste pie, vol-au-vent
Blätterteigpastete mit Geflügelfüllung large puff-paste pie stuffed with chicken and mushrooms
Blätterteigstängelchen puff-paste stick
Blaupause blue print
Blechkuchen slices
Bleibegast (Gast, der seinen Aufenthalt verlängert) stay over
bleiben, am Apparat (Telefon) hold on, hold the line
bleiben, auf dem laufenden keep up to date
Blick look, view, glance
Blick auf overlooking, view of/on
blicken look
Blickfang eye-catcher
Blitz lightning
Blitzlichtbirne flash cube
Blumenhändler(in) florist
Blumenkohl cauliflower
Blumenkohl gratiniert cauliflower browned
Blumenkohlcremesuppe cream of cauliflower
Blumenkohlsalat cauliflower salad
Blumenkohlsuppe cauliflower soup
Blumenladen flower shop
Blumenschale jardiniere, flower bowl
Blumenstand flower stall
Blumenständer jardiniere, flower stand
Blumenstrauß bunch of flowers, bouquet
blutig gebraten rare, underdone
Blutvergiftung blood poisoning
Blutwurst black pudding (UK), blood sausage (US)
Bob bob

Bobbahn bob run
Bobschlitten bobsled, bobsleigh
Bobsport bobsledding (US), bobsleighing (GB)
Boccia-Bahn boccie court
Boden ground
Bodenrenke blue char
Bodensatz sediment
Bodenschätze natural resources
Bodenseefelchen Felchen from Lake Constance
Bö gust
Bogenschießen archery
Bohne bean
Bohne, dicke broad bean
Bohne, grüne flageolet, French bean, green bean, haricot bean, runner bean
Bohne, rote red bean
Bohne, weiße white bean
Bohneneintopf, brasilianischer Brazilian bean-stew
Bohnenkaffee, gemahlener ground coffee
Bohnenpüree puree of beans
Bohnensalat, grüner French beans salad
Bohnensuppe haricot soup, soup with white beans
Bohnensuppe, weiße white bean-soup
Bon coupon
Bonität credit standing, creditworthiness
Boom boom
Boot boat
Bootfahren boating
Bootsanhänger (Auto) boat trailer
Bootsdeck boat deck
Bootsfahrt boat-ride, boat trip, row
Bootshafen marina
Bootshaus boathouse
Bootssteg landing stage
Bootsverleih boat hire
Bord (Schiff) board
Bord, an on board
Bordbuch log book
Bordeauxwein claret
Bordfest festivity on board (ship)
Bordkarte boarding pass (card)
Bordmechaniker flight mechanic
Bordpersonal crew
Bordspiel ship game, deck game
Bordzeitung ship's newspaper
Botanischer Garten Botanical Garden
Botengang errand
Botschaft message
Botschaft (Diplomatie) embassy
Bouillon broth, clear soup, hot broth
Bouillon mit Ei beef broth with egg
Bouillon mit gebackenen Erbsen soup with fried peas
Boutique boutique
Bowle claret-cup, wine soup, cold punch
Bowling bowling
Branchentelefonbuch classified telephone directory
Brandschutzbestimmungen fire regulations
Brandung surf
brasilianischer Bohneneintopf Brazilian bean-stew
Brasse sea bream
braten fry
braten, auf dem Rost barbecue
braten, zu stark overcook
Braten joint, roast
Bratenplatte platter
Bratensoße gravy
Brathähnchen roast chicken
Brathuhn roast chicken
Brathühnchen broiler
Bratkartoffeln fried potatoes, sauté potatoes
Bratkartoffeln mit Zwiebeln butterfried potatoes with onions
Bratofen oven
Bratpfanne frying pan, skillet
Bratwurst butterfried sausage, pan fried pork sausage, roast sausage

Bratwürstchen (Sg.) fried sausage
Bratwürstchen (Pl.) mit Sauerkraut grilled sausages with sauerkraut
Brauch custom, usage
brauchbar usable
Bräuche customs
brauchen require, need
Brauchtum tradition, folklore
Brauerei brewery
bräunen bask
Braunschweiger Wurst Brunswick sausage
Brause (Dusche) shower
Brauselimonade fizzed lemonade
Brechbohne, junge string bean
Brechreiz nausea
Brei mash, pap
breiig pappy
Breite width
Breitling whitebait
Brennöl kerosene
Brennpunkt focus
Bretzel pretzel
Briefkasten letter-box, mailbox
Briefmarke postage stamp, stamp
Briefmarkenautomat stamp machine
Briefordner letter file
Briefpapier letter paper, note paper
Brieftasche wallet
Briefträger mailman (USA), postman
Briefumschlag envelope
Briefversand letter service
Briefwechsel correspondence
Brise breeze
Britischer Hotel- und Gaststättenverband British Hotels and Restaurants Association
brodeln lassen simmer
Brokkoli broccoli
Brombeere blackberry, brambleberry
Broschüre booklet, brochure, pamphlet
Brot bread
Brot, altbackenes stale bread
Brot, belegtes sandwich
Brot, belegtes einfaches open sandwich
Brot, dunkles brown bread
Brot geröstet mit heißem Käse Welsh rabbit (rarebit)
Brot und Butter bread and butter
Brotkorb breadbasket
Brotlaib loaf of bread
Brotpudding bread and butter pudding
Brotscheiben hart geröstet Melbatoast
Brotschnitte geröstet und garniert canapé
Brotzeit elevenses, mid-morning snack
Brötchen bun, roll
Bruch (Geschirr) breakage
Bruchlandung crash landing
Brunch brunch
Brunnen fountain, spring
Brunnenkresse nasturtium
Brunnenkur treatment at a spa
Brust breast
Bruststreifen vom Huhn strips of chicken breast
Brust, Bruststück (Küche) brisket
brutto gross
Bruttoergebnis (Gewinn oder Verlust) (Umsatzbereich 2) gross profit (loss) (schedule 2)
Bruttogewicht gross weight
Bruttogewinn gross profit
Brücke bridge
Brückenzoll bridge toll
brühen scald
Buch book
buchen book, enter, make an entry, reserve
Buchführung accounting, audit, bookkeeping
Buchführung mit Abgrenzungen, periodengerechte accrual basis of accounting

Buchführungsfehler bookkeeping error
Buchhalter accountant, bookkeeper
Buchhaltungsbeleg bookkeeping voucher
Buchhaltung, doppelte double entry bookkeeping
Buchhaltung, einfache single entry bookkeeping
Buchhändler bookseller
Buchhandlung bookshop
Buchprüfer(in) auditor
Büchsenfleisch tinned meat, canned meat (US)
Büchsenöffner tin opener, can opener (US)
Bucht bay
Buchung booking, entry, bookkeeping entry
Buchung, garantierte guaranteed payment reservation (guaranteed booking)
Buchungssatz, zusammengesetzter compound entry
Buchweizen buckwheat
Buchwert carrying value, book value
Bückling bloater, kipper
Büffet refreshment bar, buffet
Büffetier bartender, barman
Büffetkellner bartender
Büffetwagen (Eisenbahn) buffet car
Bug bow
Bügel- und Reinigungsdienst und Verkauf von Herrenbekleidung (Umsatzbereich 6) valet (schedule 6)
Bügelbrett ironing board
bügelfrei drip-dry, non-iron
Bügelservice pressing service
Büglerei ironing service, pressing service
Bühne stage
Bühnenfestspiele theatre festival
Bullauge porthole
Bummel stroll
Bummelzug accommodation train, slow train
Bündel bunch
Bundesrepublik Deutschland Federal Republic of Germany
Bundesstaat federal state
Bündner Fleisch air-cured beef of the Grisons
Bungalow bungalow
Bungalowdorf bungalow village
Burg castle, fortress, stronghold
bürgen für guarantee, vouch for
Bürger(in) citizen
Bürgermeister(in) mayor
Bürgersteig footpath, pavement, sidewalk (US)
Bürgschaft security, guaranty
Bürgschaftsrisiko risk under guarantee
Burgruine castle ruins
Burgunderwein Burgundy wine
Büro office
Büroangestellter clerk, white collar worker
Büroarbeit paper work, office work
Büroausstattung office equipment
Bürobedarf stationery, office supplies
Büromaterial office supplies
Büromobiliar, -einbauten und -maschinen office furniture, fixtures, and equipment
Bürste brush
Bus bus, coach, motor coach
Busanhänger bus trailer
Busbahnhof bus and coach station, bus station
Busfahrer bus driver, coach driver
Busfahrt bus trip
Busgesellschaft bus company
Bushaltestelle bus stop, coach stop
Buskarte bus ticket
Buslinie bus line, coach line
Busreise bus trip
Busreisen bus travel, coach travel
Busschaffner bus conductor, coach conductor
Busunternehmen bus company

Busverbindung bus connection, bus line, coach connection, coach line
Busvermietung bus hire
Butter butter
Butter, braune nut butter
Butter, gebrannte burnt butter
Butter, in cooked in butter
Butter, zerlassene melted butter
Butterbrot buttered slice of bread
Buttermilch buttermilk

C

Café café
campen camp
Camper camper
Campingausrüstung camping equipment
Campingausweis camping permit
Campingbedarf camping goods, equipment
Campingbus motor caravan
Campinggast camper
Campinggebühren camping fees
Campingplatz camping ground, camping site
Campingplatz, bewachter guarded camping site
Campingplatz, voll eingerichtet camping site, offering full facilities
Campingplatzführer camping guide
Campingtourismus camping tourism
Campingtourist camper
Canneloni canneloni
Caerphilly-Käse Caerphilly cheese
Cayennepfeffer Cayenne pepper
Champagner champagne
Champignonomelett omelet with mushrooms
Champignons gebacken fried button mushrooms
charakterisieren characterize
Charterflug charter flight
Charterfluggesellschaft charter airline
Chartermaschine charter aircraft
chartern charter
Chateaubriand Chateaubriand
Chaudeau sabayon
Checkliste check list
Cheddarkäse Cheddar cheese
Chef de rang assistant headwaiter
Chefkoch chef
Chefsekretär(in) executive secretary
Chefsteward chief steward
Chesterkäse Cheshire cheese
Chinakohl chinese cabbage
Chip (Elektronik) chip
Cholesterin cholesterol
Cocktail cocktail
Cocktailempfang cocktail reception
Cognacschwenker brandy-glass
Computer computer
Concierge concierge
Container container
Containerzug freightliner train
Cordon bleu cheese and ham stuffed veal steak
Cornflakes cornflakes
Couch couch
Couchtisch club table
Couvert cover
Creme (Speise) mousse
Cremeschnitte cream slice
Cremespeise mousse
Cremetorte fancy cake with cream, cream cake
Cremetörtchen mit Johannisbeergelee red currant-tartlets
Creme, bayrische molded cream
Creme, bayrische gestürzte Bavarian cream
Cumberlandsoße Cumberland sauce
Curling curling
Curry curry
Currypulver curry powder

D

D-Zug express train
Dachgarage roof garage
Dachgarten roof garden
Dachkammer attic, garret
Dachwohnung penthouse
Damenfriseur ladies' hairdresser
Damentoilette ladies' lavatory, ladies' room
Damenwahl ladies' choice
Damen(toilette) Ladies, Ladies' room
Damhirsch fallow deer
Damm dike, embankment
Dämmerung dawn
Dampfbad Russian bath, vapo(u)r bath, steam bath
Dampfbügeln steam-ironing
Dampfer steamer, steamship
Dampfkartoffeln steamed potatoes
Dampfnudel sweet yeast dumpling
Darstellungsform format
darüber gießen pour over
Daten, historische historical data
Datenbank data bank
Datenbankanbieter host
Datenendstation terminal
Datenverarbeitung data processing
datieren date
Dattel date
Dattelmuschel piddock
Datum date
Dauer duration
Dauerabonnement season ticket
Dauerausweis all-year round admission ticket
Dauergast permanent resident
Dauerkarte season ticket
Dauerlauf jogging
dauernd permanent
Dauerwurst hard sausage
Daunendecke eiderdown
DB (Deutsche Bahn) German Railways
Debitoren accounts receivable
Deck deck
Deckel lid
Deckelkrug tankard
decken cover
Deckoffizier warrant officer
Deckplatz place on deck
Decksteward deck steward
Deflation deflation
Deich dike
Dekoration decoration
delegieren delegate
Denkmal memorial, monument
Denkmalspflege preservation of monuments
denkwürdig (Hotelaufenthalt) memorable (stay)
Dependance branch, annex
deponieren deposit
Depositenzertifikat certificate of deposit
Derby-Käse Derby cheese
Dessert dessert, sweet dish
Dessertwein dessert wine
destillieren distil(l)
deutlich distinct, clear
Deutsche Bundesbahn (DB) German Federal Railways
Deutsche Schlaf- und Speisewagengesellschaft (DSG) Dining Car Company
Deutsche Zentrale für Fremdenverkehr Central Office of German Travel
Deutscher Camping Club (DCC) German Camping Club
Deutscher Fremdenverkehrsverband German Tourist Association
Deutscher Hotel- und Gaststättenverband German Hotel and Catering Association
Devise (Geld) foreign currency, foreign exchange
Devisenbestimmungen currency regulations
Devisenbewirtschaftung currency control, currency restrictions, exchange control

Devisenfreigrenze currency allowance
Devisenkontrolle currency control, exchange control, foreign currency control
Devisenkurs rate of exchange
Devisenvorschriften currency regulations, exchange regulations
Devisenzuteilung allocation of foreign exchange
Diagramm chart
Diapositiv slide, transparency
Diät diet
Diätkost diet, dietary cooking, dietary foods
Diätkur diet cure, dietic treatment
Diätküche dietary cooking, diet kitchen
Diätnahrung dietary foods
Diätplan diet plan
dicht (nah) near, close
Dickmilch curds and whey, soured milk
Diebstahl pilferage, theft
Diebstahlversicherung theft insurance
dienen serve
dienlich appropriate, useful
Dienst duty, service
Dienstalter length of service
Dienstalter (im Betrieb) company seniority
Dienstanweisung working instructions
Dienstanweisungs-Handbuch instruction manual
Dienstleistung service
Dienstleistungen, sonstige other catering operations
Dienstleistungsgewerbe service trade
Dienstmädchen maid
Dienstplan, gestaffelter staggering scheduling
Dienstprogramm service program, utility program
Dienstreise business trip
dienstunfähig (dauernd) disabled
Dienstvertrag employment contract
Differenz difference
Differenzierung diversification
diktieren dictate
Dill dill
Diner dinner
Diner mit Show dinner with floor show
Diner, förmliches (festliches) formal dinner
Direktbuchung direct booking service
Direktflug direct flight, non-stop flight
Direktionsvertreter(in) während der Nacht night manager
Direktor(in) manager
Direktor(in) (oder leitende(r) Angestellte(r)) einer AG corporate executive
Direktor(in), stellvertretende(r) executive assistant manager
Direktverbindung direct connection
Direktwerbung direct (mail) advertising
Disagio disagio, discount, mark down
Disagio bei Ausgabe von Schuldverschreibungen bond discount
Diskette diskette, disk
Diversifikation diversification
Dividende, kumulative cumulative dividend
Dividende genehmigen declare a dividend
Dividendenausschüttung distribution of income, dividend distribution
Dividendenertrag dividend yield
Dobostorte fancy cake with caramel
Docht wick
Dom cathedral

donnern thunder
Doppelbett double bed
Doppellendenstück double tenderloin
Doppelzimmer double room, twin-bedded room
Doppelzimmer mit einem großen Bett double
Doppelzimmer mit zwei großen Betten twin double
Dorf village
Dorfgasthaus country inn, village inn, wayside inn
Dorfschenke country pub, village pub
Dörrpflaume prune
Dorsch cod
Dosenbier canned beer, tinned beer
Drachenfisch dragon fish
Drahtseilbahn aerial railway, cable railway
Drehkreuz hub
Dreibettabteil three-berth compartment
Dreibettkabine three-berth room
Dreibettzimmer triple room, three-bed room
dreifach triplicate
Dreimeilenzone three-mile zone
Dreiminutenei three-minute egg
dringen auf insist (on, upon)
dringend urgent
Drink drink
Drogist(in) druggist (US), chemist
Druck pressure
Druck- und Büromaterial printing and stationery
drucken print
Drucker printer
Drucksache printed matter
Duft odo(u)r
Dumping dumping
Dunkelheit darkness
dunstig hazy
durchdrehen mince
Durcheinander mess
Durchfahrt passage
durchführbar feasible
Durchführbarkeit feasibility
durchführen, etw. accomplish sth., carry sth. out
Durchgang pass
Durchgangsland transit country
Durchgangsreisende(r) transit passenger
Durchgangsstraße thoroughfare
Durchgangsverkehr through traffic, transit traffic
durchgebraten well done
durchgehend geöffnet permanently open, open all day
Durchreisende(r) chance guest, temporary hotel guest, transient guest
Durchreisevisum transit visa
Durchschnitt average
durchsehen look through, examine, revise
durchseihen strain
durchsuchen search
durchwandern perambulate
Durchwanderung perambulation
Durst thirst
durstig thirsty
Duschanlage showers
Dusche shower
Dusche, medizinische douche
Duschkabine shower cubicle
Duschnische shower stall
Duschraum shower room
Dutzend dozen (doz.)
Düne dune
Dünnbier near beer
Düsenflugzeug jet, jet plane
Düsenmaschine jet
Düsentriebwerk jet engine
Düsenverkehrsflugzeug jet liner

E

Eberfleisch brawn
Echtzeit real time
Eckplatz corner seat

Edamer Käse Dutch cheese, Edam cheese
Edelkastanie chestnut
Edelpilz mushroom
Ehefrau wife
Eheleute married couple, spouses
Ehemann husband
eher (als) prior to, sooner than
Ehrenmal cenotaph
ehrlich honest, sincere
Ei egg
Ei (hart und in Teig eingehüllt) Scotch egg
Ei, hart gekochtes hard-boiled egg
Ei, verlorenes poached egg
Ei, verlorenes auf Toast poached egg on toast
Ei, weich gekochtes soft boiled egg
Eiche oak
Eidotter yolk
Eier (gefüllt) stuffed eggs
Eier im Glas eggs in a glass
Eier im Näpfchen eggs in cocotte
Eier in Öl gebacken deep-fried eggs
Eier mit Speck bacon and eggs
Eierbecher egg-cup
Eierbrot egg sandwich
Eierfrucht egg-plant
Eiergerichte egg-dishes
Eiersalat egg-salad
Eiersandwich egg sandwich
Eierteig gebacken Yorkshire pudding
eifrig zealous
Eigelb egg yolk, yolk
Eigendeckung self insurance
Eigendünkel self-esteem
Eigenkapital owner's equity, stockholder's equity, net worth
Eigenkapitalausweis statement of owner's equity
Eigenkapitalentwicklung (von Personenunternehmen) statement of partners' equity
Eigenkapitalspiegel statement of stockholders' equity
Eigentum ownership, property
Eigentumsrecht property right
Eigentumswohnung owner-occupied apartment
Eigentümer(in) owner
Eigentümergesellschaft owning company
Eigenverbrauch own consumption
Eignung qualification
Eilauftrag rush order
Eile haste, rush
Eilgüterzug fast freight train (US), express freight train
Eimer bucket
Ein-Zimmer-Suite junior suite
einarmiger Bandit (Spielautomat) one-armed bandit
Einbahnstraße one-way street
Einbaukosten installation cost
Einbauschrank built-in cupboard (wardrobe), built-in closet (US)
Einbauten (oder Ausbauten) in gemieteten Räumen leasehold improvements
Einbettabteil single-berth compartment
Einbettzimmer single bedroom, single room
einbeziehen involve, incorporate
Einbrecher burglar
einbringen bring in, yield
Einbringung contribution
Einbruch burglary
Einbruchversicherung burglary insurance
einbüßen lose
einchecken check in
Eincheckschalter check-in counter
einfach plain, simple, single
einfach (Vorgang) straightforward (process)
Einfahrt driveway, entrance
Einfahrt verboten! No entry!
einfetten grease
Einflugschneise air corridor

Einfluss influence
Einfuhrbeschränkung import restriction
Einfuhrgenehmigung import license
Einfuhrhandel import trade
Einfuhrzoll import duty
einfühlend empathic
Einfühlungsvermögen empathy
Einfühlungsvermögen zeigen empathize
einführen implement, introduce
einführen (Außenhandel) import
Einführung (Amt) introduction
Einführungsschulung introduction training, orientation training
Einführungswerbung initial advertising
Eingabe input
Eingabeaufforderung prompt
Eingang entrance, entry, input
Eingangsmeldung receiving report
eingeboren native
eingedickt jellied
Eingemachtes preserves
eingeschneit snowed in, snowed up
eingeschränkt restricted
eingleisig single track
einheimisch national, native
Einheimischer native
Einheit unit
einheitlich uniform
Einheitsklasse standard class
Einheitspreis flat price, standard price
einholen overtake, catch up with
Einkauf, zentraler central buying
einkaufen buy, purchase, shop
Einkäufer(in) buyer, purchasing agent
Einkaufsabteilung purchasing department
Einkaufspolitik purchasing policy
Einkaufspreis cost price
Einkaufsrichtlinien purchasing specifications
Einkaufsverfahren purchasing procedure
Einkaufszentrum shopping center, shopping mall (US)
Einkommen earnings, income, revenue
Einkommensteuer income tax
einladen invite
Einladung invitation
Einladungsbrief letter of invitation
Einlage deposit
Einlagen investments by owners
Einlagen, ausstehende capital not paid-in, uncalled capital
Einlagenzertifikat certificate of deposit
Einlass admission
Einlaufsuppe clear soup with beaten egg
einlösen cash, redeem
einmachen preserve, can (US)
Einmannbetrieb one-man operation
einmischen interfere
Einnahme receipts, revenue
einordnen rank
einordnen, sich get in lane
Einreise entry, entry into the country
Einreisebestimmung entry requirements
Einreiseerklärung immigration declaration
Einreiseformular immigration form
Einreisegenehmigung entry permit
einreisen (in ein Land) enter a country
Einreisende inbound travel(l)er
Einreisevisum entry visa
einrichten organize, install
Einrichtung equipment, facility, feature, organization
Einrichtungsgegenstände furniture and fixtures
Einrichtungsplanung facilities planning
Einsatz input
einschalten turn on, switch on
einschiffen embark
Einschiffung embarkation

einschließen include, involve
einschließlich inclusive
einschließlich Bedienung und Abgaben inclusive of service and taxes
Einschränkung limitation, restriction
Einschreibebrief registered letter
einschreiben register
Einsicht understanding, insight
Einspänner black coffee with whipped cream
Einstandspreis cost price
einstecken plug in, insert
Einsteigekarte boarding pass (card)
einsteigen get in
Einsteigen! All aboard!
Einstellung attitude
Einstellung der Arbeitnehmer zum Betrieb employee attitude
Einstellungspolitik hiring policy
Einstellungsverfahren hiring procedure
Einstiegspunkt (z. B. für einen Transferbus) pick-up point (e.g. for transfer bus)
einstufen classify
Einstufung classification
einstweilig interim
eintauchen dip
einteilen part
Eintopfgericht hotpot (GB), stew
Eintopfsuppe soup with egg dough drops
eintragen enroll, enter, record, register
einträglich advantageous, lucrative
Eintragung enrollment, entry, record, registration
eintreten enter, join
eintreten ohne anzuklopfen enter without knocking
Eintritt entry
Eintritt frei! Admission free!
Eintritt verboten! Keep out!, No entry!
Eintrittsgelder (Umsatzbereich 2) cover charges (schedule 2)
Eintrittskarte admission card, admission ticket, ticket of admission
Eintrittspreis admission price
einverstanden sein agree with
Einverständnis consent
Einwanderer immigrant
Einwanderung immigration
einweichen soak
einwilligen approve
Einwilligung approval
Einwirkung impact
Einwohner(in) inhabitant, resident
einzahlen deposit
Einzahlung deposit
Einzahlungen in einen Tilgungsfonds sinking fund payments
Einzelangaben particulars
Einzelbad private bath
Einzelbett single bed
Einzelflugpauschale inclusive single fare
Einzelkabine single cabin, single room
Einzelkaufmann proprietorship
einzeln individual
Einzelpauschalreise individual inclusive journey
Einzelreise individual journey
Einzelreisende(r) individual travel(l)er, single passenger, single tourist
Einzelrückfahrt individual return
Einzelzimmer single, single room
Einzelzimmerzuschlag single room supplement
einziehen confiscate
Einziehung von Außenständen collection of outstanding debts
Einziehung (Geld) collection
Einziehungskosten collection expenses
Einzimmerappartement one-room flat, one-room apartment (US)

Erbsensuppe, grün cream of green pea soup
Erdbeere strawberry
Erdbeereis strawberry ice-cream
erdgebunden (Reise) non-flight (tour), country programme
Erdgeschoss ground floor, first floor (US)
Erdnuss peanut
Erdnussbutter peanut butter
erfahren experience, experienced
Erfahrung experience
erfassen, gesondert (z. B. Strom) submeter
erfolglos unsuccessful
Erfolgskonto nominal account
Erfolgsplanung, langfristige long-range profit
erfordern require
Erfordernis requirement
erforschen explore
erfreuen, j-n please, give s.o. pleasure
erfrischend refreshing
erfrischt refreshed
Erfrischung refreshment
Erfrischungshalle soda fountain (US)
Erfrischungskiosk refreshment stall
Erfrischungsraum refreshment room
erfüllen fulfil(l), meet
erfüllen, noch zu executory
Erfüllung fulfil(l)ment
Erfüllungsort place of delivery, place of performance
ergänzen complete, add (to)
Ergänzung supplement
Ergänzungsbehandlung supplementary treatment
ergeben loyal, obedient
Ergebnis result
Ergiebigkeitsgrad, relativer rate potential percentage
erhalten (bewahren) maintain
Erhaltung maintenance
Erhebung survey
Erhebungsbogen survey sheet
erholen relax, get better, recover
erholsam relaxing, restful
Erholung convalescence, recovery, recreation, relaxation
Erholungsanlage recreational facility
Erholungsaufenthalt rest cure
Erholungsgebiet recreational area
Erholungsheim convalescent home, rest-home
Erholungshotel resort hotel, holiday hotel
Erholungskur rest cure
Erholungsmöglichkeit recreational facility
Erholungsort holiday resort
Erholungspark recreational park
Erholungspause rest period
Erholungsprogramm recreation program
Erholungsreise convalescent trip
Erholungsstätte recreational center
Erholungsurlaub convalescent leave, holiday leave, recreational holiday
Erholungszeit relaxation time
Erholungszentrum recreation centre
erhöhen increase, raise, rise, advance
Erhöhung increase, rise
erinnern remind
Erinnerung reminder, memory
Erinnerungsposten pro memoria item
Erinnerungswerbung reminder advertising
erkennbar visible
erkennen identify, recognize
Erkennen recognition
Erklärung explanation, declaration, statement; solution
Erklärungstag (Tag, an dem der Vertragsentwurf für den Käufer bindend wird) option date

Erkrankung illness, sickness
erkunden explore
Erkundigung enquiry
Erkundung exploration
erlangen acquire
erlauben allow, permit
Erlaubnis permission, permit
Erläuterungen im Anhang explanation in the notes
erleben experience
erleichtern facilitate
Erleichterung facilitation, relief
ermächtigen authorize, enable
Ermächtigung authorization
ermäßigen reduce
Ermäßigung reduction
Ermäßigung für Hausgäste reduction for hotel guests
Ermessen discretion
ermitteln ascertain
ermutigend reassuring
ermüden fatigue
ermüdet fatigued, weary
Ermüdung fatigue
ernähren feed, nourish
Ernährung nutrition
Ernährungslehre dietetics, nutrition science
erneuern renew, renovate, revalidate
Erneuerung renewal, renovation
ernsthaft (Angelegenheit) serious (matter)
Ernte crop, harvest
Erntedankfest harvest festival, Thanksgiving Day
Eröffnung opening
erprobt experienced
erregen provoke
errichten erect
Ersatz compensation, substitute
Ersatzteil spare part
erscheinen appear
Erscheinen appearance
Erscheinung appearance
Erschließungskosten exploration expenses, development costs
erschöpft weary, exhausted
Erschöpfung exhaustion, fatigue
ersetzen compensate, reimburse, replace, substitute
Erstaufführung first performance, première
erste Hilfe first aid
erste Kategorie first class category
erste Klasse first class
erste Klasse (Vermerk auf Flugscheinen) F (= First)
erste Wahl prime choice
Ersteklassetarif first class fares
Erstellung (von Jahresabschlüssen) compilation
erster Rang (Theater) dress circle
erstklassig first class, prime
erstreben aim at, strive
Ertrag income, revenue, yield
Ertragssteuer income tax
Ertragssteuern, latente deferred income tax
Ertragswert earning power
erwachsen adult
Erwachsener adult, grown-up
erwärmen warm
erwarten await, expect
Erwartung expectation
erweitern expand, extend
Erweiterung expansion, extension
erwerben buy, purchase, acquire
Erzeugnis product
Erzeugnisse, fertige finished goods
Erzeugnisse, unfertige work in process
erziehen educate
Esel donkey
Espresso espresso
Espressobar espresso bar
essen eat
Essen meal
Essen à la carte meals à la carte
Essen kostenlos ausgeben furnished meal without charge
Essenabonnement luncheon voucher arrangement, meal ticket arrangement

Essenbon luncheon voucher
Essengutschein luncheon voucher, meal ticket
Essensbon meal ticket
Essensgedeckeanzahl number of food covers
Essenszeit mealtime
Essgeschirr crockery
Essig vinegar
Essig- und Ölständer cruet stand
Essiggemüse mixed pickles
Essiggemüse scharf gewürzt piccalilli
Essiggurke gherkin, pickle
Essigsoße (zum Einlegen) pickle, vinaigrette
Essigsoße, grüne green vinegar sauce
Esslokal eating place
Esslöffel table spoon
Esszimmer dining room
Estragon tarragon
Etage floor
Etagenbad public bathroom
Etagenbeschließerin floor housekeeper
Etagendiener floor housekeeper
Etagenhausdame floor housekeeper
Etagenhausdiener floor houseman
Etagenkellner floor waiter, room service waiter
Etagenoberkellner room service headwaiter
Etagenpersonal floor staff
Etagenservice room service
Etikett label, tag
Etikette etiquette
etikettieren label
EU-Bürger citizen of the European Union
EU-Richtlinie EC directive
EU/ Europäische Union European Union
Eventualverbindlichkeit contingent liability
Exkursion excursion, field trip
exotisch exotic
expandieren expand
Expansion expansion
Expedient shipping clerk
Export export
exportieren export
Express express
extra extra
Extrakellner extra waiter

F

Fachkenntnis expertise, skill
Fachmesse trade fair
Fachwerkhaus half-timbered house
Fachwissen specialized knowledge, know-how
fade insipid, tasteless
Fadennudeln vermicelli
fähig capable
Fähigkeit ability, capability, capacity, skill
Fahrbahn carriageway, roadway
Fahrbahn, einspurige single file traffic
Fahrbahn, zweispurige dual carriageway
Fahrdamm roadway
Fähre ferry, ferry boat
fahren (Auto) drive, go by car
Fahrgast passenger
Fahrgastbetreuung passenger service
Fahrgäste aussteigen lassen let passengers out
Fahrgeld fare
Fahrgestell (Flugzeug) landing gear
Fahrkarte ticket
Fahrkarte, einfache single ticket
Fahrkarte, ermäßigte cheap ticket, reduced-fare ticket
Fahrkarte zum halben Preis half-fare ticket
Fahrkarte zum vollen Preis general-tariff ticket

Fahrkartenausgabe booking office
Fahrkartenautomat automatic ticket machine, ticket machine
Fahrkartenschalter booking office, ticket office, ticket office window
Fahrkilometer voyage distance
fahrlässig careless
Fahrlässigkeit carelessness
Fährmann ferryman
Fahrplan schedule, timetable
Fahrplan (Ankünfte-Abreisen) arrivals and departures table
fahrplanmäßig regular, scheduled
fahrplanmäßig fahren run at regular times
Fahrplanwechsel schedule change
Fahrpreis fare
Fahrpreisermäßigung fare reduction, reduced fare
Fahrpreisermäßigung für Reisegesellschaften reduced fares for tourist groups, fare reduction for tourist parties
Fahrrad bicycle, bike
Fahrradständer cycle stand
Fahrradtour bicycle tour
Fahrradvermietung bicycle hire
Fahrradweg cycle path
Fahrrinne navigation channel
Fahrschein ticket
Fahrscheinheft booklet of coupons (tickets)
Fahrscheinkontrolle ticket inspection
Fahrspur lane
Fahrstuhl elevator, lift
Fahrstuhlführer elevator boy, lift-boy
Fahrt journey, sailing, trip, voyage
Fahrt, auf der en route
Fahrt ins Blaue mystery tour
Fahrtantritt travel commencement, start of trip
Fahrtkosten travel(l)ing expenses
Fahrtroute itinerary
Fahrtunterbrechung stop, stopover (US)
Fahrverkehr vehicle traffic
Fahrzeit journey time, running time, travel time
Fahrzeug automobile, vehicle
fakultativ optional
fallen lassen drop
fallen, ins Auge eye-catching
fällig due, payable
fällig werden fall due
Fälligkeitstermin maturity date, due date
Falschbuchung irregular entry, false entry
Falscher Hase forcemeat roasted
Faltboot folding boat
Familienbad mixed bathing
Familienbetrieb family business, family run firm
Familieneinkommen family income
Familienferien family holiday, family vacation
Familienferienhotel family guesthouse
Familienferienort family holiday resort
Familienkarte family ticket
Familienname surname
Familienpass joint passport
Familienpension family boarding house, residential hotel
Familienpreis (kostenlose Unterbringung von Kindern im Zimmer der Eltern) Family Plan
Familienstand family status, marital status, personal status
Familientourismus family tourism
Familienzimmer family room
Familienzulage family allowance
Fang catch
fangen catch
Fangobehandlung mud treatment
Fangopackung mud pack
Fangotherapie mud therapy
Farbabzug (Foto) colo(u)r print
Fasan pheasant
Fasan gebraten roast pheasant
Faschingsdienstag Shrove Tuesday
Faschingskrapfen carnival fritter

Faschingszeit carnival season
Fass barrel
Fassbier draught
Fässchen keg
Fasshahn tap
Fassung (Lampe) socket
fast roh underdone
Fastenzeit Lent
Fastnacht carnival
Fastnachtsdienstag Mardigras
Fastnachtszeit Shrovetide
faul lazy, idle
faul (verdorben) rotten
Fauna fauna
Fausthandschuh mitten
Federball shuttlecock
Federballspiel badminton
Federwild feathered game, wildfowl
Fehlbetrag deficit, deficiency, shortage
Fehlen absenteeism, miss
fehlend missing
Fehler defect, error, fault
Fehler aufdecken locate errors
fehlerhaft defective, faulty
fehlleiten misguide
Fehlstunden hours absent
feiern celebrate
Feiertag holiday
Feiertag, gesetzlicher legal holiday, public holiday
Feiertagslohn holiday pay
Feige fig
fein fine
Feinkosthändler provision dealer
Feinschmecker gourmet
Feinschmeckeressen gourmet's meal
Feinschmeckerrestaurant gourmet restaurant
Felchen white fish
Feldbett camp bed
Feldflasche water bottle
Feldweg country lane, field path
Felsen rock
felsig rocky
Fenchel fennel
Fenster window
Fensterladen window shade
Fensterplatz window seat
Fensterputzer window cleaner
Fensterscheibe window pane, pane
Fenstertechnik windowing technique
Ferien vacation, holiday
Ferien machen take a holiday
Feriendorf holiday village
Ferienerlebnis vacation experience
Ferienfahrkarte holiday ticket
Ferienflugpreis excursion fare
Ferienführer holiday guide
Feriengast holiday guest
Feriengebiet holiday region
Ferienhaus cottage, holiday house
Ferienhort vacation hostel for kids
Ferienhotel holiday hotel
Ferienhütte holiday cabin
Ferieninsel holiday island
Ferienkurs holiday course, summer school
Ferienlager holiday camp
Ferienland holiday country
Feriennetzkarte holiday runabout ticket, holiday season ticket, guest pass
Ferienordnung vacation schedule
Ferienort holiday resort
Ferienpark amusement park
Ferienplakat travel poster
Ferienprogramm vacation program(me)
Ferienreise holiday trip
Feriensonderzug holiday train
Ferienstaffelung staggered holidays
Ferientag holiday
Ferienunterkunft holiday flat, vacation apartment
Ferienverkehr holiday traffic
Ferienwohnung holiday flat, vacation apartment
Ferienzeit holiday season
Ferkel porkling, young pig

Fernbleiben absenteeism
Fernblick distant view
Ferndurchwahl direct distance dialing
Ferngespräch long-distance call, trunk-call
Ferngespräch anmelden place a long-distance call
Fernglas binoculars, telescope
Fernlaster long-distance lorry
Fernreise foreign travel, overseas travel
Fernreisende long-distance travel(l)er
Fernschnellzug limited express train, long-distance express
Fernschreiber teleprinter, teletype
Fernschreibercode teleprinter code
Fernschreibnetz telex
Fernsehapparat television set, telly (GB)
fernsehen watch television
Fernsehgerät television set
Fernsehraum television room
Fernsehturm television tower
Fernsprechamt telephone exchange, trunk exchange
Fernsprechzelle call box, telephone booth, telephone box
Fernsprechzelle, öffentliche public call-room
Fernverkehr long-distance traffic
Fernverkehrsstraße arterial road, highway, trunk road
fertig ready
Fertigerzeugnis finished good, finished product
Fertiggericht ready-to-serve dish, instant meal
Fertiggerichtsysteme convenience foods
fest fixed
Festausschuss festival committee
Festbeleuchtung festive illumination
Festessen anniversary dinner, banquet, gala dinner
festgelegt (festgesetzt) fixed
Festhalle banqueting hall, festival hall
festlegen fix
Festmahl feast
festnehmen arrest
Festpreis fixed price
Festsaal banqueting hall, banquet room, festival hall
festsetzen (Zahlungsmodus) establish (method of payment)
Festspiele festival
feststellen ascertain, fix
Festtag holiday, festive day
Festumzug pageant
Festung fortress, stronghold
Festvorstellung gala performance
Festwertspeicher read-only memory (rom)
Festwiese fairground
Festwoche festival week
Festwochen festival
Festzelt fairground tent
Festzug festive procession
fett fat, fatty
Fett shortening, suet
Fett, tierisches animal fat
Fettgebackenes fritters
fettlos without fat, fat free
Fettpapier greaseproof paper
feucht damp, humid, moist
Feuchtigkeit humidity, moisture
Feuer fire
feuergefährlich inflammable
Feuerhaken poker
Feuerleiter fire escape
Feuerlöschbrause sprinkler
Feuerlöscher fire extinguisher
Feuermelder fire alarm
Feuerversicherung fire insurance
Feuerwehr fire brigade (GB), fire department (US)
Feuerwerk fireworks
Feuerzeug cigarette lighter, lighter
Feuerzeugbenzin lighter fuel
Finanz- und Rechnungswesen (i.w.S.) financial accounting
Fieber fever, temperature

Flugschein (Pilotenschein) pilot's licence (GB), pilot's license (US)
Flugschein, offener open-air ticket
Flugscheinverkaufsstelle air ticket issuing office
Flugscheinvermerk für Touristenklasse y
Flugsicherheit flying safety
Flugsicherung air traffic control
Flugsteig gate, gateway
Flugstrecke air route
Flugtouristik air tourism, holiday air travel
Flugverbindung connecting flight
Flugverspätung flight delay
Flugverkehr air traffic, air services
Flugzeit flight time, flying time
Flugzettel flyer
Flugzeug aircraft, airplane, plane
Flugzeug, einmotoriges single-engined aircraft
Flugzeug besteigen board a plane
Flugzeug der Touristenklasse air coach
Flugzeug verlassen deplane
Flugzeugabsturz plane crash
Flugzeugankunft arrival by air
Flugzeugbesatzung aircrew
Flugzeugentführung hijacking
Flugzeugführer aircraft pilot
Flugzeughalle hangar
Flugzeugladung plane load
Flugzeugmotor aircraft engine
Flugzeugrumpf fuselage
Flugziel flight destination
Flunder flounder, fluke
Fluss river
Fluss, schiffbarer navigable river
Flussdampfer river steamer
Flussforelle river-trout, stream trout
Flusshotel riverside hotel
Flusskarte river map
Flussschifffahrt river traffic
Flügel wing
Flügel (Musikinstrument) grand piano
Flügelspitze vom Huhn chicken winglet, chicken wing, winglet
flüssig liquid
Fogosch (Zander) perch-pike
Folgeerscheinung after-effect
folgen keep track of, follow
folgerichtig consistent
Folgerichtigkeit consistency
Folio folio
Folklore folklore
Fonds funds
Fondue Bourgignonne fondue Bourgignonne
Food und Beverage-Manager food and beverage manager
Footballspiel football match
Förderband conveyer belt
fordern claim, demand
fördern promote
Forderung claim, demand
Forderung, dubiose doubtful account
Forderungen receivables, accounts receivable
Forderungen, langfristige noncurrent receivables
Forderungen, nach dem Alter aufgegliederte aged receivables
Forderungen, noch nicht fällige current receivables
Forderungen, uneinbringliche bad debts
Forderungen, zweifelhafte doubtful accounts
Forderungen abzüglich der uneinbringlichen Forderungen net receivables
Forderungen aus noch nicht abgerechneten Leistungen accrued receivables, unbilled receivables
Forderungen aus Warenlieferungen und Leistungen an Dritte accounts receivables – trade
Forderungen gegenüber Konzerngesellschaften accounts receivables – affiliates

Forderungen insgesamt total receivables
Forelle trout
Forelle blau blue boiled trout
Forelle in Butter gebraten butterfried trout
Forelle in Champagner trout in champagne
Forellenfischen trout fishing
Form der Darstellung form of presentation
formal formal
Formalität formality
Formel formular
förmlich formal
Formular form
formulieren formulate, phrase
forschen research
Forschung research
Forschung und Entwicklung research and development
Forschungsabteilung research department
Forsthaus forester's house
Fortbildungsseminar workshop
Fortgang progress
Foto photo
Fotoausrüstung photographic equipment
fotografieren take a photo/picture
Fotografieren verboten! Photographing not allowed!
Fotosafari photo safari
Foyer foyer, lobby
Fracht cargo, carriage, freight
Frachtbrief consignment note
Frachtbuch cargo book
Frachtflugzeug airfreighter, cargo aircraft, freight aircraft
Frachtführer carrier
Frachtgebühr freightage
Frachtkosten freight charges
Frachtrechnung freight bill
Frachtschiff freighter
Frachtsendung cargo consignment
Frachttarif goods tariff
Frack tailcoat
Frage question
Fragebogen questionary, questionnaire, survey sheet
Franchise vergeben franchise
Franchisegeber(in) franchisor
Franchisegebühr franchise fee
Franchisenehmer(in) franchisee
Franchiseunternehmer(in) franchise operator
Franchisevertrag franchise-agreement
Franchising franchising
Frankfurter Würstchen Frankfurter, Frankfurter sausage
frankieren stamp
Frankiermaschine franking machine, postage meter
frankiert post paid
franko post paid
Frankreich France
Fräulein miss
frei free, vacant
frei an Bord free on board (f.o.b.)
frei Eisenbahn free on rail (f.o.r.)
frei Kai free on quay (f.o.q.)
frei Waggon free on truck (f.o.t.)
Freibad bathing place, lido, open-air bath, open-air swimming-pool, outdoor bath
Freibetrag allowance
Freifahrtkarte complimentary ticket
Freigepäck free baggage allowance
freigestellt optional
freigiebig generous
Freigrenze allowance
Freihafen free port
Freihalten! Keep clear!
Freihandelszone free trade area
Freikarte free ticket
Freikörperkultur (FKK) nudism, naturism
Freiluftbühne open-air stage, open-air theatre
Freilufttheater open-air theatre
freimachen (räumen) vacate

Freistempler franking machine
freiwillig voluntary
Freizeit leisure time, spare time, free time
Freizeitbeschäftigung leisure time activity
fremd foreign, unfamiliar, alien
Fremdenbuch visitors' book
Fremdenfeindlichkeit xenophobia
Fremdenführer guide
Fremdenführer, deutschsprachiger German-speaking guide
Fremdenregister hotel register
Fremdenverkehr tourism, tourist trade, tourist traffic
Fremdenverkehrsamt touristboard, tourist office
Fremdenverkehrsbetrieb tourist trade establishment
Fremdenverkehrsbüro tourist office
Fremdenverkehrsforschung travel research
Fremdenverkehrsförderung promotion of the tourist trade
Fremdenverkehrsgebiet tourist region
Fremdenverkehrsindustrie hotel and tourist industry, touristic industry
Fremdenverkehrskampagne tourist campaign
Fremdenverkehrsland holiday country, tourist country
Fremdenverkehrsorganisation tourism organization
Fremdenverkehrsort tourist centre, tourist resort
Fremdenverkehrspolitik tourist policy
Fremdenverkehrsprospekt travel booklet
Fremdenverkehrssaison tourist season
Fremdenverkehrsstadt tourist town
Fremdenverkehrsstatistik tourist trade statistics, travel statistics
Fremdenverkehrsstreuung staggering of tourist traffic
Fremdenverkehrsträger tourist traffic institution
Fremdenverkehrsverband tourist association
Fremdenverkehrswerbung tourist advertising, tourist publicity
Fremdenverkehrswesen tourism
Fremdenverkehrswirtschaft tourist economy
Fremdenverkehrszeitschrift tourist journal
Fremdenverkehrszentrale central office of tourism
Fremdenzimmer guest room, spare room
Fremdenzimmer! Rooms to let!
Fremde(r) foreigner, stranger
Fremdwährung foreign currency
Freude joy, pleasure
freundlich kind
Freundlichkeit kindness
Friedhof cemetery, churchyard
friedlich peaceful
Frikadelle beefburger, fricadelle, meat croquet, hamburger, meatball (US)
Frikassee fricassee
frisch fresh
frisch gestrichen wet paint
Frischling young wild boar
Frischwarenverzeichnis market list
Frischwasser fresh water
Friseur hairdresser
Frisiersalon hairdresser's saloon, barber shop
Frisiertisch dressing table, dresser
Frist time limit
Frisur hairstyle
Fronleichnam Corpus Christi
Frosch frog
Froschschenkel frog's leg
Frost frost
frostig chilly
Frostschutzmittel antifreeze

Frottiertuch Turkish towel
fröhlich jolly, cheerful
Fröhlichkeit gaiety
Frucht fruit
Fruchtbrei squash
Fruchteiscreme fruit sundae
fruchtig fruity
Fruchtsaft fruit juice, squash (GB)
Früchte fruit, fruits
Früchtekorb fruit basket
Früchte, eingemachte preserves
Früchte, gehackte (zur Pastetenfüllung) mincemeat
früh early
früher prior to
Frühjahr spring
Frühjahrsferien spring holiday
Frühjahrsmesse spring trade fair
Frühjahrsputz spring cleaning
Frühkonzert morning concert
Frühling spring
Frühlingsgemüse early vegetable
Frühstück breakfast
Frühstück, englisches English breakfast
Frühstück, komplettes complete breakfast
Frühstück, zweites elevenses, mid-morning snack
Frühstücksausgabestelle pontry
Frühstücksbüffet breakfast buffet
Frühstücksfleisch luncheon meat
Frühstückspause mid-morning break
Frühstückspension residential hotel, bed and breakfast
Frühstücksraum breakfast room
Frühstückstablett breakfast tray
Frühstückszimmer breakfast room, tea room
frühzeitig in good time
Frühzug morning train
Fuhrlohn cartage
führend leading
Führerschaft leadership
Führerschein driver's license (US), driving licence (GB)
Führerschein, internationaler international driving permit (IDP)
Führer, mehrsprachiger multilingual guide
Fuhrpark fleet of trucks
Führung (Reise) guided visit
Führung übernehmen take the lead
Führungsentscheidung management decision
Führungsfähigkeit leadership-ability
Führungskraft executive
Führungskräfteausbildung executive development
Führungskräfteentwicklung management development
Führungsprovision management fee
Führungsverantwortung managerial responsibility
Führungszeugnis certificate of conduct
Füllsel (Füllung) forcemeat, stuffing
Fundbüro lost property office (GB), lost-and-found office (US)
Fundgegenstand found article
Fünfuhrtee five-o'clock-tea
Funktaxi radio taxi
Funktion function
funktionieren operate, work
Fusion merger
fusionieren merge
Fuß (Längenmaß = 0.3048m) foot
Fußball (europ. Sport) soccer
Fußgängerbrücke footbridge
Fußgängertunnel subway
Fußgängerübergang pedestrian crossing (GB), crosswalk (US)
Fußwanderung hike

G

Gabel fork
Gabelflug open-jaw flight
gähnen yawn
Galerie gallery

Gallone gallon
Gang passage
Gang (Essen) course
Gangschaltung gear change, gear shift
Gang, erster first course
Gans goose
Gänse geese
Gänsebraten roast goose
Gänsebraten mit Sauerkraut roast goose with sauerkraut
Gänseklein giblets of goose
Gänseleber goose liver
Gänselebermousse goose liver mousse
Gänseleberpastete goose liver patty, goose liver pie, paté de foie gras
ganz quite; whole, entire
Ganzjahresbetrieb year-round service
Ganzjahresdestination all-year-round destination
ganzjährig geöffnet open all (the) year round
ganzjährig in Betrieb operating all (the) year round
Garage garage, garage-parking lot
Garage, verschließbare lockup garage
Garage und Parkplatz (Umsatzbereich 5) garage and parking (schedule 5)
Garantie guarantee, guaranty, warranty
garantieren guarantee, ensure
garantiert warranted
Garantieverpflichtung product warranty
Garautomat automatic cooker
Garderobe checkroom (US), cloakroom, wardrobe
Garderobenfrau checkroom girl, cloakroom attendant
Garderobenmarke cloakroom ticket
gären (lassen) ferment
Garküche cook-shop
Garn yarn
Garnele prawn, shrimp
garnieren garnish
garniert garnished
Garnierung garnish, garnishing
Gärten und Parkanlagen (Pflege) (Service Center 12) grounds and landscaping (schedule 12)
Gartencafé open-air café
Gartenfest garden party
Gartenlokal open-air restaurant
Gartenrestaurant open-air restaurant, tea garden
Gartenschau horticultural show
Gartenstadt garden city
Gärtner(in) gardener
Gas geben accelerate
Gasfeuerzeug gas lighter
Gashahn gas tap
Gasherd gas cooker, gas range
Gaspedal accelerator (pedal), gas pedal (US)
Gasse lane
Gassenschenke off-licence inn
Gast guest, patron, pax, visitor
Gast, zahlender paying guest
Gastaufnahmevertrag contract of accommodation
Gäste bedienen serve, attend, wait on
Gästeanzahl guest count
Gästeanzahlung, verlorene (Umsatzbereich 6) forfeited advance deposit (schedule 6)
Gästebegrüßung guest encounter
Gästebetreuung customer assistance
Gästebuch visitors' book
Gästefragebogen guest questionnaire
Gästegeschenke guests' supplies
Gästehaus guest house
Gästekarte guest card, local hotel registration
Gästeregistrierung guest registration
Gästeverzeichnis hotel register

Gästewäsche guest laundry
Gästezahlung guest count
Gästezimmer guest-room, sitting room, spare room
Gastfamilie host family
gastfreundlich hospitable
Gastfreundschaft hospitality
Gastgeber host
Gastgeberin hostess
Gastgewerbe catering business, hotel and restaurant business
Gasthaus café, hotel, inn, pub
Gasthof inn
Gastland host country
gastlich hostible
Gastronom(in) hotel-keeper, innkeeper, restaurateur
Gastronomie gastronomy
Gastronomiebereich food and beverage department
Gastspiel guest performance
Gastspiel (Sport) away game
Gaststättenbesitzer restaurant-keeper
Gastwirt(in) innkeeper, landlord(-lady), restaurant-keeper
Gastwirtschaft inn, saloon
Gastzimmer dining room, parlo(u)r, spare-room
Gatte husband
Gattung kind
Gaumen palate
Gaumenfreude treat
gebacken baked
Gebäck pastry, pastries
Gebäck, kleines cookie, cooky
Gebäude building
Gebäudeeinrichtung und -ausstattung building fixtures and equipment
Gebiet area, territory, zone, region
Gebirge mountains
Gebirgsklima mountain climate
Gebirgswelt mountains
gebraten roast, roasted, sauteed
Gebrauch use
gebrauchen make use of, apply
gebräuchlich customary
Gebrauchsanweisung instructions for use
gebrauchsfertig ready for use
Gebrauchsgegenstand, persönlicher personal belonging
gebraucht used, second hand
Geburt birth
Geburtsdatum date of birth
Geburtsname maiden name
Geburtsort birthplace, place of birth
Geburtsurkunde birth certificate
Gebühr fee
Gebühr erheben levy a charge
Gebühren für öffentliche Versorgungsbetriebe (Service Center 14) utility taxes (schedule 14)
gedämpft (kochen) steamed, stewed
Gedeck cover
Gedeck, trockenes cover charge
Gedeckpreis cover charge
gedünstet braised, steamed
geeignet appropriate
Gefahr danger, jeopardy, risk
Gefahr laufen run the risk
gefährden jeopardize
Gefährdung hazard, jeopardy
gefährlich dangerous, risky
Gefälle hill
gefallen, j-m please sb.
Gefäß jar
Geflügel fowl, poultry
Geflügel (kalt) cold fowl
Geflügelbrust bicast of chicken
Geflügelklein giblets of chicken
Geflügelkleinsuppe giblet soup
Geflügelkroketten croquettes of fowl
Geflügelleber chicken liver
Geflügelpastete, warme chicken pie
Geflügelragout ragout of chicken
Geflügelrahmragout chicken à la king

Geflügelrahmsuppe (Mulligatawny) curried chicken-cream soup
Geflügelreis chicken rice
Geflügelsalat chicken salad
Geflügelsuppe soup with fowl
Geflügelsuppentopf chicken noodle soup
gefräßig greedy
Gefriergut frozen food
gefroren iced, frozen
Gefühl emotion
gefüllt filled, stuffed
Gegenbuchung contra entry
Gegend region
Gegengift antidote
Gegenkonto contra account
Gegenrechnung contra account
gegenseitig mutual
Gegenstand object
Gegenteil opposite
gegenüber facing, opposite
Gegenüberstellung von Aufwand und Ertrag, periodengerechte matching
Gegenverkehr oncoming traffic, two-way traffic
Gegenwartswert present value, realizable value
Gegenwert equivalent
gegrillt broiled, barbecued
gehackt chopped, fricasseed, hashed
Gehalt pay, salary
Gehälter und Löhne, noch nicht ausbezahlte accrued salaries and wages
Gehaltsscheck pay check
gehaltvoll meaty
gehen go, walk
gehen, an Bord go on board
gehen, an Land debark, go ashore
gehen, vor Anker anchor
gehen lassen let go
Gehen Sie geradeaus! Go straight on!
Gehilfe assistant
gehorsam submissive
Gehweg footpath
Geisteszustand state of mind
gekocht cooked, plain boiled
Geländefahrt cross-country drive
Gelbfilter yellow filter
Geld, nicht verfügbares restricted money
Geldautomat ATM (automatic teller machine); cash dispenser (machine), autoteller
Geldbetrag, bei öffentlichen Versorgungsbetrieben hinterlegter security deposit
Geldbeutel purse
Geldeinlage eines Gesellschafters money contributed by a partner
Geldkassette cash box
Geldmittel funds
Geldstrafe fine, penalty
Geldstrafe auferlegen impose a fine upon
Geldwechsel currency conversion, exchange of money
Geldwechselautomat change-giving machine
Geldwertänderung change in value of currency
Geldzurückgarantie money-back guarantee
Gelee jelly
Gelegenheit occasion
Gelegenheitsarbeiter casual worker
Gelegenheitswerbung opportunity advertising
geliert jellied
geltend machen assert
Geltungsdauer validity
Gemäldegalerie picture gallery
gemälzt, nicht non-maltet
gemein rotten, mean, vile
Gemeinde community
Gemeindesteuer community tax
Gemeinkosten overhead cost, overhead expenses
gemeinsam joint, common
Gemeinschaft community
gemeinschaftlich conjointly

Gemeinschaftsbadezimmer communal bathroom
Gemeinschaftsküche communal canteen, communal kitchen
Gemeinschaftsraum recreation room, common room
Gemeinschaftsverkaufsförderung group business promotion
Gemeinschaftsverpflegung communal feeding, communal provisions
Gemeinschaftswerbung associate advertising, cooperative advertising, group advertising
gemischt assorted, mixed
Gemischtwarenhandlung general store
Gemse chamois
Gemüse vegetable
Gemüse, gemischtes mixed vegetable
Gemüse in Essig eingelegt pickles
Gemüsecremesuppe cream of vegetable
Gemüsegericht vegetable dish
Gemüseplatte vegetable plate
Gemüsesalat vegetable salad
Gemüsesuppe julienne, vegetable broth, vegetable soup
Gemüsesuppe, gekühlte chilled vegetable soup, grits
Gemüsesuppe, klare clear soup with vegetables
Gemüsesuppe (mit Fleisch), dicke pottage
Gemüsesuppe (mit Hammelfleisch) Scotch broth
gemütlich comfortable, cosy, snug
Gemütlichkeit cosiness, coziness (US)
genau exact
genau bestimmen pinpoint
Genauigkeit accuracy
genehmigen approve
Genehmigung approval, permit
Generaldirektor(in) general manager
Generalüberholung overhauls, reconditioning
genießen enjoy
Genussschein participating certificate
Genüsse, kulinarische pleasures of the table
geöffnet open
Gepäck baggage, luggage
Gepäck, Bestätigung für abhanden gekommenes send luggage in advance prosperity irregularity report (PIR)
Gepäck, sperriges bulky baggage
Gepäck aufgeben check-in baggage, register luggage
Gepäckabfertigung baggage (luggage) counter, baggage check-in, handling of baggage
Gepäckabholung collection of luggage
Gepäckablage baggage rack, luggage rack
Gepäckanhänger baggage label, luggage label
Gepäckanhänger (Auto) baggage trailer
Gepäckannahme receipt of baggage to be deposited
Gepäckannahmeschalter receipt of baggage to be deposited, baggage check-in
Gepäckaufbewahrung check-room, left-luggage office
Gepäckaufbewahrungsschein receipt for registered luggage
Gepäckaufgabestelle baggage office, luggage office
Gepäckausgabe handing out of baggage, baggage claim
Gepäckbahnsteig baggage platform, luggage platform
Gepäckbeförderung conveyance of luggage
Gepäckdienst baggage service, luggage service
Gepäckfach luggage bin

Gepäckgebühr je Stück charge per piece of baggage
Gepäckkontrolle examination of luggage
Gepäcknetz baggage rack, luggage rack
Gepäckraum luggage compartment, luggage room
Gepäckraum (Bahn) baggage compartment
Gepäckraum (Flugzeug) baggage hold
Gepäckraum (Schiff) baggage room
Gepäckschalter baggage counter
Gepäckschein baggage check (US), left-luggage ticket, luggage receipt, luggage ticket
Gepäckschließfach baggage locker, luggage locker, station locker
Gepäckstück piece/item of luggage
Gepäckträger luggage rack, roofrack (Auto), carrier (Fahrrad)
Gepäckträger(in) luggage porter, porter, redcap
Gepäcktransfer luggage transfer
Gepäckversicherung baggage insurance
Gepäckwagen baggage car (US), luggage van (GB)
Gepäckzustellung delivery of baggage
gepflegt well-groomed
gepökelt pickled, salted
Gerät appliance, implement, tool
Gerätschaften equipment
geräuchert smoked
geräumig roomy, spacious
Geräusch noise
gerecht fair
gereizt irritated
Gericht (Essen) dish, meal
Gericht, fleischloses meatless dish
geringwertig low valued
gerinnen curdle
gern essen relish
gern haben like
geröstet toasted, roast
Gerste barley
Gerstenmehlkuchen (dreieckig) scone
Gerstenschleimsuppe barley soup
Geruch odour, smell, fragrance
Gerücht gossip, grapevine
gesalzen salted
Gesamtbetrag aggregate amount, total amount
Gesamteinkommen comprehensive income, total income
Gesamtplanung overall planning, master scheduling
Gesamtstreckenfahrpreis through fare
Geschäft business, concern, deal, dealing, transaction
Geschäft durch gegenseitige Empfehlung referral business
Geschäftsbank (USA) commercial bank (money center)
Geschäftsbedingungen terms of business
Geschäftsbrief business letter
geschäftsfähig capable of contracting, legally competent (to contract)
Geschäftsfreund business friend
Geschäftsführer manager
Geschäftsführung management, top management
Geschäftsleben business life
Geschäftsleitung management
Geschäftsmann businessman
Geschäftspolitik business policy
Geschäftsräume business premises
Geschäftsreise business trip/travel
Geschäftsrückgang business recession, downturn
Geschäftsschluss closing hour
Geschäftsstelle branch office
Geschäftsstellenleiter branch manager
Geschäftsstraße shopping street

Geschäftsumfang business volume
Geschäftsverbindung business relation
Geschäftsverkehr business dealings
Geschäftsviertel business district, commercial district
Geschäftsvorfall business transaction (event)
Geschäftswagen company car
Geschäftszeit business hours, office hours
Geschäftszyklus operating cycle
geschält peeled
geschehen happen
Geschenk gift, present
Geschenkartikel gift articles, fancy goods
Geschenkgutschein gift token
Geschenkladen gift shop
Geschenksendung gift parcel, gift package (US)
Geschenkservice gift service
geschickt skilled, adroit
Geschirr dishes
Geschirrspülmaschine dishwashing machine, dishwasher
Geschirrtuch tea towel, dish towel (US)
geschlossen closed
Geschmack flavo(u)r, taste
geschmacklos insipid, tasteless
Geschmacklosigkeit tastelessness
Geschmackseigenschaft attribute of taste
Geschmacksreichtum tastefulness
geschmackvoll tasteful
geschmolzen melted
geschmort braised
Geschnetzeltes shredded meat
geschützt sheltered, protected
Geschwätz gossip
Geschwindigkeit speed
Geschwindigkeitsbegrenzung speed limit
Gesellschaft association, society, company
Gesellschaft, geschlossene private party
Gesellschaft des bürgerlichen Rechts (GbR) partnership
Gesellschaft mit beschränkter Haftung (GmbH) limited liability company (Ltd.)
Gesellschafter, beschränkt haftender limited partner
Gesellschafter, stiller silent partner
Gesellschafter, unbeschränkt (persönlich) haftender general partner
Gesellschaftsabend social evening
Gesellschaftsanteil corporate stock
Gesellschaftsfahrt party outing, party trip
Gesellschaftsflug party flight
Gesellschaftskleidung formal dress, evening dress
Gesellschaftsraum lounge, private room
Gesellschaftsreise conducted tour, escorted tour, group excursion, organized tour, party tour
Gesellschaftsreisen party travel
Gesellschaftsreiseverkehr group travel
Gesellschaftsspiel parlo(u)r game, party game
Gesellschaftszimmer function room, assembly room
gesetzlich lawful, legal, legitimate
gesetzmäßig legitimate
gespannt tense
gespickt mit Speck larded
Gesprächsstoff topics of conversation
Gestalt figure
gestatten let, permit
Gestehungskosten cost price
gestern yesterday
gesund healthy, wholesome
Gesundheit health
Gesundheitsamt public health department

Gesundheitsbestimmungen public health regulations
Gesundheitsvorschriften sanitary regulations
Gesundheitszeugnis health certificate
Gesundheitszustand (state of) health
Getränk beverage, drink
Getränk, alkoholfreies non-alcoholic beverage
Getränk, mit Eis(würfel) on the rocks
Getränke nicht inbegriffen drinks extra
Getränke und kalte Speisen im Zug drinks and snacks on board
Getränkeautomat bellcaptain, drink dispenser, soda machine
Getränkekarte list of beverages
Getränkekellner wine-butler
Getreide cereals
Getreideflocken cereals
Getriebe (Fahrzeug) transmission
Getriebe, automatisches automatic transmission
getrocknet dried
getrüffelt truffled
gewähren allow, grant
gewährleisten ensure, guarantee
Gewährleistung ohne rechtliche Verpflichtung warranty without legal obligations
Gewand garment
Gewässerverschmutzung water pollution
Gewerbe trade
Gewerkschaft labo(u)r union, union
Gewicht weight
Gewinn gain, profit, surplus
Gewinnbeteiligung (Tantiemen) profit sharing plan
gewinnbringend profitable
gewinnen (erhalten) benefit, gain
Gewinnrücklagen machen appropriations of retained earnings
Gewinnvortrag einschließlich freie Rücklagen retained earnings
Gewitter eletric storm, thunderstorm
Gewohnheit custom, habit
gewöhnen an accustom to, get used to
gewöhnlich ordinary
gewöhnt an accustomed to
Gewürz spice
Gewürzgurke pickle, pickled gherkin
Gewürznelke clove
Gezeiten tides
gezuckert sugared
gierig greedy
gießen pour
giftig toxic(al)
Gin gin
Gipfel (Gebäck) crescent
Girant endorser
Girat endorsee
Giro endorsement
Girokonto checking account, current account
glänzend shining, glossy
Glas glass
Gläschen tot
Gläser glassware, glasses
Gläsergestell rack
Glasfaserski glass fibre ski
Glasgeschirr glassware
Glasur icing
Glaswaren glassware
glatt slippery
Glatteis glazed frost
Glaubersalzquelle sodium sulphate spring
gleich equal
gleichbedeutend equivalent
gleichgültig indifferent
gleichkommend quasi
gleichmäßig equally, evenly
gleichwertig equivalent
Gleis line, track, rail
Gleise rails
Gletscher glacier

Gletschereis glacial ice
Gletschersee glacial lake, glacier lake
Gletscherspalte crevasse
Gletscherwanderung glacier tour
Glied member, limb
Gliederungsschema der Bilanz balance sheet format
Global-Versicherungspolice insurance-general
Globetrotter globetrotter
Glocke bell
Glücksspiel gambling, game of chance
Glühbirne bulb, electric bulb
Glühwein hot claret with cinnamon and clove, hot wine, mulled claret, mulled wine
gnädige Frau, gnädiges Fräulein madam
Go-Kart-Sport karting
Goldbarsch dorado
Goldmakrele blue fish, gilt head, golden mackerel
Golfausrüstung golf equipment
Golfplatz golf course, links
Golfspieler(in) golfer
Gondel cable car, gondola
Gondelfahrt gondola ride
Gorgonzola Gorgonzola
Gottesdienst divine service, service, mass
Gourmet gourmet
Graben ditch, moat
Grad degree
grafisch darstellen chart
Granatapfel pomegranate
Grapefruit grapefruit
Grapefruit eisgekühlt chilled grapefruit
Grapefruitsaft grapefruit juice
Gratifikation bonus, gratuity
gratiniert browned, graduated
Gratisaktie bonus stock (shares)
Gratiszimmer complimentary room
Gremium committee
Grenzbahnhof frontier station, border station
Grenze boundary, border, frontier
Grenze überschreiten cross the frontier
Grenzformalitäten frontier formalities
Grenzgebiet border area, frontier area
Grenzkostenrechnung marginal costing, direct costing
Grenzstadt border town, frontier town
Grenzstein landmark
Grenzübergang border crossing, frontier crossing
Grenzübergangsstelle border crossing point, fronder crossing point
Grenzübertritt border crossing, frontier crossing
Grenzverkehr border traffic
Grenzzone border zone, frontier zone
Griechenland Greece
Grieß semolina
Grießklößchen gratiniert baked semolina, dumplings
Grießklößchensuppe soup with semolina dumplings
Grießpudding semolina pudding
Grießpudding kalt cold semolina pudding
Grießstrudel semolina pie
Grießsuppe semolina soup
Griff handle
Griff- und Bewegungsstudie micromotion study
Grill grill, barbecue (US)
Grill, vom grilled
Grillbar grill-bar
Grillrestaurant grill-room
Grillstube grill-room
Grippe influenza
Grog grog, toddy
Grog mit Rum hot rum grog
Großabnehmer(in) bulk buyer

großartig magnificent
Großhandelsrabatt wholesale discount
Großmast main mast
Großreparaturen general overhaul
Großsegel main sail
Großwildreservat big-game reservation
großzügig generous
Grotte grotto
Grund cause, reason
Grund (Boden) ground
Grundfahrpreis basic fare
Grundgehalt basic salary
Grundkapital capital stock
Grundlage basis
Grundlagenforschung basic research
Grundlohn basic pay
grundlos groundless, unfounded
Grundpreis basic price
Grundsatz der Bewertungsstetigkeit consistency in valuation
Grundsätze ordnungsmäßiger Buchführung und Bilanzierung generally accepted accounting principles
grundsätzlich fundamental
Grundstück land, real estate
Grundstücke und Gebäude, geleaste leasehold
Grundstückseinrichtungen land improvements
Grundstücksmakler(in) estate agent, realtor (US)
Grundzubereitung pre-preparation
Gruppenbesichtigung group visit
Gruppenbuchung group booking
Gruppenermäßigung group discount
Gruppenfahrt party outing, party trip
Gruppenführung group tour
Gruppenleiter(in) group leader
Gruppenreise group journey, party tour, group travel
Gruppentarif group rate
Gruppenversicherung group insurance
Gruß greeting
Grußkarte greetings card
Gruyèrekäse Gruyère cheese
gründen establish, found
Gründling gudgeon
Gründonnerstag Maundy Thursday
Gründung establishment, foundation
Grüne Versicherungskarte international motor insurance card
Grünfläche open space
Grünkohl green cabbage, kale
Grütze, rote red grits
Gugelhupf plain circle cake, Vienna plum pudding
Gulasch brown stew, goulash
Gulasch, ungarisches Hungarian goulash
Gulaschsuppe goulash soup
gültig valid
Gültigkeit validity
Gültigkeitsdauer period of validity
Gültigkeitserklärung validation
Gummilinse zoom lens
Gummistiefel wellington boots (GB), rubber boots
Gurke cucumber
Gurke, saure pickled cucumber
Gurkensalat cucumber salad
Gürtel, grüner green belt
gut good, well
gut eingerichtet well-furnished
Güte (Qualität) quality
gutbürgerlich plain
gutbürgerlich (Küche) homely
Güteklasse grade
gute Nacht good night
guten Abend good evening
guten Morgen good morning
guten Tag good afternoon
Güter goods
Güterbahnhof freight station, goods station
guter Glaube good faith

Güterkraftverkehr road haulage
Güterverkehr freight traffic (US), goods traffic
Güterwagen freight car (US), goods waggon
Güterzug freight train (US), goods train
Gütezeichen quality label
Gutschein coupon, voucher
Gutschein, noch nicht eingelöster matured coupon
gutschreiben credit
Gutschrift credit entry, credit
Gymnastik gymnastics, exercises

H

Haarbürste hairbrush
Haarklemme hair clip, bobby pin (US)
Haarnadel hairpin
Haarnadelkurve hairpin bend
Haarnetz hairnet
Haarschnitt haircut
Haarspange hairslide
Haarwasser hair lotion
Haarwild furred game
Habensaldo credit balance
Habenseite (eines Kontos) credit side
Hackbeefsteak Hamburger, Hamburger steak, hashed steak Russian style
Hackbraten hashed meat, meat-loaf
Hackbrett chopping board
hacken mince
Hackfleisch ground meat, minced beef, minced meat
Hackfleisch mit braunen Bohnen chili con carne
Hackfleischkotelett vom Kalb chopped veal cutlet
Hackmaschine (für Fleisch) mincer, mincing machine
Hackmesser chopping knife, chopper
Hafen harbo(u)r, port
Hafen am offenen Wasser open-water port
Hafenanlagen docks, port installations
Hafenausfahrt harbo(u)r mouth
Hafenbahnhof harbour station, marine railway station
Hafeneinfahrt harbo(u)r entrance, harbo(u)r mouth, port entrance
Hafengebühren harbo(u)r dues, keelage
Hafengeld port dues
Hafenpolizei harbo(u)r police
Hafenrundfahrt harbo(u)r (boat) tour
Hafenschlepper harbo(u)r tug
Hafenviertel dock area, dock quarter
Hafer oat
Haferbrei porridge, oatmeal (US)
Haferflocken oats, oat flakes
Hafermehl oatmeal
Haferschleim gruel
Haferschleimsuppe oatmeal cream soup
Haft arrest, custody
haftbar responsible
Haftpflicht third party liability
Haftpflichtdeckung liability insurance coverage
haftpflichtig liable
Haftpflichtversicherung liability insurance, third party insurance
Haftung responsibility, liability
Haftungsverhältnisse contingent liabilities
Hagebutte hip
Hagebuttentee hip tea
Hagelversicherung hail insurance
Hahn cock, rooster
Hähnchen (oder Suppenhuhn) und Lauch cock-a-leekie
Haifischflossen shark's fins
Haifischflossensuppe shark's fins soup
Haken hook
halb durch rare

halbe Flasche, eine half a bottle
halbe Portion, eine half a portion
halber Preis half-price
halbes Backhuhn, ein half a fried chicken
Halbfabrikate goods in process
Halbinsel peninsula
halbjährlich semiannual
halbmonatlich semi-monthly
Halbmondpastetchen gefüllt stuffed half-moon patty
Halbpension demi-pension, half pension
halbtags half-day
Halbtagsausflug half-day excursion
Hallenschwimmbad indoor swimming-pool
Hallensport indoor sport
Hallentennis covered-court tennis
Halskette necklace
Halt halt, stop
Halt, planmäßiger scheduled halt, scheduled stop
Halt – Vorfahrt beachten halt at major road ahead
halten halt, stop
halten an, sich follow, stick to
Haltestelle stop
Halteverbot no stopping, prohibition to stop
Halteverbot, heute auf dieser Straßenseite no stopping on this side today
Haltung attitude (Einstellung), posture
Hamburger Hamburger, Hamburger steak
Hammel mutton
Hammel-, Rindfleisch- und Kartoffeleintopf Lancashire hot-pot
Hammelkeule leg of mutton
Hammelragout mutton-stew
Hammelragout irische Art Irish stew
Hammelrippchen mutton chop
Hammelrücken saddle of mutton
Hammelspießchen mutton on skewers
Hand hand
Hand- und Maschinenwerkzeuge tools and dies
handbetrieben hand-operated
Handblasebalg hand bellows
Handbremse hand brake
Handbuch manual
handel bargain, deal, trade, trafficking
handeln bargain, deal, trade
Handelsbrauch trade custom, usage of trade
Handelsgesetzbuch (HGB) commercial code
Handelsschiff merchant ship, trading vessel
Handelssperre embargo
Handelsvertreter(in) commercial agent
Handelsware merchandise, commodity
Handelswechsel trade bill
Handgepäck hand luggage, portable luggage
handhaben handle
Handhabung (z. B. von Gästebeschwerden) handling (of guest complaints)
Handkoffer suitcase
Handlung action
Handlungsreisender commercial travel(l)er
Handschuh glove
Handserviette hand-napkin
Handtasche handbag
Handtuch towel
Handtuchhalter towel-rack
Handwerk handicraft
Handwerker craftsman
Hang slope
Hangar hangar
Hängematte hammock
Hardware hardware
Harpune harpoon
hart hard

hart am Wind segeln sail near to the wind
hart gekocht hard-boiled, hard-cooked
Häschen leveret
Hase hare
Haselhuhn hazel-ben
Haselhuhnragout brown hazel-hen-stew
Haselnuss hazelnut
Haselnusstorte hazelnut tart
Hasenbraten roast hare
Hasenpfeffer jugged hare
Hasenrücken saddle of hare
Hase, junge leveret
hässlich ugly
Hast haste
Haube hood
häufig frequent
Häufigkeit frequency
Hauptbahnhof central station, main station
Hauptbuch general ledger
Hauptbüro head office, main office
Hauptdeck main deck
Haupteingang main entrance
Hauptfleischgang main joint, main meat course
Hauptgang (Speisen) main course, main joint, main meat course
Hauptgericht main course, main dish
Hauptmahlzeit main meal
Hauptreiseverkehr peak tourist traffic
Hauptreisezeit peak tourist season
Hauptsaison high season
Hauptsaisonflugpreis peak season fare
Hauptschlüssel passkey, master key
Hauptspeise main dish
Hauptstadt capital, metropolis
Hauptstraße main road, main street
Hauptteil main part
Hauptverkehrsstraße highway, main road
Hauptverkehrszeit rush hour
Hauptversammlung annual meeting
Hauptverwaltung headquarters
Haus, möbliertes furnished house
Haus-zu-Haus-Gepäckbeförderung door-to-door pick up and delivery service
Hausdame executive housekeeper, housekeeper, matron
Hausdiener bellman, houseman, valet
Hauseigentümer(in) house-owner
Hausgast house guest, resident
hausgemacht home-made
Haushaltsgüter household goods
Haushaltspackung family size package
Haushaltsrechnung family budget
Hausmannskost plain fare
Hausmantel housecoat
Hausmeister(in) caretaker, janitor
Hausnummer house number
Hausordnung house rules, regulations of the house, rules of residents
Hausreinigung house cleaning
Hausreinigungsabteilung housekeeping department
Hausschlüssel house key
Hausschuh slipper
Haustelefon house telephone
Haustier pet
Haustür front door
Hauswährung in-house currency
Hauszeitung house organ, company magazine
Haut skin
Haxe knuckle
Hecht pike
Hechtklößchen pike dumplings
Heck stern, rear
Hecke hedge
Hefe leaven, yeast
Hefeextrakt yeast extract
Hefeteigkuchen mit Früchten fruit savarin
Hefter folder
Heide heath, pagan (Person)

Heidelbeere bilberry, blueberry
Heilanzeige indication
Heilbad health resort, spa
Heilbadekur balneation, course of treatment at a spa
Heilbäder nehmen bathe
Heilbäderwesen balneation
Heilbutt halibut
Heilfaktor curative factor
Heilfaktor, natürlicher natural curative factor
Heilgymnastik physiotherapy
Heilklima curative climate, wholesome climate
Heilkraft curative power, healing power
Heilmethode method of treatment
Heilmittel remedy, cure
Heilmoor curative-mud
Heilquelle medicinal spring, mineral spring, spa
Heilschlamm curative-mud
Heilstätte sanatorium, sanitarium (US)
Heilung cure
Heilwasser medicinal mineral water
Heim hostel, home
Heimat home country
Heimatabend folkloristic evening
Heimatanschrift home address
Heimathafen home port, port of registry
Heimatstadt native town, home town
Heimcomputer home computer
Heimkehr return home, homecoming
Heimreise homeward journey, journey home, voyage home, return trip
heiß hot
Heißluftbad hot-air bath
Heißwasser hot water
Heißwasserboiler water heater
Heiterkeit cheerfulness
Heizöl fuel
Heizung heating
helfen aid, assist, help
Helikopter helicopter
Helikopterflugplatz helicopterport
Heliotherapie sun-light treatment
Henne hen
herablassend reden (mit einem Gast) talk down (to a guest)
herabsetzen reduce
Herabsetzung reduction
herausfordern challenge
Herausforderung challenge
herb dry, tart
Herberge hostel
Herbst autumn, fall (US)
Herbstferien autumn holiday, fall vacation
Herbstmesse autumn trade-fair
Herd stove, range
Herd, elektrischer electric range
Hering geräuchert smoked herring
Heringssalat herring salad
Herkunft origin
Herrenfriseur(in) barber, gentlemen's hairdresser, men's hairdresser
Herrennachthemd night shirt
Herrentoilette gentlemen's cloakroom, gentlemen's lavatory, men's lavatory, men's restroom (US)
herstellen produce
Herstellungskosten, fortgeschriebene durchschnittliche moving average production costs
hervorheben emphasize, highlight
hervorragend outstanding
hervorrufen provoke
Herz heart
herzhaft hearty
herzlich hearty
Herzoginnenkartoffeln dutchess potatoes
Heu hay
Heuhaufen haystack
heute today
Hilfe aid, help

Hilfe leisten assist
Hilfs- und Betriebsstoffe supplies
Hilfsdienst auxiliary service
Hilfskoch assistant cook, junior cook
Hilfsquelle resource
Himbeere raspberry
Himbeereis raspberry ice
Himbeersaft raspberry juice
Himmel sky
Himmelfahrtstag Ascension Day
Himmelsrichtung direction
Himmelsrichtungen, die vier cardinal directions
Hin- und Rückfahrschein roundabout ticket, return ticket
Hin- und Rückflug outward and inward flight, outward and return flight
Hin- und Rückreise outward and homeward voyage, outward and homeward journey
Hin- und Rückreisepreis return fare
hinausgehen über exceed
Hinfahrt outward journey, outward voyage
Hinflug outward flight, outward journey
hinreichend adequate, sufficient
Hinreise outward journey, outward voyage
Hintergrundmusik background music
Hinterland hinterland
Hinterlegung deposit
Hinterlegungsbestätigung certificate of deposit
Hinweis reference, advice
hinzufügen add
Hinzufügung addition
Hirn brains
Hirnsuppe calf's brains soup
Hirsch deer, stag, venison
Hirse millet
hissen hoist
Hitze heat
hitzig passionately
Hobelkäse shaved cheese
Hoch (Wetter) anticyclone
Hochbahn overhead railway
Hochbetrieb great bustle
Hochgarage multi-storey garage
Hochgebirge high mountains
Hochkonjunktur boom
Hochplateau (high) plateau
Hochsaison height of the season, high season, peak season
hochschätzen appreciate
hochseetüchtig ocean-going
Höchstbesetzung mit Personal maximum manning
Höchstgebot highest bid
Höchstgeschwindigkeit maximum speed, top speed
Höchstkredit credit line
Höchstpreis maximum price
Hochstraße mountain road
Hochtourist mountaineer
Hochtouristik mountaineering
Hochwasserversicherung wave damage insurance
hochwertig high value
Hochzeit wedding
Hochzeitsreise honeymoon
hochziehen hoist
Hof court, courtyard, yard
höflich polite
Höflichkeit courtesy
Hofzimmer back room
Höhe height
Hoheitsgewässer territorial waters
Höhenbegrenzung height restriction
Höhenklima mountain climate
Höhenlage high altitude
Höhenluft mountain air
Höhenluftkurort high altitude health resort
Höhenrestaurant mountain restaurant
Höhensonne mountain sun, ultra-violet lamp
Höhenunterschied difference in altitude

höhere Gewalt act of God
Höhle cave
Holding holding company
Holland Holland
Holländische Sauce Dutch sauce
Holsteiner Schnitzel veal collop with fried egg
Holundertee elderberry-tea
Holz wood
Holzfeuer wood fire
Holzkohle charcoal
Holzkohlen-Grillgericht barbecue
Holzkohlenfeuer, vom charcoal broiled
Holzzucker xylose
Honig honey
Honorar fee
Hopfen hop
Hopfensprossen hop sprouts
Hoppelpoppel veal stew with scrambled eggs
Hörensagen hearsay
Horizont horizon, skyline
Hörnchen (Gebäck) half moons
Hörnchennudeln elbow macaroni
Horsd'oeuvre horsd'oeuvre
Hospiz hospice
Hostess hostess
Hot dog hot dog
Hotel hotel
Hotel der gehobenen Mittelklasse upper-bracket hotel
Hotel erster Klasse first class hotel
Hotel für Durchreisende transient hotel
Hotel garni residential hotel, lodging house, bed and breakfast
Hotel internationaler Klasse hotel of international standard
Hotel- und Gaststättenführer hotel and restaurant guide
Hotel- und Gaststättengewerbe hotel and catering trade
Hotel, auf einen bestimmten Gästetyp spezialisiertes single market property
Hotel, erstklassiges high-class hotel
Hotel, gut geführtes hotel under good management
Hotelangestellte(r) hotel employee
Hotelanzeiger hotel directory
Hotelarrangement hotel package
Hotelbelegung hotel booking, hotel occupancy, occupancy
Hotelbesitzer hotel owner
Hotelbetrieb hotel operation
Hotelbetriebsführung operational management
Hotelbett hotel bed
Hotelbettenüberschuss hotel bedrooms surplus
Hotelboy hotel bellboy, boy
Hotelbüro hotel office
Hoteldiener bellman, porter
Hoteldirektion hotel management
Hoteldirektor(in) hotel manager, resident manager
Hoteleigenschaft hotelhood
Hoteleinrichtung hotel furnishings
Hoteleinstufung classification of hotels
Hotelempfangshalle hotel lobby
Hoteletage hotel floor
Hotelfach hotel business
Hotelfachschule hotel training school, school of hotel management
Hotelfriseur haidresser at the hotel
Hotelführer hotel guide
Hotelführung hotel-keeping
Hotelgast hotel guest
Hotelgebäude hotel building
Hotelgelände hotel side
Hotelgröße hotel size
Hotelgrundstück hotel site, hotel property
Hotelgutschein hotel voucher
Hotelhalle hotel entrance hall, hotel foyer, hotel vestibule, lobby, lounge
Hotelier hotel-keeper, hotelier
Hotelkapazität hotel capacity

Hotelkette hotel chain
Hotelklassifizierung classification of hotels
Hotelleitung hotel management
Hotellerie hotel and catering trade, hotel industry, hotel trade
Hotelmanagement, praktisches operational management
Hotelmanager(in) hotel manager
Hotelnebenkosten incidental costs
Hotelordnung hotel rules and regulations
Hotelpage bellboy, bellhop, hotel pageboy
Hotelpension private hotel
Hotelpersonal hotel staff
Hotelportier hall porter, (hotel) doorman (US)
Hotelrechnung hotel bill
Hotelrepräsentant hotel representative
Hotelreservierung hotel booking
Hotelrestaurant hotel dining-room
Hotelstammgast regular hotel guest
Hoteltelegrafenschlüssel, internationaler international hotel code
Hotelunterbringung hotel accommodation
Hotelunterkunft hotel accommodation
Hotelverband hotel association
Hotelvertrag hotel contract
Hotelwesen hotel-keeping, innkeeping, hotel trade
Hotelzettel (Gepäck) hotel label
Hotelzimmer hotel room
hübsch handsome
Hubschrauber helicopter
Hubschrauberlandeplatz helicopterport, air-stop
Hüfte hip
Hügel hill
Huhn chicken
Huhn in Aspik chicken in jelly
Huhn in Tomatensauce mit Pilzen und Eiern chicken stew
Hühnchen baby chicken, pullet, spring-chicken
Hühnerbrühe chicken-broth
Hühnerbrust chicken breast
Hühnerkeule chicken leg
Hülsenfrucht legume
Hülsenfrüchte pulses
Hummer lobster
Hummercocktail lobster cocktail
Hummermayonnaise lobster mayonnaise
Hund dog
Hunde sind an der Leine zu halten dogs must be kept on the lead
Hunger hunger
Hupe horn
hupen honk, hoot
Hupen verboten! No honking!, No hooting!
Husten cough
Hutkoffer hatbox
Hütte hut
Hütte, bewirtschaftete serviced hut
Hüttenkäse cottage cheese
Hüttenzelt umbrella tent
Hutzucker loaf sugar
Hygiene hygiene, sanitation
Hypothek mortgage

I

identifizieren identify
Identifizierung identification
im Widerspruch stehen (zu, mit) disagree (with)
Imbiss luncheonette, snack
Imbissbar (im Restaurant) lunch-counter
Imbisspaket box meal, food pack, lunch packet
Imbissstube café, luncheonette, snack bar, snack counter

Immobilien immovables
Impfbestimmungen inoculation requirements
impfen vaccinate
Impfung inoculation, vaccination
Impfzeugnis certificate of vaccination
Import import
importieren import
in die Praxis umsetzen implement
in Übereinstimmung mit consistent with
Index index
Indisches Geflügelgericht chicken curry
individuell individual
Indossament endorsement
Indossamentverbindlichkeiten contingent liabilities from endorsements
Indossant endorser
Indossatar endorsee
indossierbar negotiable
Indossierbarkeit negotiability
Industrieausstellung industrial fair
Industriegebiet industrial area
Industriemesse industry fair
Information information
Information und Betreuung reception and information office
Informationsbüro information bureau, inquiry office
Informationsdienst information service
Informationsquelle source of information
Informationsreise information trip
Informationstafel information board
Informationsveranstaltung information event
informieren brief, inform
Ingenieur engineer
Ingwer ginger
Ingwerbier ginger beer
Ingwerkuchen pepper cake
Ingwerlimonade ginger ale
Ingwerpudding ginger pudding
Inhaber(in) holder, owner, proprietor
Inhalation inhalation
Inhalationsapparat inhaler
Inhalationskur inhalation therapy
Inkassospesen collection expenses
inkognito incognito
inländisch domestic
Inlandpostgebühren inland postage, domestic postage (US)
Inlandreisen domestic travel
Inlandsflug domestic flight
Inlandsgast national tourist
Inlandsgespräch domestic call
Inlandsstrecke domestic route
Inneneinrichtung interior fittings
Innenhof inner courtyard
Innenkabine inside room
Innenrevision administrative audit
Innenstadt city, town centre, downtown
Innereien innards, offals
Innovation innovation
Insekt insect
Insel island, isle
Inselkreuzfahrt island cruise
Inserat advertisement (Abk.: ad)
Insolvenz insolvency
Installateur plumber
instand halten maintain
Instandhaltung maintenance
Instandhaltung und Wartung – Hardware/Software (Service Center 8) maintenance – hardware/software (schedule 8)
Instandhaltungsauftrag maintenance work order
Instandhaltungskosten maintenance cost
instand setzen repair
Instandsetzung repair
instruieren brief, instruct
Instrument, begebbares (z. B. Wechsel, Scheck etc.) negotiable instrument
Intercity-Zug Inter-City train

Interessengruppe der Jahresabschlussverwender User group
Internationale Fachausstellung für das Hotel- und Gaststättengewerbe International Exhibition of the Hotel and Catering Trade
Internationale Vereinigung der Fremdenverkehrszentralen International Union of Touristic Centers
Internationale Zivil-Luftfahrt-Organisation International Civil Aviation Organization (ICAO)
Internationaler Automobilverband International Automobile Federation
Internationaler Hotelverband International Hotel Association (IHA)
Internationaler Luftverkehrsverband International Air Transport Association (IATA)
Internationaler Verband der Jugendherbergen International Youth Hostel Federation (IYHF)
Internationaler Verband der Reisebüros Federation of Travel Agencies (FIAV)
Internationales Impfzeugnis International Vaccination Certificate
Interpreter (Datenverarbeitung) interpreter
Interzonenverkehr interzonal traffic
Interzonenzug interzonal train
invalide disabled
Inventar inventory
Inventarbücher fixed assets records
Inventur, permanente cycle count of inventories
Inventuraufnahmeblatt tally sheet
Inventurzettel inventory tag
investieren invest
Investition investment
inzwischen meanwhile
Irische See und Ärmelkanal narrow seas
Irland Ireland
irreführend misleading
irren mistake, err
Irrtum error, mistake
Irrtümer und Änderungen vorbehalten errors and alterations excepted
Island Iceland
Ist-Kosten actual costs
Italien Italy
Italienischer Salat Italian Salad

J

Jacht cabin cruiser, yacht
Jachthafen marina
Jacke jacket, coat
Jagd hunt, hunting, shooting
Jagdaufseher gamekeeper
Jagdgebiet hunting ground
Jagdhütte hunting box, shooting box, shooting lodge
Jagdreise shooting trip
Jagdreservat game reserve
Jagdrevier hunting ground, shoot
Jagdsaison hunting season, open season, shooting season
Jagdschein game licence, shooting licence, hunting license (US)
Jagdzeit open season, shooting season
jagen hunt, shoot
Jahr, pro per annum
Jahres- oder Monatsabschluss financial statements
Jahresabschreibung, anteilige pro rata depreciation
Jahresbedarf annual requirement
Jahresdurchschnittstemperatur average annual temperature
Jahrestag anniversary
Jahrestemperatur, mittlere mean annual temperature

Jahresurlaub annual holiday (vacation)
Jahresüberschuss net income, net profit
Jahresverbrauch annual usage
Jahresverdienst annual earnings
Jahresversammlung annual meeting
Jahreszeit season
Jahreszeitsalat season's salad
jährlich annual, per annum, yearly
Jahrmarkt funfair
Jakobsmuschel scallop St. Jacques
Jalousien Persian blinds, Venetian blinds
Jamaikapfeffer pimento
Japan Japan
Jodquelle iodine spring
Joggen jogging
Joghurt yoghourt
Johannisbeere currant
Johannisbeere, rote red currant
johlen maffick
Jolle dinghy, sailing dinghy
Joule joule
Journal journal
Journalbuchung journal entry
Jubiläumsgeschenk anniversary present
Jubiläumszuwendung anniversary gratuity
Jugend youth
Jugendfahrpreis youth fare
Jugendgruppenreise youth group journey
Jugendherberge youth hostel
Jugendherbergsausweis Youth Hostel Association Membership Card
Jugendklub youth club
jugendlich juvenile
Jugendliche(r) youth, adolescent
Jugendreise youth travel
Jumbo Jet jumbo jet
jung young
Jungfernbraten fillet of pork roasted
Junggeselle bachelor
Jungkellner waiter apprentice
Jungkoch junior cook
Jungschwein baby pig
Juwelen jewellery, jewelery
Juwelier jeweller, jeweler

K

Kabarett cabaret
Kabel cable, line cord
Kabeljau cod
kabeln cable
Kabine cabin
Kabine (Seilbahn) cable car
Kabinengepäck cabin luggage
Kabinenkoffer trunk
Kabinenseilbahn cabin cable railway
Kaffee coffee
Kaffee koffeinfrei coffee without caffeine, decaffeinated coffee
Kaffee mit einem Schuss Branntwein lace-coffee
Kaffee mit Sahne coffee with cream
Kaffee türkisch Turkish coffee
Kaffeecremetorte fancy cake with coffee cream
Kaffeekanne coffee pot
Kaffeemühle coffee mill, coffee grinder
Kaffeepause coffee break
Kaffeetasse coffee cup
Kaffee(filter)maschine coffee percolator, coffee machine
Kahn boat, tub
Kahnfahrt boat-ride, boat trip
Kai quay, wharf
Kai, am on the quay
Kaianlagen quayage
Kaigebühren quay dues
Kaigeld quayage
Kaiserschmarrn pancake Emperor style
Kajak kayak
Kajüte cabin
Kakao cocoa
Kakifrucht kaki

Kakipflaume persimmon
Kalb calf, veal
Kalbfleisch veal
Kalbfleisch, eingemachtes stewed veal
Kalbfleisch geschnetzelt chipped veal
Kalbfleisch kalt in Thunfischsoße veal with tuna
Kalbfleischröllchen veal birds, veal olives
Kalbfleischwürstchen small veal sausage
Kalbsbraten roast loin of veal, roast of veal
Kalbsbries sweetbreads
Kalbsbries gebacken calf's sweetbread baked
Kalbsbrust calf's breast
Kalbsbrust gefüllt stuffed breast of veal, roast stuffed breast of veal
Kalbsbrustknorpel calf's gristle
Kalbsfilet fillet of veal
Kalbsfricandeau fricandeau of veal
Kalbsfrikassee fricassee of veal
Kalbsfüße calf's feet
Kalbsgulasch mit Klößen stew of veal with dumplings
Kalbshaxe calf's knuckle, knuckle of veal
Kalbshaxenscheibe sliced knuckle of veal
Kalbsherz calf's heart
Kalbshirn calf's brain
Kalbshirn gebacken calf's brains fried
Kalbskarreebraten rib roast of veal
Kalbskeule leg of veal
Kalbskopf calf's head
Kalbskopf en tortue calf's head with turtle sauce
Kalbskopf gebacken calf's head fried
Kalbskopf in Essigsoße calf's head vinaigrette
Kalbskotelett veal chop, veal cutlet
Kalbskotelett natur plain veal cutlet
Kalbsleber calf's liver, liver of veal
Kalbsleber gebacken calf's liver fried
Kalbsleber geröstet calf's liver roasted
Kalbsleber geschnetzelt shredded calf's liver
Kalbsleberscheiben sliced calf's liver
Kalbsleberspießchen calf's liver on skewers
Kalbslunge calf's lights
Kalbsmedaillon medallion of veal
Kalbsnieren kidney of veal
Kalbsnierenbraten roast loin of veal with kidney
Kalbsnierensteak kidney steak
Kalbsnuss kernel of veal
Kalbsnüsschen small veal steak
Kalbsragout brown veal stew, veal stew
Kalbsroulade rolled veal steak, veal roll
Kalbsröllchen am Spieß rolled veal on skewers
Kalbsrücken saddle of veal
Kalbsschlegel leg of veal
Kalbsschnitzel veal collop, veal scallop
Kalbsschnitzel gefüllt cheese- and ham stuffed veal steak, stuffed veal collop
Kalbsschnitzel paniert breaded veal steak
Kalbsschnitzelchen gespickt larded veal collops
Kalbsschulter shoulder of veal
Kalbssteak veal steak
Kalbszunge calf's tongue
Kalkulation calculation
kalkulieren calculate
Kalorientabelle table of calorific values, calorie chart
kalt cold
kalte Speisen cold dishes

kaltes Büffet cold buffet
Kamera camera
Kamille camomile
Kamillentee camomile tea
Kamin chimney, fireplace, fireside
Kaminecke inglenook
Kamm comb
Kammmuschel scallop
Känguruschwanzsuppe kangoroo tail soup
Kaninchen rabbit
Kännchen jug, pannikin
Kanne jug, pitcher
Kantine (mit großem Warenangebot) commissare store
Kanu canoe
Kanzel (Flugzeug) cockpit
Kapaun capon
Kapazität capacity
Kapazitätsausnutzung utilization of capacity
Kapazitätsausweitung capacity increase, increase in capacity
Kapelle (Kirche) chapel
Kapelle (Musik) band
Kapellmeister bandleader
Kaper caper
Kapernsauce caper sauce
Kapital capital, funds, equity
Kapital, eingebrachtes contributed capital
Kapital, eingezahltes paid-in capital
Kapitalbedarf capital demand, capital requirements
Kapitaleinlage contribution
Kapitalgesellschaft (etwa: Aktiengesellschaft (AG)) corporation
Kapitalrückfluss amortization
Kapitalrücklage additional paid-in capital
Kapitalrückzahlung principal payment
Kapuzinerkresse nasturtium
Karaffe carafe, decanter
Karamellpudding caramel custard, caramel pudding, cup custard, custard pudding
Karfiolsuppe cauliflower soup
Karfreitag Good-Friday
Karnevalszeit carnival season, Shrovetide
Karotte carrot
Karpfen carp
Karriere career
Karte map
Kartei file, card index
Karteikarte file card, index card
Kartenreservierung ticket reservation
Kartenspiel (Gemeinsame Kasse) kitty
Kartenverkauf sale of tickets
Kartoffel potato
Kartoffel, süße sweet potato
Kartoffelbrei creamed potatoes, mashed potatoes, potato mash
Kartoffelchips potato chips (US), potato crisps (UK)
Kartoffelknödel potato dumpling
Kartoffelkörbchen potato basket, potato nest
Kartoffelkroketten croquettes potatoes, potato croquettes
Kartoffeln geröstet broiled potatoes
Kartoffeln in der Schale potatoes in their jackets
Kartoffeln, gebackene baked potatoes
Kartoffeln, neue new potatoes
Kartoffelpuffer potato pancake, potato fritter
Kartoffelsalat potato salad
Kartoffelscheiben gebacken potato crisps
Kartoffelstäbchen gebacken French fried potatoes
Kartoffelstampfer potato masher
Kartoffelsuppe potato soup, soup with potatoes
Karussell merry-go-round, roundabout

Käse cheese
Käse, geriebener grated cheese
Käseauflauf cheese soufflé
Käsebrot cheese sandwich
Käsefondue cheese fondue
Käsekuchen cheese cake, cheese pie
Käsekuchen, süßer sweet cheese cake
Käseplatte selection of cheese, cheese platter
Käseschnitte toasted cheese
Käseschnitte geröstet Welsh rabbit (rarebit)
Käsetörtchen cheese tartlet
Kasse cash register, till
Kasse (Kino etc.) box office
Kasseler Rippenspeer smoked pork ribs, roast smoked spare rib of pork
Kassenbericht, täglicher daily cash report
Kassenbestand cash on hand, cash balance
Kasseneinnahmen, tägliche daily cash receipts
Kasse, kleine petty cash
kassieren collect, charge
Kassierer(in) cashier
Kastanienpüree chestnut-vermicelli
Katalog brochure, catalog(ue)
Kategorie category
Kater (Katzenjammer) hangover
Katerfrühstück hangover breakfast
Kathedrale cathedral
kauen chew
Kauf purchase
Kauf, vorteilhaftester best buy
kaufen buy
Kaufentschluss buying decision
Käufer(in) buyer
Käufermarkt buyer's market
Kaufgewohnheiten buying habits
Kaufkraft buying power, spending power
Kaufvertrag sale contract, contract of sale
Kaufvertrag unter Eigentumsvorbehalt conditional sale agreement
Kaviar caviar
Kaviarbrötchen caviar sandwich
Kedgeree (Reisgericht mit Fisch, Eiern, Zwiebeln) kedgeree
Kefir kefir
Kegel ninepin, skittle
Kegelbahn bowling alley, skittle alley
Kegeln bowling
kegeln bowl, play ninepins, play skittles
Kehrichteimer dustbin
kehrtmachen turn back
Keilkissen bolster
Keilriemen wedge strap, v-belt
Kein Eintritt! No admittance!, No entry!
Keine Durchfahrt! No through road!
Keks, dünner cracker
Keller cellar, basement
Kellerbar dive bar, underground bar
Kellergeschoss basement
Kellerlokal beer cellar, underground restaurant
Kellner waiter
Kellnerin waitress
Kellnerlehrling waiter apprentice
kennen lernen get to know
Kenntnis knowledge
Kenntnisse, praktisch verwertbare working knowledge
Kennzahl index number, code
Kennzeichen mark
Kennzeichen, besondere distinguishing marks
kennzeichnen mark, label
Kennziffer key number, ratio
Keramik pottery, ceramics
Kerbel chervil
Kern kernel, stone
Kern der Sache, der eigentliche heart of the matter
Kerosin kerosene
Kerzenabend evening by candlelight

Kerzenlicht candlelight
Kerzenständer candlestick
Kessel kettle
Kessel, elektrischer electric kettle
Ketchup ketchup
Kette chain
Keule haunch
Keule (Fleisch) leg
Kichererbse chickpea
Kiebitz lapwing, pe(e)wit, plover
Kiebitzeier plover's eggs
Kiesstrand pebble beach
Kilometer kilometre, kilometer (US)
Kinderanimateur(in) children's entertainer
Kinderausweis child's travel document
Kinderbecken children's pool
Kinderbetreuung child care
Kinderbett child's bed, cot, crib
Kinderbrei pap
Kindererholungsheim recreational center for children
Kinderermäßigung reduction for children
Kinderfahrkarte child's ticket
kindergerecht suitable for children, child-appropriate
Kindermädchen nursemaid, nanny
Kinderspeisesaal children's dining-room
Kinderspielplatz children's playground
Kinderspielzimmer children's playroom
Kindertarif children's rate
Kinderzimmer nursery, children's room
Kino movie theater (US), cinema
Kinokarte cinema ticket, movie ticket
Kinoprogramm cinema program, movie program
Kinosaal movie room
Kiosk newsstand, kiosk
Kirchenkonzert church concert
Kirchensteuer church tax
Kirchturm steeple
Kirchweih country fair
Kirsche cherry
Kirschkuchen cherry cake
Kirschlikör cherry brandy
Kirschtorte cherry tart
Kissen cushion, pillow
Kissenbezug pillowcase, pillowslip
Kiste case, box
Kitsch trash
Klage complaint
Klage (Gericht) action
klagen complain
klagen (Gericht) sue
Klappbett foldaway bed, folding bed
Klappsitz folding seat, tip-up seat
Klapptisch foldaway table, folding table, pull-down table
klären clarify, clear
Klärung clarification
Klasse category, class
Klassifikation classification, grading
klassifizieren classify, grade
Klassifizierung classification
Klausel clause
Klausel (in Gesetzen, Verträgen etc.) provision
Klavier piano
Klebstoff glue
Kleid dress, gown
Kleiderablage hall stand, coat rack
Kleiderbügel clothes hanger, coat hanger, hanger
Kleiderbürste clothes brush
Kleiderschrank wardrobe, closet (US)
Kleiderständer coat rack, coat stand
Kleidung clothing
Kleinanzeige small ad
Kleinbus minibus, van (US)
klein gehackt minced
Kleingeld change, coppers
Kleintaxi minicab

Klempner plumber
Kletterausrüstung climbing equipment
Klettern mountain climbing, rock climbing
Klettersport mountain climbing, rock climbing
Klettertour climbing tour
Klima climate
Klima, gemäßigtes moderate climate
Klima, mildes mild climate
Klima, raues severe climate
Klimaanlage air-conditioning
Klimakurort climatic health resort
Klimastation climatological station
klimatisiert air-conditioned
Klimaverhältnisse climatic conditions
Klingel bell
Klingelknopf button
Klinik clinic, hospital
Klipper clipper
klopfen knock
Klopfen knock
Kloß dumpling
Klößchen small dumpling
Kloster monastery
Klub club
Klubabend club evening
Klubhaus clubhouse
Klumpen lump
Knackwurst Frankfurter sausage, saveloy (GB)
Kneipe pub, bar
Kneipentour pub crawl
Kneippanlagen facilities for hydropathic treatment
Kneippkur hydropathic treatment
Knoblauch garlic
Knoblauchsoße garlic sauce
Knochen bone
Knöchel ankle
Knödel dumpling
Knödelsuppe soup with dumpling
Knollensellerie celeriac
Knoten knot
Knurrfisch gurnet
Knurrhahn gurnard
knusprig crisp
Koch cook
kochen boil, cook
Kochen cooking
Kochen in Folie paper bag cooking
Kochgelegenheit cooking facilities
Kochgeschirr cooking utensils, mess tin
Kochkessel kettle
Kochkunst art of cooking, culinary art
Kochnische kitchenette
Kochschrank kitchenette
Kochstelle cooking stove
Kochtopf cooking pot, saucepan
Kodenummer code number
Koffer suitcase
Kofferanhänger baggage label, luggage label
Kofferaufkleber suitcase label
Kofferradio portable radio
Kofferraum (Auto) boot (GB), trunk (US)
Kohl cabbage
Kohlfisch whiting
Kohlrabi kohlrabi
Kohlroulade rolled stuffed cabbage leave
Kohlsprossen (österr.) Brussels sprouts
Koje (Schiff) berth, bunk
Kokosnuss coconut
Kolonialwarengeschäft grocery store
Kolonie colony
Kombiwagen estate car (UK), station wagon (US)
Komfort, moderner luxurious fittings
Kommanditist limited partner
Kommode chest of drawers
Kommunikationssystem, internes internal communicating system
Kompetenz competence
Komplementär general partner
Komposition composition

Kompott preserved fruit, stewed fruit
Kondensmilch condensed milk
Konditor(in) confectioner
Konditorei pastry shop
Konfekt confection
Konferenz conference, meeting
Konferenzraum conference room
Konfitüre jam, preserve
Konfitürenomelett jam omelet(te)
Kongress congress
Kongressberatung congress information service
Königinsuppe cream of chicken
Königsberger Klopse meat-balls in white caper sauce
Konjunktur boom
Konkurrent competitor
Konkurrenz competition
Konkurrenz, scharfe keen competition
konkurrieren compete
Konkurs bankruptcy
Konservatismus conservatism
Konserven preserves, tinned food
Konservenbüchse can, tin
Konsortialbank underwriter
Konsulat consulate
Konsum consumption
Konsument consumer
konsumieren consume
Konten für Kunden (z.B. Firmen) city ledger
Kontenblatt ledger card, ledger sheet
Kontengliederung account classification
Kontenplan chart of accounts
Kontenrahmen chart of accounts
kontieren classify
kontinentales Frühstück continental breakfast
Kontingent quota, contingent
Konto account
Konto, laufendes current account
Konto abschließen close an account
Konto eröffnen open an account
Kontoauszug abstract of account, bank statement
Kontoform account format
Kontokorrent account current (A/C), current account
Kontokorrenteinlage demand deposit
Kontokorrentguthaben current balance
Kontokorrentkonto checking account
Kontrolle control
Kontrolle, eingebaute built-in check
Kontrolle, genaue close control
Kontrolle, scharfe close control
Kontrolle durch Planung budgetary control
Kontrolleur(in) ticket inspector
kontrollieren control
Kontrollliste check list
Kontrollspanne span of control
Kontrollturm control tower
konvertieren convert
Konzernabschluss consolidated financial statements
Konzernbilanz consolidated balance sheet
Konzernumlagekosten management fee
Konzertpavillon bandstand
Konzertsaal concert hall
Konzession (Umsatzbereich 6) concession (schedule 6)
Kooperation cooperation
Kopf head
Kopfkissen pillow
Kopfsalat cabbage lettuce, lettuce
Kopfschmerz headache
Kopiergerät copier
Kopilot co-pilot
Kopplungsverkauf combination sale, tie-in sale
Korinthe currant
Kork cork

Korkenzieher bottle screw, corkscrew
Korkgeschmack corky taste
Körperschaft corporation
Körperschaft, nicht handeltreibende nontrading corporation
Korrespondenzqualität letter quality
Korridor corridor, hallway
koscher (rein nach jüdischen Speisegesetzen) kosher
Kosmetik beauty culture, cosmetics
Kosmetikartikel cosmetics
Kosmetiker(in) beautician
Kosmetiksalon beauty parlo(u)r
Kost, abwechslungsreiche varied diet
Kost, leichte light food
Kost, vegetarische vegetarian diet
Kosten, sonstige direkte (Umsatzbereiche 1-5 im USASH) expenses (schedules)
Kosten der verkauften Erzeugnisse cost of goods sold
Kosten der vermittelten Telefongespräche (Umsatzbereich 3) cost of calls (schedule 3)
Kosten für die Buchführung accounting costs
Kosten pro Bestellung cost per order
Kosten-Nutzen Analyse cost-benefit-analysis
Kostenkontrolle cost control
kostenlos complimentary, gratuitous, free (of charge)
Kostenstellenrechung departmental costing
Kostenvoranschlag cost estimate
köstlich delicious, exquisite
Kostüm suit, costume
Kostümball fancy-dress ball
Kotelett cutlet, rib steak
Kotelett (ohne Knochen) chop
Krabbe crab, prawn, shrimp
Krabben hard-shell crabs
Krabbencocktail prawn cocktail
Krabbenfleisch crabmeat
Kraftbrühe clear soup
Kraftfahrer motorist
Kraftfahrzeug motor vehicle
Kraftfahrzeugbenutzer(in) motor vehicle user
Kraftfahrzeugversicherung motor insurance, motor vehicle insurance
Kraftstrom electric power, power current
Kragen collar
krank ill, sick
Kranken- und Unfallversicherung health and accident insurance
Krankengymnast(in) physiotherapist
Krankengymnastik physiotherapy, remedial gymnastics
Krankenhaus hospital
Krankenhauskostenversicherung hospitalization insurance
Krankenschwester nurse
Krankenurlaub sick leave
Krankenversicherung health insurance, sickness insurance
Krankenwagen ambulance
Krankheit illness, disease
Krankheit, ansteckende contagious disease
Krankheitsrate illness frequency rate
Krapfen doughnut, donut (US), fritter
Kraut herb
Kräuter, feingehackte fine herbes
Kräuterbutter butter with fine herbs, herb butter
Kräuteressig aromatic vinegar
Kräuterkäse green cheese
Kräuteromelett omelet with fine herbes
Kräutertee herb(al) tea
Krautfleisch boiled pork with pickled cabbage
Krautsalat cabbage salad, cole slaw
Krawall affray, riot
Kreativität creativeness, creativity

Krebs crawfish, crayfish
Krebsrahmsuppe bisque of crayfish, crayfish cream soup
Krebsschwanzsalat crayfish salad
Krebssuppe crayfish soup
Kredit credit
Kredit, langfristiger long-term credit
Kredit, nicht in Anspruch genommener unused credit
Kredit gewähren grant a credit
Kreditbeschaffung credit supply
Kreditbürgschaft loan guarantee
Kreditgeschäft credit transaction
Kreditgrenze limit of credit, credit line
Kreditkarte credit card
Kreditkarteninhaber(in) credit card holder
Kreditkartenprovision credit card commission
Kreditkauf credit purchase
Kreditlinie credit line
Kreditmöglichkeiten credit facilities
Kreditquellen credit resources
Kreditrichtlinien credit standards, credit guidelines
Kreditverkauf charge sale
Kreditverkäufe charge sales
Kreditverlust loss of credit
Kreditwürdigkeit credit rating, credit standing
Kreisverkehr roundabout, traffic circle
Kresse cress, water-cress
Kreuzfahrt cruise, crisscross journey, zigzag cruise
Kreuzfahrtgesellschaft cruise line
Kreuzfahrtschiff cruise ship
Krickente teal
Kricketspiel cricket match
kritischer Weg (Netzplantechnik) critical path
Kroketten croquettes
Krug jar, jug, mug, pitcher
Krustentiere crustaceans
Küche cuisine, kitchen
Küche, gutbürgerliche plain cooking
Kuchen cake
Küchenbenutzung use of kitchen, kitchen privileges
Küchenbrigade kitchen brigade
Küchenbüffet kitchen cupboard, kitchen dresser
Küchenchef(in) chef, executive chef
Küchenchef(in), stellvertretende(r) sous-chef
Kücheneinrichtung, maschinelle mechanical kitchen equipment
Küchengerät kitchen utensil
Küchengeruch kitchen smell
Küchenherd stove, kitchen range
Küchenhilfe cook's assistant, kitchen help, pantry girl
Küchenjunge kitchen boy, scullion (GB)
Küchenkraut pot-herb
Küchenmädchen kitchenmaid
Küchenpersonal kitchen personnel, kitchen staff
Küchenplanung kitchen layout planning
Küchlein fritters
kühl chilly, cool, fresh
kühlen chill
Kühler (Auto) radiator
Kühlhaus cold storage
Kühlhauslagerung cold storage
Kühlschrank fridge, refrigerator
Kühltasche insulated picnic bag, cool bag
Kühltechnik cooling technique
Kühlwagen refrigerator car
Kühlwasser cooling water, coolant
Kühlwasser nachfüllen top up the radiator
Küken poussin, young chicken
kulinarische Genüsse culinary delights
Kulturzentrum cultural centre
Kümmel caraway (seed)
Kummer grief, worry
kumuliert zum Datum month-do-date

Kunde customer, patron, client
Kundenbetreuer(in) (vor Ort) tour rep(resentative)
Kundendienst customer service, after-sales service
Kundendienst-Gebühren (Service Center 8) service bureau fees (schedule 8)
Kundengruppe customer group
Kundenkreis clientele
Kundenwunsch (auf-) customer's request (at-)
kündigen give notice, quit, terminate
Kündigung dismissal, termination
Kündigungsquote quit rate
Kündigungsrate labor turnover
Kündigungsschutz dismissal restrictions
Kunstfliegen aerobatics
Kunstgalerie art gallery
Künstler(in) artist
Kunsthändler(in) art dealer
Kunsthonig artifical honey
Kunstmuseum art museum
Kunstreise art historical journey
Kunstsammlung art collection
Kunstschatz art treasure
Kunstzentrum art centre
Kur course of treatment, cure
Kur, zusätzliche supplementary course of treatment, supplementary cure
Kurarzt/Kurärztin spa doctor
Kuraufenthalt stay at a spa
Kurbehandlung cure, spa treatment
Kurbetrieb, ganzjähriger spa open all the year round
Kürbis pumpkin
Kureinrichtungen therapeutical facilities
Kurgast spa guest
Kurhaus spa house
Kurkonzert spa concert
Kurmittel treatment
Kurorchester spa orchestra
Kurort health resort, spa
Kurpark spa park, spa gardens
Kurpatient(in) health resort patient
Kurpfuscher quack doctor
Kurs course, rate of exchange
Kursbuch railway guide, timetable
Kursmaschine scheduled plane
Kursnotierung quotation
Kurswagen through carriage, through coach
Kurtaxe tax de sejour, visitors' tax
Kurve bend, curve
Kurve, scharfe sharp bend
Kurzarbeiter(in) short-time worker
Kurzaufenthalt short stay
kurzfristig short-term
Kurzparker short-term parker
Kurzparkzone zoned street, limited parking zone
Kurzstreckenflug short-distance flight
Kurzurlaub short trip, short-break holiday
Kurzwarenladen haber-dasher
Kürzung reduction
Küste coast, seaside, shore
Küstengebiet coastal area
Küstenkreuzfahrt coastal cruise
Küstenschifffahrt coastal shipping
Küstenstraße coastal road
Kutteln tripe
Kutteln, gedämpfte potstew of tripes
Kutteln in Weißwein gekocht tripe à la mode de Caen
Kuttelnsuppe tripes soup

L

Lachs salmon
Lachsforelle salmon trout
Ladefähigkeit loading capacity
Ladeluke loading hatch
laden load, take shippings

Ladentisch counter
Laderaum hold, cargo bay
Ladeschein carrier's receipt, bill of lading (Abk. B/L)
Ladung cargo, load
Lage location, position
Lage, in der capable
Lage, in ruhiger quietly located
Lager camp
Lager (Waren) stock, store, storeroom
Lager, allgemeines general store
Lageranforderung requisition, storeroom requisition
Lagerhalter storekeeper
Lagerhaus warehouse
lagern keep in stock, store
lagern, im Kühlhaus coldstore
Lagerort location of goods, storage location
Lagerraum storage space
Lagerung storage
Lagerverwalter für Lebensmittel food storekeeper
Lagune lagoon
Laie layman
Laken sheet
Lamm lamb, yeanling
Lammbraten roast lamb
Lammbrust lamb breast
Lammkeule leg of lamb
Lammkotelett lamb cutlet
Lammragout lamb stew
Lammschulter lamb shoulder
Lampe lamp
Lancashirekäse Lancashire (cheese)
Land country, land
Land, an ashore
Land, ans on shore
Landaufenthalt stay in the country
Landausflug outing in the country, shore excursion
Landbezirk rural district
Landebahn landing runway, runway
Landegeschwindigkeit landing speed
landen in land at
Landeplatz landing place, airstrip, wharf
Landesgrenze frontier
Landesspezialität local speciality
Landessprache national language
landesüblich customary, in accordance with local customs
Landeswährung national currency
Landfriedensbruch breach of the (public) peace
Landgasthof country inn
Landhaus cottage, country house
Landkarte map
ländlich rural
Landluft country air
Landpachtrecht (Mietrecht), dingliches leasehold
Landschaft landscape, scenery
Landschaft, natürliche nature
landschaftlich schön scenic
Landschaftsschutz protection of places of natural beauty
Landschinken country ham
Landseite, zur facing inland
Landspitze cape
Landstraße country road
Landstreicher tramp, tramper
Landung landing
Landungsbrücke gangway, jetty, landing-stage
Landungssteg jetty
Landwein local wine
lang long
Länge length
langfristig in the long run, longrange, long-term
Langlauf jogging
Langlauf (Ski) cross-country skiing, langlauf
Langsam fahren! Drive slowly!, Reduce speed now!
Langstrecke long haul, long distance
Langstreckendienst long-distance service
Langstreckenflug long-distance flight

Langstreckenflugzeug longrange plane
Languste rock lobster, spiny lobster
Lappen rag
Lärm noise
Lärmbekämpfung noise control
lärmend feiern maffick
lassen let
Last-Minute-... late availability..., late booking
Lastenaufzug freight elevator, goods elevator
Lastschrift debit entry, direct debit
Lastschriftverfahren direct debiting
Lastwagenanhänger truck trailer
Last(kraft)wagen lorry, truck (US)
Lateinamerika Latin America
Laterne lantern
Laubengang arcade
Laubenpromenade mall
Lauch leek
Lauchgemüse leeks
Lauchsuppe leek soup
Laufbahn career
Laufgang walkway
Laufkundschaft occasional customers
Laufzeit duration
Laufzeit des Kredits credit period
Laune mood
lauwarm lukewarm
lawinengefährdet exposed to avalanches
lawinensicher safe from avalanches
Leasing leasing
Leasing-Bilanzierungsvorschriften capital lease requirements
Leasinggeber(in) lessor
Leasingnehmer(in) lessee
Leasingobjekte leased objects
Leasingrate lease payment
Leasingvertrag, aktivierungspflichtiger capital lease
Lebensart manners, way of living
Lebensgewohnheit living habit
Lebenshaltungskosten cost of living
Lebenslauf curriculum vitae (Abk. CV), résumé (US)
Lebensmittel food, foodstuffs, provisions
Lebensmittelhändler grocer
Lebensmittellagerraum food store
Lebensmitteleinzelhandel food retailing
Lebensmittelgruppe food group
Lebensmittelvergiftung food poisoning
Lebensstandard living standard, standard of living
Lebensversicherung life insurance
Leber liver
Leberkäse leberkaese
Leberknödel liver dumpling
Leberknödelsuppe hot broth with liver dumplings, soup with liver dumplings
Leberpüreesuppe liver puree soup
Leberreissuppe soup with liver rice
Leberwurst liver sausage, leberwurst
Leberwurst mit Sauerkraut liver sausage with sauerkraut
lebhaft lively, animated
Lebkuchen ginger bread
lecken leak
ledig single, unmarried
leer empty
Leerbettgebühr fee paid for non-occupied beds
Leerlaufzeit idle time
leer stehend unoccupied
Legitimation legitimation
Lehnstuhl armchair, easy chair
Lehrfilm training film
Lehrling apprentice
Lehrmethode teaching method, training method
Lehrvertrag contract of apprenticeship, indenture of apprenticeship
Lehrzeit apprenticeship

Leicesterkäse Leicester
leicht light, mild, easy
leicht erreichbar easy to get to
Leichtathletik athletics
leihen borrow, lend
Leihgebühr lending fee
Leihwagen hired car, rental car (US)
Leihwagendienst car hire (rental) service
Leinkuchen linseed cake
Leinsamen linseed
Leipziger Allerlei Leipzig hodge-podge
leisten, sich afford
Leistung efficiency, achievement, performance, productivity
Leistungen öffentlicher Versorgungsbetriebe (z. B. Strom, Gas, Wasser) utilities
Leistungsbeurteilung merit rating
Leistungsbewertung performance appraisal
Leistungseinheit production standard
leistungsfähig efficient
Leistungsfähigkeit efficiency
Leistungsgrad performance
Leistungskontrolle performance control
Leistungsmaßstab performance standard, production standard, standard of performance
Leistungsmessung measurement of performance
Leistungsstandard standard of performance
Leistungsvermögen capacity
leiten manage, lead
leitende(r) Angestellte(r) top executive
Leiter(in) manager
Leiter(in), technische(r) engineer
Leiter(in) der Beherbergungsabteilung rooms division manager
Leiter(in) der Wareneinsatzkontrolle (Speisen u. Getränke) food and beverage controller
Leiter(in) der Wareneinsatzkontrolle (Speisen) food cost controller
Leiter(in) des Rechnungswesens comptroller
Leiter(in) der Hausdamenabteilung executive housekeeper
Leiter(in) der Reservierungsabteilung reservation supervisor
Leitkarte guide
Leitung management
Leitungsentscheidung administrative decision
Lende loin
Lendenschnitte fillet-mignon, fillet of beef, tenderloin steak
Lendenstück loin
Lendenstück, zartes tenderloin
Lerche lark
Lernende(r) learner
Lesesaal reading room
Lesespeicher read-only memory
Lesezimmer reading room
letztendlich in the end
Leuchtreklame illuminated advertising
Leuchtturm lighthouse
Licht light
Lichtbildervortrag lecture with slides
Lichteffekt lighting effect
Lichthupe flashing signal
Lichtschalter switch
lieblich lovely
Lieblingsgericht favo(u)rite dish
Lieferant supplier
Lieferbedingungen terms of delivery
Lieferer supplier
liefern deliver, supply
Lieferschein delivery note, delivery slip
Liefertermin delivery date
Lieferung delivery, supply
Lieferzeit delivery time, time of delivery
Liege couch
Liege, fahrbare roll-a-way

Liegegeld quay dues
Liegehalle open-air veranda
Liegekur open-air rest cure, rest-cure
liegen, in der Sonne bask
Liegeplatz couchette
Liegeplatzgebühr couchette charge
Liegestuhl deckchair
Liegetag layday
Liegeterrasse rest cure terrace
Liegewiese gardens, rest cure lawn, sunbathing lawn
Lifo- und Fifo-Verbrauchsfotgenunterstellungen LIFO and FIFO cost flow assumptions
Lifo-Wert LIFO value
Lift elevator, lift
Liftboy elevator boy, liftboy
Likör liqueur
Limit limit
Limonade lemonade
Limone lime
Limonensaft lime juice
Lindenblütentee lime blossom tea
Linie line
Linienbus scheduled bus, town bus
Linienflug scheduled flight
Linienfluggesellschaft scheduled airline
Linienflugzeug airliner, liner
Linienfunktion line function
Linienmaschine scheduled plane
Linienschiff liner
Linienstelle line position
Linienverkehr regular traffic
Links fahren! Keep left!
Linksverkehr left-hand traffic
Linnen linen
Linse (Gemüse) lentil
Linsensuppe lentil soup
Linzer Torte fancy cake with Linz nut, trellis cake
Lippenstift lipstick
Liptauer-Käse garniert Liptauer garnished
Liquidität liquidity
Liquiditätsgesichtspunkten, nach in the order of their liquidity
Liquiditätslage liquidity position, cash position
Liste list
Listenpreis list price
livriert liveried
Lizenz right, licence, license (US)
Lizenzgeber(in) licensor
Lizenzinhaber licensee
Lockenwickler curler
locker casual, loosely, fluffy
Löffel spoon
Loganbeere (Brombeerenart) loganberry
Loge (Theater) box
Logiergast temporary guest
Logierhaus lodging-house
Logiernacht room night
Logierzimmer guest room
Logis lodging
Lohn pay, wage
Lohnanreiz wage incentive
Lohnerhöhung increase of wages, wage increase
Lohnnebenkosten non-wage labour costs, ancillary wage costs, associated employer outlay
Lohnsteuer und Sozialabgaben, einbehaltene payroll deductions
lokal local
Lokal tavern, pub
Lokalkolorit local colo(u)r
Lokomotivführer(in) engine driver, engineer (US)
Lorbeer laurel
Lorbeerblatt bay leaf
lose loosely
lösen (ein Problem) resolve (a problem)
Losgröße lot size
Losgröße, optimale optimal lot size
Lösung solution
loswerden get rid of

Lothringer Specktorte hot bacon tart
Lotse pilot
lotsen pilot
Lotsendienst guide service
Lotsengebühr pilotage
Lücke gap
Luft, reine ozone
Luftbad air bath
Luftdruck atmospheric pressure
Luftfahrt aviation
Luftfahrtausstellung air display
Luftfahrtgesellschaft airline
Luftfahrtgesellschaft, angeschlossene associated airline
Luftfilter air filter
Luftfracht air cargo, airfreight
Luftfrachtbüro cargo office air
Luftfrachtkosten airfreight charges
Luftfrachtraum airfreight space
Luftfrachtspedition airfreight service
Luftheizung hot-air heating
luftig airy
Luftkarte aviation chart
Luftkissen air cushion
Luftkissenboot hovercraft
Luftkorridor air corridor
luftkrank airsick
Luftkrankheit airsickness
Luftkurort air resort, climatic health resort
Luftloch air hole
Luftmatratze air mattress
Luftpost air mail
Luftpostkuvert air mail envelope
Luftpostpaket air parcel
Luftpostpapier air mail stationary
Luftpumpe air pump
Luftraum air space
Luftreisedienst air passenger service
Lufttaxi air taxi
Lufttemperatur air temperature
Lüftung ventilation
Luftverkehr air traffic
Luftverkehrsgesellschaft air transport company
Luftverschmutzung air pollution
Luftzug draught, draft (US)
Luke hatch
Lunchpaket box meal, lunch packet, packed lunch
Lunge lights, lungs
lustig jolly
Luxus de luxe, fancy, luxury
Luxusbus luxury bus
Luxusdampfer luxury liner
Luxusgüter luxury goods
Luxushotel luxury hotel
Luxusjacht luxury yacht
Luxuskabine luxury cabin
Luxuskategorie luxury category
Luxusreise luxury trip
Luxusrestaurant luxury restaurant
Luxuszimmer luxury room

M

Mädchenname maiden name
Madeira (Wein) Madeira
Madeirasoße Madeira sauce
Magenbitter bitters
Magenfahrplan (Luftfahrt) catering arrangements
Magenstärkung pick-me-up
mager lean, meagre, meager (US)
Magermilch skim(med) milk
Magerspeck lean bacon
mähen mow
Mahlzeit meal
Mahlzeit, gemeinsame table d'hote meal
Mahlzeit, reichliche substantial meal
Mahlzeiten an Bord meals on board ship
Mahlzeitengutschein luncheon voucher
Mahnbrief dunning letter (US), reminder
mahnen remind

Mahnung dunning, reminder
Maibaum maypole
Maifisch shad
Maikräuter woodruff
Mais corn, Indian corn, maize, sweet corn
Maisbrei hominy
Maisbrot (amerik.) pone
Maisflocken cornflackes
Maisgrütze Italian com-pudding
Maiskolben corncob
Maiskuchen, amerikanischer johnny-cake
Maismehl cornflour, cornstarch (US)
Maisonette (zweistöckige Wohnung) duplex
Maisstärkemehl maizena
Majoran marjoram
Makkaroni macaroni
Makrele mackerel
Makrone macaroon
Malerarbeiten und Dekoration painting and decorating
malerisch picturesque, scenic
Malteser Maltese
Malve mallow
Malz malt
Management, mittleres middle management
Managementgebühren management fee
Managementtraining management training
Manager manager
Managerkrankheit managerial disease, stress disease
Mandarine mandarin, tangerine
Mandel almond
Mandelgebäck almond pastry
Mandelkuchen almond cake
Mandelpudding almond pudding
Mandelschnitte almond bar
Mandeltorte almond tart, fancy-cake with almonds
Mangel defect, deficiency, fault, lack, flaw
Mängel shortcomings
Mängelanzeige notice of defects
mangelhaft defective, faulty
mangeln lack
mangels in default of, due to the lack of
Mangold chard, spinach beets, Swiss chard
Mangopflaume mango
Maniküre manicure
Manko shortage
männlich male
Mansarde attic, mansard
Mantel overcoat
Manteltarifvertrag overall labo(u)r agreement
manuell manual
Margarine margarine
Marillenknödel apricot dumplings
Marinade marinade, souse
marinieren marinade
mariniert marinated
Mark marrow
Markbein marrow-bone
Marke brand, mark
Markenbildung branding
Markenname brand
Markenrecht trademark
Marketing marketing
Marketing Manager(in) marketing manager
Marketingkosten, sonstige (Service Center 11) miscellaneous marketing expenses (schedule 11)
Markise awning, sunblind
Markklößchen marrow dumplings
Markknochen marrow-bone
Markstein milestone
Markt market
Markt, freier open market
Marktanalyse market analysis
Marktanteil market share
Marktfähigkeit marketability
Marktführer market leader
Markthalle market hall
Marktliste market list
Marktplatz market place
Marktpreis market price

Marktsättigung market saturation
Marktwirtschaft, freie free enterprise economy
Markt(zeit)wert fair market value
Marmelade jam
Marmeladenbrötchen jam roll
Martini dry Cocktail (ähnlich) Gin and French
Martini Sweet Cocktail (ähnlich) Gin and It
Marzipan marzipan, marchpane
Maschine (Flugzeug) plane
maschinell mechanical
maschinelle Kücheneinrichtung mechanical kitchen equipment
Maschinen und maschinelle Anlagen machinery and equipment
Maskenball fancy-dress ball, masked ball
Maß measure
Massage massage
Masse bulk, mass
Massenkauf bulk purchase
Massentourismus large-scale tourism
Massenverkehrsmittel large-scale public transport
Massenversammlung rally, mass meeting
Masseur masseur
Masseuse masseuse
Maßnahme measure
Maßstab yardstick
Mast mast
Masthähnchen spring chicken
Masthuhn fattened chicken
Mastschwein porker
Matinéevorstellung morning performance
Matjeshering red herring, salt(ed) herring
Matratze mattress
Matrize stencil
Matrixdrucker matrix printer
Matrose sailor
matt dim, weary
Mauer wall
Maulbeere mulberry
Maulesel mule
Maultier mule
Maurer mason
Maut toll
Mayonnaise mayonnaise
Mayonnaiseeier eggs in mayonnaise
Mayonnaisesalat mayonnaise salad
Mayonnaisesoße mayonnaise sauce
Mechaniker(in) mechanic(ian)
mechanisch mechanical
mechanisieren mechanize
Medikament medicine, drug
Meer sea, ocean
Meeraal conger eel
Meeräsche mullet
Meerbarbe mullet
Meerbarsch sea-perch, white bass
Meerbutt brill
Meerdrachen dragon fish
Meeresfrüchte seafood
Meereskrebs marine crayfish
Meerfisch salt-water fish, seafish
Meerrettich horseradish
Meerrettichsoße horseradish sauce
Meerwasser seawater
Meerwasserkur seawater cure, thalassotherapy
Mehl flour
Mehlspeise farinaceous dish
Mehrbenutzersystem multi-user system
Mehrbettzimmer multi-bed room
Mehrheit majority
Mehrpreis für Einzelbelegung supplement for sole use, single room supplement
mehrsprachig multilingual
Mehrtageskarte multi-day ticket
Mehrtagesreise multi-day trips
Mehrwertsteuer value added tax (V. A. T.)
Mehrzweckraum multi-purpose room
Mehrweg- returnable
Meilen sammeln accumulation of miles

Meilenerwerb earning of miles
Meilenguthaben mileage balance
Meilenkonto mileage account
Meilenstein milestone
Meilenzahl mil(e)age
Meinung opinion
Meinung, vorläufige tentative conclusion
Meinungsumfrage opinion survey
Meldeamt registration office
Meldebuch hotel register
melden bei der Polizei, sich register with the police
Meldepflicht, polizeiliche obligation to register with the police
meldepflichtig notifiable
Meldeschein registration form
Meldeschluss (Luftfahrt) check-in time, latest check-in time
Meldezeit reporting time
Melone melon
Melone geeist chilled melon
Menge quantity, amount
Menge, kleine dash
mengen mix, mingle
Mengenstandard quantity standard
Mengenvorgabe quantity standard
Menü menu
Menü für Autofahrer menu for motorists
Menü und Preis fest table-d'hote
Menü zu festen Preisen menu at fixed prices
Menüplanung menu planning
Merchandising merchandising
Merkblatt leaflet
Merkmal feature
Messe fair
Messe-Informationsstelle fair information office
Messegelände exhibition grounds, fair ground
Messeleitung fair authorities
Messer knife
Metropole metropolis
Mettwurst smoked sausage
Metzger butcher
Metzgerei butcher's shop
Meunière Soße meunière sauce
Miesmuschel mussel
Miet- und sonstige Erträge (Umsatzbereich 6) rentals and other income (schedule 6)
mietbar rentable, leasable
Mietbesitz leasehold
Miete hire, rent
Miete, vorausbezahlte prepaid rent
mieten hire, lease, rent
Mieter(in) leaseholder, lessee, tenant, lodger
Mieterträge aus der Vermietung von Räumen im Hotel (Umsatzbereich 6) space rentals (schedule 6)
Mietflugzeug air taxi
Mietgebühr rental charge
Mietvertrag rental contract
Mietwagen hired car, rental car (US)
mietweise on lease
Mietwohngrundstück apartment house property
Mikrocomputer micro computer
Milch milk
Milch, heiße hot milk
Milch, pasteurisierte pasteurized milk
Milchbar milk bar
Milchbrötchen milk roll
Milchgelee junket
Milchhändler milkman
Milchkaffee coffee with hot milk, white coffee
Milchkännchen milk jug
Milchlamm baby lamb
Milchmixgetränk milk shake
Milchreis milk rice, rice pudding
Milchspeise milk dish
mild mild
Minderheitsaktionär minority stockholder
minderjährig underage

Minderjährige(r) minor, infant
Minderjährigkeit age of minority
minderwertig inferior
Mindestaufenthalt minimum stay
Mindestgebot lowest bid
Mindestlohn minimum wage
Mindestpreis minimum rate
Mindestteilnehmerzahl minimum number of participants
Mineralbad mineral bath
Mineralie mineral
Mineralquelle mineral spring, spa
Mineralwasser mineral water, table water
Mineralwasser (halbe Flasche) split
Minestrone minestrone
Minicomputer mini computer
Minigolf miniature golf
Minigolfplatz miniature golf course
Minus minus, deficit
Minzsoße mint sauce
Mirabelle mirabelle plum, yellow plum
mischen merge, mix
mischen, sich mingle
Mischgericht mixture (of food)
Mischkosten semivariable cost
Mischung mix
Mispel medlar
Missbrauch abuse, misuse
missbrauchen abuse, misuse
Missfallen displeasure
missfallen (an etwas Missfallen finden) displease
(to be displeased with s.th.)
Misshandlung ill-treatment
misslingen fail
misstrauen distrust
Missverhalten misconduct
Missverständnis misunderstanding
Misswirtschaft mismanagement
mit dem Auge wahrnehmbar visible
Mitarbeit cooperation
Mitarbeiter(in) employee, member of staff
Mitarbeiter-Beurteilungsskala employee rating scale
Mitarbeiterbefragung employee opinion survey
Mitbesitzer(in) joint owner
Mitbürgschaft joint guaranty, co-surety
Miteigentümer joint proprietor
Mitglied member
Mitglied der Geschäftsleitung officer, member of the management
Mitglied eines Emissionskonsortiums underwriter
Mitgliederbeitrag membership fee
Mitgliedsaufnahme affiliation
Mitgliedschaft membership
Mitgliedskarte membership card
Mitreisende(r) fellow passenger
Mittag noon
Mittagessen lunch(eon)
Mittagsgeschäft lunch business
Mittagspause lunch break, lunch hour
Mittagsrestaurant luncheon-bar, lunch-room
Mittagsschlaf siesta, midday nap
Mittagszeit lunchtime
mitteilen inform
mitteilen (j-m etwas mitteilen) communicate
(to communicate s.th. to s.o.)
Mitteilung note, communication
Mittel funds, means
Mittel, flüssige (Geld) cash, liquid assets, liquid funds
Mittel, vorübergehend angelegte flüssige temporary cash investments
Mittel insgesamt, flüssige total cash
mittel medium
mittelfristig medium-term
Mittelmeer Mediterranean
mittelmeerisch Mediterranean
Mittelmeerraum Mediterranean area

Mittelpunkt focus, hub
Mittelrippenstück (Rind) spiece of the ribs of beef
Mittelstation mid station
Mittelstrecke medium haul
Mittelstreckenflug medium-range flight
Mitternacht midnight
Mix- (und Misch-)getränk mixed drink
Mixed Grill mixed grill
mixen blend
Mixer blender
Mobiliar furnishings
möblieren furnish
Mode fashion
modernisieren modernize
Modernisierungsplan improvement budget
Modeschau fashion show
Modewaren fancy goods
Modewettbewerb fashion contest
Modezeitschrift fashion magazine
modifizieren modify
Modifizierung modification
modisch fashionable
mögen like
Möglichkeit possibility, facility
Mohnbeugel (österr.) poppy-seed bun
Mokka demitasse (US), mocha
Mole jetty, pier, mole
Molkerei dairy
Monatskarte monthly season ticket
Monatsprogramm monthly program
Monatsverbrauch monthly consumption
Mond moon
Mondschein-Bootsfahrt moonlight boat trip
Moorbad mud bath
Moorbehandlung mud treatment
Moorschnepfe snipe
Moos moss
Moral morale
moralisch moral
Morast quagmire
Morchel morel
morgen tomorrow
Morgenland Orient
Morgenrock dressing gown, robe
Moschee mosque
Moselwein Moselle wine
Moskitonetz mosquito net
Motel motel, motor hotel
motivieren motivate
Motorboot motor boat, motor launch
Motorenlärm engine noise
Motorrad motorcycle
Motorroller motor scooter, scooter
Motorschiff motor vessel (MV), motor ship (MS)
Motorschlitten motor sleigh, snowmobile
Möwe sea-gull
Möwenei mew eggs
müde tired, weary
Muffins (engl. Teegebäck) muffin
Müll rubbish, garbage (US), trash (US),
Müllbeseitigung waste disposal, rubbish removal
Mulligatawny curried chicken cream soup
Mulligatawny-Suppe (Geflügelrahmsuppe mit Curry) mulligatawny soup
Müllschlucker waste disposer, garbage chute (US)
multikulturell multi cultural
multilateral multilateral
Multimomentaufnahme work sampling study
Multiplikator multiplier
multiplizieren multiply
mündig of age
mündlich oral, verbal
Mund-zu-Mund-Werbung mouth-to-mouth advertising
Mundwasser mouth wash
Münze coin
Münzfernsprecher coin box
mürbe well-cooked, mellow

Mürbekuchen (getaucht in Sirup, Sherry etc.) trifle
Mürbeteigkuchen shortcake
Muschel mussel, clam
Muschelsuppe clam broth, clam chowder, mussel soup
Muscheltiere seashells
Museum museum
Musical musical
Musik und Unterhaltung music and entertainment
Musikabend evening concert, musical evening
Musikbox jukebox
Musiker musician
Muskatblatt mace
Muskatblüte mace
Muskatellerwein muscatel (wine)
Muskatnuss nutmeg
Muße leisure
Muster sample, pattern
musterhaft exemplary
Muttergesellschaft parent company
Muttersprache native language

N

nach Ankunft upon arrival
nach Verladung when shipped
Nach- und Vorsaison off-peak season
Nachbarland neighbo(u)ring country
Nachbarschaft neighbo(u)rhood
Nachbehandlung after-treatment
nachbestellen reorder
Nachbestellung reorder
Nachfassverfahren follow-up system
Nachfrage demand, inquiry
Nachfrage, jährliche annual demand
Nachkur after-treatment, rest after treatment
Nachfragepreis bid price
Nachfrageprognose predict demand
Nachlass (Rabatt) discount
nachlassen slack off
nachlösen take a supplementary ticket
Nachmittag afternoon
nachmittags p.m. (post meridiem)
Nachmittagstee afternoon tea
Nachmittagstee und Abendessen kombiniert high tea
Nachnahme cash on delivery (c.o.d.)
Nachprüfbarkeit (Rechnungslegung) verifiability
nachprüfen review
Nachprüfung verification
Nachricht message, news
Nachsaison after season, low season
Nachsaisonermäßigung after season reduction
nachsenden redirect
Nachspeise dessert, sweets
Nacht- und Sonntagsdienst night and sunday duty
Nachtarbeit nightwork
Nachtbar nightclub
Nachtbus night bus
Nachteil disadvantage
Nachtfahrt night trip
Nachtflug night flight
Nachthemd nightdress
Nachtisch dessert, sweets
Nachtklub cabaret, nightclub
Nachtleben night life
Nachtlokal nightclub
Nachtpiste night run
Nachtportier night concierge
Nachtrag supplement
Nachtreinigungspersonal nightcleaner
Nachtruhe night rest
Nachtschicht lobster shift, night shift
Nachtschichtvergütung night shift bonus
Nachtschnellzug overnight express
Nachttarif night rate

Nachttelefonist(in) night-telephone operator
Nachttisch bedside table
Nachttopf chamber pot
Nachtverkehr night service, night traffic
Nachtwächter night-watchman
Nachtzug night train
Nachweis proof
Nachzahlung late payment, post payment, subsequent payment
nahe near, near at hand
Nähe vicinity
Nähe, in der near at hand
Naherholungsgebiet local recreation area, greenbelt recreation area
Nahrung food, nourishment
Nahrung aufnehmen ingest
Nahrungsaufnahme ingestion
Nahrungsmittel food, nourishment
Nahrungsmittelverfälschung adulteration of food
Nahschnellverkehrszug fast local train
Nahverkehr local traffic, short-distance traffic
Nähzeug sewing kit
Name name
namens on behalf of
Napfkuchen poundcake
nass humid, moist, wet
Nässe wetness
national national
Nationalfeiertag national holiday
Nationalität nationality
Nationalitätszeichen nationality sign
Nationalpark national park
Nationaltracht national costume
Natron, kohlensaures bicarbonate, natron
Natur nature
Naturalleistung payment in kind
Naturheilbehandlung nature cure
Naturheilkunde naturopathy
Naturheilkundige(r) naturopath
Naturheilverfahren naturopathy
Naturschätze natural resources
Naturschnitzel plain veal steak
Naturschönheit beauty spot
Naturschutz nature conservation, wildlife conservation
Naturschutzgebiet nature reserve
Nautik navigation
Navelorange navel orange
Navigation navigation
Navigationskarte navigation guide
Navigationskunde navigation
Nebel fog, mist
nebelfrei free from fog
Nebenausgaben extras, incidentals
Nebenbetriebe other operated departments, subsidiaries
nebeneinander liegende Zimmer adjoining rooms
Nebengebäude annex, adjoining building
Nebengebühr extra
Nebenkosten additional charge, incidental charges
Nebenstelle branch office
Nebenstraße by-road, side street
Nebenstrecke branch line
neblig foggy, misty
Negativ negative
nehmen, an Bord take shipping, take on board
nennen name
Nennkapital authorized shares
Nennwert face value, par value
nett kind, nice
Nettoeinzahlungsüberschüsse, diskontierte present value of future cash flow
Nettoerlös net revenue
Nettoumsatz net revenue
Netzplantechnik (CPM-Methode) Critical Path Method
Neubuchung new booking
Neuheit novelty
Neujahrskreuzfahrt New Year's cruise
Neujahrstag New Year's Day

Neuklassifizierung reclassification
Neunauge lamprey
Neuschnee new fallen snow
Neutralität (Rechnungslegung) neutrality
Nicht berühren! Don't touch!
nicht erfüllen fail
nicht haben lack
Nicht hinauslehnen! Do not lean out!
nicht mögen dislike
Nicht öffnen! Do not open!
nicht unwahrscheinlich reasonably possible
nicht übereinstimmen (mit) disagree (with)
Nichte niece
Nichterfüllung nonfulfillment, failure of performance
Nichtlieferung nondelivery
Nichtraucher(in) non-smoker
Nichtraucherabteil non-smoker compartment
Nichtraucherbereich non-smoking area
Nichtraucherflug non-smoking flight
Nichtschwimmer non-swimmer
Nichtschwimmerbecken non-swimmers' pool
Nichtzutreffendes streichen! Delete which is inapplicable!
Niederlassung establishment
Niederschlag precipitation, rainfall
Niederstwertprinzip at the lower of cost or market
niederträchtig mean
Niere kidney
Nierstückbraten roast sirloin of beef
nippen sip
Niveau level
Nominalbetrag face value
Nominalkapital nominal capital, authorized shares
Nominalwert par value
Non-Stop-Flug non-stop flight
Nordsalm Scandinavian salmon
Nordwind north wind
Normalarbeitszeit regular working time
Normalleistung normal performance
Normalnull = NN sea level
Normung standardization
Not distress
Notadresse emergency address
Notausgang emergency exit
Notbremse communication cord (GB), emergency brake
Notbremse ziehen pull the emergency brake
Notfall emergency
Nothilfe emergency help
notieren note, quote
Notiz memorandum, note
Notizen machen take notes
Notlage distress
Notlage, finanzielle financial distress
Notlandung emergency landing, forced landing
Notleine communication cord
Notrutsche emergency chute
Notsitz folding seat, jump seat (US)
Notstand state of emergency
nötigen compel
nüchtern sober
Nudel noodle
Nudelbrett pastry board
Nudelholz rolling pin
Nudeln, grüne green noodles
Nudeln, hausgemachte home-made noodles
Nudelsuppe noodle soup
null zero, nil
null und nichtig null and void
Nullkontrolle zero balancing
Nummer (Telefon) line
Nummer, fortlaufende consecutive number
Nummernschild number plate, license plate (US)
nur Übernachtung (Ü) bed only
Nuss kernel, nut
Nussbeugel (österr.) nut bun

Nussbutter browned butter, nut butter
Nusseis nut ice
Nusspudding nut pudding
Nusstorte fancy cake with nuts, nut tart
Nutzen benefit
Nutzen bringen benefit
nützen benefit
Nutzenschwelle break-even point
Nutzlast payload
Nutzungsdauer, betriebsgewöhnliche useful life of the asset

O

Oase oasis
obdachlos homeless
Oberbett upper berth
Oberdeck upper deck
Oberkellner head waiter, maitre
Objektiv lens
Obligation debenture, obligation
obligatorisch mandatory
Observatorium observatory
Obst, gemischtes mixed fruit
Obst- und Gemüsehändler greengrocer
Obstgelee fruit jelly
Obsthändler(in) fruiterer
Obstkuchen fruit cake, fruit pie, flan
Obstsalat fresh fruit cup, fruit salad
Obstschüssel fruit bowl
Obsttorte fruit flan, fruit tart
Obsttörtchen tartlet
Ochse ox
Ochsenbraten roast beef
Ochsengaumen ox-palate
Ochsenmaulsalat ox-muzzle salad, pickled beef's muzzle, salad of ox-palate
Ochsenrippenstück prime rib of beef, rib of beef
Ochsenschwanz oxtail
Ochsenschwanzragout oxtail stew
Ochsenschwanzsuppe oxtail soup
Ochsenschwanzsuppe, gebundene thick oxtail soup
Ochsenschwanzsuppe klar clear oxtail soup
Ochsenzunge ox-tongue
Ochsenzunge gebraten braised ox-tongue
ofengebacken oven-baked
Ofenheizung stove heating
offen open
Offenlegung disclosure
öffentliche Anlagen public gardens
öffentliche Bekanntmachung public notices
öffentliche Fernsprechzelle public call box
öffentliche Toilette comfort-station, public convenience, public lavatory
öffentliche Verkehrsmittel public transport
Öffentlichkeit publicity
Öffentlichkeitsarbeit public relations
offerieren offer
Offerte offer
offiziell official
öffnen open
ohne without
ohne Berechnung free of charge
ohne weiteres readily
Ohrenschützer earmuffs
Ohropax ear plug
Ökologie ecology
ökologisch ecological
ökonomisch economical
Öl oil
Ölheizung oil heating
Olive olive
Olive, große grüne queen olive
Olive, reife ripe olive
Olive gefüllt stuffed olive
Olivenöl olive oil
Ölsardinen sardines
Ölstand oil level
Ölwechsel oil change

Plan blue print, plan
Plane awning
planen schedule
Plankostenrechnung standard cost accounting
planmäßig on schedule, scheduled
Planschbecken paddling pool
planschen paddle, splash
Planung planning
Planung der Speisekarte menu planning
Planziel target
Plastikbeutel plastic bag
Platte plate, platter, serving dish
Plattenlaufwerk disk drive
Platz (Ort) square
Platz (Sitz) seat
Platz, besetzter taken seat
Platzanweiser usher
Platzanweiserin usherette
Platzanzahl, begrenzte limited number of seats
Platzbelegung, elektronische teleregister
Platzbestellung booking of seats, seat reservation
Plätzchen biscuit, cookie (US)
Platzkarte reserved seat ticket, ticket for reserved seat
Platzkarten erforderlich seats should be reserved in advance
Platzkartengebühr seat reservation fee
Platzmiete tennis court fee
Platzregen downpour
Platzreservierung seat reservation
Platzzahl number of seats, number of places
Platzzuteilung allocation of seats
Plinsen buckwheat pancakes
Plötze roach
Plumpudding (engl. Weihnachtskuchen) plum pudding
Pockenschutzimpfung variolization
Pokerspiel poker
polieren polish
Politesse meter maid (US), traffic warden
Politik policy, politics
Politik der offenen Tür open-door policy
Polizei police
Polizeipräsidium police headquarters
Polizeirevier police station
Polizist constable, policeman
Pommes frites chips, French fried potatoes, chipped potatoes
Popkonzert pop concert
Popmusik pop
Porree leek
Porridge porridge
Portal entrance, portal
Porterhousesteak, kleines T-bone steak
Portier porter, concierge
Portion portion
Portionsgröße portion size
Porto postage
Portogebühr postal rate
Portwein port wine
Porzellan china, porcelain
Porzellan- und Glaswaren china and glassware
Position position
Positionslicht navigation light
Post mail
Postamt post office
Postanweisung postal money order, postal order
Postanweisung, internationale international money order
Postbezirk postal district
Postbus post office bus
Posten (Rechnung) item
Posten, transitorische deferred item
Poster poster
Postfach pigeon hole, post office box
postfertig ready for mailing
Postflug mail flight
Postflugzeug mail plane

Postkarte postcard
postlagernd general delivery (US), poste restante
Postleitzahl postal code, zip code (US)
Postliste mailing list
Postscheckamt postal giro office
Postscheckkonto postal check account
Postsparkonto postal savings account
Poststempel postmark
Postzustellung postal delivery
Poularde poulard
Pökelfleisch corned beef, pickles pork
Pökelrindfleisch salted beef
Pökelzunge red beef tongue
prächtig magnificant
Praktikant(in) trainee, intern
praktisch practical
Pralinen chocolates
Prämiensystem incentive system
Präsidenten-Suite presidential suite
Praxis experience
Preis price, rate
Preis, angemessener reasonable price
Preis, ermäßigter reduced rate
Preis, freier open price
Preis, kontrollierter administered price
Preis anheben jack price
Preis drücken cut price
Preis einschließlich sämtlicher Kosten FAS price
Preis erhöhen raise price
Preis für ein Doppelzimmer, höchster double occupancy rack rate
Preis je Tag und Person price per day and person
Preis-Leistungsverhältnis cost/performance ratio, price-performance ratio
Preis pro Einheit unit price
Preis senken cut price
Preisänderungen vorbehalten prices subject to alteration
Preisangabe quotation (of prices)
Preisangebot machen quote
Preisanpassung adjustment of prices
Preisbeschränkung rate restriction
Preisdruck dumping
Preise auf Anfrage prices on request, rates on application
Preise einschließlich Bedienungsgeld und Mehrwertsteuer prices include service charge and value added tax
Preise ohne Gewähr prices without guarantee
Preise schließen die folgenden Leistungen ein prices include the following services
Preiselbeere cranberry, red bilberry
Preiserhöhung advance in price, price increase
Preisermäßigung price cut
Preisfestsetzung pricing
Preisfestsetzungsverfahren, nachfrageorientiertes yield management
preisgeben give away, reveal
Preisgefüge price structure
Preisklasse price category
Preislage, mittlere medium priced, moderate rate
Preisliste price list
Preisnachlass price allowance, rebate
Preisniveau level of prices
Preisnotierung quotation
Preisobergrenze price ceiling
Preispolitik price policy
Preisschild price tag
Preisschwankung fluctuation of price
Preissenkung mark down, reduction of the rates
Preissteigerung advance in price
Preisunterbietung dumping

Presseerklärung press release
Presseinformation press release
Pressemitteilung press release
Pressereise press tour
Presskopf head cheese, pressed hog's head
Priorität precendence, priority
Prise (Salz) dash, pinch
Privatbadestrand private bathing-beach
Privatbesitz private property
Privatflugverkehr private air traffic
Privatgrundstück private property
Privathaus private house
Privatjacht private yacht
Privatkonto drawing account
Privatsphäre privacy
Privatwagen private car
Privatzimmer private room
pro Tag per day
Probe (Muster) pattern
Probe, auf on trial
Probebilanz trial balance
Probelauf trial run
probieren attempt, try
Produkt product
Produktentwicklung product development
Produktionsmenge output
Produktionsplanung production planning
Produktionssteuerung production control
Produktivität productivity
Produktqualität product quality
professionell professional
Profi professional
Prognose forecast
Prognosefaktor forecast factor
Programm package, program (US), programme (GB)
Programmänderung change in the program
Programmiersprache programming language
Projektor projector
Promenade promenade
Promenadendeck promenade deck
prompt readily
Propangas propan gas
Propellerflugzeug airscrew-driven aeroplane
Prosit! Cheerio!, Cheers!, To your health!
Prospekt booklet, brochure, leaflet, prospectus
Prost! Bottoms up!
Protokoll minutes
Proviant provisions
Proviantkorb luncheon-basket
Provision commission
Provision der Konsortialführerin management fee
Provision gewähren grant a commission
Provisionsertrag (Umsatzbereich 6) commission (schedule 6)
Provisionssatz, zusätzlicher overriding commission
provozieren provoke
Prozess action, litigation
Prozessrisiko risk of litigation
prüfen audit, examine, inspect, test
Prüfer auditor
Prüfliste check list
Prüfmeinung opinion
Prüfung test
Prüfung an Ort und Stelle spot check
Prüfung des betrieblichen Finanz- und Rechnungswesens financial auditing
Prünelle prunelle
Pub pub
Public Relations public relations
Publikation publication
Publizität publicity
Pudding pudding
Puder powder
Puderzucker icing sugar
Pufferzeit (Netzplan) buffer time
Puffmais popcorn
Pullmanwagen Pullman (car)
Pult desk

Pulver powder
Pulverschnee powder snow
Pumpernickel Westphalian rye-bread
Punkt, markanter (z.B. bei Wegbeschreibungen) landmark
Punsch punch
Puppe doll
pur pure
Puter turkey
PX (Warenhaus für amerik. Armeeangehörige) PX (post exchange)

Q

Quacksalber quack doctor
Qualifikation qualification
qualifizieren qualify
qualifiziert qualified
Qualität quality
Qualitätsbewertung quality evaluation
Qualitätskennzeichnung grade inspector
Qualitätskontrolle quality control
Qualitätskontrolleur(in) quality inspector
Qualitätsprüfung der Speisen food test
Qualitätssicherung quality assurance
Qualitätsstandard quality standard
Qualitätsüberprüfungsprogramm quality assurance program
Qualle jellyfish
Quantität quantity
Quarantäne quarantine
Quark curd cheese
Quarkknödel white cheese dumpling
Quarktaschen pastry envelopes filled with white cheese
Quart (1.136 Liter) quart
Quartal quarter
Quarter (amerik. Münze) quarter
Quartier lodging, quarters
Quartiergeber landlord
Quartiermeister quartermaster
quasi quasi
Quell- und Zielmärkte source market
Quelle fountain, spring
Quellpavillon pump room
Quellwasser spring water
Querulant troublemaker
Querverweis cross-reference
Quitte quince
quittieren give a receipt for
Quittung receipt
Quote quota
Quotient quotient
quotieren quote

R

Rabatt allowance, discount, rebate
Rabatt (Händler-) trade discount
Rad (Fahrrad) bike
Raddampfer paddle steamer, side-wheeler
Radfahrweg cycle track
Radieschen radish
Radio radio, wireless
Radio in allen Zimmern radio sets in every room
Radioübertragung transmission
Radlermaß shandy
Radonquelle radon spring
Radtour cycling tour
Radtourist(in) cycling tourist
Radurlaub cycling vacation
Radwanderung bike excursion
Ragout fricassee, hash, ragout, stew
Ragout, weißes white stew
Rahm cream, sweet cream
Rahm, saurer sour cream
Rahmenbedingung basic conditions, determining factor, general conditions, general framework, general set-up

Rettungswagen ambulance
revidieren revise
Rezept (Küche) recipe
Rezeption reception desk
Rhabarber pie-plant (US), rhubarb (GB)
Rheinsalm Rhine salmon
Rheinwein (weißer) hock, Rhine wine
richten nach, sich act on
richtig correct, right
Richtlinie regulation
Richtlinien business policy
Richtung direction
Richtungspfeil direction arrow
riechen smell
Riesenslalom giant slalom
Rind cow
Rinde peeling
Rinderbrust brisket of beef
Rinderschmorbraten potted beef, stewed beef
Rinderschwanzstück geschmort braised aitchbone
Rindfleisch beef
Rindfleisch, gekocht boiled beef
Rindfleisch in Essig und Öl cold beef in vinegar
Rindfleischsalat salad of boiled beef
Rindsbraten joint of beef, roast beef
Rindsfilet fillet of beef, tenderloin
Rindsfilet im Blätterteig tenderloin of beef „Wellington"
Rindsgulasch beef stew
Rindslendenbraten roast fillet of beef
Rindsmagen in Milch und Wasser tripe and onions
Rindsragout brown beef stew
Rindsrostbraten top cut roast
Rindsroulade rolled braised beef, beef olive
Rindszunge geräuchert smoked beef tongue
Rind(vieh) cattle
Ringbahn belt line, circle railway
Ringstraße belt highway, circular road, ring road
Rippchen rib
Rippenspeer spare-rib
Risiko hazard, risk
risikoreich risky
Risikoübernahme, volle full coverage
riskieren risk
Roastbeef roast sirloin
Roastbeef, englisches roast beef (English style)
Rochen ray
Rodelbahn toboggan run, toboggan slide
Rodelhang coasting slide, toboggan run, toboggan slide
Rodellift sledge tow, toboggan tow
Rodeln luging, tobogganing (US)
rodeln toboggan
Rogen roe
Roggen rye
Roggenbrot rye bread
roh raw
Rohertrag gross proceeds, gross yield
Rohgewinn gross profit
Rohkost raw vegetables
Rohkostplatte salad plate
Rohmaterial raw material
Röhre tube
Rohrpost tube post
Rohschinken raw ham
Rohstoff raw material
Rollbahn runway
Rollbraten rolled beef
Roller scooter
Rollfilm roll film
Rollgeld cartage, wheelage
Rollmops rolled herring, rollmop
Rollschinken rolled ham
Rollschuhbahn skating rink
Rollstuhl wheelchair
Rolltreppe escalator
Röntgenaufnahme X-ray photo

Roquefort-Käse Roquefort
Rose rose
Rosenkohl Brussels sprouts
rosig gebraten medium done
Rosine raisin
Rosinenpudding baked sultana pudding
Rosmarin rosemary
Rost grill
Rostbraten boned rips of beef, roast beef
Röstbrot grilled bread
Röstbrotschnitte toast
Röstbrotwürfelchen fried sippets
Rösti hash brown potatoes
rot red
Rotbarbe red mullet
Rotbrasse sea-bream
Rote Beete beetroot
Rote Beete-Salat beetroot salad
rote Grütze red grits
rote Rübe red beet
rotieren rotate
Rotkohl red cabbage
Rotwein red wine
Rotzunge dab, lemon-sole
Roulade collared beef, roulade
Routinearbeit routine work
routiniert experienced
Rübe, rote red beet
Rübe, weiße swede, turnip
Rübensuppe, russische rote Russian beetroot soup
Rückantwortkarte reply postcard
Rückbeförderung return transportation
Rückbestätigung (über eine erfolgte Buchung) reconfirmation
Rückbürgschaft counter security
Rücken (Fleisch) saddle
Rückenschmerzen backache
Rückenstück saddle
Rückenstück vom Lamm baron of lamb
Rückenwind tail wind
Rückfahrkarte return ticket, roundabout ticket
Rückfahrt return journey, return trip
Rückflug return flight
Rückflugbestätigung confirmation of return flight
Rückgabe return
Rückgang decline
rückgestellt accrued
Rückholservice return transfer
Rückinformation feedback
Rückkaufswert von Lebensversicherungen cash surrender value of life insurances
Rückkehr return
Rückkoppelungsqualität (Rechnungslegung) feedback value
Rücklage einschließlich Gewinn- oder Verlustvortrag, freie unappropriated surplus
Rücklagen reserves
Rücklagen, offene unappropriated retained earnings
Rücklagen, stille hidden reserves
Rücklagen, zweckgebundene appropriated retained earnings, appropriated surplus
Rücklagen und Gewinnvortrag stockholder's equity
Rückreise return journey, return trip, return voyage
Rückreiseverkehr homeward tourist traffic
Rückreiseversicherung return trip insurance
Rucksack backpack, rucksack
Rucksackreisen backpacking (travel / trips)
Rückstand, im in arrears
Rückstellung für Ertragssteuer accrual for income tax, income tax reserve
Rückstellungen provision for estimated liabilities, accrued liabilities, loss contingencies, accrual
Rückstellungen, sonstige (Handelsrecht) accrued liabilities

Rücktritt cancellation, resignation, withdrawal
Rücktrittsfrist escape period
Rücktrittsrecht right of rescission
Rückvergütung refund
rückwärtiges Zimmer back room
rückzahlbar repayable
Rückzahlungsbetrag repayment amount
Rückzahlungsverpflichtungen (im Jahresabschluss) sinking fund requirements
Ruder oar
Ruderboot rowboat (US), rowing boat
rudern row
Ruf reputation
Ruhebank park bench
Ruheraum rest room
Ruhestand retirement
Ruhezeiten hours of rest
Ruhezone rest area
ruhig calm, quiet
ruhig werden calm down
Ruine ruin
Rum rum
Rumbaba rhum-baba
Rummelplatz amusement park, fun-fair
Rumpsteak rumpsteak
Rumpsteak am Rost rumpsteak grilled
rund round
Rundblick panorama
Runde round
Rundfahrt circular tour, trip
Rundflug excursion flight, sight-seeing flight
Rundfunk broadcasting, radio
Rundfunkwerbung broadcast advertising
Rundgang round tour, walk round
Rundreise circle trip, circular tour, circular trip, round trip
Rundreisefahrschein circle trip ticket
Rundschreiben circular
Rundsicht panorama
Rundzelt bell tent
Russische Eier eggs Russian style, mayonnaise eggs, Russian eggs
rutschig slippery
Rühreier scrambled eggs

S

Sachanlagevermögen abzüglich Abschreibungen net property and equipment
Sache concern
Sache, bewegliche chattel
Sacheinlage contribution in kind
Sachertorte chocolate cake Sacher style, fancy cake with chocolate
Sachkenntnis knowhow
Sackgasse blind alley, cul-de-sac, dead end
Safari safari, trekking
Safran saffron
Safranreis risotto with saffron, saffron-risotto
Saft juice, sap
Saftgulasch beef stew in juice
saftig juicy
Sahne cream, sweet cream
Sahnebaiser meringue
Saibling char
Saison season
Saison, tote off-season
Saison, vorherige previous season
Saisonaufschlag seasonal price increase
Saisonbetrieb seasonal establishment, seasonal service
Saisoneröffnung opening of the season
Saisongeschäft seasonal business
Saisonhotel seasonal hotel
Saisonhotellerie seasonal hotel trade
Saisonkarte season ticket
Saisonschwankung seasonal fluctuation, seasonal variation
Saisonspitze seasonal peak

Saisonzuschlag seasonal surcharge
Sakko jacket
Salami salami
Salat salad
Salat, gemischter mixed salad, tossed salad
Salat, grüner green salad
Salatschüssel salad bowl
Salatsoße dressing, salad dressing
Salatsoße französisch French dressing
Salbei sage
saldieren net (offset)
saldieren (Konto) balance (an account)
Saldo balance
Saldo ermitteln balance (an account)
Salm salmon
Salm, pochierter boiled salmon
Salmmayonnaise salmon mayonnaise
Salmmittelstück salmon cut, salmon cutlet
Salmonellen salmonellae
Salon parlo(u)r
Salon-Schlafwagen Pullman(car)
Salonwagen saloon carriage
Salz salt
Salzbretzel pretzel
Salzburger Nockerl Salzburg sweet dumpling
salzen salt
Salzfässchen salt cellar
Salzgurke pickled gherkin, salted cucumber
Salzkartoffeln boiled potatoes, plain boiled potatoes
Salzmandeln salted almonds
Salzstreuer salt cellar, saltshaker (US)
Samenkorn seed
Sammeleinkauf group buying
Sammelfahrschein group ticket
Sammelfahrt group outing
Sammelgarage large-capacity garage, multi-car garage
sammeln collect, rally
Sammelpass collective passport, group passport
Sammelpunkt meeting place
Sammelstelle meeting place, place of assembly
Sammelvisum group visa
Sammlung collection
Sanatorium sanatorium, sanitarium (US)
Sandbad sand bath
Sandbank sandbank
Sandburgenwettbewerb sandcastle competition
Sanddüne sand dune
Sandkuchen Madeira cake
Sandsteinfelsen sandstone rock
Sandstrand sandy beach
Sandwich sandwich
sanieren reorganize
sanitäre Anlagen sanitary facilities
Sardelle anchovy
Sardellenbutter anchovy butter
Sardellenbuttersoße anchovy butter sauce
Sardellensoße anchovy sauce
Sardellenstäbchen anchovy straws
Sardine, große pilchard
Sardinen in Öl sardines in oil
satt (sein) to be full
sättigen/sättigend saturate/filling, saturating
sauber neat, tidy
Sauberkeit cleanliness
Säuberung cleaning
Sauce Béarnaise Béarnaise sauce
Sauce Hollandaise Hollandaise sauce
Sauciere sauce boat, gravy boat
sauer acid, sour
Sauerampfer sorrel
Sauerbraten braised beef marinated, German pot roast, sauerbraten
Sauerkraut pickled cabbage, sauerkraut
Sauerkrautplatte sauerkraut with smoked meat, ham and sausage
Sauerstoffbad oxygen bath

Sauerteig leaven, sourdough
saufen guzzle, booze
Säuglingsbetreuung baby care
Saum hem
säumig tardy
Sauna sauna
sauterne Sauterne
Schabkäse, heißer hot Swiss cheese-mush
Schablone template
Schachtel box
Schaden damage, disadvantage, loss
schaden damage, harm
Schadenersatz compensation (for damages), damages
Schadenersatz leisten pay damages
Schadenersatzanspruch claim for damages
Schadenersatzklage action for damages
Schadensanzeige notice of claim
Schadensersatzverpflichtung (aus Produkthaftung) product liability claim
Schadensfall event of loss
Schadensfeststellung ascertainment of damage
Schadenshaftung liability for damages
Schadensregulierung loss settlement
schadhaft defective
schädigen aggrieve, damage
Schaffner(in) conductor (US), guard (GB)
Schafskäse sheep's cheese, feta cheese
Schale peel, peeling
schälen peel
Schalentier shellfish
schalldicht soundproof
Schallplatte record
Schalotte scallion shallot
Schalter (z. B. Bank-) window
Schalterbeamter booking clerk, ticket clerk
Schalterhalle booking hall
Schalterstunden der Bank banking hours
Schalthebel gear lever
Schaltjahr leap year
Schalttafel switchboard
Schampus fizz, bubbly
Schankerlaubnis und Gewerbeaufsicht licenses and inspections
Schankkellner barman, bartender, tapster
Schankkellnerin barmaid
Schankstube taproom
Schanktisch bar
Schankwirt tavern-keeper, publican, saloonkeeper
scharf (gewürzt) deviled, highly seasoned, hot, spicy
Schatten shadow
schattig shady
schätzen esteem, estimate, rate
Schätzung appraisal, estimate
Schätzung, grobe rough estimate
schauen look
Schaufensterbummel window-shopping
Schaukasten showcase
Schaumbad bubble bath
schäumen foam
schäumend (Wein) sparkling
Schaumgefrorenes sponge ice-cream
Schaumlöffel skimmer
Schaumwein sparkling wine
Schauplatz site
Schauspieler actor
Schauspielerin actress
Schauspielhaus playhouse
Scheck cheque (GB), check (US)
Scheck, bestätigter (gedeckter) certified check
Scheckbuch cheque-book, check-book (US)
Scheckbürgschaft check guarantee
Scheckheft chequebook, check-book (US)

Scheckkarte bank card, check card
Scheibe slice
Scheibenwischer windshield wiper
Scheinwerfer (Auto) headlight
Schellfisch haddock
Schema scheme, model
Schenke bar, tavern
Schenkung gift
Scherbett sherbet
Scherz joke
Scheuerlappen scouring cloth
Scheuertuch floor cloth
Schicht layer, shift
Schicht, unterbrochene split shift
Schichttorte layer-cake
Schiebedach sliding roof, sunroof
Schieber (Kinderlöffel) pusher
Schienennetz railway system
Schienenverkehr rail traffic
Schienenweg railway line
schießen shoot
Schiff ship, vessel
Schiff, auf dem on board (a) ship
Schiff, beladenes full ship
Schiff besteigen board a ship
Schiff-Eisenbahn-Umladeplatz rail and water terminal
Schifffahrt navigation
Schifffahrtsgesellschaft liner company
Schifffahrtskunde navigation
Schifffahrtsverkehr waterborne traffic
schiffbar navigable
Schiffbarkeit navigability
schiffen navigate
Schiffer seaman
Schiffsanlegestelle wharf
Schiffsanschluss steamship connection
Schiffsarzt ship's doctor
Schiffsbau shipbuilding
Schiffskapitän captain, sea-captain
Schiffskarte steamer ticket
Schiffskellner steward
Schiffskoch ship's cook
Schiffsladung cargo
Schiffsmiete charter money
Schiffsraum shipping space
Schiffsreise cruise, voyage
Schiffsrumpf hull
Schiffsschraube screw
Schiffstonnage tonnage
Schiffsverbindung steamer service
Schildkröte turtle, tortoise
Schildkrötensuppe turtle soup
Schildkrötensuppe, echte real turtle soup
Schildkrötensuppe, falsche mock turtle soup, clear mock turtle soup
Schildkrötensuppe klar clear turtle soup
schimmeln molder
Schinken ham
Schinken, gekochter boiled ham
Schinken, gepökelter ham cured
Schinken, geräucherter ham smoked
Schinken, roher ham raw
Schinken im Brotteig baked ham in bread crust
Schinkenknödelsuppe soup with ham dumplings
Schinkenomelett ham omelet, omelet with ham
Schirm umbrella
schlachten slaughter
Schlafabteil sleeper section, sleeping compartment
schlafend asleep
Schlafgelegenheit sleeping accommodation
Schlafkur hypnotherapy, sleeping cure
Schlafplatz sleeping berth
Schlafraum dormitory
Schlafsaal dormitory
Schlafsack sleeping bag
Schlafstelle place to sleep, overnight accommodation
Schlafwagen sleeper, sleeping car
Schlafwagen mit Speisewageneinrichtung hotel car

Schlafwagenkarte sleeping car ticket
Schlafwagenschaffner(in) sleeping car attendant
Schlafwagenzuschlag sleeping car charge
Schlafzimmer bedroom
Schlagbaum turnpike
schlagen knock
Schlägerei affray
Schlaglicht highlight
Schlagloch pothole, road hole
Schlagsahne whipped cream
Schlagteig batter
Schlammbad mud bath
Schlammpackung mud pack
Schlange (Menschen-) queue, line (US)
Schlange stehen queue up, stand in line (US)
Schlange (an der Rezeption) line (at the front desk)
Schlauchboot rubber dinghy, inflatable boat (US)
Schleichhandel illicit trade
Schleie tench
schlemmen feast
Schlepper (Schiff) tugboat
Schlepplift rope tow, T-bar tow
Schlesisches Himmelreich boiled smoked bacon Silesian style
Schleudergefahr! Slippery when wet!
schleudern skid
Schleuse lock, sluice
schlichten adjust, settle (Streit)
Schlichtung adjustment, settlement
Schließfach locker, safe deposit box (Bank)
Schließungszeit (z. B.eines Hotels) close season (e.g. of a hotel)
Schlitten sledge, sled (US), toboggan
Schlittenfahrt sleigh-ride
Schlittenlift sledge tow, toboggan tow
Schlittschuhlaufen skate
Schloss (Gebäude) castle
Schloss (Tür) lock
Schlossruine castle ruins
Schlussabrechnung final account
Schlusslicht tail light
Schlückchen tot
Schlüpfer knickers
schlürfen slurp, sip
Schlüssel key
Schlüsselarbeitskräfte key personnel
Schlüsselposition key position
Schlüsselzahl code number
schmackhaft savo(u)ry, tasty
Schmackhaftigkeit tastiness
schmal narrow
Schmalfilm narrow film
Schmalz dripping, lard
schmausen feast
schmecken lassen, sich relish
schmelzen thaw, melt
Schmelzkartoffeln butterfried potatoes
Schmelzkäse cheese spread, cream cheese
schmerzstillend anodyne, pain killing
Schmorbraten braised beef, pot roast
schmoren braise, stew
Schmuck jewellery, jewelry (US)
schmuggeln smuggle
schmutzig dirty
schmücken decorate
Schnappschuss snapshot
Schnaps hard liquor
Schnäpschen pick-me-up, snifter
Schneeball snowball
schneebedeckt snow-covered
Schneebericht snow report
Schneebesen (egg)beater, whisk
Schneebrille snow goggles
Schneefall snowfall
Schneefeld snowfield
schneegeräumt snow-cleared
Schneehuhn snow grouse
Schneeketten snow chains
Schneelage snow conditions

Schneemann snowman
Schneematsch slush
Schneepflug snowplough, snowplow (US)
Schneeräumung snow-clearing
schneereich snowy
Schneesaison snowy season
Schneeschmelze thaw
Schneesturm snowstorm, blizzard
Schneeverhältnisse snow conditions
Schneewehe snowdrift
schneiden cut
Schneider tailor
schnell quick, fast
Schnellbus express coach, high-speed bus
Schnelldampfer fast steamer
Schnellfähre express ferry
Schnellgaststätte quick lunch restaurant, quick service restaurant, fast food restaurant
Schnellhefter folder
Schnellimbissstube self-service snack bar
Schnellschiff express ship
Schnellstraße expressway, high-speed road
Schnelltriebwagen express railcar
Schnellverkehr express traffic
Schnellzug express train, fast train
Schnepfe snipe, woodcock
Schnepfen gegrillt grilled snipes
Schnitt cut
Schnitte slice
Schnittlauch chives
Schnittstelle interface
Schnitzel collop, escalope, scallop (of meat)
Schnorchel snorkel
Schnupftabak snuff
Schokolade chocolate
Schokoladenauflauf soufflé of chocolate
Schokoladenbaiser chocolate meringue
Schokoladeneis chocolate ice-cream
Schokoladenpudding chocolate pudding
Schokoladentorte chocolate cake
Scholle (Fisch) plaice
Schonfaktor sedative factor
Schonkost bland diet, light food
Schonzeit closed season
Schopfbraten skin of pork, spare-rib
Schoppenwein carafe wine, wine by the glass
Schorle spritzer
Schottenrock kilt
schön beautiful, lovely
Schönheitskur cosmetic therapy
Schönheitssalon beauty parlo(u)r
Schönheitswettbewerb beauty contest
Schöpflöffel ladle
Schrank cupboard, wardrobe, closet (US)
Schranke barrier
Schrankkoffer wardrobe trunk
schrecklich awful
Schreibabteil secretarial compartment
Schreibbüro letter service
schreiben, auf Zimmerrechnung charge to the room
Schreibmappe writing case
Schreibmarke cursor
Schreibmaschine typewriter
Schreibpapier note paper, writing paper
Schreibtisch desk
Schreibzeug writing kit
schriftlich written
Schritt step, pace
Schritt fahren! Slow down!
schrumpfen shrink
Schublade drawer
Schuhanzieher shoehorn
Schuhe putzen clean the shoes, shine the shoes
Schuhputzer bootblack (US), boots (Hotel), shoeblack
Schuhputzlappen shoe-shining cloth

Schulausflug educational tour, school outing
Schuld debt, liability, obligation, indebtedness
Schuld, antizipative accrued liability
Schuld geben blame
Schulden debts
Schulden machen incur debts
schuldig sein owe
Schuldschein promissory note
Schuldschein, umlauffähiger kurz-bzw. mittelfristiger negotiable note
Schuldverschreibung bond, debenture
Schuldverschreibung (vom Kreditnehmer vorzeitig rückzahlbar) callable bond
Schuldverschreibung, gesicherte collateral trust bond
Schuldwechsel notes payable
Schulferien school holidays
Schulter shoulder
Schulter gefüllt stuffed shoulder
Schulungshotel training hotel
Schund trash
Schuppen shed
Schutzhütte refuge
Schutzimpfung protective inoculation, protective vaccination
Schürze apron
Schüssel bowl, dish
schütteln shake
schützen protect, secure
Schützenfest shooting match
Schwalbennestersuppe birds nest soup
Schwamm sponge
schwanken sway, fluctuate
Schwankung fluctuation
Schwanz tail
Schwartenmagen pork galantine
Schwarzarbeit illicit work
Schwarzbrot brown bread
schwarze Bohnen black beans
schwarze Johannisbeere black currant
schwarzer Kaffee black coffee
schwarzes Brett bill-board, bulletin board
Schwarzmarkt black market
Schwarzwurzel salsify
Schwebebahn suspension railway
schweben hover
Schwefelquelle sulphur spring, sulfur spring (US)
Schwein pig
Schweinebraten roast joint of pork, roast pork
Schweinefleisch pork
Schweinekotelett pork chop, pork cutlet
Schweinekotelett gebacken fried pork cutlet
Schweinekotelett gegrillt grilled pork chop
Schweineschlegel leg of pork
Schweineschnitzel gegrillt grilled pork cutlet
Schweinesülze jelly of pork
Schweinsbrust breast of pork
Schweinsfüße pettitoes, pig's trotters
Schweinsgulasch stew of pork Hungarian style
Schweinshaxe pork knuckles
Schweinskarree rib of pork
Schweinskopf pig's head
Schweinskopfsülze brawn
Schweinsnieren pork kidneys
Schweinsohren geräuchert smoked pig's ears
Schweinsrippchen mit Sauerkraut smoked rib of pork with sauerkraut
Schweinsschulter shoulder of pork
Schweinswürstchen in gebackenem Eierteig toad-in-the-hole
Schweiß sweat
Schweiz Switzerland
Schweizer Käse Swiss cheese
Schwelle threshold

schwenken wave
Schwenkkartoffeln sauté potatoes, roast potatoes
schwer (Wein) full bodied
Schwerpunkt main focus
Schwertfisch swordfish
Schwestergesellschaft affiliated company
Schwimmbad swimming bath, swimming pool
schwimmen float, swim
Schwimmen natation, swimming
schwimmendes Hotel floating hotel
Schwimmer swimmer
Schwimmhalle swimming hall, indoor swimming pool
Schwimmlehrer(in) swimming instructor
Schwimmmatratze beach mattress
Schwimmunterricht swimming lessons
Schwimmweste life jacket, life vest
Schwimmweste, aufblasbare Mae West
Schwitzbad steam bath, sudatory bath, sweating bath
schwitzen sweat
Schwund shrinkage
Schwundverlust shrinkage
schwül sultry, humid
See lake
See, an der on the sea
See, auf hoher on high seas, in the open sea
See, hohe high seas
See, zur on the sea
See (Meer) sea
See-Luft-Reise sea-air voyage
Seebad sea bath, seaside resort
Seebadekur marinotherapy
Seebarbe mullet
Seebarsch bass, snook
Seebrasse bream
Seeforelle lake trout
Seefracht cargo
Seehafen seaport
Seehecht coalfish, hake, silver hake
Seeheilbad sea bath, seaside health resort
Seehotel sea-front hotel, seaside hotel
Seekarte nautical chart
Seeklima maritime climate
seekrank seasick
Seekrankheit seasickness
Seemann seaman, sailor
Seemeile (1.853 km) nautical mile, knot
Seereise cruise, voyage
Seereisende(r) voyager
Seeroute sea route
Seesack sea bag
Seeschifffahrt maritime shipping
Seestern starfish
Seeteufel angler, frogfish
Seetiere marine animals
Seetouristik sea tourism
Seewasser-Badebecken seawater bathing pool
Seeweg sea route
Seezunge sole
Seezungenröllchen rolled fillets of sole
Seezungenstreifen strips of sole fillets
Segel sail
Segelboot sailing boat, sailboat (US), yacht
segelfliegen glide
Segelfliegen gliding
Segelflugsport gliding
Segelflugzeug glider, sailplane
Segeljolle yawl
segeln glide, sail
Segelregatta yachting regatta
Segelsaison yachting season
Segelschiff sailing ship
Segelschule yachting school
Segelsport yachting, sailing
Segeltuch canvas
sehenswert worth seeing
Sehenswürdigkeit place of interest, sight

Sehenswürdigkeiten beauty spots, sights
Sehenswürdigkeiten besuchen sight-seeing
Seidenpapier tissue paper
Seilbahn cable railway, funicular railway
Seilschwebebahn aerial ropeway
Sekt champagne, sparkling wine
Selbstachtung self-esteem
selbständig self-employed, free-lance, independent
Selbstbedienung self-service
Selbstbedienungsladen self-service store (US), self-service shop, supermarket
Selbstbedienungsrestaurant cafeteria, self-service cafeteria, self-service restaurant
selbstbewusst self-confident
Selbstfahrer(in) owner-driver
Selbstkostenpreis cost price
Selbstverpflegung self catering
Selbstversicherung, freiwillige self insurance
selbstvertrauend self-confident
Sellerie celery
Selleriesalat celery salad
selten rare
Selterswasser soda water, seltzer (US)
Semmel roll
Semmelknödel white bread dumpling
senden forward, send
Sendung transmission
Senf mustard
Senf, englischer English mustard
Senffrüchte pickled fruit
Senfglas mustard pot
Senfgurke gherkin in piccalilli
Seniorenreisen travel for senior citizens
Senfobst pickled fruit
Senfsoße mustard sauce
senkrecht perpendicular
seriös respectable
Serpentinenstraße switchback road, winding road
Service service
Service an Bord service on board
servieren serve
Serviererin waitress
Servierleistung service
Serviette napkin, table napkin
Sessel armchair, easy chair
Sessellift chairlift
Setzei fried egg
setzen, auf eine Warteliste put on a waiting list
Shake shake
Sherry sherry
Show show
Shuffleboard (Bordspiel) shuffle-board
sicher safe
Sicherheit safety
Sicherheit (Gegenstand) collateral
Sicherheiten, gewährte securities rendered
Sicherheitsbeamte security official
Sicherheitsbestand safety stock
Sicherheitsbindung safety binding
Sicherheitsgurt seat belt
Sicherheitsgürtel seat belt
Sicherheitsleistung collaterisation
Sicherheitsvorkehrungen treffen take security precautions
sichern secure
sicherstellen ensure
Sicherung fuse
Sicherungsübereignung chattel mortgage
Sicht visibility
sichtbar apparent, visible
Sichteinlage demand deposit
Sichtvermerk visa
Sieb sieve
sieben (Sieb) sift
sieden, leicht simmer
Silber silver
Silberfelchen silver trout
Silbergeschirr silver(ware)
Silvesterdiner New Year's dinner

Silvesterfeier New Year's Eve celebration
Silvesterreise New Year's cruise
Sirup molasses (US), syrup, treacle
Sitte custom
Sitten manners
Sittenwidrigkeit immorality
sittlich moral
Sitz seat
Sitzbad hip bath
Sitzplatz seat, seating
Sitzplatzkapazität seating capacity
Sitzplatznummer seat number
Sitzplatzreservierung seat reservation
Sitzung conference, meeting
Sitzungsraum conference room
Sitzungssaal conference hall
Skala scale
Skateboard skateboard
Ski ski
Skilaufen ski
Skiausrüstung ski equipment
Skibindung ski binding
Skibob skibob
Skidorf skiing village
Skifahren skiing
Skifahrer(in) skier
Skiferien skiing holidays
Skiführer ski guide
Skigebiet ski area
Skigelände ski grounds
Skigymnastik skiing exercises
Skihang ski slope
Skihose ski trousers
Skihotel ski hotel
Skihütte ski hut, ski lodge
Skikleidung ski wear
Skiklub skiing club
Skilanglauf cross-country running on skis, langlauf
Skilauf skiing
Skiläufer(in) skier
Skilehrer(in) ski coach, skiing instructor
Skiort ski resort
Skipass ski-lift season ticket
Skireise skiing trip
Skirennen ski race
Skischlepplift ski tow
Skischule ski school
Skisport skiing
Skispringen ski jumping
Skistiefel skiboot
Skistock ski pole, ski stick
Skitagespass ski-lift day ticket
Skitour ski tour
Skitourist(in) ski tourist
Skiträger ski carrier
Skiunterricht skiing instruction, skiing lessons
Skiurlaub skiing holidays
Skiverleih ski hire, ski rental
Skiwachs ski wax
Skiwanderung hike on skis
Skiwochenende skiing weekend
Skizentrum ski center (US), ski centre
Skonto cash discount
Skontoerträge cash discounts earned
Smoking dinner jacket, tuxedo (US)
Snackbar cafeteria, snack-bar
Soda soda
Soda-Himbeere raspberry syrup with soda water
Sodawasser mit Speiseeis ice-soda
sofort instantly
Software software
Sojabohne soy bean
Solawechsel promissory note
Solbad (Kurort) salt-water resort, salt-water bath
Sole salt water
Solebad brine bath
Soll-Saldo debit balance
Sollseite (eines Kontos) debit side
Solquelle salt spring
Sommelier wine-butler
Sommeraufenthalt summer stay
Sommerbad open-air swimming-pool
Sommerendivie romaine

Sommerfahrplan summer timetable
Sommerferien summer holiday, summer vacation (US)
Sommerferiendorf summer holiday village
Sommerfest summer party
Sommerfrische summer resort
Sommergast summer visitor
Sommerhaus holiday house
Sommerkohl savoy cabbage
Sommerkurort summer health resort
Sommermesse summer fair
Sommerreiseverkehr summer tourist traffic
Sommersaison summer season
Sommersitz summer residence
Sommerspiele summer festival
Sommerzeit daylight-saving time, summertime
Sonderabschreibung accelerated depreciation
Sonderbus special bus
Sonderfahrt special ride/trip
Sonderflug extra flight, non-scheduled flight
Sonderflugzeug special plane
Sonderkontingent special quota
Sonderkosten extra cost
Sonderpreis special rate
Sonderprospekt special brochure, special folder
Sonderschicht extra shift
Sondertarif special rate
Sondertour extra tour
Sonderurlaub special leave
Sondervergütung bonus
Sonderzug extra train, special train
Sonnenaufgang sunrise
Sonnenbad sunbath
Sonnenbad nehmen sunbathe
Sonnenbestrahlung solar radiation
Sonnenblende sun visor
Sonnenbrand sunburn
Sonnenbrille sunglasses
Sonnencreme sun lotion
Sonnendeck sun deck
Sonneneinstrahlung insolation
Sonnenkur heliotherapy, sun treatment
Sonnenschirm parasol, sunshade, sun umbrella
Sonnenschutz sunscreen
Sonnenstich sunstroke
Sonnenstrahlung solar radiation
Sonnentage days of sunshine
Sonnenterrasse summer terrace, sunterrace
Sonnenuntergang sunset
sonnig sunny
Sonntagsausflug Sunday excursion
Sonntagsfahrkarte Sunday excursion ticket
Sonntagsrückfahrkarte weekend return ticket
sonstige Umsätze, verschiedene (Umsatzbereich 2) miscellaneous other income (schedule 2)
Sorbett sherbet
sorgen für take care of
sorgen, sich worry
Sorgfalt accuracy
sorgfältig careful
Sorte brand, kind
sortieren assort
Sortiment product mix, sales mix
Soße sauce
Soße, milde velouté sauce
Soße, pikant piquant sauce
Soße, pikante fertige Yorkshire relish
Sozialtourismus social tourism
Sozialversicherung social insurance
Sozietät (Anwälte, Ärzte etc.) partnership
Spaghetti mit Hackfleischsoße spaghetti with minced meat sauce
Spaghetti mit Tomatensoße spaghetti with tomato sauce
Spalte column
Spanferkel suckling pig
Spanien Spain
spanischer Fischeintopf Spanish fish stew

spanischer Suppentopf Spanish meat pot
spanisches Reisgericht mit Fisch und Fleisch Spanish rice dish with fish and meat
Spanne margin, spread
Spannung (elektr.) voltage
sparen save, economize
Spargel asparagus
Spargelcremesuppe cream of asparagus
Spargelsalat asparagus salad
Spargelspitzen asparagus tips
Spargelsuppe asparagus soup
Sparkasse savings bank
sparsam thrifty
Spaß fun, joke
spät late
Spätbuchung late booking
Spätsaison after season
Spätzle dough dumplings, tiny flour dumplings
spazieren gehen walk
Spazierfahrt (pleasure) drive
Spaziergang stroll, ramble, walk
Spazierweg walk, path
Speck bacon
Speckstreifen zum Spicken lardon
Spediteur forwarding agent, carrier
Speicher mit wahlfreiem Zugriff random access memory (RAM)
speichern store, save
Speise food, meal
Speise- und Weinkarte menu and wine list
Speiseartikel, standardisierter standardized menu item
Speiseeis ice-cream
Speisefolge menu
Speisekammer larder, pantry
Speisekarte bill of fare, menu
Speisekarte für Kinder children's menu
Speisekürbis pumpkin, vegetable marrow
Speiselokal eating place
speisen dine, eat, feed
Speisenaufzug service lift, dumb waiter
Speisen, frisch gemachte dishes prepared to order
Speisen, warme hot dishes
Speiseraum dining room
Speiserest leftover
Speisesaal dining hall
Speisewagen diner, dining car, restaurant car
Speisezimmer dining room
Sperre barrier
sperren block
Sperrfrist blocked period
Sperrgebiet prohibited area
Sperrgut bulky goods (freight)
Sperrsitz stall
Sperrstunde closing time, curfew
Spesen expenses
Spesengast guest on an expense account
Spesenkonto expense account
Spezialarrangement special arrangement
Spezialität des Hauses speciality of the house
Spezialitätenwochen food festival
Spezialpreis für Familien family rate
Spezialpreis für Reiseveranstalter run of the house rate
Spezialslalom special slalom
Spezifikation specification
Spicknadel larding needle, larding pin
Spiegel looking-glass, mirror
Spiegel- und Fensterglasversicherung plate glass insurance
Spiegeleier fried eggs, fried eggs sunny-side up (US)
Spiegeleier mit Schinken ham and eggs
Spiel (Golf) eröffnen tee
Spiel, elektronisches (Umsatzbereich 6) electronic game (schedule 6)

Spielautomat (Umsatzbereich 6) slot machine, one armed bandit (schedule 6)
Spielbank (gambling) casino, gambling house
spielen play, gamble
Spieler(in) gambler, player
Spielfilm feature
Spielkasino gambling casino
Spielmarke chip
Spielplatz playground
Spielschuld gambling debt
Spieltisch gambling table
Spielwiese playing field
Spielzeug toy
Spielzimmer playroom
Spieß, gebraten am on the spit
Spieß (Fleisch) skewer
Spießchen skewer
Spießchen, am en brochette
Spinat spinach
Spirituosen spirits, liquor (US)
Spirituosengeschäft liquor store (US)
Spirituskocher spirit stove
Spitzenbelastungszeit peak hour
Spitzengehalt top salary
Spitzenverkehr peak hour traffic
Spitzenwein vintage wine
Sportanlagen sports facilities
Sportartikel sports goods
Sportausrüstung sports equipment
Sportdeck game deck
Sporteinrichtungen sports facilities, sports equipment
Sportflugzeug sports plane
Sporthalle gym, sports hall
Sporthotel sports hotel
Sportkleidung sports clothes, sportswear
Sportler sportsman
Sportplatz athletic ground, sports field
Sportsegler yachtsman
Sportveranstaltung sports meet(ing), sporting event
Sportwagen (Auto) sports car
Sprache language
spracheigentümlich idiomatic
Sprecher(in) announcer, speaker
Springbrunnen fountain
Spritzer dash
Spritzer Soda dash of soda
Sprotte sprat
Sprudelbad effervescent bath
Sprungbrett springboard, diving board
sprunghaft volatile
Sprungschanze ski jump
Sprungturm diving tower, diving platform(s)
spülen rinse, wash up
Spüler dishwasher
Spülküche stewarding department, scullery (GB)
Spülküchenleiter steward
Spülmaschine dishwasher
Spülmaschine für Gläser glass-washing machine
Spur trail
Squash squash
Staat country
Staatsangehörige(r) citizen, national
Staatsangehörigkeit nationality
Staatsbürgerschaft citizenship
Staatsbürger citizen
Staatsgrenze state frontier
Staatswald state forest
Stab-Linien-Organisation line and staff organization
Stabsfunktion staff function
Stabsstelle staff position
Stabsverantwortung staff responsibility
Stachelbeere gooseberry
Stadion stadium
Stadt city, town
Stadtautobahn urban motorway, expressway (US)
Stadtbahn city railway
Stadtbezirk municipal district
Stadtbüro ticket office, town office
Stadtgebiet city zone, urban area

städtisch municipal, urban
Stadtmauer town wall, city wall
Stadtmotel motor inn
Stadtmuseum municipal museum
Stadtplan map of the town, street map, city map
Stadtrundfahrt city tour, sight-seeing tour
Stadtrundflug aerial city tour, city sight-seeing flight
Stadtschnellstraße urban expressway
Stadttheater municipal theater
Stadtverkehr urban traffic
Stadtviertel quarter
Stadtzentrum town/city centre, downtown (US)
Staffelform report format
staffeln scale, grade
Stagnation stagnation
Stahlfach safe deposit box
Stammaktien common stock
Stammeinlagen (GmbH) common shares (of a limited liability company)
Stammgast regular customer
Stammkunde patron
Stammlokal favo(u)rite pub
Stammtisch table reserved for regular customers, regulars' table
Stand status
Standard standard
standardisieren standardize
Standardisierung standardization
ständig permanent
Standort location
Stange, von der off the peg
Stangenbohne string bean
Stangensellerie celery sticks
Stangenspargel asparagus spears
stark strong
Start start, take-off
Startbahn runway
Station station, stop
stationär stationary
Stationsoberkellner captain (waiter)
Statistik statistic
statistisch statistical
Stativ tripod
stattfinden take place
Status status
Staub dust
staubsaugen vacuum, hoover (GB)
Staubsauger hoover (GB), vacuum cleaner
Staubtuch duster
Staubzucker icing sugar
Staudamm barrage, dam
Stausee reservoir
Steak steak
Steak- und Nierenpastete (warm) steak and kidney pie
Steckdose outlet, socket, power point, wall socket
Steckdose für Elektrorasierer razor point, shaver point
stecken plug
Stecker connector
Steg plank
Stehbierhalle public bar
Stehempfang standing reception
stehen, auf der Warteliste stand-by
stehen, im Wettbewerb compete
stehlen steal, thieve
Stehplatz standing place
steigern (Wirkung) intensify
Steigerung rise, increase
Steigerung (Wert) increment
Steigung rise, ascent
steil steep
steil hochziehen zoom
Steilflug zoom
Steilhang steep slope
Steilküste bluff, steep coast
Stein stone
Steinbutt turbot
Steingarten rock garden
Steinhuhn rock partridge
Steinpilz boletus, cep
Steinschlag falling rocks
Stelle, freie opening
Stelle, offene vacancy

Stelle, produktionsunabhängige non-production post
Stellenangebot offer of employment, job opening
Stellenbeschreibung job description
Stellenbesetzungsplan staffing schedule
Stellenbezeichnung job title
Stellengruppe job category
Stelleninhaber(in) job holder
Stellung position
Stellvertreter(in) substitute
Stempel stamp
stempeln stamp
Steppdecke quilt
Sterlet sturgeon
Sternfahrt rally
Sternwarte observatory
Steuer steering wheel, helm (Schifffahrt)
Steuer (Abgabe) tax
Steuermann helmsman, navigator
Steuermannsmaat quartermaster
steuern control, pilot, steer
Steuerruder rudder
Steuerstundung deferred income tax
Steuerverbindlichkeiten taxes payable
Steward steward
Stewardess air hostess, stewardess
Stichprobenprüfung random test, sampling test
Stichtag cut-off date, deadline
Stiefel boot
Stierkampf bullfight
Stierkämpfer bullfighter
Stiftung foundation
still calm, quiet
stillschweigend implied
stillstehend idle
Stimmenabgabe, kumulative cumulative voting
Stimmrecht voting right
Stimmung mood
Stimmungsmusik mood music
Stint smelt
Stockfisch dried cod, salt cod, salted codfish
Stockung stoppage
Stockwerk floor
Stoffgeschäft draper's
stopfen (Strümpfe) darn
stornieren cancel
Stornierungsgebühr cancellation fee
Storno cancellation
Stornobedingungen cancellation conditions
Stornogebühr cancellation fee
Stornokosten cancellation costs
Stoßarbeit peak load
stoßen push
Stoßverkehr peak hour traffic, rush hour traffic
Stoßzeit peak hour, peak period, rush hour
Stör sturgeon
stören disturb
Störung annoyance, disturbance, interference, nuisance
Strafstoß (Sport) penalty
Strahlen, ultraviolette ultraviolet rays
Strand beach, (sea)shore
Strandbad lido
Strandfest seaside gala
Strandgut wreck, flotsam and jetsam
Strandhotel beach hotel, seaside hotel
Strandkorb beach chair
Strandnähe close to beach
Strandpromenade boardwalk, promenade
Strandschirm beach umbrella
Strandschuhe beach shoes
Strandwärter beach attendant
Strandzugang beach access
Straße, breite avenue
Straße, gebührenpflichtige toll road
Straße, gesperrte road closed
Straße, schneegeräumte road cleared of snow

Straße, zweibahnige (zweispurige) two-lane road
Straßenanzug business suit, lounge suit
Straßenatlas road atlas
Straßenbahn streetcar (US), tram (GB), tramway
Straßenbahnhaltestelle tram stop, streetcar stop (US)
Straßenbahnkarte tram ticket, streetcar ticket (US)
Straßenbahnlinie streetcar line (US), tram line
Straßenbahnwagen tramcar, streetcar (US)
Straßenbau road construction
Straßenbauarbeiten road works
Straßenbaustelle road site
Straßenbenutzungsgebühr toll
Straßencafé open-air café, sidewalk café
Straßeneinmündung T-junction
Straßengabel bifurcation
Straßengabelung road fork
Straßengraben road ditch
Straßenhändler(in) street hawker
Straßenkarte road map
Straßenkleidung outdoor dress
Straßenkreuzung intersection (US), crossing, crossroads, junction, road junction
Straßenlaterne street lamp
Straßennetz road network
Straßenschild street sign
Straßenschuhe walking shoes, oxfords
Straßentransportunternehmen highway carrier
Straßentunnel road tunnel
Straßenverengung road narrows
Straßenverkehr road traffic
Straßenzoll toll
Straßenzustand road conditions
Straßenzustandsbericht road report
Strategie strategy
Strauch shrub
Strauß bunch
Strecke course, distance, line, stretch
Strecken, auf kurzen on short routes
Strecke, zurückgelegte distance travelled
Streckenänderung change of route
Streckenflug long-distance flight
Streckenführung routing
Streckenkarte route map
Streckennetz airways system, route network
Streckennetz, interkontinentales intercontinental network
streichen cancel
Streichholz match
Streichholzkartoffeln shoestring potatoes
Streichholzschachtel matchbox
Streichung cancellation
Streik strike
streiken strike
Streit argument, quarrel
streiten argue, quarrel
Streithahn trouble maker
streng geheim top secret
Strichliste check list
stricken knit
Strickhemd jersey shirt
Strickjacke cardigan
Strickleiter rope ladder
strohgedeckt thatched
Strohhalm straw
Strohkartoffeln potato straws, straw potatoes
Strom electricity
Stromtarif electric rate schedule
Stromverbrauch electricity consumption, power consumption
Strudel (Speise) strudel
Struktur structure
Studentenfahrt student travel, student trip
Studentenreiseverkehr student travel

Studienreise educational trip, study trip
Studienurlaub educational holiday
Stuhl chair
stumpf blunt
Stunde, angemessene reasonable hour
stunden defer
Stundenlohnsatz hourly rate
Stück part, piece
Stück Kuchen piece of cake
Stückgutfracht package freight
stürmisch rough, tempestuous
Substanzverringerung depletion
subventionieren subsidize
suchen search
Sucher (Foto) viewfinder
Südbalkon balcony facing south
Süden gehen, nach facing south
Südterrasse terrace facing south
Südzimmer room facing south
Suite suite
Sultanine sultana
Sultaninenpudding spotted dick
Sülze aspic, jelly
summieren add up, sum up
Sumpf swamp
Supermarkt supermarket
Suppe soup
Suppe, dicke bisque, chowder, potage
Suppe, legierte thick soup
Suppe (klar mit Eierstich) clear soup royal
Suppeneinlage garnish
Suppenfleisch mit Meerrettich boiled meat with horseradish
Suppenhuhn boiling chicken
Suppenschüssel soup tureen, tureen
Suppenteller soup plate
Suppentopf mit Fleischeinlage boiled beef on broth, pot of broth with boiled meat
Suppentopf mit Geflügeleinlage chicken in broth
Surfbrett surfboard
Sushi sushi
süß sweet
süßen sweeten
Süßigkeiten candy (US), sweets
Süßkartoffel sweet potato
Süßmost sweet cider
Süßspeise dessert, sweet dish
Süßwasserfisch freshwater fish, sweetwater fish
Süßwasserkrebs freshwater cray-fish
Süßwasserschwimmbad freshwater swimming pool
Süßwein dessert wine, sweet wine
Swimmingpool (Service Center 12) swimming-pool (schedule 12)
Symbol symbol
System system
Szegediner Gulasch Hungarian pork stew, stewed pork and sauerkraut in paprika sauce

T

T-bone steak T-bone steak
Tabak tobacco
Tabakladen tobacconist's shop
Tabakspfeife tobacco pipe
Tabaksteuer tobacco tax
Tabelle chart, table
Tabellenkalkulation worksheet calculation
Table d'hôte table d'hote
Tablett tray
Tablett (amerik. drehbares) lazy Susan
tadeln reprove, blame
Tafel table
Tafelmesser table knife
Tafelsalz table salt
Tafelspitz boiled round of beef
Tafelwasser table water
Tagesanbruch dawn, daybreak
Tagesankaufskurs spot buying rate
Tagesausflug day trip, day excur-sion, full day tour

Tagesbesucher daytime visitor
Tagesfahrt day trip
Tagesgericht dish of the day, table d'hote meal
Tagesgeschäft day trading(s)
Tageskarte day ticket, today's bill of fare, today's menu
Tageskurs current rate
Tageslichtfilm daylight colo(u)r film
Tagesordnung agenda
Tagesplatte the day's dish
Tagesprogramm today's program
Tagesraum day room, sitting room
Tagesrestaurant day restaurant
Tagesrückfahrkarte day return ticket
Tagesspezialität today's special dish, today's speciality
Tagessuppe soup of the day
Tagestour day excursion
Tageswert am Absatzmarkt current market value
Tageszeit time of day
Tageszimmerpreis day rate (use rate)
Tageswanderung day hike
Tagewerk day's work
täglich daily, every day
Tagung meeting, conference, congress, session, symposium
Takelung rigging
taktvoll discreet
Tal valley
Talfahrt downward journey, descent
Talsperre barrage, dam
Talstation (Bergbahn) base terminal, loading station
tanken refuel
Tankstelle filling station, petrol station, gas station (US)
Tankwart filling station attendant, garage assistant, gas station attendant (US)
Tanz dance
Tanz im Freien open-air dance
Tanzabend dancing party, evening dance
Tanzbar dance bar
Tanzdiner dinner dance
Tanzfläche dance floor
Tanzkapelle dance band
Tanzkasino spa ballroom
Tanzlokal dance hall
Tanzorchester dance band
Tanzsaal ballroom, dance hall
Tanztee afternoon dance, tea dance
Tanzvorführung dancing show
Tarif tariff, rate
Tarif, ermäßigter reduced rates
Tariflohn standard wage
Tarifpreis rack rate
Tarifsenkung reduction of the rates
Tarifvertrag collective agreement, labo(u)r contract, wage settlement
Tarifvorschrift tariff provision
Tartarensoße tartare sauce
Tasche bag
Taschendieb pickpocket
Taschenfahrplan pocket timetable
Taschengeld pocket money
Taschenlampe torch, flash light (US), pocket lamp
Taschenmesser penknife
Taschenrechner calculator
Taschentuch handkerchief
Tasse cup
Tastatur keyboard
Taste key
Tastenfeld keypad
Tastenknopf key button
Tat action
Tatar tartare, minced raw beef
Tätigkeit activity, function, job
Tätigkeitsbericht activity report
Tätigkeitsbeschreibung job breakdown, job description
Tätigkeitsbezeichnung job title
Tätigkeitsgebiet field of activity
Tätigkeitsmerkmal job characteristic
Tatsache fact

tatsächlich actual, factual
Taube pigeon, dove
Tauchbecken diving pool
tauchen dive
Taucherausrüstung diving equipment
Taucherclub diving club
tauen thaw, melt
tauglich capable
Tauglichkeit capability, suitability
Tausch exchange
tauschen change, exchange, swap
Tauwetter thaw
Taxi cab, taxi
Taxichauffeur taxi driver
Taxifahrer(in) taxi driver, cabby
Taxistand cab stand, taxi rank
Team team
Techniker(in) technician
technische(r) Leiter(in) chief engineer
Tee tea
Tee mit Milch tea with milk
Tee mit Zitrone tea with lemon
Tee vor dem Aufstehen early morning tea
Teebüchse tea caddy
Teegebäck scones, tea cakes
Teegeschirr tea service
Teegesellschaft tea party
Teehaus teahouse
Teekanne teapot
Teekessel tea kettle
Teelöffel teaspoon
Teemaschine tea urn
Teerestaurant tea shop
Teeservice tea set
Teestube tea room
Teestunde teatime
Teetasse teacup
Teewagen tea cart, tea trolley
Teewärmer tea cosy
TEE-Zug TEE-train (Trans-Europe-Express)
Teich pond
Teig dough, paste, batter
Teigdecke pie-crust
Teiggraupen grape-nuts
Teigtaschen pastry envelopes, stuffed fritters
Teigwaren farinaceous food, pasta
Teigwaren mit geriebenem Käse pasta with grated cheese
Teigwaren-Vorgericht farinaceous sidedish
Teil part, portion
teilen part, share
teilen, mit j-m ein Zimmer share a room with s.o.
teilhaben participate
Teilhaber(in) associate, partner
Teilmassage partial massage
Teilnahme participation
Teilnahmebedingung condition of participation
teilnehmen attend, participate
teilnehmen an take part in
Teilnehmer(in) participant
Teilnehmerliste list of participants
Teilnehmerzahl number of participants
Teilstornierung partial cancellation
Teilstrecke stage
Teilung division
Teilverpflegung partial board
teilweise partially, partly
Teilzahlung instal(l)ment, partial payment, part payment
Teilzahlungskredit instal(l)ment credit
Teilzeitarbeiter(in) part-timer
Telefon telephone, phone
Telefonanlage telephone installation
Telefonbuch telephone directory, phone book
Telefonhörer telephone receiver
telefonisch bestellen order by telephone, book by telephone
telefonische Telegrammaufnahme telegram by telephone
Telefonist(in) operator, telephone operator
Telefonleitung line

Telefonvermittlung telephone exchange, trunk exchange
Telefonverzeichnis telephone directory
Telefonzelle call box, (tele)phone booth, telephone box, pay phone (US)
Telefonzentrale switchboard
Telegrafenamt telegraph office
telegrafieren cable, wire
telegrafisch telegraphic
telegrafische Anweisung telegraphic order
Telegramm cable, telegram, wire
Telegrammadresse telegraphic address
Telegrammformular telegram form
Telegrammkosten telegram charges
Telekommunikation telecommunication
Teleobjektiv telephoto lens
Telex telex
Teller dish, plate
Teller, kleiner (Brot) bread plate
Tellerwäscher dishwasher
Temperatur temperature
Tempo pace, speed
Tendenz tendency, trend
Tendenz, steigende up trend
Tennis tennis
Tennisball tennis ball
Tennisklub tennis club
Tennisplatz tennis court
Tennisschläger racket, tennis racket
Tennisschuhe plimsolls, tennis shoes
Tennisspiel tennis match
Tennisturnier tennis tournament
Teppich carpet
Termin, letzter deadline
Termineinlage (Geld) term deposit
termingerecht in due time, on schedule
Terminierung timing
Terminkalender appointments book, diary
Terrainkur terrain treatment
Terrassenrestaurant terrace restaurant
Testat des Wirtschaftsprüfers auditor's report
teuer expensive
Textverarbeitung word processing
Theaterbesucher(in) playgoer
Theaterkarte theatre ticket
Theatersaison theatrical season
Theatervorstellung theatrical performance
Theke bar, counter
Themenhotel theme hotel
Themenrestaurant theme restaurant
therapeutisch therapeutical
Thermalbad thermal baths
Thermalbadehaus hydropathic establishment
Thermalbecken thermal pool
Thermalhallenbad thermal indoor swimming pool
Thermalwasser thermal water
Thermosflasche Thermos flask
Thermotherapie thermotherapy
Thunfisch tuna fish, tunny
Thymian thyme
Tief depression
Tiefe depth
Tiefgarage underground garage, underground parking lot (US)
tiefgefroren deep-frozen
tiefgekühlt quick-frozen
Tiefkühlerzeugnis frozen food
Tiegel pot, saucepan
Tiergarten zoo
Tierwelt fauna
tilgen amortize
Tilgung amortization, principal payment
Tilgungsfonds sinking fund
Tilsiter Käse tilsit cheese
Tintenfisch cuttlefish, squid
Tisch table
Tisch decken lay the table, set the table

Tisch reservieren reserve a table, book a table
Tischdecke tablecloth, table cover
Tischdecke, kleine tea cloth
Tischgeschirr tableware
Tischgespräch table talk
Tischkarte place card
Tischlampe table lamp
Tischmesser table knife
Tischnummer table number
Tischplatte tabletop
Tischreservierung table reservation
Tischtennis ping-pong, table tennis
Tischtennishalle ping-pong room, table tennis room
Tischtuch tablecloth
Tischwein dinner wine, table wine
Tischzeiten mealtimes
Tischzeug table-linen
Toast grilled bread, toast
Toaster toaster
Toastmeister toastmaster
Toaströster toaster
Toboggan toboggan
Tochtergesellschaft subsidiary company
Tofu tofu
Toilette lavatory, rest room (US), toilet, washroom, water-closet, W.C.
Toilette, öffentliche public convenience, public lavatory
Toilettenpapier toilet paper
Toilettenseife toilet soap
Toilettentisch dressing table
Tollwutimpfung antirabic vaccination
Tollwutimpfzeugnis certificate of antirabic vaccination
Tomate tomato
Tomaten, gefüllte stuffed tomatoes
Tomatenketchup tomato ketchup
Tomatenmark tomato purée, tomato pulp
Tomatensaft tomato juice
Tomatensalat tomato salad
Tomatensauce (spanisch) creole sauce
Tomatensoße tomato sauce
Tomatensuppe tomato soup
Tonic, Tonicwasser tonic, tonic water
Topf jar, pan, pot
Topfenstrudel sweet curds pie
Topiocasuppe soup with topioca
Tor gate
Tor (Sport) goal
Törtchen tartlet
Torte fancy cake, tart
Torwart (Sport) goalkeeper, keeper
Tour excursion, tour
Tourenkarte touristic map
Tourismus tourism
Touristenausweis tourist card
Touristenflugpreis tourist fare
Touristengebiet tourist region
Touristenhotel tourist hotel
Touristenkarte tourist card
Touristenklasse economy class, tourist class
Touristenverkehr tourism, touristic traffic
Touristenvisum tourist visa
Touristik tourism
Touristikunternehmen tourism company
touristisch touristic
Tourist(in) tourist
toxisch toxic(al)
Trabrennen trotting race
Trachtenfest pageant, show of national costumes
Trachtenumzug procession in national costumes
Tragflächenboot hydrofoil
Trainer coach
trainieren coach, practise, train
Training training, workout
Trainingsanzug tracksuit
Tramp tramp
trampen hitchhike
Tramper(in) hitchhiker
Trampschiff tramp
tranchieren carve
Transatlantikflug transatlantic flight

Transfer transfer
Transferbereich transit area
Transit transit
Transitgut transit goods
Transitreise transit journey
Transitreisende(r) transit passenger
Transitverkehr transit traffic
Transitvisum transit visa
Transport carriage, transport, transportation
Transportgefahr risk of conveyance
Transportgewerbe transportation
Transporthaftung liability of the carrier
transportierbar transportable
transportieren transport
Transportkosten transportation costs
Transportschäden damages in transit
Transporttarif carriage rates
Transportunternehmen carrier, transport company, motor carrier, transport contractor
Transportversicherung transport insurance
Transportvertrag contract of carriage
Tratsch gossip
Traube grape
Traube, blaue black grape
Traube, weiße white grape
Traubenkur grape cure
Traubensaft grape juice
treffen meet
Treffpunkt meeting place, place of assembly
treiben (an-) impel
Treibstoff fuel
Trekking trekking
Trend trend
trennen disconnect, separate
Trennwand partition
Treppe stairs
Treppenhaus staircase
Tretblasebalg foot pump inflator
treu loyal
Treue loyality
Tribüne grand stand
Trichter funnel
Triebwagen railcar
Triebwagenzug multiple-unit train
trinkbar drinkable
Trinkei fresh egg
trinken drink
Trinken drinking
Trinker(in) alcoholic, dipsomaniac
Trinkgeld tip, gratuity
Trinkgeld geben tip
Trinkhalle (Kur) pump room
Trinkhalm straw
Trinkkännchen pannikin
Trinkkur pump room cure
Trinkkur machen drink the waters
Trinkspruch toast
Trinkspruch ausbringen propose a toast
Trinkwasser drinking water
trocken dry
Trockenfleisch air-dried meat, dried meat
Trockengestell rack
Trockenraum drying room
trocknen dry, drain
Tropen tropics
tropentauglich fit for the tropics
Tropfen drop
Tropfsteinhöhle stalactite cave
tropisch tropical
Trüffel truffle
Trunkenheit drunkenness
Truthahn turkey
Truthahn gebraten roast turkey
Trüsche burbot
Tuch cloth
Tunke sauce
Turbinendampfschiff turbo-steamship, TSS
Turbinenschiff turbo-ship, TS
Turm tower
Turmzimmer tower room
Turnhalle gym, gymnasium
Turnschuhe gym shoes, sneakers (US), plimsolls (GB)

Tür door
Tür bitte schließen please close the door
Türanhänger für die Frühstücksbestellung breakfast key
Türkisches Bad Turkish bath
Türklinke door handle
Türsteher(in) doorman, bouncer
Typenrad daisywheel
Typenraddrucker daisywheel printer
typisch typical

U

U-Bahn subway (US), tube (UK), underground
übel (sich...fühlend) feel qualmish
Übelkeit nausea
üben practise, practice (US)
über via
über dem Nennwert above par
über pari above par
überbacken au gratin, gratinated
Überbevorratung overstocking
überblicken survey
überbringen deliver
Übereinkommen agreement, settlement
Übereinstimmung accord
Überfahrt crossing
Überfahrtsdauer crossing time
überfällig overdue, past due
überfordern overcharge
überführen transfer
überfüllt crowded, overcrowded
Übergangszeit transitional period
übergar overdone
übergeben hand over, pass, pass over
übergeben, sich vomit, throw up
übergehen skip, pass over
Übergepäck baggage in excess, excess baggage
Übergepäckzuschlag excess baggage fee
überholen pass, overtake (GB)
Überholverbot no overtaking (GB), prohibition to overtake, no passing
überhöht excessive
Überkapazität excess capacity, overcapacity
überladen overload
überlagern overlay
Überlandverkehr interurban traffic, overland transportation
überlappen overlap
Überlauf overflow
überlaufen overcrowded, overrun
Übernachtung night's lodging, overnight stay
Übernachtungsgast chance guest
Übernachtungshotel transient hotel
Übernachtungsmöglichkeit overnight accommodation
Übernachtungspreis overnight charge
Übernachtungspreis, reiner European Plan
Übernachtungspreis für Durchreisende transient rate
Übernachtungsvertrag contract of accommodation
Übernahme assumption
Übernahme von Schuldverschreibungen corporate underwriting
Überpreis excessive charge, excessive price
Überproduktion overproduction
überprüfen check, review, verify
Überprüfung check, review, verification
Überprüfung der Hotels checking of the hotels
Überraschungsinventur spot check
Überraschungsomelette baked Alaska
überschätzen overestimate
Überschätzung overestimation
überschlagen, sich turn upside down

Überschlagsrechnung rough calculation
überschreiten exceed
Überschrift heading, headline
Übersee, in od. nach oversea(s)
Überseefahrt transoceanic voyage
Überseeflugzeug clipper
Überseetransport oversea(s) shipment
übersehen (nicht beachten) ignore
übersetzen translate
übersetzen (Fähre) ferry over
Übersetzer(in) interpreter, translator
Übersetzung translation
Übersicht overall view
übersteigen exceed
Überstunden overtime
Überstundenanforderung request for overtime
Übertrag amount carried over, transfer
übertragbar transferable
übertragen assign, delegate, transfer
Übertragung transmission, transfer
übertreffen surpass
übertreiben exaggerate
übertreten violate
übertrieben excessive
überwachen monitor, control
Überwachungsstelle supervisory body
überwältigen overwhelm
überweisen remit, transfer
überwinden overcome
überzahlen overpay
überziehen overdraw
Überzieher overcoat
überzuckert iced, candied
üblich costumary, usual
Übung exercise
Übungsgelände training ground
Übungshang practice slope
Ufer shore, bank
Uferstraße coastal road, lakeside/riverside road
Uhr clock
Uhrzeigersinn, entgegen dem anticlockwise
Ultraschall ultrasonic, ultrasound
Umbau modification, reconstruction, rebuilding
Umberfisch umber
umbuchen change reservations, reclassify, relocate
Umbuchung reclassification, transfer, adjusting entry
Umbuchungsgebühr amendment fee, alteration fee
umfassen encompass
Umgang mit Gästen (Empfang) guest relations (front office)
Umgebung surroundings
Umgehungsstraße bypass, diversion, beltway (US)
umgruppieren regroup
Umherreisen itineracy
umherreisen itinerate, perigrinate
umkehren turn back
Umkehrpunkt point of turnaround
Umkleidekabine changing cubicle
Umkleideraum changing room
Umkleideraum für das Personal locker room
Umkreis von, im within the radius of
Umladungsgebühr reloading charge
Umland surrounding region
Umlauf circulation
Umlauffähigkeit negotiability
Umlaufvermögen current assets
Umlaufvermögen insgesamt total current assets
Umleitung detour, diversion
Umorganisation reorganization
umorganisieren reorganize
umrechnen convert, translate
Umrechnung conversion, translation
Umrechnungskurs rate of exchange
Umrechnungstabelle conversion table

Umrechungsgrundlage für Fremdwährungen conversion method for foreign currency
umreißen outline
Umriss outline
Umsatz turnover
Umsätze, sonstige (Umsatzbereich 2) other income (schedule 2)
Umsatzentwicklung sales trend
Umsatzprognose sales forecast
Umsatzrückgang slump in sales
Umschlag turnover
Umschlaghafen port of transshipment
Umschlagplatz transshipment point
umschließen enclose
umschulen re-educate, retrain
Umschulung re-education, retraining
Umsteigebahnhof connecting station
Umsteigekarte transfer ticket
Umsteigen change of carriage
Umsteigepunkt connecting point
umwandeln convert
Umweg detour, roundabout way
Umwelt environment
Umweltkoordinator(in) environmental coordinator
umweltschonend environmentally friendly
Umweltschutz environmental protection
Umzug procession
unabhängig independent
unangemessen inadequate
unangenehm disagreeable
unauffindbarer Gegenstand article not to be found
Unaufmerksamkeit inattention
unbefugt unauthorized
Unbehagen uneasiness
unbekannt unfamiliar, unknown
unbequem uncomfortable
unberechtigt unauthorized
unbesetzt vacant
unbeständig volatile
unbewohnt unoccupied
unbezahlt unpaid
undatiert undated
undeutlich indistinct, unclear
undurchführbar impracticable
unentgeltlich free of charge, gratuitous
unerfahren inexperienced
unerkannt incognito
unerlässlich indispensable, essential
unerlaubt unauthorized
unerschwinglich unattainable
unfähig incapable
Unfall accident
Unfallmeldung notice of accident
Unfallquelle accident hazard
Unfallrisiko accident risk
Unfallschutzkarte medical identification card
Unfallstation casualty department, first-aid post
Unfallverhütungsvorschrift safety regulation
Unfallversicherung accident insurance
unfreundlich unfriendly
Unfug nuisance
ungelernte Arbeitskräfte unskilled manpower
ungemütlich uncomfortable
ungenau inexact
Ungenauigkeit inaccuracy
ungesetzlich illegal, unlawful
ungestört undisturbed
ungesund unhealthy
ungeteilt (Aufmerksamkeit) undivided (attention)
Ungeziefer vermin
Unglücksfall accident
ungültig invalid, void
Uniform uniform
unklar unclear
unkompliziert (Vorgang) straightforward (process)

unkonvertierbar inconvertible
unmittelbar direct
unproduktiv unproductive, idle
Unrecht wrong
unregelmäßig irregular
unreif unripe
unrichtig incorrect
Unruhe restlessness, disquiet
unsauber unclean
unschmackhaft tasteless
unsittlich immoral
Unsittlichkeit immorality
untätig idle
unter den Tisch reden, (den Gast) talk down (to a guest)
unter pari below par
Unterabteilung subdivision
Unterbett lower berth
unterbewerten underestimate
unterbieten undercut
unterbrechen interrupt
Unterbrechung interruption
unterbringen accommodate, lodge
Unterbringung accommodation
Unterdeck lower deck
Unterführung underpass
Untergebene(r) subordinate
Unterhalt maintenance
unterhalten (instand halten) maintain
unterhaltend entertaining, amusing
Unterhaltung entertainment
Unterhaltungsabend evening entertainment
Unterhaltungsprogramm entertainment program
Unterhose drawers, underpants
Unterkunft accommodation, lodging, shelter
Unterkunft, freie (z. B. für Busfahrer, Reiseleiter etc.) free lodging
Unterlage mat, pad
Unterlagen records, documents
unterlassen, etwas refrain from doing sth.
Unterlegung eines Kredits durch eine Sicherheit collatensation
Untermiete sublease
Untermieter(in) sublessee, subtenant
Unternehmen company, concern, establishment
Unternehmen, assoziiertes associated company
Unternehmen, verbundene affiliated entities
unternehmen undertake
Unternehmensberater(in) management consultant
Unternehmensform (des Handelsrechts) type of business organization
Unternehmensplanung corporate planning
Unternehmenszusammenschlüsse business combinations
Unternehmer(in) employer
Unternehmer(in), gastgewerbliche(r) entrepreneur of the hotel and catering trade
Unternehmung business
unterordnen subordinate
Unterpacht sublease
Unterpächter(in) sublessee, subtenant
untersagen prohibit
untersaisonal during holiday season, booking period
Untersatz table mat
unterschätzen underestimate
Unterschenkel lower leg
Unterschied difference
unterschiedlich varying, different
unterschreiten undercut
Unterschrift signature
Untersetzer mat, saucer
unterstellt sein report to
unterstützen support
Unterstützung support
untersuchen analyze, examine, test
Untersuchung analysis, inquiry, research, survey, test

Untersuchung, quantitative quantitative analysis
Untertasse saucer
unterteilen subdivide
untervermieten sublet
Untervermieter(in) sublessor
Untervermietung sublease, subletting
Untervermietungsrecht right of sublease
unterverpachten sublet
Unterverpächter(in) sublessor
Untervertrag subcontract
Unterwäsche underwear
Unterwasserausrüstung underwater equipment
Unterwassergymnastik underwater exercise
Unterwassermassage underwater massage
Unterwassersport underwater sport, scuba diving
unterwegs en route, in transit, on the way
Unterwegsaufenthalt stop en route
unterweisen instruct
Unterweisung instruction
Unterweisung, betriebliche job instruction training
unterwürfig submissive
unterzeichnen sign
unübersichtliche Kurve blind bend
unveräußerlich inalienable
unverbindlich without obligation
unverdünnt undiluted
unvereinbar incompatible
unverheiratet unmarried
unverträglich incompatible
unverzüglich instantly, without delay
unwahrscheinlich unlikely
Unwetter tempest
unwirksam ineffective
unwirtschaftlich inefficient
unwohl qualmish, unwell
Unze (28, 350g) ounce, o. z.
unzerbrechlich unbreakable
unzufrieden dissatisfied
unzufrieden sein (mit etwas) to be displeased (with s.th.)
Unzulänglichkeiten shortcomings
unzulässig inadequate, inadmissible
Upgrading (Verkaufsmethode) upgrading
Upselling (Verkaufsmethode) upselling
Urlaub holidays (GB), leave, vacation (US)
Urlaub, bezahlter paid holiday
Urlaub, gesetzlicher legal holiday
Urlauber(in) holiday-maker (GB), vacationer (US)
Urlauberzug leave-train
Urlaubsbilder vacation pictures
Urlaubseinteilung vacation schedule
Urlaubsgeld holiday pay, vacation pay
Urlaubsgeldrückstellung accrual for vacation pay
Urlaubshotel holiday hotel, resort hotel
Urlaubskatalog vacation catalog(ue)
Urlaubsort holiday resort, holiday destination
Urlaubsplan leave schedule
Urlaubsreise holiday trip
Urlaubsreisende(r) holiday-maker
Urlaubsvergünstigung holiday concession
Urlaubsverkehr holiday traffic
Urlaubsversicherung holiday insurance
Urlaubswetter holiday weather
Urlaubszeit holiday season
Urlaubsziel vacation destination
Ursprung origin
Ursprungsland country of origin
urteilen judge, reason
Urwald virgin forest

V

Vakanz vacancy
Vakanzliste list of vacant rooms
Vanille vanilla
Vanilleauflauf soufflé of vanilla
Vanilleeis vanilla ice, vanilla ice-cream
Vanillepudding blancmange, vanilla pudding
Vanillesoße custard sauce
variabel variable
Vase vase
Vegetarier(in) vegetarian
Vegetarierrestaurant vegetarian restaurant
vegetarisch vegetarian
Ventil valve
Ventilator fan, ventilator
Venusmuschel clam
Verabredung appointment, date
Verandadeck veranda deck
veränderlich variable, changeable
verändern alter, change
Veränderung alteration, change
veranlassen cause, arrange for
Veranstalter(in) organizer
Veranstaltung banquet, event
Veranstaltung, gesellschaftliche social activity
Veranstaltung, jüdische kosher function, kosher party
Veranstaltungsgeschäft banquet business, event business
Veranstaltungsinformation event order
Veranstaltungsleiter(in) banquet manager
Veranstaltungsraum banquet room, function room
verantwortlich liable, responsible
verantwortlich machen hold accountable, blame
Verantwortung liability, responsibility
Verarbeitung processing
verärgert angry
verauslagen disburse
Veräußerungsgewinne (oder -verluste) aus dem Verkauf von Anlagevermögen (Service enter 14) gain (or loss) on sale of property (schedule 14)
Veräußerungswert realizable value
Verband der Wirtschaftsdirektoren Food and Beverage Manager Association (FBMA)
Verbandskasten first-aid kit
Verbandszeug dressing material, first aid kit
verbessern correct, improve, revise
verbieten prohibit
verbinden (Medizin) bandage
verbinden (vereinigen) associate, unite
verbinden (verpflichten) oblige
Verbindlichkeit liability, obligation
Verbindlichkeiten accounts payable, liabilities
Verbindlichkeiten, kurzfristige current liabilities
Verbindlichkeiten, kurzfristiger Teil langfristiger current maturities (or portion) of long-term debt
Verbindlichkeiten, langfristige long-term liabilities, long-term debt
Verbindung connection, link
Verbrauch consumption
verbrauchen consume
Verbraucher consumer, user
Verbrauchsgüter non-durable goods, consumer goods
verbreiten durch Rundfunk broadcast
Verbuchung auf einem Konto posting to an account
verbunden mit connected with
verdanken owe
verdauen digest
Verdauung digestion
Verdauungsstörung indigestion
Verderb waste
Verderb (von Waren) spoilage

verderben spoil, waste
verderblich, leicht perishable
verdienen earn
Verdienst (Gehalt) earnings, income
Verdienst merit
Verdienstausfall loss of earnings
Verdienstspanne profit margin
verdrehen distort
Verdruss annoyance
verdünnen dilute
Verein association, club
vereinbar mit consistent with
vereinbaren agree upon, agree with, arrange, contract
Vereinbarung agreement, arrangement, contract
vereinheitlichen standardize
Vereinheitlichung standardization
vereinigen unite
vereinigen, sich associate
Vereinsmitgliedschaft club membership
Verfahren procedure
Verfalldatum date of expiry
verfallen expire, decay, waste
Verfallsdatum expiration date
Verfalltag expiration date
Verfälschung adulteration
verfault rotten
verfehlen miss
verfolgen follow
Verfrachtung shipment
verfügbar available
Verfügbarkeit availability
verfügen über dispose of
Verfügung disposal
vergehen pass, go by
Vergleich comparison
Vergleichbarkeit (Rechnungslegung) comparability
Vergleichbarkeit in zeitlicher Hinsicht (Rechnungslegung) consistency
Vergnügen pleasure
Vergnügungsdampfer pleasure boat
Vergnügungsfahrt cruise, pleasure drive
Vergnügungslokal place of entertainment
Vergnügungspark amusement park
Vergnügungsreise pleasure trip
Vergnügungssteuer entertainment tax
Vergnügungszentrum entertainment centre/center (US)
Vergrößerung enlargement
Vergünstigung benefit, allowance
Vergünstigungen reduced rates
vergüten reimburse, pay
Vergütung reimbursement, payment
verhaften arrest
Verhaftung arrest
Verhalten behavio(u)r
verhalten, sich behave
Verhältnis ratio
verhandeln negotiate
Verhandlung negotiation, transaction
verheiratet married
verhindern prevent
Verhinderung prevention
verhüten prevent
verirren, sich get lost
Verjüngungskur rejuvenation cure
Verkauf sale
Verkauf, persönlicher personal selling
verkaufen sell
Verkäufer(in) salesperson, seller
Verkäufermarkt seller's market
Verkaufsabteilung sales department
Verkaufsargument sales argument
Verkaufsargument (an das Gefühl appellierend) emotional sales argument
Verkaufsautomat (Umsatzbereich 6) vending machine (schedule 6)
Verkaufsförderung promotion, sales promotion

Verkaufsförderung (durch Ausstellung) visual merchandising
Verkaufsgrundsätze merchandising policy
Verkaufshilfe (Service Center 11) selling aid (schedule 11)
Verkaufshinweise (auf Einrichtungen im Hotel) inhouse sale
Verkaufsleiter(in) marketing manager, sales manager
Verkaufsort point of sale
Verkaufspreis sales price, selling price, retail price
Verkaufspreise für Speisen und Getränke food and beverage prices
Verkaufspunkt point of sale
Verkaufsrepräsentant(in) sales representative
Verkaufssteuerung merchandising
Verkaufsvertreter(in) sales representative
Verkehr traffic
Verkehr, entgegenkommender oncoming traffic
Verkehr, täglicher daily service
verkehren, mit jmdm. associate with sb.
Verkehrsader arterial road
Verkehrsampel traffic lights
Verkehrsamt tourist office, tourist information office
Verkehrsaufkommen volume of traffic
Verkehrsdelikt motoring offence (GB), traffic offense (US)
Verkehrsdichte traffic density
Verkehrseinschränkung traffic restriction
Verkehrsflugzeug airliner, commercial aircraft
Verkehrsfluss traffic flow
Verkehrsgewerbe transportation industry, carriers
Verkehrsinsel street refuge, traffic island
Verkehrsknotenpunkt junction
Verkehrsmaschine airliner
Verkehrsmittel vehicle
Verkehrsmittel, öffentliche public transport
Verkehrsmittelwerbung transportation advertising
Verkehrsordnung traffic regulation
Verkehrsplanung transport planning
Verkehrspolitik transport policy
Verkehrspolizei traffic police
Verkehrspolizist(in) pointsman
Verkehrsregelung traffic regulation
Verkehrssicherheit road safety, traffic safety
Verkehrsspitze traffic peak
Verkehrsstau traffic congestion
Verkehrsstockung traffic block, traffic hold-up, traffic jam
Verkehrsteilnehmer road user
Verkehrsträger (Fluggesellschaft, Bus, Bahn, Schiff) carrier
Verkehrsunfall traffic accident
Verkehrsüberwachung traffic control
Verkehrsverbindung communication
Verkehrsverbot prohibition of entry of vehicles
Verkehrsverein tourist association
Verkehrswert fair market value
Verkehrswirtschaft free economy
Verkehrszeichen road sign
verkehrt wrong
verkehrt täglich (Bus etc.) daily service, operates daily
verklagen sue
verknüpfen knit
verknüpft mit connected with
verkrampft tense
Verladebahnsteig loading platform
Verladegebühr loading charges
Verladekosten loading charges
Verladestelle loading point
Verladung embarkation, loading
verlangen demand, require
verlangen nach ask for
Verlangen, auf on demand

verlängern extend, prolong, renew
Verlängerung extension, prolongation, renewal
Verlängerungsnacht extra night, additonal night
Verlängerungsschnur extension cord
Verlängerungstag additional day
Verlängerungswoche additional week, extra week
verlassen leave
verlassen auf, sich depend on, rely on
Verlässlichkeit reliability
Verlauf progress
Verlautbarungsentwurf exposure draft
Verleih hire service (GB), rental service (US)
verleihen lend
Verleihgebühr hire charge
verletzen harm, hurt, violate
Verletzung injury
verlieren lose
verlieren, an Wert deteriorate
Verlobung engagement
Verlust damage, deficit, loss, net loss
Verlust und Beschädigung von Gasteigentum loss and damage of guest property
Verlustanzeige notice of a loss
Verluste aus schwebenden Geschäften, drohende probable losses from pending transactions
Verlustvortrag losses brought forward
Verlustzeit lost time, down time
Vermarktung marketing, commercialization
vermehren increase
Vermehrung increase
vermeiden avoid
Vermeidung avoidance
Vermerk note, memorandum
vermerken note
vermieten lease, let, rent
Vermieter(in) hirer, landlord *(m)*, landlady *(f)*, lessor
Vermietstation rental office
Vermietung leasing
vermindern impair, reduce
vermindern, sich shrink
Verminderung decline
vermischen mix
vermischt miscellaneous
vermissen miss
vermisst missing
Vermögen insgesamt, sonstiges total other assets
Vermögen zu Anschaffungskosten abzüglich Abschreibungen, sonstiges other assets, at costs less amortization
Vermögensgegenstände, immaterielle intangible assets
Vermögenslage financial position
Vermögensrecht property right
Vermögensteile, liquide liquid assets
Vermögenswerte, immaterielle intangible assets
Vermögenswerte, langfristige noncurrent assets
vernachlässigen neglect
Vernunft reason
vernünftig rational
veröffentlichen bring out, publish
Veröffentlichung publication
verpachten let, rent
Verpächter lessor
verpacken pack, package
Verpackung packing, packaging
Verpackungskosten packaging expenses
verpfänden pledge
Verpflegung board, catering, food, food supply
Verpflegungsbereich food and beverage department
Verpflegungskapazität food supply capacity
verpflichten engage, obligate, oblige

verpflichtend obligatory
verpflichtet bound, indebted, obliged
Verpflichtung commitment, engagement, obligation
Verrechnungskonto clearing account
verreisen go away (on holiday)
Verrichtung performance
versagen fail
versammeln, sich meet, gather
Versammlung meeting, gathering
Versandanzeige advice of dispatch, advice note
versandfertig ready for shipment
Versandkosten shipping charges, transportation cost
Versandort place of dispatch
versäumen neglect
Versäumnis default
verschieben postpone
Verschiebung postponement
verschiedenartig miscellaneous various
verschiedene sundry
Verschiedenheit difference, variety
verschlafen oversleep, sleep late
verschlechtern, sich deteriorate
verschließen (luftdicht) airseal
verschlingen gulp
Verschluss shutter
verschmelzen merge
verschneiden (Wein) dilute
Verschneidung (Wein) adulteration
verschneit snow-covered, snowed up
Verschönerung beautification
verschuldet indebted
Verschuldung indebtedness
verschwiegen discreet
Verschwiegenheit discretion
verschwommen hazy
versenden send, ship
Versendung shipment
versengen sear
Versetzung transfer, relocation
Versetzungskosten (Service Center 9) relocation expenses (schedule 9)
versichern insure
versichern (behaupten, bestätigen) affirm
versichern (erklären) assure
Versicherung insurance
Versicherung (Behauptung, Bestätigung) affirmation
Versicherung (Erklärung) assurance
Versicherungsbeitrag insurance charge, insurance contribution
Versicherungsbeiträge, vorausbezahlte unexpired insurance
Versicherungsgesellschaft insurance company
Versicherungsschutz insurance protection
versorgen cater for, supply
verspäten delay, to be late
verspätet late, delayed
verspätete Ankunft eines Fluggastes late passenger arrival
Verspätung delay
versprechen promise
verstaatlichen nationalize
Verständlichkeit (der Rechnungslegungsinformation) understandability
Verständnis understanding
verstärken intensify
Verstärker amplifier
verstehen understand
verstellbar adjustable
versteuert tax paid
versuchen attempt, try
vertagen postpone, adjourn
Vertagung postponement
vertauschen swap
verteilen distribute
verteilen (Anschaffungskosten auf Geschäftsjahre) allocate (acquisition costs over the business years)

Verteilung distribution
Vertrag agreement, contract, treaty
Vertrag, gegenseitiger mutual agreement
vertragen agree with
vertraglich contractual
vertraglich gebunden bound by contract
verträglich mit compatible with
Vertragsbedingung term (of a contract)
Vertragsbestimmung clause, term
Vertragsbruch breach of contract
Vertragsbüro appointed office
Vertragsentwurf draft (of a) contract, tentative agreement
Vertragsgaststätte appointed restaurant, authorized restaurant
Vertragshaftung contractual liability
Vertragshaus authorized establishment
Vertragshotel appointed hotel, authorized hotel
Vertragsklauseln, einschränkende restrictive covenants
Vertragsstrafe contractual penalty
vertrauenswürdig trustworthy
Vertrauenswürdigkeit trustworthiness
vertraulich confidential
vertretbar justifiable
vertreten represent
Vertreter(in) agent, representative, salesman
Vertreterbesuch call
Vertretung agency, representation
Vertrieb distribution, sale(s)
Vertriebskosten selling expenses
Vertriebsleiter(in) sales manager, marketing manager
verunglücken meet with an accident
verursachen provoke, cause
verurteilt zu condemned to
vervollkommnen improve, perfect
verwalten administer, manage
Verwaltung administration
Verwaltungsgebühr administrative fee, management fee
Verwaltungsvertrag management agreement
verwandeln (in ein Hotel) hotelize
verwandt related
Verwandtenbesuch visit of relatives
Verwandter, nächster next of kin
Verwandte(r) relation, relative
Verwarnung warning
verwenden use, apply
verwerten make use of
Verwirrung confusion
Verzehr consumption
verzeichnen list
Verzeichnis list, index, register, schedule, directory
Verzeichnis der Sollportionsgroßen portion chart
verzerren distort
Verzicht quitclaim
verzichten quitclaim, renounce
verzichten auf forego
verzieren decorate
verzollen clear, declare
verzollt duty paid
Verzollung clearance
Verzollung einer Schiffsladung clearing
verzögern delay
Verzögerung delay, retardation
Verzug default
Vieh cattle
viel besucht much frequented
vielfach multiple
Vielfalt variety
Vielflieger frequent flyer
Vielfliegermeilen frequent flyer miles
Vielfraß glutton, gourmand
vielseitig multilateral, versatile
vielsprachig polyglot, multilingual
Viertel quarter
Vierteljahr quarter
vierteljährlich quarterly
Vierzehn tage fortnight

Vignette (Autobahn-) autobahn-tax sticker
Vinnaigrettesoße vinnaigrette(sauce)
VIP very important person, vip
Visagebühr visa charge
Visavorschriften visa regulations
Visum visa
Visumsantrag application for a visa
Vitrine show case
Vizepräsident(in) vice president
Vogel bird
Volksfest folk festival
Volkskunst folk art
Volkslied folk song
Volkstanz folk dance
Volkstracht national costume
voll bezahlt paid-up
voll eingezahlt paid-up
voll im Geschmack full-flavo(u)red
Vollauslastung sell out
Vollbad full bath
vollbelegte Tage sell out days
vollbringen accomplish
vollenden accomplish
Vollhaftung full liability
volljährig of full age, of age
Volljährigkeit age of majority, full age, lawful age
vollklimatisiert fully airconditioned
Vollkornbrot whole(meal) bread
Vollkostenrechnung full cost accounting, actual cost system
Vollmacht authority
Vollmassage full massage
Vollmond full moon
Vollpension board and lodging, board and residence, board residence, full board, full board and lodging, full pension
Vollpreis full rate
Vollpreisfahrkarte normal fare ticket
Vollprüfung audit
Vollwertkost organic food, whole-food cooking
Vollzahlender full-fare paying passenger, adult
vollziehen fulfil(l)
Vollziehung fulfil(l)ment
Volumen volume
von Bedeutung significant
von Bord gehen leave the ship
Vor- oder Nachsaison shoulder period, off-peak season
Vor- und Nachsaisonfahrpreis off-peak fare
vorangehen precede
Voranmeldung advance reservation
Voranschlag estimate
voranschlagen estimate
vorausbezahlt prepaid
Vorausbuchung advance booking
vorausgehen precede
vorausgehend prior to
vorausplanen prearrange, forecast
Vorausplanung advance planning
Voraussagetauglichkeit (Rechnungslegung) predicative value
Vorausschau forecast
voraussehen expect
voraussetzen assume
Voraussetzung prerequisite, assumption, precondition
Vorauszahlungsrabatt rebate for advanced payment
voraus, im in advance
Vorbehalt reservation
vorbereiten prepare
Vorbereitung preparation
vorbestellen book, reserve
Vorbestellung advance booking
Vorbestellung von Plätzen reservation of seats in advance
vorbeugend preventive
Vorbeugung prevention
vorbildlich exemplary
Vorbildung educational background
Vordeck foredeck
Vorderdeck forecastle
Vordersitz front seat
Vorderzimmer front-room

Voreröffnungskosten preopening expenses
Voreröffnungsmanagement preopening management
Vorfahre ancestor
Vorfahren ancestors, ancestry
Vorfahrt right of way
Vorfahrt beachten! Give way!
Vorfahrtsstraße major road, priority road
vorfallen happen, occur
Vorführung performance, show
Vorgabe guideline, target
Vorgebirge promontory
Vorgericht appetizer, starter (GB)
Vorgericht, pikantes savoury
Vorgesetztenschulung supervisory training
Vorgesetzte(r) superior, supervisor
Vorgesetzte(r), direkte(r) immediate supervisor
Vorhalle vestibule
Vorhalle, überdachte porch
vorhanden available
Vorhang curtain
vorher prior to, beforehand
vorherbestimmt bound to, predestined
vorherrschend predominant
Vorjahr previous year
Vorkalkulation cost estimate
vorkochen precook
vorkühlen precool
Vorlage template, presentation
vorläufig interim, provisional, temporary, tentative
vorlegen produce
Vorleger rug
Vorliebe preference
Vormerkung (einer Buchung) optional reservation
Vormittag forenoon
vormittags (bei Zeitangabe) a. m. (ante meridiem)
Vorname Christian name, first name
vornehm distinguished
Vorortzug suburban train
Vorrang precedence, priority
Vorräte stocks on hand
Vorräte zum Niederstwert inventories, at the lower of cost or market
vorrätig in stock, on hand
Vorratsraum storeroom
Vorrecht privilege, precedence
Vorrichtung appliance
Vorruhestand early retirement
Vorsaison low season, preseason, early season
Vorschau preview
vorschießen advance
Vorschlag proposal, suggestion
vorschlagen propose, suggest
Vorschrift provision, regulation, rule
Vorschub leisten abet, promote
Vorschuss advance
Vorschüsse und Kredite an Mitglieder der Geschäftsleitung advances to officers
Vorsicht! Caution!, Take care!
Vorsicht Zug! Beware of trains!
vorsichtig cautious
Vorsichtsprinzip conservatism
Vorspeise appetizer, cocktail savo(u)ry, hors d'oeuvre, starter
Vorspeisen (kalt) cold appetizers
Vorstand executive board
Vorstands- und Verwaltungsratmitglied executive (of the company)
Vorstandsmitglied member of the board
vorstellen introduce
Vorstellung introduction
Vorstellung, geschlossene private performance
Vorstellungsgespräch (job) interview
Vorteil advantage, benefit, gain
vorteilhaft advantageous
vorteilhafter Kauf bargain
Vortrag lecture
Vortragsreise lecture tour

vorübergehend temporary
Vorverkauf advance booking, advance sale
Vorverkaufsstelle (advance) booking office
Vorvertrag preliminary agreement
Vorwahlnummer area code
vorwärmen preheat
vorweg in advance
vorwegnehmen anticipate
vorzeitig early, in advance
vorziehen prefer
Vorzug preference, priority
Vorzugsaktien preferred stock
Vorzugsaktien, kumulative cumulative preferred stock
Vorzugsbehandlung preferential treatment
Vorzugsfrachtrate (Luftverkehr) commodity rate
Vorzugspreis special price
Vorzüge (z. B. eines Hotelzimmers) amenities
Vögel am Spieß mit Polente birds on skewer with corn pie

W

Waage scale
wach awake
wach liegen lie awake
Wachmacher stimulant, eye opener
Wacholder juniper
Wachs wax
Wachsbohne wax bean
Wachsei wax-egg
wachsen (größer werden) grow
wachsen (Wachs) wax
Wachstum growth
Wachstumsrate growth rate
Wachtel quail
Wächter watchman
Waffel wafer, waffle
Waffelkartoffeln fried potato wafers
wagen risk, venture
Wagen carriage
Wagen (Auto) car, motor car
Wagenheber jack
Wagenpflege motor car service
Wagentür carriage door
Waggonfracht carload freight
Waggonfrachtrate carload rate
Waggonladung carload
Wagnis risk
Wahl choice, alternative
wählen (Telefon) dial
wahlfrei optional
wahrnehmbar discernible
wahrnehmen notice
wahrscheinlich probable
Währung currency
Währung, harte hard currency
Währung, konvertierbare convertable currency, free currency
Währungsrisiko foreign exchange risk, currency risk
Wald forest, wood
Walderdbeere wild strawberry
Waldhuhn wood grouse
Waldmeister woodruff
waldreich well wooded
Waldspaziergang walk in the woods
Waldweg forest path
Wallfahrtskirche pilgrimage church
Wallfahrtsort place of pilgrimage
Walnuss walnut
Walzer waltz
Wandelhalle pump room
Wandelschuldverschreibung convertible bond
Wanderer hiker, rambler
Wanderfahrt walking tour
Wanderführer hikers' guide, ramblers' guide
Wandergebiet hiking region
wandern hike, peregrinate, ramble, tramp, walk
Wandern hiking, peregrination, rambling, tramping, walking
Wanderschau touring exhibition
Wandersport hiking, rambling

Wandertourismus hiking, rambling
Wanderung peregrination, ramble, walking tour
Wanderverein hiking club, rambling association
Wandkarte wall map
Wandschirm folding screen
Wanne tub
Wannenbad bath
Ware commodity, goods, merchandise
Waren, verderbliche perishable goods
Ware, schwimmende goods afloat
Waren unter Zollverschluss goods in bond
Warenannahme receiving department
Warenannehmer(in) receiving clerk
Warenausgabe issue of goods
Warenbestand stock in trade, stock on hand, inventory
Wareneinstandskosten cost of goods purchased
Warenhaus department store
Warenkosten, bereinigte (Umsatzbereich 2) net cost of food and beverage sales (schedule 2)
Warenkosten, nicht bereinigte (Umsatzbereich 2) cost of food and beverage consumed (schedule 2)
Warenkosten, sonstige (Umsatzbereich 2) other cost of sales (schedule 2)
Warenlager warehouse
Warenvorrat goods on hand
Warenzeichen trademark
warm warm
Wärme warmth
wärmen warm
Wärmflasche hot-water bottle
Warmwasser hot water
Warnschild warning sign
Warnung warning
Wartebereich waiting area
Warteliste waiting list
warten wait
Wartesaal waiting room
Warteschlange waiting line (US), waiting queue (GB)
Wartestellung standby position
Wartezeit waiting period, waiting time
Wartezeiten delays, waits
Wartezimmer waiting room
Wartung maintenance, servicing
Wartungsvertrag maintenance contract
Wasch- und Toilettenanlagen washing and lavatory facilities
waschbar washable
Waschbecken washbasin
Wäsche (Schmutz-) laundry
Wäsche (Umsatzbereich 2) linen (schedule 2)
Wäsche- und Reinigungskosten (Umsatzbereich 2) laundry and dry cleaning (schedule 2)
Wäschebeschließer(in) linen keeper, linen room attendant
waschecht colo(u)rfast, washable
Wäscherei laundry
Wäschereileiter(in) laundry manager
Wäschesack laundry bag
Wäscheschacht laundry chute
Wäscheschrank linen closet
Wäscheverleih linen hire
Waschküche (umgangsspr. für dichte Nebel) pea soup
Waschlappen facecloth, washcloth
Waschmaschine washing machine
Waschpulver washing powder
Waschraum lavatory, rest room
Waschtisch washstand
Waschwanne washing tub
Wasser water
Wasser, fließendes running water
Wasser, lauwarmes tepid water
Wasser, destilliertes distilled water
Wasserball water polo
wasserdicht waterproof

Wasserfall waterfall
Wasserfliegen water gliding
Wasserflugzeug hydroplane, seaplane
Wasserglas tumbler
Wasserhahn (water) tap, faucet (US)
Wasserhuhn coot, water hen
Wasserkur water cure
Wasserleitung water pipes
Wassermelone watermelon
Wasserschaden durch Feuerlöschbrause sprinkler leakage
Wassersegelflugzeug sea glider
Wasserski water-ski
Wasserspiele ornamental fountains
Wassersport aquatic sports, water sports
Wasserstand water level
Wasserstelle watering place
Wassertemperatur water temperature
Wasserverunreinigung water pollution
Wasserwelle water wave
Watte cotton wool
Wechsel bill of exchange
Wechselbad contrast bath
Wechselbürgschaft guarantee on a bill (of exchange)
Wechselforderungen notes receivable
Wechselgeld change
Wechselgeld behalten! Keep the change!
Wechselkurs exchange rate
Wechselkursschwankungen fluctuations of the exchange rate
wechseln change, exchange, rotate
wechselnd varying
Wechselobligo liability on bills of exchange
Wechselobligo aus der Weitergabe von Wechseln (nicht Einlösung) endorsement risks for bills of exchange (notes)
Wechselschicht rotating shift
wechselseitig mutual
Wechselstrom alternating current (Abk. AC)
Wechselstube exchange office, foreign exchange office
Wechselverbindichkeiten notes payable
Weckdienst wake-up service
wecken wake up, rouse
Wecker alarm clock
weggeben give away
wegräumen clear away
Wegweiser guidepost, signpost
Wegzeit travel time
weiblich female
weich soft
Weichkäse cream cheese
Weichtier mollusk
Weide pasture, willow
Weideland pasturage
Weigerung refusal
Weiher pond
Weihnachten Christmas, Xmas
Weihnachtsferien Christmas holidays (GB), Christmas vacation (US)
Weihnachtsgratifikation Christmas bonus
Weihnachtsmann Santa Claus
Weihnachtspudding Christmas pudding
Weihnachtszeit Christmas time
Wein wine
Wein, abgelagerter mature wine
Wein, alter old wine
Wein, gespritzter spritzer
Wein, hellroter rose wine
Wein, junger young wine
Wein, leichter light wine
Wein, naturreiner vintage wine
Wein, offener open wine, wine by the glass, wine in a carafe
Wein, roter offener red wine from the cask
Wein, schwerer heavy wine
Wein, süßer sweet wine

wiederverwenden reuse
Wiederverwendung reuse
Wiedervorlagemappe follow-up file
Wiedervorlageverfahren follow-up system
wiegen weigh
Wiener Rostbraten rumpsteak with fried onions, steak Vienna style, Vienna steak with fried onions
Wiener Schnitzel fried slice of veal Vienna style, Viennese schnitzel
Wiener Würstchen Wieners
Wiese meadow
wild wild, rugged
Wild (Fleisch) game, venison
Wildbret game
Wildente pintail, wild duck
Wildfleischragout jugged game
Wildgans wild goose
Wildkaninchen wild rabbit
Wildnis wilderness
Wildpastete cold game pie
Wildschwein wild boar
Wildschweinfilet, gegrilltes grilled fillet of wild boar
Wildschweinkeule wild boar haunch
Wildschweinrücken wild boar saddle
Wildschweinskopf (gefüllt) head of wild boar, stuffed boar's head
Wille des Unternehmers management's intention
willkommen welcome
Windbeutel cream puff
windgeschützt sheltered from the wind
windig airy, windy
Windjacke windcheater (GB), windbreaker (US)
Windschutzscheibe windscreen (GB), windshield (US)
Windstärke wind force
Windstoß gust
Windsurfen windsurfing
Windtorte meringue cake
winken wave
Winteraufenthaltsort winter stay
Winterendivie escarole
Winterfahrplan winter timetable
Winterferiendorf winter holiday village
Winterflugplan winter timetable
Winterfreuden joys of winter
Winterfrische winter holiday resort
Wintergarten winter garden
Winterkur winter cure
Winterkurort winter health resort
winterlich wintry
Winterreifen winter tyre (GB), winter tire (US)
Winterreiseverkehr winter tourist traffic
Wintersaison winter season
Wintersport winter sports
Wintersportarrangement inclusive winter sport terms
Wintersportausrüstung winter sports equipment
Wintersporteinrichtungen winter sports facilities
Wintersportort winter sports centre/-er (US), winter sports resort
Wintersportreise winter sports trip
Wintersportsaison winter sports season
Wintersportveranstaltung winter sports event
Wintersportzug snow train
Wintertourismus winter tourism
Winzer wine grower
Winzerfest vintagers' festival
Wirbelsturm tornado
wirklich real
wirksam effective
Wirksamkeit effectiveness
Wirkung effect
Wirsingkohl savoy cabbage
Wirt host, landlord, publican (GB)
Wirtin landlady
wirtschaftlich economical
Wirtschaftssystem economic system
Wirtshaus public house, tavern
wischen wipe
Wissen knowledge

Wissen, praktisches know-how
wissentlich knowingly
witterungsabhängig depending on weather condtions
Wochenendausflug weekend excursion
Wochenende weekend
Wochenendfahrt weekend outing, weekend trip
Wochenendpension weekend guest house
Wochenendreiseverkehr weekend tourist traffic
Wochenendspezialpreis special weekend price
Wochenendtourismus weekend tourism
Wochenmarkt weekly market
Wochenrechnung weekly bill
Wochenschau newsreel
Wochentag weekday
Wodka vodka
wohl well
Wohlbefinden wellbeing
wohnen live, reside, dwell
Wohneinheit accommodation unit
Wohngebiet residential area
wohnhaft resident
Wohnhaus apartment house
Wohnmobil recreational vehicle (RV), camper (van), mobile home
Wohnort place of residence
Wohnraum living space
Wohnschlafraum bedsitter (GB), bedsitting room (GB)
Wohnsitz domicile, residence
Wohnsitz, ständiger permanent residence
Wohnsitz haben reside
Wohnung apartment, flat
Wohnung, möblierte furnished apartment
Wohnungs- und Zimmervermittlung housing bureau
Wohnungsbau house building
Wohnungsgeldzuschuss housing allowance
Wohnwagen caravan (GB), trailer (US)
Wohnwagenanhänger camping trailer
Wohnwagenfahrer(in) trailerite
Wohnwagentourist caravaner
Wohnzimmer living room, sitting room
Wok wok
Wolke cloud
wolkig cloudy
Wolldecke blanket, wool blanket
wollen want
wöchentlich weekly
Wörterbuch dictionary
wörtlich verbal
Wrack wreck
Wurst sausage
Wurstaufschnitt slices of sausage
Wurstplatte assorted sausages
wünschen wish
würdigen appreciate
Würfelzucker lump sugar, sugar cube(s)
Würstchen sausage
Würze zest
würzen (Speisen) season
würzig spicy, well-seasoned
(Ge-)Würzmischung mixed herbs
wütend furious, irate
W.C. water closet, W.C.

Y

Yield Management yield management
Yield Management-Team yield management team

Z

zäh tough
Zahl number, figure
zahlbar payable
zahlen pay

zählen count
Zahlkarte giro transfer form
Zahlmeister paymaster, purser
Zahlpax paying passenger
Zahlung payment
Zahlungsgewohnheit paying habit
Zahlungsmodus method of payment
Zahlungsort place of payment
Zahlungsweise method of payment
Zahnarzt dentist
Zahnbürste toothbrush
Zahnpaste toothpaste
Zahnstocher toothpick
Zander pike-perch
zanken quarrel
Zapfenstreich tattoo
zart tender
Zebrastreifen zebra crossing
zechen carouse, tipple
Zecherei carousal
Zechprellerei bilking, hotel fraud
Zeichen mark, symbol, sign
Zeichenerklärung legend, signs and symbols
zeigen exhibit, show
Zeit time
Zeit, angemessene reasonable time
Zeit, verkehrsarme off-peak period
Zeit totschlagen (vertreiben) kill time
Zeit- und Bewegungsstudie time and motion study
Zeitansage time signal, speaking clock
Zeitaufnahme time exposure
zeitgemäß up-to-date
Zeitkarte commutation ticket, season ticket
Zeitnähe (Rechnungslegung) timeliness
Zeitnahme timing
Zeitplan schedule
Zeitschrift journal, magazine, periodical
Zeitung newspaper
Zeitungskiosk bookstall, news stall
Zeitungsbeilage insert, newspaper supplement
Zeitungsstand newsstand
Zeitungswerbung newspaper advertising
Zeitvorgabe time standard
zeitweilig temporary
Zeitzeichen time signal
Zelluloid celluloid
Zelt tent
Zelt- und Wohnwagenwesen camping and caravaning
zelten camp
Zelthering tent peg
Zeltlager tent camp
Zeltplatz camping ground
Zeltvordach tent awning
zentrale Frage pivotal question
Zentraleinheit central processing unit (CPU)
Zentralheizung central heating
Zentralverwaltung head office
Zentralverwaltungswirtschaft government controlled economy
Zentrum center (US), centre (GB)
zerklüftet rugged
zerlassen melted
zerschneiden carve
zerteilen part
Zervelat(wurst) saveloy (GB)
Zeugnis certificate
Zichorie (Salat) chicory
Zicklein kid-goat, goatling
Ziege goat
Ziegenkäse goat cheese
ziehen pull
ziehen: aus dem Wasser gezogen plain boiled
Ziel goal, objective, target
Ziel (gegen Ziel liefern) supply on credit
Zielbahnhof destination station
Zielflughafen destination airport
Zielgruppe target group
Zielland country of destination

Zielort destination
Zielsetzung objective
ziemlich quite
Ziffer digit, figure
Zigarette cigarette
Zigarettenverkäufer tobacconist
Zigarillo small cigar, cigarillo
Zigarre cigar
Zigeuner(in) gipsy
Zigeunergulasch beef stew gipsy style
Zimmer room
Zimmer, behindertengerechtes handicapped accessible room
Zimmer, belegte und freie rooms occupied and vacant
Zimmer, belegte (im Berichtszeitraum) room nights sold
Zimmer, ineinander gehende connecting rooms
Zimmer am Swimmingpool cabana, poolside room
Zimmer frei rooms vacant
Zimmer im voraus bestellen book a room in advance
Zimmer mit Bad oder Dusche room with private bath or shower
Zimmer mit drei Betten triple
Zimmer mit Frühstück bed and breakfast, Continental Plan (CP)
Zimmer mit Halbpension Modified American Plan (MAP)
Zimmer mit Meeresblick room with a view of the sea
Zimmer mit Übernachtung und Frühstück Continental Plan (bed and breakfast)
Zimmer mit Verbindungstür(en) connecting room
Zimmer mit Vollpension American Plan (AP)
Zimmer mit zwei (einzelnen) Betten twin
Zimmer mit zusätzlicher Schlafcouch studio (executive room)
Zimmer ohne Berechnung complimentary room
Zimmer, vorhandene (im Berichtszeitraum) room nights available
Zimmer zu vermieten rooms to let
Zimmer zur Straße room facing the street
Zimmerausstattung room amenities
Zimmerbuchung room reservation
Zimmerdecke ceiling
Zimmerfrühstückskarte door knob menu
Zimmerkellner room service waiter
Zimmerlautstärke low volume
Zimmerliste rooming list
Zimmermädchen chambermaid, maid
Zimmernachweis accommodation service
Zimmernummer room number
Zimmerpreis room charge, room rate
Zimmerpreis, durchschnittlicher average rate
Zimmerpreis, niedrigster flat rate
Zimmerpreis mit Frühstück charge for bed and breakfast
Zimmerpreis ohne Pension European Plan
Zimmerreservierung hotel reservation
Zimmerservice room service
Zimmertelefon room telephone
Zimmervermittlung accommodation service
Zimt cinnamon
Zink zinc
Zins- und Dividendenforderungen interest and dividends receivable
Zinsen interest
Zinsen, kalkulatorische imputed interest
Zitadelle citadel
Zitherspieler(in) zitherist
Zitronat candied lemon peel

Zitrone lemon
Zitronenbaiserpudding lemon meringue pie
Zitroneneis lemon ice
Zitronenlimonade lemon soda, lemonade
Zitronenpresse lemon squeezer
Zitronensaft lemon juice
Zitronenschale lemon peel
Zivilflughafen commercial airport
Zündholz match
Zündholzkartoffeln matchstick potatoes
Zündholzschachtel matchbox
Zoll customs, duty
Zoll- und Passabfertigung passport and customs examination
Zollabfertigung customs clearance, customs clearing
Zollabfertigungsgebühren clearance charges
Zollabfertigungshalle customs examination hall
Zollbeamter customs officer
Zollbehörde customs authorities
Zollbestimmungen customs regulations
Zolldurchlassschein transire
Zollerhebung increase of customs
Zollerklärung customs declaration
Zollerstattung duty drawback
zollfrei duty-free
Zollfreiheit exemption from duty
Zollgebiet customs territory
Zollhinterziehung evasion of customs
Zollkontrolle customs inspection
Zollnummer (Auto) customs number
zollpflichtig dutiable, liable to customs duty, liable to duty
zollpflichtig, nicht non-dutiable
Zolltarif customs tariff, tariff
Zollverschluss, unter in bond
Zollvorschriften customs regulations
Zollwert customs value
Zone zone
Zoo zoo
zoologischer Garten zoological garden
zoomen zoom
Zoomobjektiv zoom lens
Zorn an j-m auslassen, seinen take it out on s.o.
zornig angry, irate
zu tun haben (mit) deal (with)
zu verkaufen for sale
zu vermieten for hire
zu (allzu) too
zu (Richtung) to
Zubehörteile accessory parts
zubereiten prepare
zubereitet am Tisch prepared at (guest's) table
zubereitet in Butter buttered, prepared with butter
Zubereitung preparation
zubilligen grant
Zubilligung award
Zubringerbus shuttle bus
Zubringerdienst (Bus) bus service
Zubringerflug feeder flight
Zubringerflugzeug feeder service aircraft
Zubringerstraße feeder road
Zubringerverkehr road transport connection
Zuchtforelle farm trout
Zucker sugar
Zuckerbäcker(in) pastry cook
Zuckerdose sugar basin
Zuckererbse sugar pea
Zuckerglasur, mit iced
Zuckerguss icing, frosting (US)
Zuckermelone cantaloupe
Zuckerschale sugar bowl
Zuckerzange sugar tongs
Zufahrtsstraße approach road, access road
Zufall chance, coincidence
Zufall, unabwendbarer circumstances beyond control
Zufallsstichprobenuntersuchung random sampling
zufrieden content

zufrieden stellend satisfactory
Zug train
Zug, durchgehender through train
Zug besteigen board train
Zug mit Schiffsanschluss boat train
Zug verpassen miss the train
Zug-Schiffsreise (kombiniert) rail and steamship travel
Zugabe addition, free gift
Zugabewerbung free gift advertising
Zugang access, entrance
Zugänge (Geld) additions
zugänglich, leicht easily accessible
Zuganschluss rear of the train
Zugauskunft railway inquiry office
Zugbegleiter(in) conductor (US), guard (GB)
Zugbrücke drawbridge
Zugnummer train number
Zugreservierung train reservation
zugrunde liegend underlying
Zugschaffner(in) train conductor
Zugspitze head of a train
Zugteil train set
Zugtelefon telephone on the train
Zugverbindung train connection
Zugverspätung delay of a train
Zugzeiten train times
Zugzusammensetzung train formation
zuhören listen
Zulage extra pay, bonus
zulässig allowable
Zulassung admission, vehicle registration document
Zuleitung supply pipe
Zulieferindustrie supplying industry
zum halben Preis half-price
zum Schweigen bringen (den Gast) silence (the guest)
Zum Wohl! Cheers!
zum Nennwert at par
Zunahme (Wert) increment
Zuname surname
Zunge tongue
zur Folge haben result in
zur Schau stellen display
zurechenbar attributable
zurückbehalten retain
zurückerstatten refund, reimburse, repay
zurückgeben return
zurückgestellt deferred
zurückkaufen repurchase
zurückkommen return
zurückrechnen count back
zurücktreten step back, retire
zurückverfolgen trace back
zurückvergüten reimburse
zurückweisen refuse
zurückzahlen refund, repay
Zusage confirmation
zusagen, j-m please s.b.
zusammenfassen sum up
Zusammenfassung recapitulation, summary
zusammenstellen compile
Zusammenstoß collision
Zusatz addition, admixture
Zusatzbett extra bed
Zusatzfahrkarte supplementary ticket
Zusatzgeschäft additional business
zusätzlich additional, extra
Zusatzzoll additional duty
Zuschlag extra, supplement, supplementary charge, supplementary fare, additional charge
Zuschlagssatz rate of mark up
Zuschuss subsidy
Zusteigemöglichkeit picking up point
Zustellbett extra bed
Zustelldienst delivery service
Zustimmung agreement, approval
Zustrom inflow, influx
Zutat ingredient
zuteilen allocate, allot
Zuteilung allocation, allotment
Zutritt access, admission
Zutritt verboten! Off limits!, No admittance!, No entry!
zuverlässig reliable

Zuverlässigkeit reliability
zuviel berechnen overcharge
Zuwachs (Wert) increment
zuweisen allocate
Zuweisung allocation
Zuweisung eines Zimmers (an den Gast) rooming (the guest)
zwanglos informal, unconventional
zweckmäßig practical
zweckmäßig (ratsam) advisable
Zweibettabteil double berth compartment, two berth compartment
Zweibettkabine two berth cabin
Zweibettzimmer double room, room with two beds
Zweifel doubt
zweigleisige Strecke double-track line
Zweigstelle branch office
zweijährlich biennial
zweimonatlich bimonthly
zweistöckig two storied
zweite Klasse second class
zweiter Gang second course
zweiter Rang (Theater) upper circle
zweiwöchentlich biweekly
Zwergkürbis summer squash
Zwetschge damson, plum, prune
Zwetschgenknödel plum dumpling
Zwieback rusk
Zwiebel onion
Zwiebel, kleine spring onion
Zwiebelfleisch beef stew with onions
Zwiebelmus onion mash
Zwiebelrostbraten braised filet of beef with onions, sirloin steak with onions
Zwiebelsoße onion sauce
Zwielicht twilight
zwingen force, compel
zwingend urgent, mandatory
Zwischenabrechnung interim billing, interim invoice
Zwischenaufenthalt intermediate stop
Zwischendeck between decks, steerage
Zwischengericht entree
Zwischenhafen intermediate port, port of call
Zwischenlandung stop en route, stopover, intermediate landing
Zwischenübernachtung overnight stay en route
Zwischenrippenstuck sirloin
Zwischenrippenstuck mit Filet porterhouse steak
Zwischenrippenstück mit grünem Pfeffer sirloin steak with green pepper
Zwischensaison intermediate season
Zwischenstation intermediate station
Zwischenstecker adaptor, adapter
Zwischenstock mezzanine

2

Englisch – Deutsch

English – German

Teil II: Englisch – Deutsch

Part II: English – German

Gender labels	m	:	Maskulinum (der)
	f	:	Femininum (die)
	n	:	Neutrum (das)
	pl.	:	Plural (die)

Note:
All schedules mentioned apply for the „Uniform System of Accounts for Hotels".

Anmerkung:
Die Angabe der Umsatzbereiche bzw. der Service Center gilt für das „Uniform System of Accounts for Hotels".

A

à la carte à la carte
abc-airline-guide Verzeichnis *(n)* der Flughäfen *(pl. m)* und Luftverkehrsgesellschaften *(pl. f)* im Linienverkehr *(m)*
abc-flight (advanced booking charter) ABC-Flug *(m)* (verbilligter Flug)
abet Vorschub *(m)* leisten
ability Fähigkeit *(f)*
ability to work Arbeitsfähigkeit *(f)*
abolition Abschaffung *(f)*
above par über Pari *(m)*, über dem Nennwert *(m)*
abroad im Ausland *(n)*
absence Abwesenheit *(f)*
absence rate Abwesenheitsrate *(f)*
absentee Abwesender *(m)*
absenteeism Abwesenheit *(f)*, Fernbleiben *(n)*, Fehlen *(n)*
abstract Auszug *(m)*
abuse Missbrauch *(m)*, missbrauchen
accelerate Gas *(n)* geben, beschleunigen
accelerated depreciation beschleunigte Abschreibung *(f)*, Sonderabschreibung *(f)*
accelerator (pedal) Gaspedal *(n)*
accept annehmen, akzeptieren, abnehmen
acceptance Annahme *(f)*, Akzept *(n)*, Abnahme *(f)*
access Zugang *(m)*, Zutritt *(m)*
access road (Autobahn-) Einfahrt *(f)*, *Zufahrtsstraße (f)*
accessory parts Zubehörteile *(pl. n)*
accident Unfall *(m)*, Unglücksfall *(m)*
accident hazard Unfallquelle *(f)*, Unfallrisiko *(n)*
accident insurance Unfallversicherung *(f)*
accommodate unterbringen, beherbergen
accommodation Unterbringung *(f)*, Unterkunft *(f)*
accommodation capacity Beherbergungskapazität *(f)*
accommodation service Zimmervermittlung *(f)*, Zimmernachweis *(m)*
accommodation train Bummelzug *(m)*
accommodation unit Wohneinheit *(f)*
accompanied luggage persönliches Gepäck *(n)*
accompany begleiten
accompanying children begleitende Kinder *(pl. n)*
accompanying person Begleitperson *(f)*
accomplish ausführen, durchführen, vollenden, vollbringen
accord Übereinstimmung *(f)*, Vergleich *(m)* (zwischen Schuldner und einzelnen Gläubigern)
account Konto *(n)*
account classification Kontengliederung *(f)*
account for Rechenschaft *(f)* (od. Rechnung) ablegen über
account format Kontoform *(f)*
accounting costs Kosten *(pl.)* für die Buchführung *(f)*
accounting principles Bilanzierungsgrundsätze *(pl. m)*
accounting, audit, and consulting fees Abschluss-, Prüfungs- und Beratungskosten *(pl.)*
accounts payable Verbindlichkeiten *(pl. f)*
accounts receivable Forderungen *(pl. f)*, Debitoren *(pl. m)*
accounts receivables – affiliates Forderungen *(pl. f)* gegenüber Konzerngesellschaften *(pl. f)*
accounts receivables – trade Forderungen *(pl. f)* aus Warenlieferungen *(pl. f)* und Leistungen *(pl. f)* an Dritte *(pl. m)*

advertising budget Werbebudget *(n)*, Werbeetat *(m)*
advertising campaign Werbefeldzug *(m)*, Werbekampagne *(f)*
advertising circular Werberundschreiben *(n)*
advertising gift Werbegeschenk *(n)*
advertising idea Werbeidee *(f)*
advertising letter Werbebrief *(m)*
advertising media Werbemittel *(pl. n)*
advertising rate Anzeigentarif *(m)*
advertising schedule Werbeplan *(m)*
advertising tour Werbefahrt *(f)*
advice Rat *(m)*, Ratschlag *(m)*, Benachrichtigung *(f)*, Hinweis *(m)*
advice note Versandanzeige *(f)*
advice of dispatch Versandanzeige *(f)*
advisable ratsam, zweckmäßig
advise beraten, avisieren
advisor Berater(in) *(m/f)*
advisory service Beratungsdienst *(m)*
affiliated entities verbundene Unternehmen *(pl. n)*
affiliation Mitgliedsaufnahme *(f)*, Angliederung *(f)*
affinity group Affinitätsgruppe *(f)* (Reisegruppe mit bestimmtem Reisezweck)
affirm bestätigen, versichern, behaupten
affirmation Bestätigung *(f)*, Versicherung *(f)*, Behauptung *(f)*
afford sich leisten
affray Krawall *(m)*, Schlägerei *(f)*, Tumult *(m)*
affront Beleidigung *(f)*
after season Nachsaison *(f)*, Spätsaison *(f)*
after season reduction Nachsaisonermäßigung *(f)*
afterdeck Achterdeck *(n)*
after-effect Folgeerscheinung *(f)*
after-shave lotion Rasierwasser *(n)* nach der Rasur *(f)*
after-treatment Nachkur *(f)*, Nachbehandlung *(f)*
afternoon Nachmittag *(m)*
afternoon dance Tanztee *(m)*
afternoon tea Nachmittagstee *(m)*
after-sales service Kundendienst *(m)*
aftertaste Beigeschmack *(m)*
age Alter *(n)*
age group Altersgruppe *(f)*
age limit Altersgrenze *(f)*
age of majority Volljährigkeit *(f)*
age of minority Minderjährigkeit *(f)*
aged receivables nach dem Alter *(n)* aufgegliederte Forderungen *(pl. f)*
agency Vertretung *(f)*, Agentur *(f)*
agency commission Agenturprovision *(f)*
agency fees (schedule 11) (Werbe-)Agenturkosten *(pl.)* (Service Center 11)
agency representative Agenturvertreter *(m)*
agenda Tagesordnung *(f)*
agent Agent(in) *(m/f)*, Beauftragte(r) *(f/m)*, Vertreter(in) *(m/f)*
aggregate amount Gesamtbetrag *(m)*
aggrieve betrüben, schädigen
agree upon vereinbaren
agree with einverstanden sein mit, vereinbaren, vertragen
agreeable angenehm
agreement Zustimmung *(f)*, Abkommen *(n)*, Vereinbarung *(f)*, Vertrag *(m)*, Übereinkommen *(n)*
agreement of purchase and sale Kaufvertrag *(m)*
aid helfen, Hilfe *(f)*
aim at erstreben
air bath Luftbad *(n)*
air booking Buchung *(f)* eines Fluges *(m)*
air bus terminal Air-Terminal *(m)*

air cargo Luftfracht *(f)*
air carriage Beförderung *(f)* auf dem Luftweg *(m)*
air charter Charterfluggesellschaft *(f)*
air coach Passagierflugzeug *(n)* der Touristenklasse *(f)*
air-conditioned mit Klimaanlage *(f)*, klimatisiert
air-conditioning Klimaanlage *(f)*
air corridor Luftkorridor *(m)*, Einflugschneise *(f)*
aircraft Flugzeug *(n)*
aircraft departure time Abflugzeit *(f)*
aircraft engine Flugzeugmotor *(m)*
aircraft load factor Flugauslastung *(f)*
aircraft noise Fluglärm *(m)*
aircraft passenger insurance Fluggastversicherung *(f)*
aircraft pilot Pilot *(m)*, Flugzeugführer *(m)*
aircrew Flugzeugbesatzung *(f)*
air-cured beef of the Grisons Bündnerfleisch *(n)*
air cushion Luftkissen *(n)*
air display Luftfahrtausstellung *(f)*
air-dried meat Trockenfleisch *(n)*
airfare Flugpreis *(m)*
airfield Flugplatz *(m)*
air filter Luftfilter *(m)*
airfreight Luftfracht *(f)*
airfreight charges Luftfrachtkosten *(pl.)*
airfreight space Luftfrachtraum *(m)*
airfreighter Frachtflugzeug *(n)*
air hostess Stewardess *(f)*
air-journey Flug *(m)*, Flugreise *(f)*
airline Fluggesellschaft *(f)*, Fluglinie *(f)*, Luftfahrtgesellschaft *(f)*
airline desk Abfertigungsschalter *(m)*
airline ticket Flugkarte *(f)*, Flugschein *(m)*, Flugticket *(n)*
airliner Verkehrsflugzeug *(n)*, Verkehrsmaschine *(f)*, Linienflugzeug *(n)*
air mail Luftpost *(f)*
air mail envelope Luftpostkuvert *(n)*
air mail stationery Luftpostpapier *(n)*
air mattress Luftmatratze *(f)*
air parcel Luftpostpaket *(n)*
air passenger Fluggast *(m)*
air passenger service Luftreisedienst *(m)*
airplane Flugzeug *(n)*
air pocket Luftloch *(n)*
air pollution Luftverschmutzung *(f)*
airport Flughafen *(m)*
airport bus Flughafenbus *(m)*, Zubringerbus *(m)*
airport charges Flughafengebühren *(pl. f)*
airport customs office Flughafenzollamt *(n)*
airport grounds Flughafengelände *(n)*
airport hotel Flughafenhotel *(n)*
airport of departure Abflughafen *(m)*
airport of destination Bestimmungsflughafen *(m)*
airport of dispatch Abfertigungsflughafen *(m)*
airport personnel Flughafenpersonal *(n)*
airport restaurant Flughafenrestaurant *(n)*
airport service charge Fluggastgebühr *(f)*
airport tax Flughafensteuer *(f)*
airport terminal building Flughafenempfangsgebäude *(n)*
airport transfer Flughafentransfer *(m)*
air pump Luftpumpe *(f)*
airrail transport Flug-Eisenbahn-Verkehr *(m)*
air resort Luftkurort *(m)*
air route Flugstrecke *(f)*
airscrew-driven aeroplane Propellerflugzeug *(n)*
airseal luftdicht verschließen
air service Flugdienst *(m)*

airsick luftkrank
airsickness Luftkrankheit *(f)*
air space Luftraum *(m)*
air-steamer voyage Flug- und Schiffs-Reise *(f)*
air-stop Hubschrauberlandeplatz *(m)*
air taxi Mietflugzeug *(n)*, Lufttaxi *(n)*
air temperature Lufttemperatur *(f)*
air ticket Flugkarte *(f)*, Flugschein *(m)*
air ticket issuing office Flugscheinverkaufsstelle *(f)*
air tourism Flugtouristik *(f)*
air traffic Luftverkehr *(m)*, Flugverkehr *(m)*
air traffic control Flugsicherung *(f)*
air transport company Luftverkehrsgesellschaft *(f)*
airways system Streckennetz *(n)*
airy luftig, windig
alarm bell Alarmglocke *(f)*
alarm clock Wecker *(m)*
alcohol Alkohol *(m)*
alcoholic alkoholisch, Alkoholiker(in) *(m/f)*
alcoholic drink alkoholisches Getränk *(n)*
ale (pale ale) englisches Bier *(n)*
ale-house Bierausschank *(m)*, Bierstube *(f)*
alien Ausländer *(m)*, fremd
alight aussteigen
all additional costs will be borne by the traveller sämtliche Mehrkosten *(pl.)* gehen zu Lasten *(pl. f)* des Reisenden *(m)*
All board! Einsteigen!
all-expense trip Pauschalreise *(f)*
all-in air fare Flugpauschale *(f)*
all-in holiday Pauschalpreisferien *(pl.)*
all-in journey Pauschalreise *(f)*
all included alles inbegriffen
All Saints' Day Allerheiligen
all-year round admission ticket Dauerausweis *(m)*
all-year-round destination Ganzjahresdestination *(f)*
allergic allergisch
allocate (acquisition costs over the business years) verteilen (Anschaffungskosten auf Geschäftsjahre), zuteilen, zuweisen
allocation Zuteilung *(f)*, Zuweisung *(f)*
allocation of foreign exchange Devisenzuteilung *(f)*
allocation of seats Platzzuteilung *(f)*
allot zuteilen
allotment Zuteilung *(f)*
allow erlauben, gewähren
allowable zulässig
allowance Rabatt *(m)*, Abzug *(m)*, Nachlass *(m)*, Freibetrag *(m)*
allowance for doubtful accounts Wertberichtigungen *(pl. f)* auf Forderungen *(pl. f)*
almond Mandel *(f)*
almond bar Mandelschnitte *(f)*
almond cake Mandelkuchen *(m)*
almond pastry Mandelgebäck *(n)*
almond pudding Mandelpudding *(m)*
almond tart Mandeltorte *(f)*
alpine climber Alpinist *(m)*
alpine hut Berghütte *(f)*
alpine meadow Almwiese *(f)*
alpine road Alpenstraße *(f)*
altar Altar *(m)*
alter (ver)ändern
alteration Änderung *(f)*, Veränderung *(f)*
alteration fee Umbuchungsgebühr *(f)*
alternating current Wechselstrom *(m)*
alternative Wahl *(f)*, Alternative *(f)*
alternative offer Alternativangebot *(n)*
altitude of a pass Passhöhe *(f)*
amateur Amateur *(m)*
a. m. vormittags (bei Zeitangabe)

amber Bernstein *(m)*
ambiance Ambiente *(n)*
ambulance Krankenwagen *(m)*, Rettungswagen *(m)*
amend ergänzen, ändern
amendment fee Umbuchungsgebühr *(f)*
amenities Vorzüge *(pl. m)*, Reize *(pl. m)* (z. B. eines Hotelzimmers)
amenity Annehmlichkeit *(f)*
America Amerika *(n)*
American Amerikaner *(m)*, Amerikanerin *(f)*, amerikanisch
American breakfast üppiges Frühstück *(n)* (Schinken, Eier, Pfannkuchen, Toast, Fruchtsaft etc.)
American Hotel and Motel Association Amerikanischer Hotel- und Motelverband *(m)*
American Society of Travel Agents (ASTA) Amerikanische Gesellschaft *(f)* der Reiseagenturen *(pl. f)*
amino acid Aminosäure *(f)*
amortization Tilgung *(f)*, Amortisation *(f)*; Abschreibung *(f)* (auf immaterielle Anlagewerte); Rückfluss *(m)* des investierten Kapitals *(n)*
amortization of deferred financing costs (schedule 14) Abschreibung *(f)* auf abgegrenzte Finanzierungskosten *(pl.)* (Service Center 14)
amortize abschreiben (immaterielle Vermögensgegenstände), tilgen, abzahlen, amortisieren
amount betragen, Betrag *(m)*, Menge *(f)*
amount to sich belaufen auf
ample reichlich
amplifier Verstärker *(m)*
amusement park Vergnügungspark *(m)*, Rummelplatz *(m)*, Ferienpark *(m)*
amusing unterhaltend, amüsant
analysis Analyse *(f)*, Untersuchung *(f)*
analysis of (fixed) assets Anlagespiegel *(m)*
analyze untersuchen, analysieren
ancestor Vorfahre *(m)*
ancestry Vorfahren *(pl. m)*, Abstammung *(f)*
anchor vor Anker gehen
anchovy Sardelle *(f)*
anchovy butter Anchovisbutter *(f)* (Sardellenbutter)
anchovy butter sauce Sardellenbuttersoße *(f)*
anchovy paste Anchovispaste *(f)*
anchovy sauce Sardellensauce *(f)*
anchovy straws Sardellenstäbchen *(pl. n)*
ancillary wage costs Lohnnebenkosten *(pl.)*
angle angeln; Winkel *(m)*
angler Angler(in) *(m/f)*
angling Angeln *(n)*
angling club Anglerverein *(m)*
angling competition Wettangeln *(n)*
angry verärgert, aufgebracht, zornig
animal fat tierisches Fett *(n)*
animated belebt, lebhaft
anise Anis *(n)*
aniseed cookie Anisplätzchen *(n)*
ankle Knöchel *(m)*
annex beifügen, Nebengebäude *(n)*, Dependance *(f)*
anniversary Jahrestag *(m)*, Jubiläum *(n)*
anniversary dinner Festessen *(n)*
anniversary gratuity Jubiläumszuwendung *(f)*
anniversary present Jubiläumsgeschenk *(n)*
announce ankündigen, bekannt geben
announcement Ankündigung *(f)*, Bekanntmachung *(f)*
announcer Ansager(in) *(m/f)*, Sprecher(in) *(m/f)*
annoy ärgern, belästigen

annoyance Störung *(f)*, Belästigung *(f)*, Verdruss *(m)*
annual jährlich
annual demand jährliche Nachfrage *(f)*
annual earnings Jahresverdienst *(m)*
annual holiday (or vacation) Jahresurlaub *(m)*
annual meeting Jahresversammlung *(f)*, Hauptversammlung *(f)*
annual ordering costs jährliche Bestellkosten *(f)*
annual placing of orders Anzahl *(f)* der jährlichen Bestellungen *(pl. f)*
annual requirement Jahresbedarf *(m)*
annual usage Jahresverbrauch *(m)*
anodyne schmerzstillend
anorak Anorak *(m)*
answer Antwort *(f)*, antworten
antenna Antenne *(f)*; Fühler *(m)*
anticipate vorwegnehmen, vorhersehen
anticlockwise entgegen dem Uhrzeigersinn *(m)*
anticyclone Hoch(druckgebiet) *(n)* (Wetter)
antidote Gegengift *(n)*
antifreeze Frostschutzmittel *(n)*
antique Antiquität *(f)*, antik
antique shop Antiquitätengeschäft *(n)*
antirabic vaccination Tollwutimpfung *(f)*
anxious besorgt
AP (American Plan) Zimmer *(n)* mit Vollpension *(f)*
apart-hotel Appartementhotel *(n)*
aparthotel Aparthotel *(n)*
apartment Wohnung *(f)*
apartment house Mietshaus *(n)*, Wohnhaus *(n)*
apartment house property Mietwohngrundstück *(n)*
aperitif Aperitif *(m)*
apologize sich entschuldigen
apology Entschuldigung *(f)*
apparent sichtbar, scheinbar
appeal Anziehungskraft *(f)*, reizen
appear erscheinen
appearance Erscheinung *(f)*, Erscheinen *(n)*, Auftritt *(m)*
appendix Anhang *(m)*; Blinddarm *(m)*
appetite Appetit *(m)*
appetizer Vorspeise *(f)*, Vorgericht *(n)*, Appetitanreger *(m)*
appetizing appetitlich
applause Beifall *(m)*
apple Apfel *(m)*
apple fritter Apfelspalte *(f)*, Apfelküchlein (n)
apple jam Apfelkonfitüre *(f)*
apple jelly Apfelgelee *(n)*
apple juice Apfelsaft *(m)*
apple pie Apfelkuchen *(m)*
apple purée Apfelmus *(n)*
apple rice Apfelreis *(m)*
apple sauce Apfelmus *(n)*
apple soufflé Apfelauflauf *(m)*
apple strudel Apfelstrudel *(m)*
apple-stuffed turnover Apfeltasche *(f)*
apple tart Apfeltorte *(f)*
apple turnover Apfel *(m)* im Schlafrock *(m)*
appliance Gerät *(n)*, Vorrichtung *(f)*
applicability Anwendbarkeit *(f)*
applicable anwendbar
applicant Bewerber(in) *(m/f)*
application Bewerbung *(f)*, Antrag *(m)*
application for visa Visumsantrag *(m)*
application form Antragsformular *(n)*, Bewerbungsbogen *(m)*
application software Anwendersoftware *(f)*
apply verwenden, anwenden, gebrauchen, bewerben
apply for beantragen, sich bemühen (um), sich bewerben für
appointed hotel Vertragshotel *(n)*

appointed office Vertragsbüro *(n)*
appointed restaurant Vertragsgaststätte *(f)*
appointment Verabredung *(f)*, Termin *(m)*
appointments book Terminkalender *(m)*
appraisal Schätzung *(f)*, Bewertung *(f)*
appraise bewerten, einschätzen
appreciate anerkennen, würdigen, wertschätzen
apprentice Auszubildender *(m)*, Lehrling *(m)*
apprenticeship Ausbildung *(f)*, Lehre *(f)*
approach road Zufahrtsstraße *(f)*, Anfahrtsweg *(m)*
appropriate passend, geeignet, angemessen, dienlich
appropriated retained earnings zweckgebundene Rücklagen *(pl. f)*
appropriated surplus zweckgebundene Rücklagen *(pl. f)*
appropriation Aneignung *(f)*
appropriations of retained earnings Gewinnrücklagen *(pl. f)* machen
approval Einwilligung *(f)*, Zustimmung *(f)*, Genehmigung *(f)*, Bewilligung *(f)*
approve einwilligen, billigen, genehmigen
après-ski Après-Ski *(n)*
apricot Aprikose *(f)*, Marille *(f)*
apricot dumplings Marillenknödel *(pl. m)*
apricot soufflé Aprikosenauflauf *(m)*
apron Schürze *(f)*
aquaplaning Wassergleiten *(n)*
aquatic sports Wassersport *(m)*
arcade Arkade *(f)*, Laubengang *(m)*
archery Bogenschießen *(n)*
architecture Architektur *(f)*
area Bezirk *(m)*, Gebiet *(n)*
area code Vorwahlnummer *(f)*
arena Arena *(f)*
argue streiten, argumentieren
argument Streit *(m)*, Argument *(n)*
aria Arie *(f)*
aerial Antenne *(f)*
aerial city tour Stadtrundflug *(m)*
aerial railway Drahtseilbahn *(f)*
aerial ropeway Seilschwebebahn *(f)*
arise aufstehen
arm Arm *(m)*
armchair Lehnstuhl *(m)*, Sessel *(m)*
aerobatics Kunstfliegen *(n)*
aerodrome Flugplatz *(m)*, Flughafen *(m)*
aroma Aroma *(n)*
aromatic aromatisch
aromatic vinegar Kräuteressig *(m)*
arrange anordnen, vereinbaren
arrangement Anordnung *(f)*, Arrangement *(n)*, Vereinbarung *(f)*
arrest verhaften, festnehmen, Arrest *(m)*, Haft *(f)*, Verhaftung *(f)*
arrival Ankunft *(f)*
arrival book Ankunftsbuch *(n)*
arrival by air Flugzeugankunft *(f)*
arrival hall Ankunftshalle *(f)*
arrival level Ankunftsebene *(f)*
arrival station Ankunftsbahnhof *(m)*
arrival time Ankunftszeit *(f)*
arrival timetable Ankunftstafel *(f)*
arrivals and departures table Fahrplan *(m)* (Ankünfte – Abreisen)
arrive ankommen
art centre(-er) Kunstzentrum *(n)*
art collection Kunstsammlung *(f)*
art dealer Kunsthändler(in) *(m/f)*
art gallery Kunstgalerie *(f)*
art historical journey Kunstreise *(f)*
art museum Kunstmuseum *(n)*
art of cooking Kochkunst *(f)*
art shop Kunsthandlung *(f)*
art treasure Kunstschatz *(m)*
arterial road Fernverkehrsstraße *(f)*, (Haupt)verkehrsader *(f)*
artichokes Artischocken *(pl. f)*
artichoke bottoms Artischockenböden *(pl. m)*
article not to be found unauffindbarer Gegenstand *(m)*

articles for daily use (persönliche) Gebrauchsgegenstände *(pl. m)*
artifical honey Kunsthonig *(m)*
artist Künstler(in) *(m/f)*
as wie
Ascension Day Himmelfahrtstag *(m)*
ascent Aufstieg *(m)*, Besteigung *(f)*
ascertain feststellen, ermitteln
ascertainment of damage Schadensfeststellung *(f)*
ash Asche *(f)*
ashore an Land *(n)*
ashtray Aschenbecher *(m)*
ask for verlangen nach, bitten um
asleep schlafend
asparagus Spargel *(m)*
asparagus salad Spargelsalat *(m)*
asparagus soup Spargelsuppe *(f)*
asparagus spears Stangenspargel *(pl. m)*
asparagus tips Spargelspitzen *(pl. f)*
aspic Aspik *(m)*, Sülze *(f)*
assault tätliche Bedrohung *(f)*, Angriff *(m)*
assembly room Gesellschaftszimmer *(n)*, Versammlungsraum *(m)*
assert geltend machen, behaupten
assertion Behauptung *(f)*
asset side Aktivseite *(f)* (Bilanz)
assets Aktiva *(pl.)*, Vermögenswerte *(pl. m)*
assets pledged gewährte Pfandrechte *(pl. n)*
assign übertragen, abtreten
assignment Abtretung *(f)*, Übertragung *(f)*, Auftrag *(m)*
assist helfen, beistehen, Hilfe *(f)* leisten
assistance Hilfe *(f)*, Unterstützung *(f)*, Beistand *(m)*
assistant Gehilfe *(m)*, Assistent(in) *(m/f)*
assistant cook Hilfskoch *(m)*, Jungkoch *(m)*
assistant headwaiter Chef de rang *(m)*
assistant manager (front) Assistent(in) *(m/f)* der Geschäftsleitung *(f)* (Empfang)
associate sich vereinigen, verbinden, Teilhaber(in) *(m/f)*
associate advertising Gemeinschaftswerbung *(f)*
associated airline angeschlossene Luftfahrtgesellschaft *(f)*
associated company assoziiertes Unternehmen *(n)*
association Vereinigung *(f)*, Verein *(m)*, Gesellschaft *(f)*
association of travel agencies Reisebüroverband *(m)*
assort sortieren
assorted ausgesucht, gemischt
assorted biscuits gemischte Plätzchen *(pl. n)*
assorted boiled meat gekochtes Fleischallerlei *(n)*
assorted cold meat Aufschnitt *(m)*
assorted sausages Wurstplatte *(f)*
assorted stewed fruit gemischtes Kompott *(n)*
assortment Auswahl *(f)*, Sortiment *(n)*
assume annehmen, voraussetzen
assumption Annahme *(n)*, Voraussetzung *(f)*, Übernahme *(f)*
assurance Versicherung *(f)*, Zusicherung *(f)*
assure versichern
asthma Asthma *(n)*
at par zum Nennwert *(m)*
at sight bei Durchsicht *(f)*
at the lower of cost or market Niederstwertprinzip *(n)*
athletic ground Sportplatz *(m)*
athletics Leichtathletik *(f)*
ATM (automatic teller machine) Geldautomat *(m)*
atmosphere Atmosphäre *(f)*
atmospheric pressure Luftdruck *(m)*
attach beifügen, befestigen
attack Anfall *(m)*, Angriff *(m)*, angreifen

attempt versuchen, probieren, Versuch *(m)*
attend teilnehmen, beiwohnen, bedienen
attendance Anwesenheit *(f)*, Bedienung *(f)*
attendant Aufseher(in) *(m/f)*, Bedienstete(r) *(f/m)*
attention Aufmerksamkeit *(f)*, Achtung *(f)*
attentive aufmerksam
attic Dachkammer *(f)*, Mansarde *(f)*
attitude Haltung *(f)*, Einstellung *(f)*
attraction Anziehungskraft *(f)*, Attraktion *(f)*
attributable zurechenbar
attribute of taste Geschmackseigenschaft *(f)*
au gratin überbacken
au pair stay Au-pair-Aufenthalt *(m)*
audit Vollprüfung *(f)*, Buchprüfung (f)
auditor Prüfer(in) *(m/f)*, Abschlussprüfer(in) *(m/f)*, Buchprüfer(in) *(m/f)*
auditor's report Testat *(n)* des Wirtschaftsprüfers *(m)*
Austria Österreich
Austrian Federal Railways Österreichische Bundesbahn *(f)*
authority Vollmacht *(f)*, Befugnis *(f)*, Autorität *(f)*
authorization Ermächtigung *(f)*
authorize bevollmächtigen, billigen, beauftragen, ermächtigen
authorized establishment Vertragshaus *(n)*
authorized hotel Vertragshotel *(n)*
authorized restaurant Vertragsgaststätte *(f)*
authorized shares alle zur Ausgabe *(f)* zugelassenen Aktien *(pl. f)*; Nennkapital *(n)*, Nominalkapital *(n)*
automate automatisieren
automatic cooker Garautomat *(m)*
automatic selling Automatenverkauf
automatic ticket machine Fahrkartenautomat *(m)*
automatic transmission automatisches Getriebe *(n)*
automation Automation *(f)*
automobile Fahrzeug *(n)*
automobile service Automobildienst *(m)*
automobile traffic Autoverkehr *(m)*
autoteller Geldautomat *(m)*
autumn Herbst *(m)*
autumn holiday Herbstferien *(pl.)*
autumn trade-fair Herbstmesse *(f)*
auxiliary service Hilfsdienst *(m)*
availability Verfügbarkeit *(f)*, Erhältlichkeit *(f)*
available verfügbar, vorhanden
avenue breite Straße *(f)*, Allee *(f)*
average Durchschnitt *(m)*
average annual temperature Jahresdurchschnittstemperatur *(f)*
average room rate durchschnittlicher Zimmerpreis *(m)*
aviation Luftfahrt *(f)*
aviation chart Flugkarte *(f)*
aviator Flieger *(m)*
avocado (pear) Avocado *(f)* (Birne)
avoid vermeiden, anfechten
avoidance Vermeidung *(f)*, Umgehung *(f)*
await erwarten
awake wach, wecken, aufwachen
award belohnen, Belohnung *(f)*, Zubilligung *(f)*
awful schrecklich
awning Plane *(f)*, Markise *(f)*
axle Achse *(f)* (Auto)

B

Babies' room Raum *(m)* für Säuglingsbetreuung *(f)*
baby care Säuglingsbetreuung *(f)*
baby chicken Hühnchen *(n)*
baby lamb Milchlamm *(n)*
baby pig Jungschwein *(n)*

babysitter Babysitter(in) *(m/f)*
bachelor Junggeselle *(m)*
backache Rückenschmerzen *(pl. m)*
back pay Lohnnachzahlung *(f)*
back room Hofzimmer *(n)*, rückwärtiges Zimmer *(n)*
background music Hintergrundmusik *(f)*
backlog repair and maintenance rückständige Abraumbeseitigung *(f)*
backpack Rucksack *(m)*
backpacking trips Rucksackreisen *(pl. f)*
bacon Speck *(m)*
bacon and eggs Eier *(pl. n)* mit Speck *(m)*
bacteria Bakterien *(pl. f)*
bad debts uneinbringliche Forderungen *(pl. f)*
badminton Federballspiel *(n)*
bag Tasche *(f)*, Reisetasche *(f)*
baggage Gepäck *(n)*
baggage car Gepäckwagen *(m)*
baggage check Gepäckschein *(m)*, Aufbewahrungsschein *(m)*
baggage check-in Gepäckabfertigung *(f)*, Gepäckannahmeschalter *(m)*
baggage claim Gepäckausgabe *(f)*
baggage compartment Gepäckraum *(m)* (Bahn)
baggage hold Gepäckraum *(m)* (Flugzeug)
baggage in excess Übergepäck *(n)*
baggage insurance Gepäckversicherung *(f)*
baggage label Gepäckanhänger *(m)*, Kofferanhänger *(m)*
baggage locker Gepäckschließfach *(n)*
baggage office Gepäckaufgabestelle *(f)*
baggage platform Gepäckbahnsteig *(m)*
baggage rack Gepäckablage *(f)*, Gepäcknetz *(n)*
baggage registration counter Gepäckabfertigung *(f)*, Gepäckschalter *(m)*
baggage room Gepäckraum *(m)* (Schiff)
baggage service Gepäckdienst *(m)*
baggage trailer Gepäckanhänger *(m)* (Auto)
bake backen
baked Alaska Überraschungsomelett *(n)*, Eisomelett *(n)*
baked apple im Ofen *(m)* gebackener Apfel *(m)*
baked apple dumplings Äpfel *(pl. m)* im Schlafrock *(m)*
baked apple in puff paste Apfel *(m)* im Schlafrock *(m)*
baked apricot roll warmes Aprikosenröllchen *(n)*
baked ham in bread crust Schinken *(m)* im Brotteig *(m)*
baked in their jackets in der Schale *(f)* gebacken
baked potatoes Pellkartoffeln *(pl. f)* amerikanische Art *(f)*
baked semolina dumplings gratinierte Grießklößchen *(pl. n)*
baked sultana pudding Rosinenpudding *(m)*
baker Bäcker *(m)*
baking tin Backblech *(n)*
balance Saldo *(m)*, Bilanz *(f)*
balance (an account) saldieren, den Saldo *(m)* ermitteln
balance sheet Bilanz *(f)*
balance sheet account Bestandskonto *(n)*
balance sheet equation Bilanzgleichung *(f)*
balance sheet format Gliederungsschema *(n)* der Bilanz *(f)*
balance sheet item Bilanzposition *(f)*
balance sheet period Bilanzierungszeitraum *(m)*

balance sheet ratios Bilanzkennzahlen *(pl. f)*
balance sheet value Bilanzwert *(m)*, Bilanzansatz *(m)*
balance (sheet) date Bilanzstichtag *(m)*
balcony Balkon *(m)*
balcony facing south Südbalkon *(m)*
ballet performance Ballettaufführung *(f)*
ballroom Ballsaal *(m)*, Tanzsaal *(m)*
balneation Heilbadekur *(f)*, Heilbäderwesen *(n)*
balneology Bäderwesen *(n)*
balneotherapy Bäderbehandlung *(f)*
banana Banane *(f)*
band Kapelle *(f)*
bandage verbinden, Verband *(m)*
bandleader Kapellmeister *(m)*
bandstand Konzertpavillon *(m)*, Orchesterplatz *(m)*
bank Bank *(f)*; Ufer *(n)*
bank account Bankkonto *(n)*
bank card Scheckkarte *(f)*, Bankkarte *(f)*
bank holiday Bankfeiertag *(m)*
bank of issue Emissionsbank *(f)*
bank statement Kontoauszug *(m)*
banking hours Schalterstunden *(pl. f)*, der Bank *(f)*
banquet Bankett *(n)*, Festessen *(n)*
banquet business Veranstaltungsgeschäft *(n)*, Bankettgeschäft *(n)*
banquet extra waiter Aushilfskellner *(m)* für Veranstaltungen *(pl. f)*
banquet headwaiter Bankettoberkellner *(m)*
banquet kitchen Bankettküche *(f)*
banquet manager Veranstaltungsleiter(in) *(m/f)*, Bankettleiter(in) *(m/f)*
banquet room Festsaal *(m)*, Veranstaltungsraum *(m)*
banqueting hall Festhalle *(f)*, Festsaal *(m)*
bar Schanktisch *(m)*, Theke *(f)*, Bar *(f)*, Schenke *(f)*, Kneipe *(f)*
bar counter Bartheke *(f)*
bar utensil Bargerät *(n)*
barbecue Grill *(m)*, Holzkohlen-Grillgericht *(n)*, Grillparty *(f)*
barbel Barbe *(f)*
barber Herrenfriseur(in) *(m/f)*
bargain Handel *(m)*, handeln, vorteilhafter Kauf *(m)*
barkeeper Barmann *(m)*, Büfettier *(m)*
barley Gerste *(f)*
barley soup Gerstenschleimsuppe *(f)*
barmaid Schankkellnerin *(f)*
barman Barmann *(m)*, Schankkellner *(m)*, Büfettier *(m)*
barometer Barometer *(n)*
baron of lamb Rückenstück *(n)* vom Lamm *(n)*
barrage Staudamm *(m)*, Talsperre *(f)*
barrel Fass *(n)*
barrier Schranke *(f)*, Sperre *(f)*
barrier-free room for handicapped accessibility behindertengerechtes Zimmer *(n)*
bartender Schankkellner *(m)*, Büffetkellner *(m)*, Büfettier *(m)*
base pay Grundlohn *(m)*
base salary Grundgehalt *(n)*
base snow Altschnee *(m)*
base terminal Talstation *(f)* (Bergbahn)
basement Kellergeschoss *(n)*, Keller *(m)*
basic grundlegend
basic conditions Rahmenbedingung *(f)*
basic fare Grundfahrpreis *(m)*
basic pay Grundlohn *(m)*
basic price Grundpreis *(m)*
basic research Grundlagenforschung *(f)*
basic salary Grundgehalt *(n)*
basil Basilikum *(n)*

basilica Basilika *(f)*
basis Grundlage *(f)*, Basis *(f)*
bask in der Sonne *(f)* liegen, bräunen
bass Seebarsch *(m)*
baste mit Fett *(n)* begießen
bath Bad *(n)* (Wanne), baden
bath attendant Bademeister *(m)*
bather Badegast *(m)*
bathing beach Badestrand *(m)*
bathing cap Bademütze *(f)*, Badehaube *(f)*
bathing costume Badeanzug *(m)*
bathing establishment Badeanstalt *(f)*
bathing facilities Badeanlagen *(pl. f)*
bathing gown Bademantel *(m)*
bathing pier Badesteg *(m)*
bathing place Badeplatz *(m)*, Freibad *(n)*
Bathing prohibited! Baden *(n)* verboten!
bathing resort Badeort *(m)*
bathing season Badesaison *(f)*
bathing shorts Badehose *(f)*
bathing suit Badeanzug *(f)*
bathing trunks Badehose *(f)*
bath mat Badematte *(f)*
bathrobe Bademantel *(m)*
bathroom Badezimmer *(n)*
bath towel Badetuch *(n)*
bathtub Badewanne *(f)*
batter Schlagteig *(m)*
Bavarian cream gestürzte Creme *(f)*, Bayrische Creme *(f)*
bay Bucht *(f)*
bay leaf Lorbeerblatt *(n)*
beach Strand *(m)*
beach access Strandzugang *(m)*
beach attendant Strandwärter *(m)*
beach bag Badetasche *(f)*
beach chair Strandkorb *(m)*
beach guard Badewärter(in) *(m/f)*
beach hotel Strandhotel *(n)*
beach mattress Schwimmmatratze *(f)*
beach shoes Strandschuhe *(pl. m)*
beach umbrella Strandschirm *(m)*
bean Bohne *(f)*
Béarnaise sauce Sauce Béarnaise *(f)*
beautician Kosmetikerin *(f)*
beautification Verschönerung *(f)*
beauty contest Schönheitswettbewerb *(m)*
beauty culture Kosmetik *(f)*, Schönheitspflege *(f)*
beauty parlo(u)r Kosmetiksalon *(m)*, Schönheitssalon *(m)*
beauty spot Naturschönheit *(f)*, Sehenswürdigkeit *(f)*, Schönheitsfleck *(m)*
béchamel sauce Béchamelsoße *(f)*
bed Bett *(n)*
bed and breakfast Zimmer *(n)* mit Frühstück *(n)*, Frühstückspension *(f)*, Hotel garni *(n)*
bed-couch Bettcouch *(f)*
bed-linen Bettwäsche *(f)*
bed only nur Übernachtung *(f)*
bedding Bettzeug *(n)*
bedroom Schlafzimmer *(n)*
bedside rug Bettvorleger *(m)*
bedside table Nachttisch *(m)*
bedsitter, bedsitting room Wohnschlafraum *(m)*
bedspread Bettüberzug *(m)*
beef Rindfleisch *(n)*
beef broth with egg Bouillon mit Ei *(f)*
beef fondue Fleischfondue *(n)* (Rindfleisch)
beef olive Rindsroulade *(f)*
beef pie Beefsteakpastete *(f)*
beef stew Rindsgulasch *(n)*
beef stew gipsy style Zigeunergulasch *(n)*
beef stew in juice Saftgulasch *(n)*
beef stew peasant style Bauerngulasch *(n)*
beef stew with onions Zwiebelfleisch *(n)*
beef Stroganoff Filetgulasch in Sauerrahmsauce *(n)*
beefburger Frikadelle *(f)*

beefsteak Beefsteak *(n)*
beefsteak tartare style Beefsteak à la tartare *(n)*
beefsteak with fried egg Beefsteak à la Meier *(n)*
beeftea Fleischbrühe *(f)*
beer Bier *(n)*
beer cellar Bierkeller *(m)*, Kellerlokal *(n)*
beer festival Bierfest *(n)*
beer garden Biergarten *(m)*
beer on draft (draught) offenes Bier *(n)*, Bier *(n)* vom Fass *(n)*
beer on tap Bier vom Fass *(n)*
beer saloon Bierstube *(f)*
beer-shop Bierausschank *(m)*
beetroot Rote Beete *(f)*
beetroot salad Rote Beete-Salat *(m)*
beforehand vorher
behave sich benehmen, sich verhalten
behavio(u)r Verhalten *(n)*, Benehmen *(n)*
bell Glocke *(f)*, Klingel *(f)*
bellboy Hotelpage *(m)*
bellcaptain Getränkeautomat *(m)*
bellhop Hotelpage *(m)*
bellman Hausdiener *(m)*, Hoteldiener *(m)*
bell tent Rundzelt *(n)*
below par unter pari
belt highway Ringstraße *(f)*
belt line Ringbahn *(f)*
beltway Umgehungsstraße *(f)*
bend Kurve *(f)*
benefit gewinnen, nützen, Nutzen *(m)*, Vorteil *(m)*, Vergünstigung *(f)*
Berlin doughnut Berliner Pfannkuchen *(m)*
berry Beere *(f)*
berth Koje *(f)*, Bett *(n)*
best buy vorteilhaftester Kauf *(m)*
betray betrügen
betrayal Betrug *(m)*
between-decks Zwischendeck *(n)*
beverage Getränk *(n)*
beverage-tax Getränkesteuer *(f)*
Beware of trains! Vorsicht Zug!
biannual halbjährlich, zweimal jährlich
bicarbonate Natron *(n)*
bicycle Fahrrad *(n)*
bicycle hire Fahrradvermietung *(f)*
bicycle tour Fahrradtour *(f)*
bid anbieten, bieten, Angebot *(n)*
bid price Nachfragepreis *(m)*
bidet Bidet *(n)*
biennial zweijährlich, alle zwei Jahre *(pl. n)* stattfindend
bifurcation Straßengabel *(f)*
big-game reservation Großwildreservat *(n)*
bike Rad *(n)*, Fahrrad *(n)*
bike excursion Radwanderung *(f)*
bilberry Heidelbeere *(f)*
bilking Zechprellerei *(f)*
bill Rechnung *(f)*, in Rechnung *(f)* stellen, berechnen
bill of exchange Wechsel *(m)*
bill of fare Speisekarte *(f)*
bill of lading (B/L) Ladeschein *(m)*
bill-board Anschlagbrett *(n)*, Anschlagtafel *(f)*, schwarzes Brett *(n)*
billiard room Billardzimmer *(n)*
bimonthly zweimonatlich
binoculars Fernglas *(n)*
bird Vogel *(m)*
birds nest soup Schwalbennestersuppe *(f)*
birds on skewer with corn pie Vögel *(pl. m)* am Spieß *(m)* mit Polenta *(f)*
birth Geburt *(f)*
birth certificate Geburtsurkunde *(f)*
birthplace Geburtsort *(m)*
biscuit Plätzchen *(n)*
biscuit in wine sauce Biskuit *(n)* mit Weinschaum *(m)*
bisque dicke Suppe *(f)*
bisque of crayfish Krebsrahmsuppe *(f)*
bitter bitter
bitter ale helles Ale *(n)*

bitters Magenbitter *(m)*
biweekly zweiwöchentlich
black bean schwarze Bohne *(f)*
black cock Auerhahn *(m)*, Birkhahn *(m)*
black coffee schwarzer Kaffee *(m)*
black coffee with whipped cream Einspänner *(m)*, schwarzer Kaffee *(m)* mit Schlagsahne *(f)*
black currant Schwarze Johannisbeere *(f)*
black grapes blaue Trauben *(pl. f)*
black grouse Birkhuhn *(n)*
black market Schwarzmarkt *(m)*
black pudding Blutwurst *(f)*
black radish Rettich *(m)*
blackberry Brombeere *(f)*
blame tadeln, verantwortlich machen, die Schuld *(f)* geben
blancmange Vanillepudding *(m)*
bland diet Schonkost *(f)*
blank leer
blank ticket Blankofahrschein *(m)*
blanket Wolldecke *(f)*
blend mixen
blender Mixer *(m)*
blind alley Sackgasse *(f)*
blind bend unübersichtliche Kurve *(f)*
blizzard Schneesturm *(m)*
bloater Bückling *(m)*
block sperren
block of flats Appartementhaus *(n)*
blocked period Sperrfrist *(f)*
blood poisoning Blutvergiftung *(f)*
blood sausage Blutwurst *(f)*
blue boiled trout Forelle blau *(f)*
blue char Bodenrenke *(f)*
blue collar worker Arbeiter *(m)*
blue fish Goldmakrele *(f)*
blue print Blaupause *(f)*, Plan *(m)*
blueberry Heidelbeere *(f)*
bluff Steilküste *(f)*
blunt stumpf
board Verpflegung *(f)*, Beköstigung *(f)*, Pensionspreis *(m)*; Bord *(m)* (Schiff)
board a plane sich an Bord *(m)* eines Flugzeugs *(n)* begeben
board and lodging voucher Aufenthaltsgutschein *(m)*
board and residence Vollpension *(f)*
board residence Vollpension *(f)*
boarding house Pension *(f)*
boarding pass (card) Bordkarte *(f)*, Einsteigekarte *(f)*
boardwalk Strandpromenade *(f)*
boat Boot *(n)*, Kahn *(m)*
boat deck Bootsdeck *(n)*
boat hire Bootsverleih *(m)*, Bootsvermietung *(f)*
boat house Bootshaus *(n)*
boating Bootfahren *(n)*
boat-ride Bootsfahrt *(f)*, Kahnfahrt *(f)*
boat trailer Bootsanhänger *(m)* (Auto)
boat train Zug *(m)* mit Schiffsanschluss *(m)*
boat trip Bootsfahrt *(f)*, Kahnfahrt *(f)*
bob Bob *(m)*
bob run Bobbahn *(f)*
bobby pin Haarklemme *(f)*
bobsled Bobschlitten *(m)*
bobsledding Bobsport *(m)*
bobsleigh Bobschlitten *(m)*
bobsleighing Bobsport *(m)*
boccie, boccia Boccia *(n)*
boccie court Boccia-Bahn *(f)*
boiled gekocht
boiled beef gekochtes Rindfleisch *(n)*
boiled beef in broth Suppentopf *(m)* mit Fleischeinlage *(f)*
boiled eel Aal grün *(m)*
boiled ham gekochter Schinken *(m)*
boiled pork with horseradish Suppenfleisch *(n)* mit Meerrettich *(m)*
boiled pork with pickled cabbage Krautfleisch *(n)*
boiled potatoes Salzkartoffeln *(pl. f)*
boiled rice gekochter Reis *(m)*

boiled round of beef Tafelspitz *(m)*
boiled salmon pochierter Salm *(m)*
boiled smoked bacon Silesian style Schlesisches Himmelreich *(n)*
boiling chicken Suppenhuhn *(n)*
boletus Steinpilz *(m)*
bolster Keilkissen *(n)*
bond Rente *(f)*, Rentenwert *(m)*, Bond *(m)*, Schuldverschreibung *(f)*, Anleihe *(f)*, Wertpapier *(n)*
bond discount Disagio *(n)* bei Ausgabe *(f)* von Schuldverschreibungen *(pl. f)*
bond issue Anleiheemission *(f)*
bond premium Agio *(n)* bei Ausgabe *(f)* einer Schuldverschreibung *(f)*
bone Knochen *(m)*
boned rips of beef Rostbraten *(m)*
bonus Gratifikation *(f)*, Sondervergütung *(f)*, Zulage *(f)*
bonus stock (shares) Gratisaktie *(f)* (Form der Selbstfinanzierung)
book buchen, vorbestellen; Buch *(n)*
book a room in advance ein Zimmer *(n)* im voraus bestellen
book a table einen Tisch *(m)* reservieren (Restaurant)
book by telephone telefonisch bestellen
booking Bestellung *(f)*, Buchung *(f)*
booking clerk Schalterbeamter *(m)*
booking hall Schalterhalle *(f)*
booking of seats Platzbestellung *(f)*
booking office Fahrkartenschalter *(m)*, Fahrkartenausgabe *(f)*, Vorverkaufsstelle *(f)*
bookkeeping by double entry doppelte Buchhaltung *(f)*
bookkeeping by single entry einfache Buchhaltung *(f)*
bookkeeping voucher Buchhaltungsbeleg *(m)*
booklet Broschüre *(f)*, Prospekt *(m)*
booklet of coupons (tickets) Fahrscheinheft *(n)*
bookseller Buchhändler *(m)*
bookshop Buchhandlung *(f)*
bookstall Zeitungskiosk *(m)*
book value Buchwert *(m)*
boom geschäftlicher Aufschwung *(m)*, Hochkonjunktur *(f)*, Boom *(m)*, Konjunktur *(f)*
boot Stiefel *(m)*; Kofferraum *(m)* (Auto)
bootblack Schuhputzer *(m)*
boots Hausdiener *(m)* (Hotel)
booze Alk *(m)*, saufen
border Grenze *(f)*, Landesgrenze *(f)*; Pensionsgast *(m)*, Hausgast *(m)*
border area Grenzgebiet *(n)*
border crossing Grenzübergang *(m)*, Grenzübertritt *(m)*
border crossing point Grenzübergangsstelle *(f)*
border station Grenzbahnhof *(m)*
border town Grenzstadt *(f)*
border traffic Grenzverkehr *(m)*
border zone Grenzzone *(f)*
borrow leihen, entleihen
Botanical Garden Botanischer Garten *(m)*
bottle Flasche *(f)*
bottle deposit Flaschenpfand *(m)*
bottle screw Korkenzieher *(m)*
bottle opener Flaschenöffner *(m)*
bottled beer Flaschenbier *(n)*
bottled wine Flaschenwein *(m)*
bottleneck Engpass *(m)*
bottoms of artichoke Artischockenböden *(pl. m)*
Bottoms up! Prost!
boulevard Allee *(f)*
bouncer Türsteher(in) *(m/f)*
bound to vorherbestimmt
bound (by contract) verpflichtet, vertraglich gebunden
boundary Grenze *(f)*
bouquet Blumenstrauß *(m)*
boutique Boutique *(f)*
bow Bug *(m)*
bowl kegeln; Schüssel *(f)*
bowling Bowling *(n)*, Kegeln *(n)*
bowling alley Kegelbahn *(f)*

box Loge *(f)* (Theater); Schachtel *(f)*
box meal Lunchpaket *(n)*, Imbisspaket *(n)*
box office Kasse *(f)* (Kino, Theater)
boy Junge *(m)*, Hotelboy *(m)*
brains Hirn *(n)*
braised gedünstet, geschmort
braised aitchbone Rinderschwanzstück *(n)* geschmort
braised beef Schmorbraten *(m)*
braised beef marinated Sauerbraten *(m)*
braised filet of beef with onions Zwiebelrostbraten *(m)*
braised ox-tongue Ochsenzunge *(f)* gebraten
braised veal cutlet in paprika sauce Paprikaschnitzel *(n)*
brambleberry Brombeere *(f)*
branch Branche *(f)*, Dependance *(f)*; Filialbetrieb *(m)*
branch line Nebenstrecke *(f)*
branch manager Geschäftsstellenleiter *(m)*
branch office Nebenstelle *(f)*, Zweigstelle *(f)*, Filiale *(f)*, Geschäftsstelle *(f)*
brand Marke *(f)*, Sorte *(f)*, Markenname *(m)*
branding Markenbildung *(f)*
brandy Weinbrand *(m)*
brandy glass Weinbrandglas *(n)*, Cognacschwenker *(m)*
brawn Eberfleisch *(n)*, Schweinskopfsülze *(f)*
Brazil nut Paranuss *(f)*
Brazilian bean-stew Brasilianischer Bohneneintopf *(m)*
breach of contract Vertragsbruch *(m)*
breach of the (public) peace Landfriedensbruch *(m)*
bread Brot *(n)*
bread and butter Brot *(n)* und Butter *(f)*
bread and butter pudding Brotpudding *(m)*
bread-crumbed paniert
bread plate kleiner Teller *(m)* (Brot)
breadbasket Brotkorb *(m)*
breaded paniert
breaded veal steak paniertes Kalbsschnitzel *(n)*
break Pause *(f)*, Ferien *(pl.)*
breakage Bruch *(m)* (Geschirr)
breakdown Zusammenbruch *(m)*, Panne *(f)*; Aufgliederung *(f)*
breakdown lorry Abschleppwagen *(m)*
breakdown service Pannenhilfe *(f)*
breakfast Frühstück *(n)*
breakfast buffet Frühstücksbüffet *(n)*
breakfast key Türanhänger *(m)* für die Frühstücksbestellung *(f)*
breakfast room Frühstückszimmer *(n)*, Frühstücksraum *(m)*
breakfast tray Frühstückstablett *(n)*
breakwater Wellenbrecher *(m)*
bream Seebrasse *(f)*
breast Brust *(f)*
breast of chicken Geflügelbrust *(f)*
breast of pork Schweinsbrust *(f)*
breathing exercises Atemgymnastik *(f)*
breeze Brise *(f)*
brewery Brauerei *(f)*
bribe bestechen, Bestechung *(f)*, Bestechungsgeld *(n)*
brick of ice-cream Eisschnitte *(f)*
bridge Brücke *(f)*; Bridge *(n)*
bridge toll Brückenzoll *(m)*
bridle path Reitweg *(m)*, Saumpfad *(m)*
brief instruieren, informieren; kurz
briefcase Aktenmappe *(f)*, Aktentasche *(f)*
briefing Absprache *(f)*
brill Meerbutt *(m)*
brine bath Solebad *(n)*
bring in einbringen
bring out herausbringen
bring up-to-date aktualisieren

brisket Brust *(f)* (Stück)
brisket of beef Rinderbrust *(f)*
British Hotels and Restaurants Association Britischer Hotel- und Gaststättenverband *(m)*
British Travel and Holiday Association Britischer Verband *(m)* für Reise- und Urlaubswesen *(n)*
broad bean dicke Bohne *(f)*
broadcast Rundfunk *(m)*, durch Rundfunk *(m)* verbreiten
broadcast advertising Rundfunkwerbung *(f)*
broccoli Brokkoli *(pl.)*
brochure Prospekt *(m)*, Broschüre *(f)*, Katalog *(m)*
broiled gegrillt
broiled potatoes geröstete Kartoffeln *(pl. f)*
broiler Brathähnchen *(n)*
brook trout Bachforelle *(f)*
broom Besen *(m)*
broth Bouillon *(f)*
broth with rice Fleischbrühe *(f)* mit Reiseinlage *(f)*
broth with vermicelli Fleischbrühe *(f)* mit Nudeleinlage *(f)*
brown beef stew Rindsragout *(n)*
brown bread dunkles Brot *(n)*, Schwarzbrot *(n)*
brown hazel-hen-stew Haselhuhnragout *(n)*
brown stew Gulasch *(n)*
brown veal stew Kalbsragout *(n)*
browned gratiniert
browned butter Nussbutter *(f)*
brunch Brunch *(m)*
Brunswick sausage Braunschweiger Wurst *(f)*
brush Bürste *(f)*
Brussels sprouts Kohlsprossen *(pl. f)*, Rosenkohl *(m)*
bubble-bath Schaumbad *(n)*
bubbly Schampus *(m)*, sprudelnd
bucket Eimer *(m)*, Kübel *(m)*
buckwheat Buchweizen *(m)*
buckwheat pancakes Plinsen *(pl. f)*
buffer time Pufferzeit *(f)* (Netzplan)
buffet Büffet *(n)*
buffet car Büffetwagen *(m)* (Eisenbahn), Bistrowagen *(m)*
building Gebäude *(n)*
building and supplies (schedule 12) Baumaterialien *(pl. n)*, Baustoffe *(pl. m)* (Service Center 12)
building cost Bauwert *(m)*
building fixtures and equipment Gebäudeeinrichtung *(f)* und -ausstattung *(f)*
building lot Bauplatz *(m)*
building permit Baugenehmigung *(f)*
building site Bauplatz *(m)*
built-in check eingebaute Kontrolle *(f)*
built-in closet Einbauschrank *(m)*
built-in control automatische Kontrolle *(f)*
built-in cupboard (wardrobe) Einbauschrank *(m)*
built-up area geschlossene Ortschaft *(f)*
buiscuit Plätzchen *(n)*
bulb Glühbirne *(f)*
bulk Masse *(f)*
bulk buyer Großabnehmer(in) *(m/f)*
bulk purchase Massenkauf *(m)*
bulky baggage sperriges Gepäck *(n)*
bulky goods (or freight) Sperrgut *(n)*
bulletin board Anschlagbrett *(n)*, schwarzes Brett *(n)*
bullfight Stierkampf *(m)*
bullfighter Stierkämpfer *(m)*
bun Brötchen *(n)*
bunch Bündel *(n)*, Strauß *(m)*
bunch of flowers Blumenstrauß *(m)*
bungalow Bungalow *(m)*
bungalow village Bungalowdorf *(n)*
bunk Koje *(f)* (Schiff)
burbot Trüsche *(f)*
burglar Einbrecher(in) *(m/f)*
burglary Einbruch *(m)*

burglary insurance Einbruchversicherung *(f)*
Burgundy wine Burgunderwein *(m)*
burnt angebrannt
burnt butter gebrannte Butter *(f)*
bus Bus *(m)*, Autobus *(m)*, Omnibus *(m)*
bus-air service Bus-Flug-Verbindung *(f)*
bus and coach station Busbahnhof *(m)*, Autobahnhof *(m)*
bus company Busunternehmen *(n)*, Busgesellschaft *(f)*
bus conductor Busschaffner *(m)*
bus connection Busverbindung *(f)*
bus driver Busfahrer *(m)*
bus hire Busvermietung *(f)*
bus line Buslinie *(f)*, Busverbindung *(f)*
bus rental Busvermietung *(f)*
bus service Busverbindung *(f)*
bus service Zubringerdienst *(m)* (Bus)
bus station Busbahnhof *(m)*
bus stop Bushaltestelle *(f)*
bus ticket Buskarte *(f)*
bus trailer Busanhänger *(m)*
bus travel Busreisen *(pl. f)*
bus trip Busreise *(f)*, Busfahrt *(f)*
business Geschäft *(n)*, Betrieb *(m)*, Unternehmung *(f)*
business and occupation taxes (schedule 14) Betriebs- und Gewerbesteuer *(f)* (Service Center 14)
business combinations Unternehmenszusammenschlüsse *(pl. m)*
business dealings Geschäftsverkehr *(m)*
business district Geschäftsviertel *(n)*
business extension Betriebserweiterung *(f)*
business friend Geschäftsfreund *(m)*
business hours Geschäftszeit *(f)*
business letter Geschäftsbrief *(m)*
business life Geschäftsleben *(n)*
business organization Unternehmensform *(f)* des Handelsrechts *(n)*
business policy Geschäftspolitik *(f)*, Richtlinien *(pl. f)*
business premises Geschäftsräume *(pl. m)*
business recession Geschäftsrückgang *(m)*
business relation Geschäftsverbindung *(f)*
business suit Straßenanzug *(m)*
business transaction (event) Geschäftsvorfall *(m)*
business transactions Geschäftsverkehr *(m)*
business trip/travel Geschäftsreise *(f)*, Dienstreise *(f)*
business volume Geschäftsumfang *(m)*
businessman Geschäftsmann *(m)*
busy belebt, belegt (Telefon), beschäftigt
butcher Metzger *(m)*, Fleischer *(m)*
butcher's shop Metzgerei *(f)*, Fleischerei *(f)*
butter Butter *(f)*
butter with fine herbs Kräuterbutter *(f)*
buttered in Butter zubereitet
buttered slice of bread Butterbrot *(n)*
butterfried potatoes Bratkartoffeln *(pl. f)*, Schmelzkartoffeln *(pl. f)*
butterfried potatoes with onions Bratkartoffeln *(pl. f)* mit Zwiebeln *(pl. f)*
butterfried sausage Bratwurst *(f)*
butterfried trout in Butter *(f)* gebratene Forelle *(f)*
buttermilk Buttermilch *(f)*
button Knopf *(m)*, Klingelknopf *(m)*
buy kaufen, einkaufen, erwerben
buyer Käufer(in) *(m/f)*, Einkäufer(in) *(m/f)*
buyer's market Käufermarkt *(m)*

buying decision Kaufentschluss *(m)*
buying habits Kaufgewohnheiten *(pl. f)*
buying power Kaufkraft *(f)*
bypass Umgehungsstraße *(f)*
by-road Nebenstraße *(f)*

C

cab Taxi *(n)*
cab stand Taxistand *(m)*
cabana Zimmer *(n)* am Swimmingpool *(m)*
cabaret Kabarett *(n)*, Nachtklub *(m)*
cabbage Kohl *(m)*
cabbage in wine Weinkraut *(n)*
cabbage lettuce Kopfsalat *(m)*
cabbage salad Krautsalat *(m)*
cabby Taxifahrer(in) *(m/f)*
cabin Kabine *(f)*, Kajüte *(f)*
cabin cable railway Kabinenseilbahn *(f)*
cabin cruiser Jacht *(f)*
cabin luggage Kabinengepäck *(n)*
cable kabeln, telegrafieren, Kabel *(n)*, Telegramm *(n)*
cable car Gondel *(f)*, Kabine *(f)*
cable railway Seilbahn *(f)*, Drahtseilbahn *(f)*
cafeteria Selbstbedienungsrestaurant *(n)*, Snackbar *(f)*
café Imbissstube *(f)*, Café *(n)*, Gasthaus *(n)*
cake Kuchen *(m)*
calculate rechnen, berechnen, kalkulieren
calculating machine Rechenmaschine *(f)*
calculation Rechnung *(f)*, Berechnung *(f)*, Kalkulation *(f)*
calculation of an economic order quantity Berechnung *(f)* der wirtschaftlichen Bestellmenge *(f)*
calculator Rechenmaschine *(f)*, Taschenrechner *(m)*
calf (veal) Kalb *(n)*
calf's brain Kalbshirn *(n)*
calf's brain fried Kalbshirn *(n)* gebacken
calf's brain soup Hirnsuppe *(f)*
calf's breast Kalbsbrust *(f)*
calf's feet Kalbsfüße *(pl. m)*
calf's gristle Kalbsbrustknorpel *(m)*
calf's head Kalbskopf *(m)*
calf's head fried Kalbskopf *(m)* gebacken
calf's head vinaigrette Kalbskopf *(m)* in Essigsoße *(f)*
calf's head with turtle sauce Kalbskopf „en tortue" *(m)*
calf's heart Kalbsherz *(n)*
calf's knuckle Kalbshaxe *(f)*
calf's lights Kalbslunge *(f)*
calf's liver Kalbsleber *(f)*
calf's liver fried Kalbsleber *(f)* gebacken
calf's liver on skewers Kalbsleberspießchen *(n)*
calf's liver roasted Kalbsleber *(f)* geröstet
calf's sweetbread baked Kalbsbries *(n)* gebacken
calf's tongue Kalbszunge *(f)*
call Abruf *(m)*, Anruf *(m)*, Vertreterbesuch *(m)*
call at anlaufen (Seefahrt)
callable bond vom Kreditnehmer *(m)* vorzeitig rückzahlbare Schuldverschreibung *(f)*
call box Telefonzelle *(f)*, Fernsprechzelle *(f)*
calm beruhigen, besänftigen, still, ruhig
calm down sich beruhigen, ruhig werden
calorie chart Kalorientabelle *(f)*
camera Kamera *(f)*
camomile Kamille *(f)*
camomile tea Kamillentee *(m)*
camp Lager *(n)*, campen, zelten
camp bed Feldbett *(n)*
camp fire Lagerfeuer *(n)*

campaign Werbekampagne *(f)*, Aktion *(f)*
camper Camper *(m)*, Campingtourist *(m)*, Campinggast *(m)*
camping Camping *(n)*, Campingtourismus *(m)*
Camping and caravaning Zelt- und Wohnwagenwesen *(n)*
camping equipment Campingausrüstung *(f)*
camping fees Campinggebühren *(pl. f)*
camping goods Campingbedarf *(m)*
camping ground Campingplatz *(m)*, Zeltplatz *(m)*
camping permit Campingausweis *(m)*
camping site Campingplatz *(m)*
camping site offering full facilities eingerichteter Campingplatz *(m)*
camping trailer Wohnwagenanhänger *(m)*
can Konservenbüchse *(f)*, einmachen
can opener Büchsenöffner *(m)*
canapé geröstete Brotschnitte *(f)* garniert
cancel stornieren, streichen, abbestellen
cancellation Abbestellung *(f)*, Storno *(n)*, Streichung *(f)*
cancellation conditions Stornobedingungen *(pl. f)*
cancellation costs Stornokosten *(pl.)*
cancellation fee Stornierungsgebühr *(f)*, Anullierungsgebühr *(f)*
candied überzuckert
candied lemon peel Zitronat *(n)*
candied orange peel Orangeat *(n)*
candlelight Kerzenlicht *(n)*
candlestick Kerzenständer *(m)*
candy Süßigkeiten *(pl. f)*
canned in Konservenbüchse *(f)*
canned beer Dosenbier *(n)*
canned meat Büchsenfleisch *(n)*
cannelloni Cannelloni *(pl.)*
canoe Kanu *(n)*, Paddelboot *(n)*
cantaloupe Zuckermelone *(f)*
canvas Segeltuch *(n)*
capability Fähigkeit *(f)*, Tauglichkeit *(f)*
capable fähig, tauglich, in der Lage *(f)*
capacity Kapazität *(f)*, Fähigkeit *(f)*, Leistungsvermögen *(n)*
capacity increase Betriebserweiterung *(f)*, Kapazitätsausweitung *(f)*
capacity of accommodation Aufnahmekapazität (f)
cape Landspitze *(f)*
caper Kaper *(f)*
caper sauce Kapernsauce *(f)*
capital Kapital *(n)*, Betriebskapital *(n)*; Hauptstadt *(f)*
capital lease Variante *(f)* eines Finanz-Leasingvertrages *(m)*, aktivierungspflichtiger Leasingvertrag *(m)*
capital lease requirements Leasing-Bilanzierungsvorschriften *(pl. f)*
capital not paid-in nicht eingezahltes Grund- oder Stammkapital (n); ausstehende Einlagen *(pl. f)*
capital stock Grundkapital *(n)*
capitalization Aktivierung *(f)*
capitalize aktivieren
capon Kapaun *(m)*
captain Schiffskapitän *(m)*, Flugkapitän *(m)*
captain (waiter) Stationsoberkellner *(m)*
car Wagen *(m)*, Auto *(n)*
car accident Autounfall *(m)*
car-carrier train Autoreisezug *(m)*
car crash Autounfall *(m)*
car ferry Autofähre *(f)*
car hire service Autoverleih *(m)*, Leihwagendienst *(m)*
car key Autoschlüssel *(m)*

car-loading Autoverladung *(f)*
car park Parkplatz *(m)*
car rental Autoverleih *(m)*
car rental service Autoverleih *(m)*
car ride Autofahrt *(f)*
car-sleeper train Autoreisezug *(m)* (Schlafwagen)
car-tow Abschleppdienst *(m)*
car traffic Autoverkehr *(m)*
carafe Karaffe *(f)*
carafe wine Schoppenwein *(m)*
caramel custard Karamelpudding *(m)*
caramel pudding Karamelpudding *(m)*
caravan Wohnwagen *(m)*
caravaner Wohnwagentourist*(in)* *(m/f)*
caraway-seed Kümmel *(m)*
card index Kartei *(f)*
cardigan Strickjacke *(f)*
cardinal directions die vier Himmelsrichtungen *(pl. f)*
care Betreuung *(f)*
care of (c/o) per Adresse *(f)*, bei
career Karriere *(f)*, Laufbahn *(f)*
careful sorgfältig
careless fahrlässig
carelessness Fahrlässigkeit *(f)*
caretaker Hausmeister(in) *(m/f)*
cargo Ladung *(f)*, Schiffsladung *(f)*, Fracht *(f)*, Seefracht *(f)*
cargo aircraft Frachtflugzeug *(n)*
cargo bay Laderaum *(m)*
cargo book Frachtbuch *(n)*
cargo consignment Frachtsendung *(f)*
cargo office air Luftfrachtbüro *(n)*
carload Waggonladung *(f)*
carload freight Waggonfracht *(f)*
carload rate Waggonfrachtrate *(f)*
carnival fritter Faschingskrapfen *(m)*
carnival season Karnevalszeit *(f)*, Faschingszeit *(f)*
carousal Zecherei *(f)*
carouse zechen
carp Karpfen *(m)*
carpet Teppich *(m)*
Caerphilly cheese Caerphilly-Käse *(m)*
carriage Beförderung *(f)*, Transport *(m)*, Fracht *(f)*, Wagen *(m)*
carriage door Wagentür *(f)*
carriage rates Transporttarif *(m)*
carriageway Fahrbahn *(f)*
carrier Gepäckträger (Fahrrad) *(m)*, Frachtführer *(m)*, Spediteur *(m)*, Transportunternehmen *(n)*, Verkehrsträger *(m)* (Fluggesellschaft, Bus, Bahn, Schiff)
carrier's receipt Ladeschein *(m)*
carriers Verkehrsgewerbe *(n)*
carrot Karotte *(f)*
carry sth. out etw. durchführen
carrying value Buchwert *(m)*
cartage Rollgeld *(n)* Fuhrlohn *(m)*
carve tranchieren, zerschneiden
case Koffer *(m)*, Kiste *(f)*
cash kassieren, einlösen, bar, Bargeld *(n)*, flüssige Mittel *(pl. n)*
cash balance Kassenbestand *(m)*
cash balances pledged to secure letters of credit Gelder *(pl. n)*, die als Sicherheit *(f)* zur Abdeckung *(f)* eines Akkreditivs *(n)* abgetreten sind
cash basis of accounting Buchführung *(f)*, die nur Ausgaben *(pl. f)* und Einnahmen *(pl. f)* festhält
cash box Geldkassette *(f)*
cash discount Skonto *(m)*
cash discounts earned Skontoerträge *(pl. m)*
cash dispenser (machine) Geldautomat *(m)*
cash in banks Bankguthaben *(n)*
cash investments Anlage *(f)* von flüssigen Mitteln *(pl. n)*
cash on delivery (c. o. d.) Nachnahme *(f)*
cash on hand Kassenbestand *(m)*, Bargeld *(n)*, Kleine Kasse *(f)*
cash outlay Barauslage *(f)*
cash position Liquiditätslage *(f)*

cash register Kasse *(f)*
cash restricted for payment of long-term liabilities flüssige Mittel *(pl. n)*, die für die Bezahlung *(f)* von langfristigen Verbindlichkeiten *(pl. f)* vorgesehen sind
cash surrender value of life insurances Rückkaufswert *(m)* von Lebensversicherungen *(pl. f)*
cash value Barwert *(m)*
cashier Kassierer(in) *(m/f)*
casserole Tiegel *(m)*, Kasserolle *(f)*
cast anchor den Anker *(m)* werfen
castle Burg *(f)*, Schloss *(n)*
castle ruins Schlossruine *(f)*, Burgruine *(f)*
casual locker
casual worker Gelegenheitsarbeiter *(m)*
casualty department Unfallstation *(f)*
catch Fang *(m)*, fangen
catch sight of erblicken
catch up with einholen
category Klasse *(f)*, Kategorie *(f)*
cater for versorgen, bewirten
catering Verpflegung *(f)*
catering arrangements Magenfahrplan (Luftfahrt) *(m)*
catering business Gastgewerbe *(n)*
catering industry catering-Industrie *(f)*
catering trade Gastgewerbe *(n)*, Gaststättengewerbe *(n)*
catfish Wels *(m)*
cathedral Dom *(m)*, Kathedrale *(f)*
cattle Rindvieh *(n)*, Vieh *(n)*
cauliflower Blumenkohl *(m)*
cauliflower browned Blumenkohl *(m)* gratiniert
cauliflower salad Blumenkohlsalat *(m)*
cauliflower soup Karfiolsuppe *(f)*, Blumenkohlsuppe *(f)*
cause veranlassen, verursachen, Anspruch *(m)*, Grund *(m)*
Caution! Vorsicht!
cautious vorsichtig
cave Höhle *(f)*
caviar Kaviar *(m)*
caviar sandwich Kaviarbrötchen *(n)*
Cayenne pepper Cayennepfeffer *(m)*
cease aufhören
ceiling Zimmerdecke *(f)*
celebrate feiern
celeriac Knollensellerie *(m)*
celery Sellerie *(m)*
celery salad Selleriesalat *(m)*
celery sticks Stangensellerie *(m)*
cellar Keller *(m)*, Weinkeller *(m)*
celluloid Zelluloid *(n)*
cemetery Friedhof *(m)*
cenotaph Ehrenmal *(n)*
center Zentrum *(n)*
central buying zentraler Einkauf *(m)*
central heating Zentralheizung *(f)*
Central Office of German Travel Deutsche Zentrale *(f)* für Fremdenverkehr *(m)*
central processing unit (CPU) Zentraleinheit *(f)*
central station Hauptbahnhof *(m)*
centre Zentrum *(n)*
cep Steinpilz *(m)*
ceramics Keramik *(f)*
cereals Getreide *(n)*, Getreideflocken *(pl. f)*
certificate Bescheinigung *(f)*, Zeugnis *(n)*
certificate of antirabic vaccination Tollwutimpfzeugnis *(n)*
certificate of conduct Führungszeugnis *(n)*
certificate of deposit Hinterlegungsschein *(m)*, Hinterlegungsbestätigung *(f)*; Depositenzertifikat *(n)*, Einlagenzertifikat *(n)*
certificate of vaccination Impfzeugnis *(n)*
certified check (von der bezogenen Bank als gedeckt) bestätigter Scheck *(m)*

certified financial statement Jahresabschluss *(m)*, versehen mit dem Bestätigungsvermerk *(m)* des Wirtschaftsprüfers *(m)*
Certified Public Accountant (CPA) amerikanischer Wirtschaftsprüfer *(m)*
chain Kette *(f)*
chair Stuhl *(m)*
chairlift Sessellift *(m)*
chairman of the board Aufsichtsratvorsitzender *(m)*
challenge herausfordern, Herausforderung *(f)*
chamber pot Nachttopf *(m)*
chambermaid Zimmermädchen *(n)*
chamois Gämse *(f)*
champagne Sekt *(m)*, Champagner *(m)*
chance Zufall *(m)*
chance guest Durchreisende(r) *(f/m)*, Passant(in) *(m/f)*, Übernachtungsgast *(m)*
change Kleingeld *(n)*, Wechselgeld *(n)*, wechseln, (ver)ändern, tauschen, Veränderung *(f)*
change in the program Programmänderung *(f)*
change in value of currency Geldwertänderung *(f)*
change of carriage Umsteigen *(n)*
change of flight schedule Flugplanänderung *(f)*
change of route Änderung *(f)* des Reiseweges *(m)*, Streckenänderung *(f)*
change reservations umbuchen
change-giving machine Geldwechselautomat *(m)*
changeable veränderlich
changing cubicle Umkleidekabine *(f)*
changing room Umkleideraum *(m)*
chanterelle Pfifferling *(m)*
chapel Kapelle *(f)*
char Saibling *(m)*
characterize charakterisieren
charcoal Holzkohle *(f)*
charcoal broiled vom Holzkohlenfeuer *(n)*
charcoal broiled mixed grill Fleisch *(n)* vom Holzkohlengrill *(m)*
chard Mangold *(m)*
charge Berechnung *(f)*, berechnen
charge for bed and breakfast Zimmerpreis *(m)* mit Frühstück *(n)*
charge for handling Bearbeitungsgebühr *(f)*
charge for service Bedienungszuschlag *(m)*, Bedienungsgeld *(n)*
charge per piece of baggage Gepäckgebühr *(f)* je Stück *(n)*
charge sale Kreditverkauf *(m)*
charge to (account) belasten (Konto)
charge to the room auf Zimmerrechnung *(f)* schreiben
chart grafisch darstellen, Tabelle *(f)*, Diagramm *(n)*
chart of accounts Kontenrahmen *(m)*, Kontenplan *(m)*
charter chartern
charter aircraft Chartermaschine *(f)*
charter airline Charterfluggesellschaft *(f)*
charter flight Charterflug *(m)*
charter money Schiffsmiete *(f)*
Chateaubriand Filetsteak *(n)*, Chateaubriand
chattel bewegliche Sache *(f)*
chattel mortgage Sicherungsübereignung *(f)*
cheap billig
cheap ticket ermäßigte Fahrkarte *(f)*
checkbook Scheckbuch *(n)*
check guarantee Scheckbürgschaft *(f)*
check list Kontrollliste *(f)*, Prüfliste *(f)*, Checkliste *(f)*
check Scheck *(m)*; überprüfen, Überprüfung *(f)*

check-in Abfertigung *(f)* (Flug), sich anmelden (Hotel), einchecken
check-in-area Abfertigungshalle *(f)*
check-in baggage Gepäck *(n)* aufgeben
check-in counter Eincheckschalter *(m)*
check-in formality Abfertigungsformalität *(f)*
check-in time Eincheckzeit *(f)*, Meldeschluss *(m)* (Luftfahrt)
check-out sich abmelden, abreisen (Hotel), Abfertigung *(f)*
check out Auschecken *(n)*
checkbook Scheckbuch *(n)*
checked baggage aufgegebenes Gepäck *(n)*
checking account Kontokorrentkonto *(n)*, Girokonto *(n)*
checking of baggage Gepäckabfertigung *(f)*
checking of the hotels Überprüfung *(f)* der Hotels *(pl. n)*
checkroom Garderobe *(f)*, Gepäckaufbewahrung *(f)*, Aufbewahrungsstelle *(f)*
checkroom girl Garderobenfrau *(f)*
Cheddar cheese Cheddarkäse *(m)*
cheerful fröhlich, vergnügt
cheerfulness Heiterkeit *(f)*, Fröhlichkeit *(f)*
Cheers! Zum Wohl! Prosit!
cheese Käse *(m)*
cheese and ham stuffed veal steak gefülltes Kalbsschnitzel *(n)*, Cordon bleu *(n)*
cheese cake Käsekuchen *(m)*
cheese fondue Käsefondue *(n)*
cheese pie Käsekuchen *(m)*
cheese platter Käseplatte *(f)*
cheese sandwich Käsebrot *(n)*
cheese soufflé Käseauflauf *(m)*
cheese spread Schmelzkäse *(m)*
cheese tartlet Käsetörtchen *(n)*
chef Küchenchef(in) *(m/f)*, Chefkoch *(m)* Chefköchin *(f)*
chef de partie Abteilungskoch *(m)*
chemist Drogist(in) *(m/f)*
chemist's shop Apotheke *(f)*
cheque Scheck *(m)*
chequebook Scheckbuch *(n)*, Scheckheft *(n)*
cherry Kirsche *(f)*
cherry brandy Kirschlikör *(m)*
cherry cake Kirschkuchen *(m)*
cherry tart Kirschtorte *(f)*
chervil Kerbel *(m)*
Cheshire cheese Chesterkäse *(m)*
chest of drawers Kommode *(f)*
chestnut Edelkastanie *(f)*
chestnut-vermicelli Kastanienpüree *(n)*
chew kauen
chicken Huhn *(n)*
chicken à la King Geflügelrahmragout *(n)*
chicken breast Hühnerbrust *(f)*
chicken broth Hühnerbrühe *(f)*
chicken curry indisches Geflügelgericht *(n)*
chicken in broth Suppentopf *(m)* mit Geflügeleinlage *(f)*
chicken in jelly Huhn *(n)* in Aspik *(n)*
chicken leg Hühnerkeule *(f)*
chicken liver Geflügelleber *(f)*
chicken noodle soup Geflügelsuppentopf *(m)*
chicken pie warme Geflügelpastete *(f)*
chicken rice Geflügelreis *(m)*
chicken salad Geflügelsalat *(m)*
chicken stew Huhn *(n)* in Tomatensauce *(f)* mit Pilzen *(pl. m)* und Eiern *(pl. n)*
chicken winglet Flügelspitze *(f)* vom Huhn *(n)*
chicken, fried Backhuhn *(n)*
chicken, roast Brathuhn *(n)*
chickpea Kichererbse *(f)*
chicory Zichorie *(f)* (Salat)
chief conductor Zugführer *(m)*
chief engineer Technische(r) Leiter(in) *(m/f)*

chief steward Chefsteward *(m)*
child-appropriate kindergerecht
child care Kinderbetreuung *(f)*
child's bed Kinderbett *(n)*
child's ticket Kinderfahrkarte *(f)*
child's travel document Kinderausweis *(m)*
children's dining-room Kinderspeisesaal *(m)*
children's entertainer Kinderanimateur *(m)*
children's menu Speisekarte *(f)* für Kinder *(pl. n)*
children's playground Kinderspielplatz *(m)*
children's playroom Kinderspielzimmer *(n)*
children's rate Kindertarif *(m)*
children's room Kinderzimmer *(n)*
children's pool Kinderbecken *(n)*
chili con carne Hackfleisch *(n)* mit braunen Bohnen *(pl. f)*
chill kühlen
chilled grapefruit Grapefruit *(f)* eisgekühlt
chilled melon geeiste Melone *(f)*
chilled vegetable soup gekühlte Gemüsesuppe *(f)*
chilly kühl, frostig
chimney Kamin *(m)*
china Porzellan *(n)*
china and glassware Porzellan- und Glaswaren *(pl. f)*
chinese cabbage Chinakohl *(m)*
chip Chip *(m)* (Elektronik)
chipped veal geschnetzeltes Kalbsfleisch *(n)*
chips Pommes frites *(pl. f)*
chives Schnittlauch *(m)*
chocolate Schokolade *(f)*
chocolate cake Schokoladentorte *(f)*
chocolate cake Sacher style Sachertorte *(f)*
chocolate ice-cream Schokoladeneis *(n)*
chocolate meringue Schokoladenbaiser *(n)*
chocolate pudding Schokoladenpudding *(m)*
chocolates Pralinen *(pl. f)*
choice Auswahl *(f)*, Wahl *(f)*
cholesterol Cholesterin *(n)*
chop Kotelett (ohne Knochen) *(n)*
chopped gehackt
chopped veal cutlet Hackfleischkotelett vom Kalb *(n)*
chopper Hackmesser *(n)*
chopping board Hackbrett *(n)*
chopping knife Hackmesser *(n)*
chowder dicke Suppe *(f)*
Christian name Vorname *(m)*
Christmas Weihnachten *(n)*
Christmas bonus Weihnachtsgratifikation *(f)*
Christmas holidays (vacation) Weihnachtsferien *(pl.)*
Christmas pudding Weihnachtspudding *(m)*
Christmas time Weihnachtszeit *(f)*
church concert Kirchenkonzert *(n)*
church tax Kirchensteuer *(f)*
churchyard Friedhof *(m)*
cider Apfelwein *(m)*
cigar Zigarre *(f)*
cigarette Zigarette *(f)*
cigarette lighter Feuerzeug *(n)*
cinema program Kinoprogramm *(n)*, Filmprogramm *(n)*
cinema ticket Kinokarte *(f)*
cinnamon Zimt *(m)*
circle railway Ringbahn *(f)*
circle trip Rundreise *(f)*
circle trip ticket Rundreisefahrschein *(m)*
circular Rundschreiben *(n)*
circular road Ringstraße *(f)*
circular tour Rundfahrt *(f)*, Rundreise *(f)*
circular trip Rundreise *(f)*
circulation Umlauf *(m)*
circumstances beyond control unabwendbarer Zufall *(m)*
circus-ring Arena *(f)*
citadel Zitadelle *(f)*

citizen Bürger(in) *(m/f)*, Staatsangehörige(r) *(f/m)*
citizen of the European Union EU-Bürger(in) *(m/f)*
citizenship Staatsbürgerschaft *(f)*
city Stadt *(f)*, Innenstadt *(f)*
city-airport transfer Zubringerdienst *(m)*
city hall Rathaus *(n)*
city ledger Konten *(pl. n)* für Kunden *(pl. m)* (z. B. Firmen)
city railway Stadtbahn *(f)*
city sightseeing flight Stadtrundflug *(m)*
city tour Stadtrundfahrt *(f)*
city wall Stadtmauer *(f)*
city zone Stadtgebiet *(n)*
claim fordern, beanspruchen, Anspruch *(m)*, Forderung *(f)*
claim for damages Schadenersatzanspruch *(m)*
clam Venusmuschel *(f)*
clam broth Muschelsuppe *(f)*
clam chowder Muschelsuppe *(f)*
claret Bordeauxwein *(m)*
claret-cup Bowle *(f)*
clarification Klärung *(f)*, Klarstellung *(f)*
clarify erklären
class Klasse *(f)*, Kurs *(m)*
class of stock Aktiengattung *(f)*
classification Klassifizierung *(f)*, Einstufung *(f)*
classification of hotels Hoteleinstufung *(f)*, Hotelklassifizierung *(f)*
classified balance sheet Bilanzen *(pl. f)*, die in kurz- oder langfristige Aktiva bzw. Passiva gegliedert werden
classified telephone directory Branchentelefonbuch *(n)*
classify klassifizieren, einstufen, kontieren
clause Klausel *(f)*, Vertragsbestimmung *(f)*
clean reinigen, rein, sauber
cleaner Reinigungskraft *(f)*
cleaning Reinigung *(f)*, Säuberung *(f)*
cleaning personnel Reinigungspersonal *(n)*
cleaning supplies Reinigungsmittel *(pl. n)*
cleanliness Sauberkeit *(f)*
cleanse reinigen
clean-up aufräumen
clear klären, verzollen, räumen; klar, deutlich
clear away abräumen, wegräumen
clear mock turtle soup falsche Schildkrötensuppe *(f)*
clear oxtail soup klare Ochsenschwanzsuppe *(f)*
clear port auslaufen (Schifffahrt)
clear soup Bouillon *(f)*, Kraftbrühe *(f)*
clear soup royal klare Suppe *(f)* mit Eierstich *(m)*
clear soup with beaten egg Einlaufsuppe *(f)*
clear soup with vegetables klare Gemüsesuppe *(f)*
clear turtle soup klare Schildkrötensuppe *(f)*
clear up aufklären (Wetter)
clearance Verzollung *(f)*, Räumung *(f)*
clearance charges Zollabfertigungsgebühren *(pl. f)*
clearing Verzollung *(f)* einer Schiffsladung *(f)*, Abfertigung (Zoll) *(f)*
clerk Büroangestellter *(m)*
client Kunde *(m)*, Klient(in) *(m/f)*
clientele Kundenkreis *(m)*
climate Klima *(n)*
climatic conditions Klimaverhältnisse *(pl. n)*
climatic health resort Luftkurort *(m)*, Klimakurort *(m)*
climatological station Klimastation *(f)*
climbing boot Bergschuh *(m)*
climbing equipment Bergausrüstung *(f)*, Kletterausrüstung *(f)*

climbing tour Klettertour *(f)*
clinic Klinik *(f)*
clipper Atlantikflugboot *(n)*
cloakroom Garderobe *(f)*
cloakroom attendant Garderobenfrau *(f)*
cloakroom ticket Garderobenmarke *(f)*
clock Uhr *(f)*
close schließen; nah, dicht
close an account Konto *(n)* abschließen
close control genaue (scharfe) Kontrolle *(f)*
close season (e.g. of a hotel) Schließungszeit (z. B. eines Hotels) *(f)*
close to beach Strandnähe *(f)*
closed geschlossen
closed season Schonzeit *(f)*
closet Kleiderschrank *(m)*, Schrank *(m)*
closing Abschluss *(m)*
closing entry Abschlussbuchung *(f)*
closing hour Geschäfts- oder Betriebsschluss *(m)*
closing time Sperrstunde *(f)*
cloth Tuch *(n)*
clothes brush Kleiderbürste *(f)*
clothes hanger Kleiderbügel *(m)*
clothing Kleidung *(f)*
cloud Wolke *(f)*
cloudy bewölkt, wolkig
clove Gewürznelke *(f)*
club Verein *(m)*
club evening Klubabend *(m)*
club membership Vereinsmitgliedschaft *(f)*
club-table Couchtisch *(m)*
clubhouse Klubhaus *(n)*
co-driver Beifahrer(in) *(m/f)*
co-pilot Kopilot *(m)*
co-surety Mitbürgschaft *(f)*
coach Bus *(m)*, Omnibus *(m)*, Reisebus *(m)*; Trainer *(m)*, trainieren
coach conductor Busschaffner *(m)*
coach connection Busverbindung *(f)*
coach driver Busfahrer *(m)*
coach line Buslinie *(f)*, Busverbindung *(f)*
coach stop Bushaltestelle *(f)*
coach travel Busreisen *(pl. f)*
coach-air service Bus-Flug-Verbindung *(f)*
coalfish Seehecht *(m)*
coast Küste *(f)*
coastal area Küstengebiet *(n)*
coastal cruise Küstenkreuzfahrt *(f)*
coastal road Küstenstraße *(f)*, Uferstraße *(f)*
coastal shipping Küstenschifffahrt *(f)*
coasting slide Rodelhang *(m)*
coat hanger Kleiderbügel *(m)*
coat rack Kleiderständer *(m)*
coat stand Kleiderständer *(m)*
cock Hahn *(m)*
cock-a-leekie Hähnchen *(n)* oder Suppenhuhn *(n)* und Lauch *(m)*
cockles Pilgermuscheln *(pl. f)*
cockpit Cockpit *(n)*, Kanzel *(f)* (Flugzeug)
cocktail Cocktail *(m)*
cocktail bar tender Barkellner *(m)*
cocktail reception Cocktailempfang *(m)*
cocktail savory Vorspeise *(f)*
cocoa Kakao *(m)*
coconut Kokosnuss *(f)*
cod Dorsch *(m)*, Kabeljau *(m)*
cod fish Dorsch *(m)*
code Code *(m)*, Kennzahl *(f)*
code number Schlüsselzahl *(f)*, Kodenummer *(f)*
coffee Kaffee *(m)*
coffee break Kaffeepause *(f)*
coffee cup Kaffeetasse *(f)*
coffee grinder Kaffeemühle *(f)*
coffee machine Kaffeemaschine *(f)*
coffee mill Kaffeemühle *(f)*
coffee percolator Kaffee(filter) maschine *(f)*
coffee pot Kaffeekanne *(f)*
coffee with cream Kaffee *(m)* mit Sahne *(f)*

coffee with hot milk Milchkaffee *(m)*
coffee without caffeine koffeinfreier Kaffee *(m)*
coin Münze *(f)*
coin box Münzfernsprecher *(m)*
coincidence Zufall *(m)*
cold kalt
cold appetizers kalte Vorspeisen *(pl. f)*
cold beef in vinegar Rindfleisch *(n)* in Essig *(m)* und Öl *(n)*
cold buffet kaltes Büffet *(n)*
cold cuts kalter Aufschnitt *(m)*
cold cuts on plate Aufschnittteller *(m)*
cold dishes kalte Speisen *(pl. f)*
cold fowl Geflügel *(n)* (kalt)
cold game pie Wildpastete *(f)*
cold meat kalter Aufschnitt *(m)*
cold punch Bowle *(f)*
cold semolina pudding kalter Grießpudding *(m)*
cold storage Kühlhaus *(n)*, Kühlhauslagerung *(f)*
cold storage im Kühlhaus *(n)* lagern
cole slaw Krautsalat *(m)*
collar Kragen *(m)*
collared beef Roulade *(f)*
collateral Sicherheit *(f)*, Sicherungsgegenstand *(m)*, Sicherungsgut *(n)*
collateral trust bond gesicherte Schuldverschreibung *(f)*
collaterisation Sicherheitsleistung *(f)*, Unterlegung *(f)* eines Kredits *(m)* durch eine Sicherheit *(f)*
collect sammeln, kassieren
collection Einziehung *(f)* (Geld)
collection expenses Inkassospesen *(pl.)*, Einziehungskosten *(pl.)*
collection of luggage Gepäckabholung *(f)*
collection of outstanding debts Einziehung *(f)* von Außenständen *(pl. m)*
collective agreement Tarifvertrag *(m)*
collective passport Sammelpass *(m)*
collision Zusammenstoß *(m)*
collop Schnitzel *(n)*
colony Kolonie *(f)*
colo(u)r print Farbabzug *(m)* (Foto)
colo(u)rfast waschecht
column Spalte *(f)*
comb Kamm *(m)*
combination sale Kopplungsverkauf *(m)*
comfort Bequemlichkeit *(f)*
comfortable bequem, gemütlich
comfort-station öffentliche Toilette *(f)*
commercial agent Handelsvertreter(in) *(m/f)*
commercial aircraft Verkehrsflugzeug *(n)*
commercial airport Zivilflughafen *(m)*
commercial bank (money center) Geschäftsbank *(f)* (USA)
commercial code Handelsgesetzbuch (HGB) *(n)*
commercial rate Firmenpreis *(m)*
commercial travel(l)er Handelsreisender *(m)*
commissary store Kantine *(f)* (mit großem Warenangebot)
commission (schedule 6) Provisionsertrag *(m)* (Umsatzbereich 6)
commissionaire Portier *(m)*
commitment Verpflichtung *(f)*
committee Ausschuss *(m)*, Gremium *(n)*
commodity Handelsware *(f)*, Ware *(f)*, Artikel *(m)*
commodity rate Vorzugsfrachtrate *(f)* (Luftverkehr)
common üblich, gewöhnlich; gemein(sam)
common room Gemeinschaftsraum *(m)*
common shares (of a limited liability company) Stammeinlagen *(pl. f)* (GmbH)
common stock Stammaktien *(pl. f)*

communal bath room Gemeinschaftsbadezimmer *(n)*
communal canteen Gemeinschaftsküche *(f)*
communal feeding Gemeinschaftsverpflegung *(f)*
communal kitchen Gemeinschaftsküche *(f)*
communal provisions Gemeinschaftsverpflegung *(f)*
communicate (s.th. to s.o.) mitteilen (j-m etwas mitteilen)
communication Mitteilung *(f)*, Verständigung *(f)*, Verkehrsverbindung *(f)*
communication cord Notbremse *(f)*
community Gemeinde *(f)*, Gemeinschaft *(f)*
community tax Gemeindesteuer *(f)*
commutation ticket Zeitkarte *(f)*
company Unternehmen *(n)*, Betrieb *(m)*, Gesellschaft *(f)*
company car Geschäftswagen *(m)*
company magazine Hauszeitung *(f)*
company policy Betriebsordnung *(f)*, Betriebsvereinbarung *(f)* (bei Rückstellungen)
company rate Firmenpreis *(m)*
company seniority Betriebszugehörigkeit *(f)*, Dienstalter *(n)* im Betrieb *(m)*
comparability Vergleichbarkeit *(f)* (Rechnungslegung)
comparison Vergleich *(m)*
compartment Abteil *(n)*
compatible with verträglich mit
compel zwingen, nötigen
compensate entschädigen, ersetzen
compensation Ersatz *(m)*, Entschädigung *(f)*
compensation for damages Schadenersatz *(m)*
compensation payment Ausgleichszahlung *(f)*
compete konkurrieren, im Wettbewerb *(m)* stehen
competence Kompetenz *(f)*, Fähigkeit *(f)*
competition Konkurrenz *(f)*, Wettbewerb *(m)*
competitive market Wettbewerbsmarkt *(m)*
competitor Konkurrent *(m)*, Wettbewerber *(m)*
compilation Erstellung *(f)* (von Jahresabschlüssen)
complain reklamieren, bemängeln, sich beschweren
complaint Beschwerde *(f)*, Reklamation *(f)*, Klage *(f)*
complaints book Beschwerdebuch *(n)*
complete breakfast komplettes Frühstück *(n)*
complimentary kostenlos
complimentary room Gratiszimmer *(n)*, Zimmer *(n)* ohne Berechnung *(f)*
complimentary ticket Freifahrkarte *(f)*
compound entry zusammengesetzter Buchungssatz *(m)*
comprehensive income Gesamteinkommen *(n)*
comptroller Controller(in) *(m/f)*, (staatliche(r)) Rechnungsprüfer(in) *(m/f)*
computer Computer *(m)*
computerize elektronische Datenverarbeitung *(f)*
conceptual framework Ausformulierung *(f)* wesentlicher Rechnungslegungsgrundsätze *(pl. m)*; Theorie *(f)* der Rechnungslegung *(f)*
concern Unternehmung *(f)*, Angelegenheit *(f)*, Geschäft *(n)*, Sache *(f)*
concert hall Konzertsaal *(m)*
concession (schedule 6) Konzession *(f)* (Umsatzbereich 6)
concierge Portier *(m)*, Concierge *(m, f)*

condemned to verurteilt zu
condensed milk Kondensmilch *(f)*
condition bedingen, Bedingung *(f)*
condition of conveyance Beförderungsbedingung *(f)*
condition of participation Teilnahmebedingung *(f)*
conducted tour Gesellschaftsreise *(f)*
conductor Schaffner(in) *(m/f)*, Zugbegleiter(in) *(m/f)*
confectioner Konditor *(m)*
confection Konfekt *(n)*
conference Sitzung *(f)*, Konferenz *(f)*, Besprechung *(f)*
conference hall Sitzungssaal *(m)*
conference room Konferenzraum *(m)*, Sitzungsraum *(m)*
confidential vertraulich
confirm bestätigen
confirmation Bestätigung *(f)*, Zusage *(f)*
confirmation of return flight Rückflugbestätigung *(f)*
confiscate beschlagnahmen, einziehen
confusion Verwirrung *(f)*
conger eel Meeraal *(m)*
congress Kongress *(m)*
congress hall Kongresshalle *(f)*
congress information service Kongressberatung *(f)*
conjointly gemeinschaftlich
connected with verbunden mit, verknüpft mit
connecting flight Flugverbindung *(f)*, Anschlussflug *(m)*
connecting line (or route) Anschlussstrecke *(f)*
connecting point Umsteigepunkt *(m)*
connecting rooms ineinander gehende Zimmer *(pl. n)*
connecting station Umsteigebahnhof *(m)*
connecting train Anschlusszug *(m)*
connection Anschluss *(m)*, Verbindung *(f)*, Anschlussfahrt *(f)*
connector Stecker *(m)*
consecutive number fortlaufende Nummer *(f)*
consent Einverständnis *(n)*, einwilligen
conservatism Konservatismus *(m)*; Vorsichtsprinzip *(n)*
consignment note Frachtbrief *(m)*
consist of bestehen aus
consistency Vergleichbarkeit *(f)* in zeitlicher Hinsicht *(f)* (Rechnungslegung), Folgerichtigkeit *(f)*
consistency in valuation Grundsatz *(m)* der Bewertungsstetigkeit *(f)*
consistent folgerichtig; ohne Widerspruch *(m)*
consistent with vereinbar mit, in Übereinstimmung *(f)* mit
consolidated balance sheet Konzernbilanz *(f)*, konsolidierte Bilanz *(f)*
consolidated financial Statements Konzernabschluss *(m)*
constable Polizist *(m)*
construction Bau *(m)*, Auslegung *(f)*
construction in progress im Bau *(m)* befindliche Anlagen *(pl. f)*
construction site Baustelle *(f)*
consulate Konsulat *(n)*
consultant Berater(in) *(m/f)*
consume verbrauchen, konsumieren
consumer Verbraucher(in) *(m/f)*, Konsument(in) *(m/f)*
consumer goods Verbrauchsgüter *(pl. n)*
consumption Verbrauch *(m)*, Konsum *(m)*, Verzehr *(m)*
contagious disease ansteckende Krankheit *(f)*
container Behälter *(m)*
content zufrieden
contestation Anfechtung *(f)*
continental breakfast einfaches Frühstück *(n)*

Continental Plan (CP) (bed and breakfast) Zimmer *(n)* mit Übernachtung *(f)* und Frühstück *(n)*
contingent Kontingent *(n)*
contingent liabilities Haftungsverhältnisse (pl. n)
contingent liabilities from endorsements Indossamentverbindlichkeiten *(pl. f)*
contingent liability Eventualverbindlichkeit *(f)*, Haftung *(f)*
continuation of one's journey Weiterfahrt *(f)*
contra account Gegenkonto *(n)*, Gegenrechnung *(f)*
contra entry Gegenbuchung *(f)*
contract vereinbaren, Vertrag *(m)*, Vereinbarung *(f)*
contract of accommodation Beherbergungsvertrag *(m)*, Gastaufnahmevertrag *(m)*, Übernachtungsvertrag *(m)*
contract of apprenticeship Ausbildungsvertrag *(m)*, Lehrvertrag *(m)*
contract of carriage Transportvertrag *(m)*
contract of guarantee Bürgschaft *(f)*
contract of lease Pachtvertrag *(m)*
contract of passage Passagevertrag *(m)*
contract of sale Kaufvertrag *(m)*
contractual vertraglich
contractual liability Vertragshaftung *(f)*
contractual penalty Vertragsstrafe *(f)*
contrary entgegengesetzt, gegenteilig
contrast bath Wechselbad *(n)*
contribute (to) beitragen, beisteuern
contributed capital eingebrachtes Kapital *(n)*
contribution Kapitaleinlage *(f)*, Einbringung *(f)*
contribution in kind Sacheinlage *(f)*
contributory pension plan Pensionsplan *(m)*, bei dem Arbeitgeber *(m)* und Arbeitnehmer *(m)* gemeinsam Beiträge (pl. m) leisten
control kontrollieren, überwachen, steuern, regeln, Kontrolle *(f)*
control tower Kontrollturm *(m)*
convalescence Erholung *(f)*, Rekonvaleszenz *(f)*
convalescent home Erholungsheim *(n)*
convalescent leave Erholungsurlaub *(m)*
convalescent trip Erholungsreise *(f)*
convenience foods Fertiggerichtesysteme *(pl. n)*
conventional konventionell
conversion Umwandlung *(f)* eines Interessenten *(m)* in einen Hotelgast *(m)*; Umrechnung *(f)*
conversion method for foreign currency Umrechnungsgrundlage *(f)* für Fremdwährungen *(pl. f)*
conversion table Umrechnungstabelle *(f)*
convert umrechnen, umwandeln, konvertieren
convertible bond Wandelschuldverschreibung *(f)*
convertible currency konvertierbare Währung *(f)*
conveyance Beförderung *(f)*, Beförderungsmittel *(n)*
conveyance of cars Autobeförderung *(f)*
conveyance of luggage Gepäckbeförderung *(f)*
conveyer belt Förderband *(n)*, Beförderungsband *(n)*
cook Koch *(m)*, kochen
cook-shop Garküche *(f)*
cooked gekocht

cooked in butter in Butter *(f)* gekocht
cookie kleines Gebäck *(n)*, Keks *(m)*
cooking Kochen *(n)*, Kochkunst *(f)*
cooking facilities Kochgelegenheit *(f)*
cooking pot Kochtopf *(m)*
cooking stove Kochstelle *(f)*
cooking utensils Kochgeschirr *(n)*
cook's assistant Küchengehilfe *(m)*
cooky kleines Gebäck *(n)*, Keks *(m)*
cool kühl
cool bag Kühltasche *(f)*
coolant Kühlwasser *(n)*
cooling technique Kühltechnik *(f)*
cooling water Kühlwasser *(n)*
cooperation Kooperation *(f)*, Mitarbeit *(f)*
cooperative advertising Gemeinschaftswerbung *(f)*
coot Wasserhuhn *(n)*
copier Kopiergerät *(n)*
coppers Kleingeld *(n)*
cork Kork *(m)*
corkscrew Korkenzieher *(m)*
corky taste Korkgeschmack *(m)*
corn Mais *(m)*
corncob Maiskolben *(m)*
corned beef Pökelfleisch *(n)*
corner seat Eckplatz *(m)*
cornflakes Maisflocken *(pl. f)*, Cornflakes *(pl.)*
cornflour Maismehl *(n)*
corporate body juristische Person *(f)*
corporate dividend Aktiendividende *(f)*
corporate executive Direktor *(m)* (oder leitender Angestellter) einer AG *(f)*
corporate officer etwa: Vorstandsmitglied *(n)*
corporate planning Unternehmensplanung *(f)*
corporate stock Gesellschaftsanteil *(m)*
corporate underwriting Übernahme *(f)* von Schuldverschreibungen *(pl. f)*
corporation Körperschaft *(f)*, (Kapital-)Gesellschaft *(f)*, etwa: Aktiengesellschaft (AG) *(f)*
Corpus Christi Fronleichnam
correct richtig, berichtigen, verbessern
corridor Korridor *(m)*, Gang *(m)*
cosiness Behaglichkeit *(f)*, Gemütlichkeit *(f)*
cosmetic therapy Schönheitskur *(f)*
cosmetics Kosmetikartikel *(pl. m)*
cost-benefit-analysis Kosten-Nutzen-Analyse *(f)*
cost control Kostenkontrolle *(f)*
cost estimate Kostenvoranschlag *(m)*
cost of calls (schedule 3) Kosten *(pl.)* der vermittelten Telefongespräche *(pl. n)* (Umsatzbereich 3)
cost of food and beverage consumed (schedule 2) nicht bereinigte Warenkosten *(pl.)* (Umsatzbereich 2)
cost of goods purchased Wareneinstandskosten *(pl.)*
cost of living Lebenshaltungskosten *(pl.)*
cost of merchandise sold (schedule 4) Wert *(m)* der verkauften Waren *(pl. f)* zum Einstandspreis *(m)* (Umsatzbereich 4)
cost price Selbstkostenpreis *(m)*, (Netto-)Einkaufspreis *(m)*, Einstandspreis *(m)*; Gestehungskosten *(pl.)*
cost reduction Kostensenkung *(f)*
costs of raizing plant Abbruchkosten *(pl.)*
cost/performance ratio Preis-Leistungsverhältnis *(n)*
costume Kostüm *(n)*
cosy behaglich, gemütlich
cot Kinderbett *(n)*
cottage Ferienhaus *(n)*, Landhaus *(n)*
cottage cheese Hüttenkäse *(m)*

cotton wool Watte *(f)*, Rohbaumwolle *(f)*
couch Couch *(f)*, Liege *(f)*
couchette Liegeplatz *(m)*
couchette charge Liegeplatzgebühr *(f)*
cough Husten *(m)*
count zählen
count back zurückrechnen
counter Schalter *(m)*, Ladentisch *(m)*, Theke *(f)*
counter security Rückbürgschaft *(f)*
country Land *(n)*, Staat *(m)*
country air Landluft *(f)*
country ham Landschinken *(m)*
country house Landhaus *(n)*
country inn Dorfgasthaus *(n)*, Landgasthof *(m)*
country lane Feldweg *(m)*
country of destination Bestimmungsland *(n)*, Zielland *(n)*
country of origin Ursprungsland *(n)*
country pub Dorfschenke *(f)*
country road Landstraße *(f)*
coupe (Eis-)Becher *(m)*
couple Paar *(n)*
coupon Gutschein *(m)*, Abschnitt *(m)*, Bon *(m)*
courier Reiseleiter(in) *(m/f)*
courier's office Reiseleitung *(f)*
course Kurs *(m)*, Strecke *(f)*, Gang *(m)* (Essen)
course for beginners Anfängerkurs *(m)*
course of a journey Reiseverlauf *(m)*
course of treatment Kur *(f)*
course of treatment at a spa Heilbadekur *(f)*, Bäderkur *(f)*, Badekur *(f)*
court Hof *(m)*
courtesy Höflichkeit *(f)*
courtyard Hof *(m)*
cove for bathing Badebucht *(f)*
cover decken, Gedeck *(n)*, Couvert *(n)*
cover charge Gedeckpreis *(m)*, trockenes Gedeck *(n)*
cover charges (schedule 2) Eintrittsgelder *(pl. n)* (Umsatzbereich 2)
covered apple pie Apfelstrudel *(m)*
covered-court tennis Hallentennis *(n)*
covering letter Begleitbrief *(m)*
cow Kuh *(f)*, Rind *(n)*
coziness Gemütlichkeit *(f)*
CP (Continental Plan) Zimmer *(n)* mit Übernachtung *(f)* und Frühstück *(n)*
crab Krabbe *(f)*
crabmeat Krabbenfleisch *(n)*
cracker dünner Keks *(m)*
craftsman Handwerker *(m)*
cranberry Preiselbeere *(f)*
crash landing Bruchlandung *(f)*
crawfish, crayfish Krebs *(m)*
crayfish cream soup Krebsrahmsuppe *(f)*
crayfish salad Krebsschwanzsalat *(m)*
crayfish soup Krebssuppe *(f)*
cream Rahm *(m)*, Sahne *(f)*
cream cake Cremetorte *(f)*
cream cheese Rahmkäse *(m)*, Weichkäse *(m)*, Schmelzkäse *(m)*
cream cheese tart Rahmkäsetorte *(f)*
cream of asparagus Spargelcremesuppe *(f)*
cream of cauliflower Blumenkohlcremesuppe *(f)*
cream of chicken Königinsuppe *(f)*
cream of green pea soup grüne Erbsensuppe *(f)*
cream of mushroom Pilzcremesuppe *(f)*
cream of vegetable Gemüsecremesuppe *(f)*
cream of wheat Weizengrießbrei *(m)*
cream puff Windbeutel *(m)*
cream sauce Rahmsauce *(f)*
cream slice Cremeschnitte *(f)*
cream soup Rahmsuppe *(f)*
creamed potatoes Kartoffelbrei *(m)*
creamed veal collop Rahmschnitzel *(n)*

creativeness Kreativität *(f)*
credit gutschreiben, Kredit *(m)*, Gutschrift *(f)*
credit balance Habensaldo *(n)*
credit card Kreditkarte *(f)*
credit card commission Kreditkartenprovision *(f)*
credit card holder Kreditkarteninhaber *(m)*
credit entry Habenbuchung *(f)*, Gutschrift *(f)*
credit facilities Kreditmöglichkeiten *(pl. f)*
credit guidelines Kreditrichtlinien *(pl. f)*
credit line Kreditlinie *(f)*, Kreditgrenze *(f)* (Höchstkredit)
credit period Laufzeit *(f)* des Kredits *(m)*
credit purchase Kreditkauf *(m)*
credit rating Kreditwürdigkeit *(f)*
credit resources Kreditquellen *(pl. f)*, Kreditmöglichkeiten *(pl. f)*
credit side Habenseite *(f)* eines Kontos *(n)*
credit standards Kreditrichtlinien *(pl. f)*
credit standing Kreditwürdigkeit *(f)*, Bonität *(f)*
credit supply Kreditbeschaffung *(f)*
credit transaction Kreditgeschäft *(n)*
creditworthiness Kreditwürdigkeit *(f)*
creole sauce Tomatensoße *(f)* (spanisch)
crescent Gipfel *(m)* (Gebäck)
cress Kresse *(f)*
crevasse Gletscherspalte *(f)*
crew Besatzung *(f)*, Bordpersonal *(n)*
crib Kinderbett *(n)*
cricket match Kricketspiel *(n)*
crisp knusprig
crisscross journey Kreuz-und-Querfahrt *(f)*
critical path kritischer Weg *(m)*
Critical Path Method Netzplantechnik *(f)* (Methode des kritischen Weges)
crockery Essgeschirr *(n)*
crop Ernte *(f)*
croquette potatoes Kartoffelkroketten *(pl. f)*
croquettes Kroketten *(pl. f)*
croquettes of fowl Geflügelkroketten *(pl. f)*
cross the frontier die Grenze *(f)* überschreiten
cross-country drive Geländefahrt *(f)*
cross-country skiing Skilanglauf *(m)*
crossing Straßenkreuzung *(f)*, Überfahrt *(f)*
crossing time Überfahrtsdauer *(f)*
crossroads Straßenkreuzung *(f)*
crosswalk Fußgängerübergang *(m)*
crowded überfüllt
crucial entscheidend
cruet stand Essig- und Ölständer *(m)*
cruise Schiffsreise *(f)*, Seereise *(f)*, Kreuzfahrt *(f)*, Vergnügungsfahrt *(f)*
cruise line Kreuzfahrtgesellschaft *(f)*
cruise ship Kreuzfahrtschiff *(n)*
cruising speed Reisegeschwindigkeit *(f)*
crustaceans Krustentiere *(pl. n)*
cucumber Gurke *(f)*
cucumber salad Gurkensalat *(m)*
cuisine Küche *(f)*, Kochkunst *(f)*
cul-de-sac Sackgasse *(f)*
culinary art Kochkunst *(f)*
culinary delights kulinarische Genüsse *(pl. m)*
cultural centre Kulturzentrum *(n)*
cumulative dividend kumulative Dividende *(f)*
cumulative preferred stock kumulative Vorzugsaktien *(pl. f)*
cumulative voting kumulative Stimmenabgabe *(f)* (Mittel für die Minderheitenvertretung)
cup Tasse *(f)*
cup custard Karamelpudding *(m)*
cupboard Schrank *(m)*

curative climate Heilklima *(n)*
curative factor Heilfaktor *(m)*
curative-mud Heilmoor *(n)*, Heilschlamm *(m)*
curative power Heilkraft *(f)*
curd cheese Quark *(m)*
curdle gerinnen
curds and whey Dickmilch *(f)*
cure Kur *(f)*, Kurbehandlung *(f)*, Heilung *(f)*, heilen
cure at a spa Bäderkur *(f)*, Badekur *(f)*
curfew Sperrstunde *(f)*
curler Lockenwickler *(m)*
curling Curling *(n)*
currant Johannisbeere *(f)*, Korinthe *(f)*
currency Währung *(f)*
currency allowance Devisenfreigrenze *(f)*
currency control Devisenkontrolle *(f)*
currency conversion Geldwechsel *(m)*
currency regulations Devisenbestimmungen *(pl. f)*, Devisenvorschriften *(pl. f)*
currency restrictions Devisenbeschränkung *(f)*
currency risk Währungsrisiko *(n)*
current account laufendes Konto *(n)*, Girokonto *(n)*, Kontokorrent *(n)*
current assets Umlaufvermögen *(n)*
current balance Kontokorrentguthaben *(n)*
current cost Wiederbeschaffungskosten *(pl.)*
current liabilities kurzfristige Verbindlichkeiten *(pl. f)*
current market value Tageswert *(m)* am Absatzmarkt *(m)*
current maturities (or portion) of long-term debt kurzfristiger Teil *(m)* langfristiger Verbindlichkeiten *(pl. f)*
current operating expenses laufende Betriebskosten *(pl.)*
current rate Tageskurs *(m)*
current receivables noch nicht fällige Forderungen *(pl. f)*
curriculum vitae Lebenslauf *(m)*
curried chicken-cream soup Geflügelrahmsuppe *(f)* mit Curry *(m)*, Mulligatawny-Suppe *(f)*
curry Curry *(m)*
curry powder Currypulver *(n)*
cursor Schreibmarke *(f)*
curtail one's expenses seine Ausgaben *(pl. f)* einschränken
curtain Vorhang *(m)*
curve Kurve *(f)*
cushion Kissen *(n)*
custard pudding Karamelpudding *(m)*
custard sauce Vanillesoße *(f)*
custody Haft *(f)*
custom Sitte *(f)*, Gewohnheit *(f)*, Brauch *(m)*
customary gebräuchlich, üblich, landesüblich
customer Kunde *(m)*
customer assistance Gästebetreuung *(f)*
customer group Kundengruppe *(f)*
customer's request Kundenwunsch *(m)*
customer service Kundendienst *(m)*
customs Zoll *(m)*, Zölle *(pl. m)*; Bräuche *(pl. m)*
customs (assessment) value Zollwert *(m)*
customs authorities Zollbehörde *(f)*
customs clearance (clearing) Zollabfertigung *(f)*
customs declaration Zollerklärung *(f)*
customs examination hall Zollabfertigungshalle *(f)*
customs inspection Zollkontrolle *(f)*
customs number Zollnummer *(f)*
customs officer Zollbeamter *(m)*
customs regulations Zollvorschriften *(pl. f)*, Zollbestimmungen *(pl. f)*
customs tariff Zolltarif *(m)*

definite bestimmt, endgültig
deflation Deflation *(f)*, Wertabnahme *(f)*
defuse entschärfen
degree Grad *(m)*
delay verzögern, verspäten, Verzögerung *(f)*, Aufschub *(m)*, Verspätung *(f)*
delay of a train Zugverspätung *(f)*
delays Wartezeiten *(pl. f)*
delegate delegieren, übertragen
delete which is inapplicable Nichtzutreffendes *(n)* streichen
delicious köstlich
deliver liefern, überbringen
delivery Lieferung *(f)*
delivery date Liefertermin *(m)*
delivery note Lieferschein *(m)*
delivery of baggage Gepäckzustellung *(f)*
delivery service Zustelldienst *(m)*
delivery slip Lieferschein *(m)*
delivery time Lieferzeit *(f)*
demand verlangen, fordern, Anspruch *(m)*, Nachfrage *(f)*, Forderung *(f)*
demand deposit Sichteinlage *(f)*, Kontokorrenteinlage *(f)* (Einlage, über die jederzeit verfügt werden kann)
demand oriented approach (yield management) nachfrageorientiertes Preisfestsetzungsverfahren *(n)* (Yield Management)
demi-pension Halbpension *(f)*
demitasse Mokka *(m)*
denial Absage *(f)*
dentist Zahnarzt *(m)*
department Abteilung *(f)*
department store Warenhaus *(n)*
departmental costing Kostenstellenrechnung *(f)*
departure Abreise *(f)*, Abfahrt *(f)*, Abflug *(m)*, Ausreise *(f)*
departure area Abflugbereich *(m)*
departure date Abflugdatum *(n)*
departure schedule Abfahrtsplan *(m)*
departure station Abgangsbahnhof *(m)*
departure terminal Abflugterminal *(n)*
departure time Abfahrtszeit *(f)*, Abflugzeit *(f)*
departure timetable Abfahrtstafel *(f)*
depend on abhängen von, sich verlassen auf
depending on weather condtions witterungsabhängig
deplane das Flugzeug *(n)* verlassen, aussteigen
depletion Substanzverringerung *(f)*, Abschreibung *(f)* wegen Substanzverzehr *(m)*
deposit einzahlen, deponieren
deposit Einzahlung *(f)*, Einlage *(f)*, Anzahlung *(f)*, Einlieferung *(f)*, Hinterlegung *(f)*
deposit counter Einzahlungsschalter *(m)*
depreciable assets abnutzbare Anlagegegenstände *(pl. m)*
depreciate abschreiben, entwerten, abnutzen
depreciation Abschreibung *(f)*, Abnutzung *(f)*
depression Tief *(n)*
depth Tiefe *(f)*
Derby-cheese Derby-Käse *(m)*
descent Abstieg *(m)*, Talfahrt *(f)*
describe bezeichnen, beschreiben
description Beschreibung *(f)*, Bezeichnung *(f)*
desk Pult *(n)*, Schreibtisch *(m)*
desk clerk Empfangschef *(m)*
despatch absenden
dessert Dessert *(n)*, Nachtisch *(m)*, Nachspeise *(f)*, Süßspeise *(f)*
dessert wine Dessertwein *(m)*, Süßwein *(m)*
destination Bestimmungsort *(m)*, Zielort *(m)*, Reiseziel *(n)*, Ausflugsziel *(n)*

destination airport Zielflughafen *(m)*
destination station Bestimmungsbahnhof *(m)*, Zielbahnhof *(m)*
deteriorate (sich) verschlechtern, an Wert *(m)* verlieren
determination Entschluss *(m)*
determine bestimmen, entscheiden
detour Umleitung *(f)*, Umweg *(m)*, Abstecher *(m)*
detraction Beeinträchtigung *(f)*
devaluation Abwertung *(f)*
developing country Entwicklungsland *(n)*
development Entwicklung *(f)*
development costs Erschließungskosten *(pl.)*
deviled scharf gewürzt
dial wählen (Telefon)
diary Terminkalender *(m)*, Tagebuch *(n)*
diced apples gewürfelte Apfelstückchen *(pl. n)*
dictate diktieren
dictionary Wörterbuch *(n)*
diet Diät *(f)*, Diätkost *(f)*
diet cure Diätkur *(f)*
diet plan Diätplan *(m)*
dietary cooking Diätkost *(f)*, Diätküche *(f)*
dietary foods Diätkost *(f)*, Diätnahrung *(f)*
dietic kitchen Diätküche *(f)*
dietic treatment Diätkur *(f)*
dietetics Ernährungslehre *(f)*
difference Unterschied *(m)*, Differenz *(f)*, Verschiedenheit *(f)*
difference in altitude Höhenunterschied *(m)*
digest verdauen
digestion Verdauung *(f)*
dike Deich *(m)*, Damm *(m)*
dill Dill *(m)*
dilute verschneiden, verdünnen
dim matt
dine speisen, zu Abend (m) essen
diner Speisewagen *(m)*
dinghy Jolle *(f)*
dining car Speisewagen *(m)*
dining hall Speisesaal *(m)*
dining room Esszimmer *(n)*, Speisezimmer *(n)*, Gastzimmer *(n)*, Speiseraum *(m)*
dinner Abendessen *(n)*, Diner *(n)*
dinner dance Abendessen *(n)* mit Tanz *(m)*, Tanzdiner *(n)*
dinner jacket Smoking *(m)*
dinner wine Tischwein *(m)*
dinner with floor show Diner *(n)* mit Show *(f)*
dip eintauchen
diplomatic representation Auslandsvertretung *(f)*
dipsomaniac Trinker(in) *(m/f)*
direct unmittelbar, anweisen, anordnen
direct booking service Direktbuchung *(f)*
direct connection Direktverbindung *(f)*
direct costing Grenzkostenrechnung
direct debiting Lastschriftverfahren *(n)*
direct distance dialing Ferndurchwahl *(f)*
direct flight Direktflug *(m)*
direct (mail) advertising Direktwerbung *(f)*, Werbung *(f)* durch Drucksachenversand *(m)*
direction Anweisung *(f)*, Anordnung *(f)*, Richtung *(f)*
directional arrow Richtungspfeil *(m)*
directory Adressbuch *(n)*, Verzeichnis *(n)*
dirty schmutzig
disabled (dauernd) dienstunfähig, arbeitsunfähig, invalide
disadvantage Nachteil *(m)*, Schaden *(m)*
disagio Disagio *(n)*
disagree (with) nicht übereinstimmen (mit), im Widerspruch *(m)* stehen (zu, mit)

downstream sales unrealisierte konzerninterne Gewinne *(pl. m)*, die aus Verkäufen *(pl. m)* der Mutter- an die Tochtergesellschaft *(f)* resultieren
downtown Innenstadt *(f)*, Stadtzentrum *(n)*
downturn (Geschäfts-) Rückgang *(m)*
downward journey Talfahrt *(f)*
dozen (doz.) Dutzend *(n)*
draft Entwurf *(m)*; Luftzug *(m)*
draft beer Fassbier *(n)*, offenes Bier *(n)*
dragon fish Drachenfisch *(m)*, Meerdrachen *(m)*
drain trocknen, Abfluss *(m)*
draper's Stoffgeschäft *(n)*
draught Luftzug *(m)*
draught beer Fassbier *(n)*, offenes Bier *(n)*
drawbridge Zugbrücke *(f)*
drawer Schublade *(f)*
drawers Unterhose *(f)*
dress Kleid *(n)*, ankleiden
dress circle erster Rang *(m)* (Theater)
dressing Salatsoße *(f)*; Verbandszeug *(n)*
dressing gown Morgenrock *(m)*
dressing table Frisiertisch *(m)*, Toilettentisch *(m)*
dried getrocknet
dried cod Stockfisch *(m)*
dried meat Trockenfleisch *(n)*
drink Getränk *(n)*, Drink *(m)*, trinken
drink dispenser Getränkeautomat *(m)*
drink the waters eine Trinkkur *(f)* machen
drinkable trinkbar
drinking water Trinkwasser *(n)*
drinks and snacks on board Getränke *(pl. n)* und kalte Speisen *(pl. f)* im Zug *(m)*
drinks extra Getränke *(pl. n)* nicht inbegriffen
drip-dry bügelfrei
dripping Schmalz *(n)*
drive fahren (einen Wagen)
drive slowly langsam fahren
drive-in cinema Autokino *(n)*
drive on weiterfahren
driver (Auto)fahrer(in) *(m/f)*
driver's license Führerschein *(m)*
driveway Autostraße *(f)*, Einfahrt *(f)*
driving licence Führerschein *(m)*
drop Tropfen *(m)*, fallen lassen
drop-off point (e.g. for transfer bus) Ausstiegspunkt (z.B. für einen Transferbus) *(m)*
drug Medikament *(n)*
druggist Drogist(in) *(m/f)*
drunkenness Trunkenheit *(f)*
dry trocken, herb, (ab)trocknen
dry cleaning chemische Reinigung *(f)*
dry wine trockener Wein *(m)*
dry-clean chemisch reinigen
drying room Trockenraum *(m)*
dual carriageway zweispurige Fahrbahn *(f)*
duck Ente *(f)*
duckling junge Ente *(f)*
due fällig
due date Fälligkeitstermin *(m)*
dumb waiter Speisenaufzug *(m)*
dump vorzeitig abreisen
dumping Preisdruck *(m)*, Preisunterbietung *(f)*, Dumping *(n)*
dumpling Kloß *(m)*, Knödel *(m)*
dune Düne *(f)*
dunning Mahnung *(f)*
dunning letter Mahnbrief *(m)*
duplex Maisonette *(f)* (zweistöckige Wohnung)
duration Dauer *(f)*, Laufzeit *(f)*
duration of a journey Reisedauer *(f)*
duration of the stay Aufenthaltsdauer *(f)*
dust Staub *(m)*
dustbin Kehrichteimer *(m)*
duster Staubtuch *(n)*
Dutch Cheese Edamer Käse *(m)*
Dutch sauce holländische Soße *(f)*

dutchess potatoes Herzoginnenkartoffeln *(pl. f)*
dutiable zollpflichtig
duty Pflicht *(f)*, Dienst *(m)*; Zoll *(m)*
duty drawback Zollerstattung *(f)*
duty-free zollfrei, abgabefrei
duty-free shop Verkaufsstand *(m)* für zollfreie Waren *(pl. f)*
duty paid verzollt
dwell wohnen

E

ear plug Ohropax *(n)*
early früh, vorzeitig
early morning tea Tee *(m)* vor dem Aufstehen *(n)*
early retirement Vorruhestand *(m)*
early vegetable Frühlingsgemüse *(n)*
earmuffs Ohrenschützer *(pl. m)*
earn verdienen
earning of miles Meilenerwerb *(m)*
earning power Ertragswert *(m)*, Ertragskraft *(f)*
earnings Verdienst *(m)*, Einkommen *(n)*
easily accessible (to) leicht zugänglich (für)
east wind Ostwind *(m)*
Easter Ostern *(n)*, Osterfest *(n)*
Easter holidays Osterferien *(pl.)*
easy leicht, einfach
easy to get to leicht erreichbar
easy-chair Sessel *(m)*, Lehnstuhl *(m)*
eat essen, speisen
eating place Esslokal *(n)*, Speiselokal *(n)*
EC directive EU-Richtlinie *(f)*
ecological ökologisch
ecology Ökologie *(f)*
economical wirtschaftlich, ökonomisch
economy class Touristenklasse *(f)*
Edam cheese Edamer Käse *(m)*
edge Rand *(m)*
edge of town Ortsrand *(m)*
edible snail Weinbergschnecke *(f)*
educate ausbilden, erziehen
education Ausbildung *(f)*
educational background Vorbildung *(f)*
educational holiday Bildungsurlaub *(m)*, Studienurlaub *(m)*
educational leave Bildungsurlaub *(m)*
educational stay Bildungsaufenthalt *(m)*
educational tour Bildungsreise *(f)*, Schulausflug *(m)*
educational trip Studienreise *(f)*
eel Aal *(m)*
eel in dill-sauce Aal *(m)* in Dill *(m)*
eels jellied Aal *(m)* in Gelee *(n)*
effect Wirkung *(f)*
effective wirksam
effectiveness Wirksamkeit *(f)*
effervescent bath Sprudelbad *(n)*
efficiency Leistung *(f)*, Leistungsfähigkeit *(f)*
efficiency expert Rationalisierungsfachmann *(m)*
efficient leistungsfähig
egg Ei *(n)*
egg and bacon Eier *(pl. n)* mit Speck *(m)*
eggbeater Schneebesen *(m)*
egg-cup Eierbecher *(m)*
egg-dishes Eiergerichte *(pl. n)*
egg-plant Eierfrucht *(f)*, Aubergine *(f)*
egg-salad Eiersalat *(m)*
egg-sandwich Eiersandwich *(n)*, Eierbrot *(n)*
eggs, fried Spiegeleier *(pl. n)*, Setzeier *(pl. n)*
eggs in a glass Eier *(pl. n)* im Glas *(n)*
eggs in cocotte Eier *(pl. n)* im Näpfchen *(n)*
eggs in mayonnaise Mayonnaiseeier *(pl. n)*
eggs Russian style russische Eier *(pl. n)*

egg yolk Eigelb *(n)*
eiderdown Daunendecke *(f)*
elbow macaroni Hörnchennudeln *(pl. f)*
elderberry-tea Holundertee *(m)*
electric bulb Glühbirne *(f)*
electric kettle elektrischer Kessel *(m)*
electric range elektrischer Herd *(m)*
electric rate schedule Stromtarif *(m)*
electric razor elektrischer Rasierapparat *(m)*
electric storm Gewitter *(n)*
electrical and mechanical equipment (schedule 12) elektrische und maschinelle Anlagen *(pl. f)* (Service Center 12)
electrician Elektriker(in) *(m/f)*
electricity Strom *(m)*, Kraftstrom *(m)*
electricity consumption Stromverbrauch *(m)*
Electronic Data Processing (EDP) Elektronische Datenverarbeitung (EDV) *(f)*
electronic game (schedule 6) elektronisches Spiel *(n)* (Umsatzbereich 6)
electrotherapy Elektrotherapie *(f)*
elegant elegant
elevator Fahrstuhl *(m)*, Aufzug *(m)*, Lift *(m)*
elevator boy Fahrstuhlführer *(m)*, Liftboy *(m)*
elevator shaft Aufzugsschacht *(m)*
elevenses zweites Frühstück *(n)*, Brotzeit *(f)*
eliminate eliminieren, ausscheiden
elimination Elimination *(f)*, Ausscheidung *(f)*
embankment Damm *(m)*
embargo Ausfuhrsperre *(f)*, Handelssperre *(f)*, Embargo *(n)*
embark einschiffen
embarkation Verladung *(f)*, Einschiffung *(f)*
embassy Botschaft *(f)*
emergency Notfall *(m)*
emergency address Notadresse *(f)*
emergency brake Notbremse *(f)*
emergency chute Notrutsche *(f)*
emergency exit Notausgang *(m)*
emergency help Nothilfe *(f)*
emergency landing Notlandung *(f)*
emotion Gefühl *(n)*
emotional reaction gefühlsmäßige Reaktion *(f)*
emotional sales argument an das Gefühl *(n)* appellierendes Verkaufsargument *(n)*
empathic einfühlend
empathize Einfühlungsvermögen *(n)* zeigen
empathy Einfühlungsvermögen *(n)*
emphasize (nachdrücklich) betonen, Nachdruck *(m)* legen auf, besonderen Wert *(m)* legen auf, hervorheben
employ beschäftigen, anstellen
employee Angestelle(r) *(f/m)*, Arbeitnehmer(in) *(m/f)*, Mitarbeiter(in) *(m/f)*
employee attitude Einstellung *(f)* der Arbeitnehmer *(pl. m)* zum Betrieb *(m)*
employee moral Arbeitsmoral *(f)*
employee opinion survey Mitarbeiterbefragung *(f)*
employee rating scale Mitarbeiter-Beurteilungsskala *(f)*
employees' meals Angestelltenverpflegung *(f)*, Personalverpflegung *(f)*
employees' representative Arbeitnehmervertreter *(m)*
employer Unternehmer(in) *(m/f)*, Arbeitgeber(in) *(m/f)*
employers' association Arbeitgeberverband *(m)*
employment Beschäftigung *(f)*, Anstellung *(f)*
employment application Bewerbung *(f)*

employment contract Arbeitsvertrag *(m)*, Dienstvertrag *(m)*
employment contract Arbeitsvertrag *(m)*
empty leer
en brochette am Spießchen *(n)*
en route unterwegs, auf der Fahrt *(f)*
enable j-n berechtigen, ermächtigen
enclose beifügen, umschließen
enclosure Anlage *(f)*
encompass umfassen
encounter technique Begrüßungstechnik *(f)*
end (be)enden
endeavo(u)r sich bemühen
ending Beendigung *(f)*
endive Endivie *(f)*
endive salad Endiviensalat *(m)*
endorsee Indossatar *(m)*, Girat *(m)*, Empfänger(in) *(m/f)*
endorsement Indossament *(n)*, Giro *(n)*
endorsement risks for bills of exchange (notes) Wechselobligo *(n)* aus der Weitergabe *(f)* von Wechseln *(pl. m)* (Nichteinlösung)
endorser Indossant *(m)*, Girant *(m)*
energy costs (schedule 13) Energiekosten *(pl.)* (Service Center 13)
engage anstellen, beschäftigen, verpflichten
engaged besetzt (Telefon)
engagement Anstellung *(f)*, Beschäftigung *(f)*, Verpflichtung *(f)*; Verlobung *(f)*
engine driver Lokomotivführer(in) *(m/f)*
engine noise Motorenlärm *(m)*
engineer Ingenieur(in) *(m/f)*, technische(r) Leiter(in) *(m/f)*, Lokomotivführer(in) *(m/f)*
engineering department technische Abteilung *(f)*
English breakfast englisches Frühstück *(n)*
English mustard englischer Senf *(m)*
enjoy genießen
enlargement Vergrößerung *(f)*
enquiry Erkundigung *(f)*
enroll eintragen
enrollment Eintragung *(f)*
ensure sicherstellen, garantieren, gewährleisten
enter betreten, buchen, eintragen, eintreten, beitreten
enter a country in ein Land *(n)* einreisen
enter without knocking eintreten ohne anzuklopfen
entertaining unterhaltsam
entertainment Unterhaltung *(f)*, Bewirtung *(f)*, Animation *(f)*
entertainment centre Vergnügungszentrum *(n)*
entertainment program Unterhaltungsprogramm *(n)*
entertainment tax Vergnügungssteuer *(f)*
entrance Eingang *(m)*, Einfahrt *(f)*
entrance hall Eingangshalle *(f)*
entrepreneur of the hotel and catering trade gastgewerbliche(r) Unternehmer(in) *(m/f)*
entry Buchung *(f)*, Eingang *(m)*, Einreise *(f)*, Eintragung *(f)*, Eintritt *(m)*
entry into the country Einreise *(f)*
entry permit Einreisegenehmigung *(f)*
entry requirements Einreisebestimmung *(f)*
entry visa Einreisevisum *(n)*
entrée Zwischengericht *(n)*
enumerate aufzählen
envelope Briefumschlag *(m)*
environment Umwelt *(f)*
environmental coordinator Umweltkoordinator(in) *(m/f)*
environmentally friendly umweltschonend

environmental protection Umweltschutz *(m)*
equal gleich
equally ebenso; gleichmäßig
equestrian sport Pferdesport *(m)*
equipment Einrichtung *(f)*, Ausstattung *(f)*, Gerätschaften *(pl. f)*
equipped with ausgestattet mit
equity side Passivseite *(f)* (Bilanz)
equivalent gleichwertig, gleichbedeutend, Gegenwert *(m)*
erect errichten
err irren
errand Botengang *(m)*
error Fehler *(m)*, Irrtum *(m)*
errors and alterations excepted Irrtümer *(pl. m)* und Änderungen *(pl. f)* vorbehalten
escalator Rolltreppe *(f)*
escalope Schnitzel *(n)*
escape period Rücktrittsfrist *(f)*
escarole Winterendivie *(f)*
escorted tour Gesellschaftsreise *(f)*
espresso Espresso *(m)*
espresso bar Espressobar *(f)*
essential unerlässlich
establish gründen
establish (method of payment) festsetzen (Zahlungsmodus)
establishment Gründung *(f)*, Unternehmen *(n)*, Niederlassung *(f)*
establishment of the hotel trade Beherbergungsbetrieb *(m)*
establishment of the tourist trade Fremdenverkehrsbetrieb *(m)*
estate agent Grundstücksmakler(in) *(m/f)*
estate car Kombiwagen *(m)*
esteem schätzen
estimate schätzen, veranschlagen, Schätzung *(f)*, Voranschlag *(m)*
etiquette Etikette *(f)*
European Plan (EP) reiner Übernachtungspreis *(m)*
European Union EU/ Europäische Union *(f)*
evaluate bewerten, abschätzen
evaluation Bewertung *(f)*, Auswertung *(f)*
evasion of customs Zollhinterziehung *(f)*
evening by candlelight Kerzenabend *(m)*
evening concert Abendkonzert *(n)*, Musikabend *(m)*
evening dance Tanzabend *(m)*
evening dress Abendkleidung *(f)*
evening entertainment Unterhaltungsabend *(m)*
evening gown Abendkleid *(n)*
evening performance Abendvorstellung *(f)* (Theater)
evenly gleichmäßig
event Veranstaltung *(f)*, Ereignis *(n)*
event of loss Schadensfall *(m)*
event order Veranstaltungsinformation *(f)*
every day täglich
everything included alles inbegriffen
evidence Beweis *(m)*
ex ship ab Schiff *(n)*
exact genau
exaggerate übertreiben
examination of luggage Gepäckkontrolle *(f)*
examine prüfen, untersuchen, durchsehen
excavation Ausgrabung *(f)*
exceed überschreiten, übersteigen, hinausgehen über
excellent ausgezeichnet
except außer, ausgenommen
excess baggage Übergepäck *(n)*
excess baggage fee Zuschlag *(m)* für Übergepäck *(n)*
excess capacity Überkapazität *(f)*
excessive überhöht, übertrieben
excessive charge Überpreis *(m)*
excessive price Überpreis *(m)*
exchange wechseln, tauschen, Austausch *(m)*
exchange control Devisenkontrolle *(f)*

exchange of money Geldwechsel *(m)*
exchange office Wechselstube *(f)*
exchange rate Wechselkurs *(m)*
exchange regulations Devisenvorschriften *(pl. f)*
exchange voucher Austauschgutschein *(m)*
excitement Aufregung *(f)*
exclusive agency Alleinvertretung *(f)*
excursion Ausflug *(m)*, Tour *(f)*, Exkursion *(f)*
excursion area Ausflugsgebiet *(n)*
excursion facilities Ausflugsmöglichkeiten *(pl. f)*
excursion fare Ausflugsfahrpreis *(m)*, Ferienflugpreis *(m)*
excursion flight Rundflug *(m)*
excursion program Ausflugsprogramm *(n)*
excursion rate Ausflugstarif *(m)*
excursion steamer Ausflugsdampfer *(m)*
excursion ticket Ausflugskarte *(f)*
excursionist Ausflügler *(m)*
excursionist's goal Ausflugsziel *(n)*
excusable entschuldbar
excuse entschuldigen, Entschuldigung *(f)*
executive Vorstands- und Verwaltungsratmitglied *(n)*, leitende(r) Angestellte(r) *(f/m)*, Führungskraft *(f)*
executive assistant manager stellvertretende(r) Direktor(in) *(m/f)*
executive board Vorstand *(m)*
executive chef Küchenchef(in) *(m/f)*
executive development Ausbildung *(f)* von Führungskräften *(pl. f)*
executive housekeeper Leiter(in) *(m/f)* der Hausdamenabteilung *(f)*, Hausdame *(f)*
executive secretary Chefsekretär(in) *(m/f)*
executory noch auszuführend, zu erfüllend
exemplary musterhaft, vorbildlich
exempt ausgenommen, befreit, ausnehmen
exemption from duty Zollfreiheit *(f)*
exeption Ausnahme *(f)*
exercise Übung *(f)*
exercises Gymnastik *(f)*
exhausted erschöpft
exhaustion Erschöpfung *(f)*
exhibit ausstellen, zeigen
exhibition Ausstellung *(f)*
exhibition grounds Ausstellungsgelände *(n)*, Messegelände *(n)*
exhibition stand Ausstellungsstand *(m)*
exhibitor Aussteller(in) *(m/f)*
exit Ausgang *(m)*, Ausfahrt *(f)*, Autobahnabfahrt *(f)*, Ausreise *(f)*
exit drive Autoausfahrt *(f)*
exit-interview Entlassungsinterview *(n)*
exit road Autobahnausfahrt *(f)*
exit visa Ausreisevisum *(n)*, Ausreisesichtvermerk *(m)*
exotic exotisch
expand erweitern, expandieren
expansion Erweiterung *(f)*, Expansion *(f)*
expect erwarten, voraussehen
expectation Erwartung *(f)*
expenditure Ausgabe *(f)*
expenses Spesen *(pl.)*, Aufwendungen *(pl. f)*
expenses (schedules) sonstige direkte Kosten *(pl.)* (Umsatzbereiche 1-5 im USASH)
expensive teuer, aufwendig
experience erfahren, erleben, Erfahrung *(f)*, Praxis *(f)*
experienced erfahren, bewandert, erprobt, routiniert, geschickt
expertise Fachkenntnis *(f)*
expiration date Verfallsdatum *(n)*
expire ablaufen, verfallen
expiry date Verfallsdatum *(n)*

explanation Erklärung *(f)*, Erläuterung *(f)*
explanation in the notes Erläuterungen *(pl. f)* im Anhang *(m)*
exploration Entdeckungsfahrt *(f)*, Erkundung *(f)*
exploration expenses Erschließungskosten *(pl.)*
explore erforschen, erkunden
export ausführen, exportieren, Ausfuhr *(f)*, Export *(m)*
export duty Ausfuhrzoll *(m)*
export permit Ausfuhrbewilligung *(f)*
expose belichten (Foto)
exposed to avalanches lawinengefährdet
exposure draft Verlautbarungsentwurf *(m)*
exposure meter Belichtungsmesser *(m)*
express Express *(m)*, Schnellzug *(m)*
express coach Schnellbus *(m)*
express ferry Schnellfähre *(f)*
express freight train Eilgüterzug *(m)*
express railcar Schnelltriebwagen *(m)*
express ship Schnellschiff *(n)*
express traffic Schnellverkehr *(m)*
express train Schnellzug *(m)*, D-Zug *(m)*
expressway Schnellstraße *(f)*
exquisite auserlesen, köstlich
extend verlängern, erweitern
extension Verlängerung *(f)*, Erweiterung *(f)*, Ausbau *(m)*
extension cord Verlängerungsschnur *(f)*
extension of stay Aufenthaltsverlängerung *(f)*
exterior äußerlich, außerhalb
extra Zuschlag *(m)*, Nebengebühr *(f)*; besonders
extra bed Zusatzbett *(n)*, Zustellbett *(n)*
extra charge Aufschlag *(m)*
extra charge for service Bedienungszuschlag *(m)*
extra flight Sonderflug *(m)*
extra help Aushilfe *(f)*
extra night Verlängerungsnacht *(f)*
extra pay Zulage *(f)*
extra shift Sonderschicht *(f)*
extra tour Sondertour *(f)*
extra train Sonderzug *(m)*
extra waiter Extrakellner *(m)*, Aushilfskellner *(m)*
extra week Verlängerungswoche *(f)*
extras Nebenausgaben *(pl. f)*
eye-catcher Blickfang *(m)*
eye-catching ins Auge *(n)* fallend
eye contact Blickkontakt *(m)*
eye opener Wachmacher *(m)*, Entdeckung *(f)*
eye-witness Augenzeuge *(m)*

F

F (=first) Erste Klasse *(f)* (Vermerk auf Flugscheinen)
face of the balance sheet Bilanz *(f)*
face value Nominalbetrag *(m)*, Nennwert *(m)*
facecloth Waschlappen *(m)*
facilitate erleichtern
facilitation Erleichterung *(f)*
facilities for hydropathic treatment Kneippanlagen *(pl. f)*
facilities planning Einrichtungsplanung *(f)*
facility Einrichtung *(f)*, Möglichkeit *(f)*, Anlage (Immobilie) *(f)*
facing gegenüber
facing inland zur Landseite *(f)*
facing south nach Süden *(m)* gehend
fact Wahrheit *(f)*, Tatsache *(f)*
factual tatsächlich
fail unterlassen, nicht erfüllen, versagen, misslingen

failure Versagen *(n)*, Scheitern *(n)*, Ausfall *(m)*
failure of performance Nichterfüllung *(f)*
fair Messe *(f)*, angemessen, gerecht
fair authorities Messeleitung *(f)*
fair information office Messe-informationsstelle *(f)*
fair market value Marktwert *(m)*, Verkehrswert *(m)*, Martkzeitwert *(m)*
fairground Messegelände *(n)*, Festwiese *(f)*
fairground tent Festzelt *(n)*
fall Herbst *(m)*
fall due fällig werden
fall off abfallen, absinken
fall vacation Herbstferien *(pl.)*
falling rocks Steinschlag *(m)*
fallow deer Damhirsch *(m)*
false entry Falschbuchung *(f)*
family allowance Familienzulage *(f)*
family boardinghouse Familienpension *(f)*
family budget Haushaltsrechnung *(f)*
family business Familienbetrieb *(m)*
family guesthouse Familienferienhotel *(n)*
family holiday Familienferien *(pl.)*
family holiday resort Familienferienort *(m)*
family income Familieneinkommen *(n)*
Family Plan Familienpreis *(m)* (kostenlose Unterbringung von Kindern im Zimmer der Eltern)
family rate Spezialpreis *(m)* für Familien *(pl. f)*
family room Familienzimmer *(n)*
family-run firm Familienbetrieb *(m)*
family size package Haushaltspackung *(f)*
family status Familienstand *(m)*
family ticket Familienkarte *(f)*
family tourism Familientourismus *(m)*
family vacation Familienferien *(pl.)*
fan Ventilator *(m)*
fancy Phantasie *(f)*, Vorliebe *(f)*, Luxus *(m)*
fancy cake Torte *(f)*
fancy cake of biscuit Biskuittorte *(f)*
fancy cake with almonds Mandeltorte *(f)*
fancy cake with caramel Dobostorte *(f)*
fancy cake with chocolate Sachertorte *(f)*
fancy cake with coffee cream Kaffeecremetorte *(f)*
fancy cake with cream Cremetorte *(f)*
fancy cake with Linz nut Linzer Torte *(f)*
fancy cake with nuts Nusstorte *(f)*
fancy-dress ball Kostümball *(m)*, Maskenball *(m)*
fancy goods Modewaren *(pl. f)*, Geschenkartikel *(pl. m)*
far weit, entfernt
fare Fahrgeld *(n)*, Fahrpreis *(m)*
fare reduction Fahrpreisermäßigung *(f)*
fare reductions for tourist parties Fahrpreisermäßigungen *(pl. f)* für Reisegesellschaften *(pl. f)*
farewell Abschied *(m)*
farewell dinner Abschiedsessen *(n)*
farinaceous dish Mehlspeise *(f)*
farinaceous food Teigwaren *(pl. f)*
farinaceous side dish Teigwaren-vorgericht *(n)*
farm Bauernhof *(m)*
farm trout Zuchtforelle *(f)*
farmer's ham Bauernschinken *(m)*
farmhouse Bauernhaus *(n)*
farmhouse room Bauernstube *(f)*
FAS price Preis *(m)* einschließlich sämtlicher Kosten *(pl.)* bis zum Schiff *(n)*
fashion Mode *(f)*
fashion contest Modewettbewerb *(m)*

fashion magazine Modezeitschrift *(f)*
fashion show Modeschau *(f)*
fashionable modisch, elegant
fast schnell; fasten
fast-food restaurant Schnellgaststätte *(f)*
fast freight train Eilgüterzug *(m)*
fast local train Nahschnellverkehrszug *(m)*
fast steamer Schnelldampfer *(m)*
fast train Schnellzug *(m)*
Fasten seat belts! Bitte anschnallen!
fat Fett *(n)*
fat free fettlos, fettfrei
fatigue Ermüdung *(f)*, Erschöpfung *(f)*, ermüden
fattened chicken Masthuhn *(n)*
fatty fett, fettig
faucet Wasserhahn *(m)*
fault Fehler *(m)*, Mangel *(m)*
faulty fehlerhaft, mangelhaft
favo(u)red bevorzugt
favo(u)rite dish Lieblingsgericht *(n)*
favo(u)rite pub Stammlokal *(n)*
feasible durchführbar
feast Festmahl *(n)*, festlich bewirten, schmausen, schlemmen
feathered game Federwild *(n)*
feature Attraktion *(f)*, Einrichtung *(f)*, Merkmal *(n)*, Spielfilm *(m)*
federal auf Bundesebene *(f)*
federal state Bundesstaat *(m)*
Federation of Travel Agencies (FIAV) Internationaler Verband *(m)* der Reisebüros *(pl. n)*
fee Gebühr *(f)*
fee paid for non-occupied beds Leerbettgebühr *(f)*
feed ernähren, speisen
feedback Rückinformation *(f)*
feedback value Rückkoppelungsqualität *(f)* (Rechnungslegung)
feeder flight Zubringerflug *(m)*
feeder road Autobahnzubringer *(m)*, Zubringerstraße *(f)*
feeder service aircraft Zubringerflugzeug *(n)*
feet, foot *(pl.)* siehe **foot**
Felchen from Lake Constance Bodenseefelchen *(n)*
fellow passenger Mitreisende(r) *(f/m)*
female weiblich
fennel Fenchel *(m)*
ferment gären (lassen)
ferry Fähre *(f)*
ferry boat Fähre *(f)*
ferry over übersetzen
ferryman Fährmann *(m)*
festival Festspiele *(pl. n)*, Festwochen *(pl. f)*
festival committee Festausschuss *(m)*
festival hall Festhalle *(f)*, Festsaal *(m)*
festival week Festwoche *(f)*
festive day Festtag *(m)*
festive illumination Festbeleuchtung *(f)*
festive procession Festzug *(m)*
festivity on board ship Bordfest *(n)*
feta cheese Schafskäse *(m)*
fever Fieber *(n)*
field of activity Tätigkeitsgebiet *(n)*
field path Feldweg *(m)*
field trip Ausflug *(m)*, Exkursion *(f)*
field work Außendienst *(m)*
FIFO value Fifo-Wert *(m)*
fig Feige *(f)*
figure Zahl *(f)*, Ziffer *(f)*, Abbildung *(f)*
figure skating Eiskunstlauf *(m)*
file ablegen; Akte *(f)*, Kartei *(f)*
file card Karteikarte *(f)*
filing cabinet Registratur *(f)*, Aktenschrank *(m)*
fill in ausfüllen
filled gefüllt
filled puff pastry Blätterteigpastete *(f)*
fillet Filet *(n)*
fillet of beef Lendenschnitte *(f)*, Rindsfilet *(n)*
fillet of beef with cream-soup Filetbraten *(m)* in Rahmsauce *(f)*

fillet of fish Fischfilet *(n)*
fillet of pork roasted Jungfernbraten *(m)*
fillet of veal Kalbsfilet *(n)*
fillet-mignon Filetsteak *(n)*, Lendenschnitte *(f)*
filling station Tankstelle *(f)*
filling station attendant Tankwart *(m)*
film Film *(m)*, filmen
film actor Filmschauspieler *(m)*
film festival Filmfestspiele *(pl. n)*
filter coffee Filterkaffee *(m)*
filter(-tipped) cigarette Filterzigarette *(f)*
fin Flosse *(f)*
final endgültig, abschließend
final day Endtermin *(m)*
final holiday registration Reiseanmeldung *(f)*
financial accounting (externe) Rechnungslegung *(f)*, Bilanzierung *(f)*; Finanzbuchhaltung *(f)*; i. w. S.: Finanz- und Rechnungswesen (n)
financial aid Finanzhilfe *(f)*
financial assets Finanzanlagen *(pl. f)*, Finanzanlagevermögen *(n)*
financial auditing Prüfung *(f)* des betrieblichen Finanz- und Rechnungswesens *(n)*
financial distress finanzielle Notlage *(f)*
financial position Vermögenslage *(f)*, Finanzlage *(f)*
financial statement presentation Ausweis *(m)* beim Jahresabschluss *(m)*
financial statements Abschlussbilanz *(f)* einschließlich Ertragsrechnung *(f)* und Rechnung *(f)* des Bilanzgewinns *(m)*, der Anmerkungen *(pl. f)* sowie der Mittelherkunfts- und Verwendungsrechnung *(f)*; Jahres- oder Monatsabschluss (m)
finder's reward Finderlohn *(m)*
fine Geldstrafe *(f)*; fein
fine herbes feingehackte Kräuter *(pl. n)*
finish be(enden), Ende *(n)*
finished goods fertige Erzeugnisse *(pl. n)*
finished product Fertigerzeugnis *(n)*
fire fristlos entlassen; Feuer *(n)*
fire alarm Feuermelder *(m)*
fire brigade Feuerwehr *(f)*
fire department Feuerwehr *(f)*
fire escape Feuerleiter *(f)*
fire extinguisher Feuerlöscher *(m)*
fire insurance Feuerversicherung *(f)*
fire regulations Brandschutzbestimmungen *(pl. f)*
fireplace Kamin *(m)*
fireside Kamin *(m)*
fireworks Feuerwerk *(n)*
firm Firma *(f)*, Betrieb *(m)*
firm service Firmenbetreuung *(f)*
firn Firn *(m)*
first aid erste Hilfe *(f)*
first aid kit Verbandszeug *(n)*, Verbandskasten *(m)*, Reiseapotheke *(f)*
first-aid post Unfallstation *(f)*
first class erste Klasse *(f)*, erstklassig
first class category erste Kategorie *(f)*
first class fares Ersteklassetarif *(m)*
first class hotel Hotel *(n)* erster Klasse *(f)*
first course erster Gang *(m)*
first name Vorname *(m)*
first performance Erstaufführung *(f)*
fish angeln, fischen, Fisch *(m)*
fish and chips gebratener Fisch *(m)* mit Pommes frites *(pl.)*
fish and chips shop Fischrestaurant *(n)*
fish knife and fork Fischbesteck *(n)*

fish restaurant Fischrestaurant *(n)*
fish salad Fischsalat *(m)*
fish soup Fischsuppe *(f)*
fishcake Fischfrikadelle *(f)*
fisherman Fischer *(m)*
fishes and crustaceans Fische *(pl. m)* und Schalentiere *(pl. n)*
fishing Angeln *(n)*, Fischen *(n)*, Angelsport *(m)*
fishing boat Fischerboot *(n)*
fishing club Anglerverein *(m)*
fishing expedition Angelausflug *(m)*
fishing facility Angelgelegenheit *(f)*
fishing gear Angelgerät *(n)*
fishing licence Angelschein *(m)*
fishing tackle Angelgerät *(n)*
fishing vacation Angelurlaub *(m)*
fishing village Fischerdorf *(n)*
fishmonger Fischhandlung *(f)*
fishpond Fischteich *(m)*
fit for the tropics tropentauglich
fit Anfall *(m)*; geeignet
five-o'clock tea Fünfuhrtee *(m)*
fix feststellen, festsetzen
fix the route of a journey Reiseroute *(f)* festlegen
fixed fest, festgesetzt, festgelegt
fixed assets Anlagevermögen *(n)*
fixed assets records Inventarbücher *(pl. n)*
fixed charges (schedule 14) Fixe *(feste)* Kosten *(pl.)* (Service Center 14)
fixed price Festpreis *(m)*
fizz Fizz *(m)*, Schampus *(m)*
fizzed lemonade Brauselimonade *(f)*
flag Flagge *(f)*
flageolet grüne Bohne *(f)*
flambé flambiert
flame flambieren
flamed flambiert
flamed bananas flambierte Bananen *(pl. f)*
flamed saddle of venison flambierter Rehrücken *(m)*
flaming-rum-omelet Omelett mit Rum *(n)*
flan Obstkuchen *(m)*
flannel board Flanelltafel *(f)*
flash bulb Blitzlichtbirne *(f)*
flash cube Blitzwürfel *(m)*
flash light Taschenlampe *(f)*; Blitzlicht *(n)*
flashing signal Lichthupe *(f)*
flat pauschal, Wohnung *(f)*
flat price Einheitspreis *(m)*
flat rate niedrigster Zimmerpreis *(m)*
flat sum Pauschalbetrag *(m)*
flavo(u)r Aroma *(n)*, Geschmack *(m)*
flaw Fehler *(m)*, Mangel *(m)*
fleet Flotte *(f)*
fleet of trucks Fuhrpark *(m)*
flexibility Anpassungsfähigkeit *(f)*
flight Flug *(m)*
flight altitude Flughöhe *(f)*
flight attendant Flugbegleiter(in) *(m/f)*
flight cancellation Flugausfall *(m)*
flight captain Flugkapitän *(m)*
flight delay Flugverspätung *(f)*
flight destination Flugziel *(n)*
flight information Fluginformation *(f)*
flight mechanic Bordmechaniker(in) *(m/f)*
flight number Flugnummer *(f)*
flight schedule Flugplan *(m)*
flight time Flugzeit *(f)*
flip chart Flip Chart *(n)*
flipper Flosse *(f)*
float schwimmen
floating hotel schwimmendes Hotel *(n)*
floodlight anstrahlen
floor Stock(werk) *(n)*, Etage *(f)*
floor cloth Scheuertuch *(n)*
floor housekeeper Etagenbeschlie-ßer(in) *(m/f)*, Etagenhausdame *(f)*
floor houseman Etagendiener *(m)*, Etagenhausdiener *(m)*
floor staff Etagenpersonal *(n)*
floor waiter Etagenkellner *(m)*

florist Blumenhändler(in) *(m/f)*
flotsam and jetsam Strandgut *(n)*
flounder Flunder *(f)*
flour Mehl *(n)*
flow chart Ablaufdiagramm *(n)*
flow of work Arbeitsablauf *(m)*
flow process chart Arbeitsablaufbogen *(m)*, Arbeitsablaufanalyse *(f)*
flower bowl Blumenschale *(f)*
flower shop Blumenladen *(m)*
flower stall Blumenstand *(m)*
flower stand Blumenständer *(m)*
fluctuate schwanken
fluctuation Schwankung *(f)*
fluctuation of price Preisschwankung *(f)*
fluctuations of the exchange Wechselkursschwankungen *(pl. f)*
fluffy flaumig, locker
fluke Flunder *(f)*
flyer Flugzettel *(m)*
flying safety Flugsicherheit *(f)*
flying speed Fluggeschwindigkeit *(f)*
flying time Flugzeit *(f)*
foam Schaum *(m)*, schäumen
focus Brennpunkt *(m)*, Mittelpunkt *(m)*
fog Nebel *(m)*
foggy neblig
foldaway bed Klappbett *(n)*
foldaway table Klapptisch *(m)*
folder Hefter *(m)*, Schnellhefter *(m)*
folding bed Klappbett *(n)*
folding boat Faltboot *(n)*
folding screen Wandschirm *(m)*, Paravent *(m)*
folding seat Klappsitz *(m)*, Notsitz *(m)*
folding table Klapptisch *(m)*
folio Blatt *(n)*, Folio *(n)*
folk art Volkskunst *(f)*
folk dance Volkstanz *(m)*
folk festival Volksfest *(n)*
folk song Volkslied *(n)*
folklore Folklore *(f)*, Brauchtum *(n)*
folkloristic evening Heimatabend *(m)*
follow folgen, befolgen, sich halten an, verfolgen
follow up Weiterverfolgung *(f)* (einer Sache)
follow-up file Wiedervorlagemappe *(f)*
follow-up system Wiedervorlageverfahren *(n)*, Nachfasssystem *(n)*
food Speisen *(pl. f)*, Verpflegung *(f)*, Nahrung *(f)*, Lebensmittel *(pl. n)*
food and beverage controller Leiter(in) *(m/f)* der Wareneinsatzkontrolle *(f)* (Speisen und Getränke)
food and beverage department Verpflegungsbereich *(m)*, Gastronomiebereich *(m)*
food and beverage manager Food und Beverage-Manager *(m)*
Food and Beverage Manager Association (FBMA) Verband *(m)* der Wirtschaftsdirektoren *(pl. m)*
food and beverage prices Verkaufspreise *(pl. m)* für Speisen *(pl. f)* und Getränke *(pl. n)*
food cost controller Leiter(in) *(m/f)* der Wareneinsatzkontrolle *(f)* (Speisen)
food festival Spezialitätenwochen *(pl. f)*
food group Lebensmittelgruppe *(f)*
food pack Imbisspaket *(n)*
food poisoning Lebensmittelvergiftung *(f)*
food retailing Lebensmitteleinzelhandel *(m)*
food store Lebensmittellagerraum *(m)*
food storekeeper Lagerverwalter(in) *(m/f)* für Lebensmittel *(pl. n)*
food supply Verpflegung *(f)*

food supply capacity Verpflegungskapazität *(f)*
food test Qualitätsüberprüfung *(f)* der Speisen *(pl. f)*
foodstuffs Lebensmittel *(pl. n)*, Nahrungsmittel *(pl. n)*
foot Fuß (= 0,3048m) *(m)*
foot pump inflator Tretblasebalg *(m)*
football match Fußballspiel *(n)*
footbridge Steg *(m)*, Fußgängerbrücke *(f)*
footpath Gehweg *(m)*, Bürgersteig *(m)*, Fußweg *(m)*
for hire zu vermieten
for sale zu verkaufen
force zwingen
forced landing Notlandung *(f)*
forcemeat Füllung *(f)*, Füllsel *(n)*
forcemeat, roasted falscher Hase *(m)*
forecast vorausplanen, Prognose *(f)*, Vorausschau *(f)*
forecast factor Prognosefaktor *(m)*
forecastle Vorderdeck *(n)*
foredeck Vordeck *(n)*
forego verzichten auf, aufgeben
foreign ausländisch, fremd
foreign country Ausland *(n)*
foreign currency Devisen *(pl. f)*, Fremdwährung *(f)*
foreign currency control Devisenkontrolle *(f)*
foreign exchange Devisen *(pl. f)*
foreign exchange office Wechselstube *(f)*
foreign exchange risk Währungsrisiko *(n)*
foreign guest Auslandsgast *(m)*
foreign office Auslandsvertretung *(f)*
foreign rate Auslandstarif *(m)*
foreign tourist Auslandstourist *(m)*
foreign travel Fernreise *(f)*
foreign visitor Auslandsgast *(m)*
foreigner Ausländer(in) *(m/f)*, Fremde(r) *(f/m)*
forenoon Vormittag *(m)*
forest Wald *(m)*
forest path Waldweg *(m)*
forester's house Forsthaus *(n)*
forfeited advance deposit (schedule 6) verlorene Gästeanzahlung *(f)* (Umsatzbereich 6)
fork Gabel *(f)*
form Formular *(n)*; Form *(f)*, formen
form of presentation Darstellungsform *(f)*
formal förmlich, formal
formal dinner förmliches/festliches Diner *(n)*
formal dress Gesellschaftskleidung *(f)*
formality Formalität *(f)*
format Darstellungsform *(f)*
formula Formel *(f)*
formulate formulieren
fortnight vierzehn Tage *(pl. m)*
fortress Festung *(f)*, Burg *(f)*
forward befördern, senden
forwarding agency Spedition *(f)*
forwarding agent Spediteur *(m)*
found gründen
found article gefundener Gegenstand *(m)*
foundation Gründung *(f)*; Stiftung *(f)*
fountain Quelle *(f)*, Springbrunnen *(m)*, Brunnen *(m)*
fowl Geflügel *(n)*
foyer Foyer *(n)*, Empfangshalle *(f)*
fragrance Geruch *(m)*
France Frankreich
franchise in Franchise vergeben
franchise fee Franchisegebühr *(f)*
franchise operator Franchise-unternehmer(in) *(m/f)*
franchise-agreement Franchise-vertrag *(m)*
franchisee Franchisenehmer(in) *(m/f)*
franchising Franchising *(n)*
franchisor Franchisegeber(in) *(m/f)*
Frankfurter sausage Frankfurter Würstchen *(n)*

Frankfurters Frankfurter Würstchen *(pl. n)*
franking machine Freistempler *(m)*, Frankiermaschine *(f)*
free frei, unentgeltlich
free baggage allowance Freigepäck *(n)*
free currency konvertierbare Währung *(f)*
free economy Verkehrswirtschaft *(f)*
free enterprise economy Freie Marktwirtschaft *(f)*
free from fog nebelfrei
free from ice eisfrei
free gift Zugabe *(f)*
free gift advertising Werbung *(f)* durch Zugaben *(pl. f)*, Zugabewerbung *(f)*
free lance selbständig
free lodging freie Unterkunft *(f)* (z. B. für Busfahrer, Reiseleiter etc.)
free of charge ohne Berechnung *(f)*, kostenlos
free on board (f. o. b.) frei an Bord *(m)*
free on quay (f. o. q.) frei Kai *(m)*
free on rail (f. o. r.) frei Eisenbahn *(f)*
free on truck (f. o. t.) frei Waggon *(m)*
free parking gebührenfreies Parken *(n)*
free port Freihafen *(m)*
free sale Verkauf *(m)* ohne Einschränkung *(f)* hinsichtlich Zeitraum *(m)* und Umfang *(m)*
free ticket Freikarte *(f)*
free time Freizeit *(f)*
free trade area Freihandelszone *(f)*
freeway Autobahn *(f)*
freeway intersection Autobahnkreuz *(n)*
freight Fracht *(f)*
freight aircraft Frachtflugzeug *(n)*
freight bill Frachtrechnung *(f)*
freight car Güterwagen *(m)*
freight charges Frachtkosten *(pl.)*
freight elevator Lastenaufzug *(m)*
freight service Luftfrachtspedition *(f)*
freight station Güterbahnhof *(m)*
freight traffic Güterverkehr *(m)*
freight train Güterzug *(m)*
freightage Frachtgebühr *(f)*
freighter Frachtschiff *(n)*
freightliner train Containerzug *(m)*
French bean grüne Bohne *(f)*
French beans salad grüner Bohnensalat *(m)*
French bed Französisches Bett *(n)*
French dressing Französische Salatsoße *(f)*
French fish soup Fischsuppe *(f)*
French fried potatoes Pommes frites *(pl.)*, gebackene Kartoffelstäbchen *(pl. n)*
French pepper-stew Pfefferschotenmischgericht *(n)*
frequency Häufigkeit *(f)*
frequent häufig
frequent flyer Vielflieger *(m)*
frequent flyer miles Vielfliegermeilen *(pl. f)*
frequented viel besucht
fresh frisch, kühl
fresh egg Trinkei *(n)*
fresh fruit cup Obstsalat *(m)*
fresh water Süßwasser *(n)*, frisches Wasser *(n)*
freshwater crayfish Süßwasserkrebs *(m)*
freshwater fish Süßwasserfisch *(m)*
freshwater swimming pool Süßwasserschwimmbad *(n)*
fricadelle Frikadelle *(f)*
fricandeau of veal Kalbsfricandeau *(n)*
fricasee of veal Kalbsfrikassee *(n)*
fricassee Frikassee *(n)*, Ragout *(n)*
fricasséed gehackt
fridge Kühlschrank *(m)*
fried gebraten, in Öl *(n)* gebacken
fried button mushrooms gebackene Champignons *(pl. m)*

gap Lücke *(f)*
garage Garage *(f)*, eparaturwerkstätte *(f)*
garage and parking (schedule 5) Garage *(f)* und Parkplatz *(m)* (Umsatzbereich 5)
garage assistant Tankwart *(m)*
garage-parking lot Garage *(f)*, Parkplatz *(m)*
garbage Müll *(m)*
garden city Gartenstadt *(f)*
garden party Gartenfest *(n)*
gardener Gärtner(in) *(m/f)*
gardens Liegewiese *(f)*
garlic Knoblauch *(m)*
garlic sauce Knoblauchsoße *(f)*
garment Gewand *(n)*
garnish garnieren, Suppeneinlage *(f)*, Garnierung *(f)*
garnished garniert
garnishing Garnierung *(f)*
garret Dachkammer *(f)*
gas cooker Gasherd *(m)*
gas-cooker range Gasherd *(m)*
gas lighter Gasfeuerzeug *(n)*
gas pedal Gaspedal *(n)*
gas station Tankstelle *(f)*
gas station attendant Tankwart *(m)*
gas tap Gashahn *(m)*
gasoline Benzin *(n)*
gasoline can Benzinkanister *(m)*
gasoline coupon Benzinschein *(m)*
gastronomy Gastronomie *(f)*
gate Tor *(n)*, Flugsteig *(m)*
gatekeeper Pförtner(in) *(m/f)*
gateway Flugsteig *(m)*
gathering Beisammensein *(n)*, Versammlung *(f)*
gear change Gangschaltung *(f)*
gear lever Schalthebel *(m)*
gear shift Gangschaltung *(f)*
geese Gänse *(pl. f)*
general accounting principles allgemeine Bilanzierungsgrundsätze *(pl. m)*
general conditions ahmenbedingung *(f)*
general delivery postlagernd
general framework Rahmenbedingung *(f)*
general ledger Hauptbuch *(n)*
general manager Generaldirektor(in) *(m/f)*
general overhaul Generalüberholung *(f)*, Großreparatur *(f)*
general partner unbeschränkt (persönlich) haftende(r) Gesellschafter(in) *(m/f)*, Komplementär *(m)*
general set-up Rahmenbedingung *(f)*
general store Gemischtwarenhandlung *(f)*, allgemeines Lager *(n)*
general tariff Regeltarif *(m)*
general travel conditions allgemeine Reisebedingungen *(pl. f)*
general-tariff ticket Fahrkarte *(f)* zum vollen Preis *(m)*
generally accepted accounting principles Grundsätze *(pl. m)* ordnungsmäßiger Buchführung *(f)* und Bilanzierung *(f)*
generous freigiebig, großzügig
gentlemen's cloak-room Herrentoilette *(f)*
gentlemen's hairdresser Herrenfriseur(in) *(m/f)*
gentlemen's lavatory Herrentoilette *(f)*
German Automobile Club Allgemeiner Deutscher Automobilclub (ADAC) *(m)*
German Camping Club Deutscher Camping-Club (DCC) *(m)*
German Federal Railways Deutsche Bundesbahn (DB) *(f)*
German Hotel and Catering Association Deutscher Hotel- und Gaststättenverband (DEHOGA) *(m)*
German light (dark) beer Deutsches helles (dunkles) Bier *(n)*

German pot roast Sauerbraten *(m)*
German Railways DB (Deutsche Bahn) *(f)*
German Sleeping and Dining Car Company Deutsche Schlaf- und Speisewagengesellschaft (DSG) *(f)*
German-speaking guide deutschsprechende(r) Fremdenführer(in) *(m/f)*
German Tourist Association Deutscher Fremdenverkehrsverband (DFV) *(m)*
germs Bakterien *(pl. f)*
get better sich erholen
get in einsteigen
get in lane sich einordnen
get lost sich verirren
get off aussteigen
get rid of loswerden
get to know kennen lernen
get up aufstehen
gherkin Essiggurke *(f)*
gherkin in piccalilli Senfgurke *(f)*
giant slalom Riesenslalom *(m)*
giblet soup Geflügelkleinsuppe *(f)*
giblets of chicken Geflügelklein *(n)*
giblets of goose Gänseklein *(n)*
gift Geschenk *(n)*, Schenkung *(f)*
gift article Geschenkartikel *(m)*
gift parcel Geschenksendung *(f)*
gift service Geschenkservice *(m)*
gift shop Geschenkladen *(m)*
gift token Geschenkgutschein *(m)*
gilt head Goldmakrele *(f)*
gin Gin *(m)*
Gin and French englischer Cocktail *(m)* (Martini dry Cocktail)
Gin and It englischer Cocktail *(m)* (Martini sweet ähnlich)
ginger Ingwer *(m)*
ginger beer Ingwerbier *(n)*
ginger pudding Ingwerpudding *(m)*
ginger ale Ingwerlimonade *(f)*
gingerbread Lebkuchen *(m)*, Pfefferkuchen *(m)*
gipsy Zigeuner(in) *(m/f)*
giro Postscheck *(m)*
giro transfer form Zahlkarte *(f)*
give a receipt for quittieren
give notice kündigen
give s.o. pleasure j-n erfreuen
give up aufgeben
Give way! Vorfahrt beachten!
give-away weggeben; Werbegeschenk *(n)*
glacial ice Gletschereis *(n)*
glacial lake Gletschersee *(m)*
glacier Gletscher *(m)*
glacier lake Gletschersee *(m)*
glacier tour Gletscherwanderung *(f)*
glance Blick *(m)*, blicken
glass Glas *(n)*
glass fibre ski Glasfaserski *(m)*
glass-washing machine Abwaschmaschine *(f)* für Gläser *(pl. n)*
glasses Gläser *(pl. n)*, Brille *(f)*
glassware Glaswaren *(pl. f)*, Gläser *(pl. n)*
glazed frost Glatteis *(n)*
glide segelfliegen, segeln
glider Segelflugzeug *(n)*
gliding Segelfliegen *(n)*, Segelflugsport *(m)*
globetrotter Weltenbummler(in) *(m/f)*, Globetrotter *(m)*
glossy glänzend
glove Handschuh *(m)*
glue Klebstoff *(m)*
glutton Vielfraß *(m)*
go gehen
go abroad ins Ausland *(n)* reisen
go ashore an Land *(n)* gehen
go away on holiday verreisen
go by car mit dem Auto *(n)* fahren
go on board an Bord *(m)* gehen
go straight on gehen Sie geradeaus
goal Ziel *(n)*, Tor *(n)* (Sport)
goalkeeper Torwart *(m)*
goat Ziege *(f)*
goat cheese Ziegenkäse *(m)*
goatling Zicklein *(n)*
golden mackerel Goldmakrele *(f)*

golf course Golfplatz *(m)*
golf equipment Golfausrüstung *(f)*
golfer Golfspieler(in) *(m/f)*
gondola Gondel *(f)*
gondola ride Gondelfahrt *(f)*
good afternoon Guten Tag
good evening Guten Abend
good faith guter Glaube *(m)*
Good Friday Karfreitag *(m)*
good morning Guten Morgen
good night Gute Nacht
goodbye Auf Wiedersehen
goods Waren *(pl. f)*, Güter *(pl. n)*
goods afloat schwimmende Ware *(f)*
goods elevator Lastenaufzug *(m)*
goods in bond Waren *(pl. f)* unter Zollverschluss *(m)*
goods in process Halbfabrikate *(pl. n)*
goods on hand Warenvorrat *(m)*
goods station Güterbahnhof *(m)*
goods tariff Frachttarif *(m)*
goods traffic Güterverkehr *(m)*
goods train Güterzug *(m)*
goods waggon Güterwagen *(m)*
goodwill Firmenwert *(m)*
goose Gans *(f)*
goose liver Gänseleber *(f)*
goose liver mousse Gänselebermousse *(f)*
goose liver pie Gänseleberpastete *(f)*
gooseberry Stachelbeere *(f)*
Gorgonzola Gorgonzola *(m)*
gossip Gerücht *(n)*, Tratsch *(m)*, Geschwätz *(n)*
goulash Gulasch *(n)*
goulash soup Gulaschsuppe *(f)*
gourmand Vielfraß *(m)*
gourmet Feinschmecker *(m)*
gourmet restaurant Feinschmeckerrestaurant *(n)*
gourmet's meal Feinschmeckeressen *(n)*
government controlled economy Zentralverwaltungswirtschaft *(f)*
gown Kleid *(n)*
grade klassifizieren; Güteklasse *(f)*; Steigung *(f)*
grade crossing Bahnübergang *(m)*
grade labelling Qualitätskennzeichnung *(f)*
gradient Steigung *(f)*
grading klassifizieren, Klassifikation *(f)*
grand piano Flügel *(m)*
grand stand Tribüne *(f)*
grand total Endsumme *(f)*, Abschlusssumme *(f)*
grant gewähren, zubilligen; Bewilligung *(f)*
grant a commission Provision *(f)* gewähren
grant a credit einen Kredit *(m)* gewähren
grape Traube *(f)*
grape cure Traubenkur *(f)*
grape juice Traubensaft *(m)*
grape-nuts Teiggraupen *(pl. f)*
grapefruit Pampelmuse *(f)*, Grapefruit *(f)*
grapefruit juice Pampelmusensaft *(m)*, Grapefruitsaft *(m)*
grapevine Weinstock *(m)*; Gerücht *(n)*
grasp Arbeitsgriff *(m)*
grate reiben
grated cheese geriebener Käse *(m)*
grater Reibeisen *(n)*
gratinated gratiniert, überbacken
gratuitous kostenlos, unentgeltlich
gratuity Gratifikation *(f)*, Trinkgeld *(n)*
gravy Bratensoße *(f)*
gravy boat Sauciere *(f)*
grayling Äsche *(f)*
grease einfetten, abschmieren
greaseproof paper Fettpapier *(n)*
greasing service Abschmierdienst *(m)*
great bustle Hochbetrieb *(m)*
greedy gierig, gefräßig
green beans grüne Bohnen *(pl. f)*
green belt grüner Gürtel *(m)*

green cabbage Grünkohl *(m)*
green cheese Kräuterkäse *(m)*
green noodles grüne Nudeln *(pl. f)*
green pea grüne Erbse *(f)*
green pepper grüne Paprikaschote *(f)*
green salad grüner Salat *(m)*
green vinegar sauce grüne Essigsoße *(f)*
greengage Reineclaude *(f)*
greengrocer Obst- und Gemüsehändler *(m)*
Greenwich Mean Time Weltzeit *(f)*
greeting Gruß *(m)*
greetings card Grußkarte *(f)*, Ansichtskarte *(f)*
grief Kummer *(m)*
grievance Beschwerde *(f)*, Missstand *(m)*
grill Grill *(m)*, Rost *(m)*
grill-bar Grillbar *(f)*
grilled vom Grill *(m)*
grilled bread Toast *(m)*, Röstbrot *(n)*
grilled fillet of wild boar Gegrilltes Wildschweinfilet *(n)*
grilled meat Fleisch *(n)* vom Grill *(m)*
grilled pork chop gegrilltes Schweinekotelett *(n)*
grilled pork cutlet gegrilltes Schweineschnitzel *(n)*
grilled sausages with sauerkraut Bratwürstchen *(pl. n)* mit Sauerkraut *(n)*
grilled snipes gegrillte Schnepfen *(pl. f)*
grill-room Grillstube *(f)*, Grillrestaurant *(n)*
grits gekühlte Gemüsesuppe *(f)*
grocer Lebensmitteleinzelhändler *(m)*
grocery story Kolonialwarengeschäft *(n)*
grog Grog *(m)*
gross brutto; ekelhaft
gross proceeds Rohertrag *(m)*
gross profit (loss) (schedule 2) Bruttoergebnis *(n)* (Gewinn oder Verlust) (Umsatzbereich 2)
gross weight Bruttogewicht *(n)*
gross yield Rohertrag *(m)*
grotto Grotte *(f)*
ground Boden *(m)*, Grund *(m)*
ground coffee gemahlener Bohnenkaffee *(m)*
ground floor Erdgeschoss *(n)*, Parterre *(n)*
ground meat Hackfleisch *(n)*
groundless grundlos, unbegründet
grounds and landscaping (schedule 12) (Pflege von) Gärten *(pl. m)* und Parkanlagen *(pl. f)* (Service Center 12)
group advertising Gemeinschaftswerbung *(f)*
group booking Gruppenbuchung *(f)*
group business promotion Gemeinschaftsverkaufsförderung *(f)*
group buying Sammeleinkauf *(m)*
group discount Gruppenermäßigung *(f)*
group excursion Gesellschaftsreise *(f)*
group insurance Gruppenversicherung *(f)*
group journey Gruppenreise *(f)*
group leader Gruppenleiter(in) *(m/f)*
group passport Sammelpass *(m)*
group rate Gruppentarif *(m)*
group ticket Sammelfahrschein *(m)*
group tour Gruppenführung *(f)*
group travel Gruppenreise *(f)*, Gesellschaftsreiseverkehr *(m)*
group visa Sammelvisum *(n)*
group visit Gruppenbesichtigung *(f)*
grouse Auerhahn *(m)*
grouse, black Birkhuhn *(n)*
grow wachsen (größer werden)
grown-up Erwachsener *(m)*
growth Wachstum *(n)*
growth rate Wachstumsrate *(f)*
gruel Haferschleim *(m)*

Gruyère cheese Gruyèrekäse *(m)*
guarantee garantieren, Garantie *(f)*, bürgen, gewährleisten
guarantee on a bill (of exchange) Wechselbürgschaft *(f)*
guaranteed booking garantierte Buchung *(f)*
guaranteed payment reservation garantierte Buchung *(f)*
guaranteed reservation feste Reservierung *(f)*
guaranty Bürgschaft *(f)*, Garantie *(f)*
guard bewachen; Schaffner(in) *(m/f)*, Zugbegleiter(in) *(m/f)*, Zugschaffner(in) *(m/f)*
guarded camping site bewachter Campingplatz *(m)*
guarded car park bewachter Parkplatz *(m)*
gudgeon Gründling *(m)*
guest Gast *(m)*, Besucher(in) *(m/f)*
guest card Gästekarte *(f)*
guest cook Gastkoch *(m)*
guest count Gästeanzahl *(f)*, Gästezählung *(f)*
guest encounter Gästebegrüßung *(f)*
guest house Pension *(f)*, Gästehaus *(n)*
guest laundry Gästewäsche *(f)*
guest on an expense account Spesengast *(m)*
guest pass Feriennetzkarte *(f)*
guest performance Gastspiel *(n)*
guest questionnaire Gästefragebogen *(m)*
guest registration Gästeregistrierung *(f)*
guest relations (front office) Umgang *(m)* mit Gästen *(pl. m)* (Empfang)
guest room Gästezimmer *(n)*, Fremdenzimmer *(n)*, Logierzimmer *(n)*
guests' supplies Gästegeschenke *(pl. n)*, Aufmerksamkeiten *(pl. f)* für Gäste *(pl. m)*
guide Reiseführer *(m)*, Fremdenführer(in) *(m/f)*; Ratgeber *(m)*, Leitkarte (f); führen
guide-book Reiseführer *(m)*
guide service Lotsendienst *(m)*
guided tour (Stadt-)Führung *(f)*
guided visit Führung *(f)*
guideline Richtlinie *(f)*, Vorgabe *(f)*
guidepost Wegweiser *(m)*
guinea fowl Perlhuhn *(n)*
gulp verschlingen
gurnard Knurrhahn *(m)*
gurnet Knurrfisch *(m)*
gust Bö *(f)*, Windstoß *(m)*
guzzle saufen
gym Sporthalle *(f)*, Turnhalle *(f)*, Fitness-Studio *(n)*
gym shoes Turnschuhe *(pl. m)*
gymnasium Turnhalle *(f)*
gymnastics Gymnastik *(f)*

H

haberdasher Kurzwarenladen *(m)*
habit Gewohnheit *(f)*
hacking Pferdeverleih *(m)*
hackney-cab Pferdedroschke *(f)*
haddock Schellfisch *(m)*
hail insurance Hagelversicherung *(f)*
hair lotion Haarwasser *(n)*
hairbrush Haarbürste *(f)*
hairclip Haarklemme *(f)*
haircut Haarschnitt *(m)*
hairdresser at the hotel Hotelfriseur *(m)*
hairdresser's saloon Frisiersalon *(m)*
hairnet Haarnetz *(n)*
hairpin Haarnadel *(f)*
hairpin bend Haarnadelkurve *(f)*
hairslide Spange *(f)*
hairstyle Frisur *(f)*
hake Seehecht *(m)*
half a bottle eine halbe Flasche *(f)*
half a fried chicken ein halbes Backhuhn *(n)*
half a portion eine halbe Portion *(f)*

half moons Hörnchen *(n)* (Gebäck)
half-day halbtags
half-day excursion Halbtagsausflug *(m)*
half-pension Halbpension *(f)*
half-price halber Preis *(m)*
half-price, at zum halben Preis *(m)*
half-timbered house Fachwerkhaus *(n)*
halibut Heilbutt *(m)*
hall porter Hotelportier *(m)*
hall stand Kleiderablage *(f)*
hallway Korridor *(m)*, Flur *(m)*
halt Aufenthalt *(m)*, Halt *(m)*, halten
halt at major road ahead Vorfahrt *(f)* beachten
ham Schinken *(m)*
ham and eggs Spiegeleier *(pl. n)* mit Schinken *(m)*
ham, boiled gekochter Schinken *(m)*
ham, cured gepökelter Schinken *(m)*
ham omelet Schinkenomelett *(n)*
ham, raw roher Schinken *(m)*
ham, smoked geräucherter Schinken *(m)*
Hamburger Hamburger *(m)*, Hackbeefsteak *(n)*
Hamburger steak Hamburger *(m)*, Hackbeefsteak *(n)*
hammock Hängematte *(f)*
hand Hand *(f)*, aushändigen
hand bellows Handblasebalg *(m)*
hand brake Handbremse *(f)*
hand luggage Handgepäck *(n)*
hand-napkin Handserviette *(f)*
hand-operated handbetrieben
hand over aushändigen, übergeben
handbag Handtasche *(f)*
handicapped accessible room behindertengerechtes Zimmer *(n)*
handicraft Handwerk *(n)*
handing out of baggage Gepäckausgabe *(f)*
handkerchief Taschentuch *(n)*
handle anfassen, Griff *(m)*, handhaben
handling of baggage Gepäckabfertigung *(f)*
handling (of guest complaints) Handhabung *(f)* (z. B. von Gästebeschwerden)
handsome hübsch
hangar Flugzeughalle *(f)*, Hangar *(m)*
hanger Kleiderbügel *(m)*
hangover Kater *(m)*, Katzenjammer *(m)*
hangover breakfast Katerfrühstück *(n)*
happen geschehen, vorfallen, passieren
harbo(u)r Hafen *(m)*
harbo(u)r (boat) tour Hafenrundfahrt *(f)*
harbo(u)r entrance Hafeneinfahrt *(f)*
harbo(u)r dues Hafengebühren *(pl. f)*
harbo(u)r mouth Hafenausfahrt *(f)*, Hafeneinfahrt *(f)*
harbo(u)r police Hafenpolizei *(f)*
harbo(u)r station Hafenbahnhof *(m)*
harbo(u)r tug Hafenschlepper *(m)*
hard hart
hard cider Apfelwein *(m)*
hard-boiled hart gekocht
hard-boiled eggs hart gekochte Eier *(pl. n)*
hard-cooked hart gekocht
hard currency harte Währung *(f)*
hard liquor Schnaps *(m)*
hard sausage Dauerwurst *(f)*
hard-shell crabs Krabben *(pl. f)*
hardware Maschinen *(pl. f)* eines elektronischen Datenverarbeitungssystems *(n)*, Hardware *(f)*
hare Hase *(m)*
haricot bean grüne Bohne *(f)*
haricot soup Bohnensuppe *(f)*
harm schaden, verletzen
harpoon Harpune *(f)*
harvest Ernte *(f)*
harvest festival Erntedankfest *(n)*

hash Ragout *(n)*
hash brown potatoes Rösti *(f)*
hashed gehackt
hashed meat Hackbraten *(m)*
hashed steak Russian style Hackbeefsteak *(n)* in Rahmsoße *(f)*
haste Eile *(f)*, Hast *(f)*
hatbox Hutkoffer *(m)*
hatch Luke *(f)*
haunch Keule *(f)*
haunch of vension Rehkeule *(f)*
hay Heu *(n)*
haystack Heuhaufen *(m)*
hazard Risiko *(n)*, Gefährdung *(f)*
hazel-hen Haselhuhn *(n)*
hazelnut Haselnuss *(f)*
hazelnut tart Haselnusstorte *(f)*
hazy dunstig, verschwommen
head Kopf *(m)*
head cheese Presskopf *(m)*
head for ansteuern
head of a train Zugspitze *(f)*
head of wild boar Wildschweinskopf *(m)* (gefüllt)
head office Hauptbüro *(n)*, Zentrale *(f)*, Zentralverwaltung *(f)*
head waiter Oberkellner *(m)*
headache Kopfschmerz *(m)*
heading Überschrift *(f)*
headlight Scheinwerfer *(m)*
headline Überschrift *(f)*
headquarters Hauptverwaltung *(f)*
healing power Heilkraft *(f)*
health Gesundheit *(f)*, Gesundheitszustand *(m)*
health certificate Gesundheitszeugnis *(n)*
health club Fitness-Studio *(n)*, Regenerationszentrum *(n)*
health insurance Krankenversicherung *(f)*
health insurance for abroad Auslandskrankenversicherung *(f)*
health resort Kurort *(m)*, Heilbad *(n)*
health resort patient Kurpatient(in) *(m/f)*
hearsay Hörensagen *(n)*
heart Herz *(n)*
heart of artichoke Artischockenherz *(n)*
heart of the matter der eigentliche Kern *(m)* der Sache *(f)*
hearts of palm Palmenmark *(n)*
hearty herzhaft, herzlich
heat Hitze *(f)*
heat therapy Bestrahlung *(f)*
heath Heide *(f)*
heath cock Birkhahn *(m)*
heath hen Birkhuhn *(n)*
heating Heizung *(f)*
heavy wine schwerer Wein *(m)*
hedge Hecke *(f)*
height Höhe *(f)*
height of the season Hochsaison *(f)*
height restriction Höhenbegrenzung *(f)*
helicopter Helikopter *(m)*, Hubschrauber *(m)*
helicopterport Hubschrauberlandeplatz *(m)*
heliotherapy Sonnenkur *(f)*
helm Steuer *(n)*
helmsman Steuermann *(m)*
help Hilfe *(f)*, helfen
hem Saum *(m)*
hen Henne *(f)*
herb Kraut *(n)*
herb butter Kräuterbutter *(f)*
herb(al) tea Kräutertee *(m)*
herring salad Heringssalat *(m)*
hidden offer verstecktes Angebot *(n)*
hidden reserves stille Rücklagen *(pl. f)*
high altitude Höhenlage *(f)*
high altitude health resort Höhenluftkurort *(m)*
high-class hotel erstklassiges Hotel *(n)*
high mountains Hochgebirge *(n)*
high plateau Hochplateau *(n)*
high seas hohe See *(f)*

high season Hochsaison *(f)*, Hauptsaison *(f)*
high-speed bus Schnellbus *(m)*
high-speed road Schnellstraße *(f)*
high tea Nachmittagstee *(m)* und Abendessen *(n)* kombiniert
high value hochwertig
highest bid Höchstgebot *(n)*
highlight Schlaglicht *(n)*, hervorheben
highly seasoned scharf gewürzt
highway Bundesstraße (GB) *(f)*
highway carrier Straßentransportunternehmen *(n)*
hijacking Flugzeugentführung *(f)*
hike wandern, Fußwanderung *(f)*
hike on skis Skiwanderung *(f)*
hiker Wanderer *(m)*
hikers' guide Wanderführer *(m)*
hiking Wandern *(n)*, Wandertourismus *(m)*, Wandersport *(m)*
hiking club Wanderverein *(m)*
hiking region Wandergebiet *(n)*
hill Steigung *(f)*, Gefälle *(n)*
hinterland Hinterland *(n)*
hip Hagebutte *(f)*; Hüfte *(f)*
hip bath Sitzbad *(n)*
hip tea Hagebuttentee *(m)*
hire mieten, Miete *(f)*
hire charge Verleihgebühr *(f)*
hire service Verleih *(m)*
hired car Leihwagen *(m)*, Mietwagen *(m)*
hirer Vermieter(in) *(m/f)*
hiring policy Einstellungspolitik *(f)*
hiring procedure Einstellungsverfahren *(n)*
historical building historisches Bauwerk *(n)*
historical data historische Daten *(pl.)* (Daten der Vergangenheit)
hitchhike per Anhalter *(m)* reisen, trampen
hitchhiker Tramper(in) *(m/f)*
hock Rheinwein *(m)*
hoist hissen, hochziehen
hold Laderaum *(m)*
hold accountable verantwortlich machen
hold on am Apparat *(m)* (Telefon) bleiben
hold the line am Apparat *(m)* (Telefon) bleiben
holder Inhaber(in) *(m/f)*
holding company Dachgesellschaft *(f)*, Besitzgesellschaft *(f)*, Holding *(f)*, Beteiligungsgesellschaft *(f)*
holiday Feiertag *(m)*, Ferientag *(m)*, Festtag *(m)*
holiday air travel Flugtouristik *(f)*
holiday cabin Ferienhütte *(f)*
holiday camp Ferienlager *(n)*
holiday concession Urlaubsvergünstigung *(f)*
holiday country Ferienland *(n)*, Fremdenverkehrsland *(n)*
holiday course Ferienkurs *(m)*
holiday destination Urlaubsort *(m)*
holiday flat Ferienunterkunft *(f)*, Ferienwohnung *(f)*
holiday gift Reisemitbringsel *(n)*
holiday guest Feriengast *(m)*
holiday guide Ferienführer *(m)*
holiday hotel Ferienhotel *(n)*
holiday house Ferienhaus *(n)*, Sommerhaus *(n)*
holiday insurance Urlaubsversicherung *(f)*
holiday island Ferieninsel *(f)*
holiday leave Erholungsurlaub *(m)*
holiday-maker Urlaubsreisende(r) *(f/m)*, Urlauber(in) *(m/f)*
holiday pay Feiertagslohn *(m)*, Urlaubsgeld *(n)*
holiday region Feriengebiet *(n)*
holiday resort Ferienort *(m)*, Erholungsort *(m)*
holiday runabout ticket Feriennetzkarte *(f)*
holiday season Urlaubszeit *(f)*, Ferienzeit *(f)*
holiday season ticket Feriennetzkarte *(f)*

holiday ticket Ferienfahrkarte *(f)*
holiday traffic Urlaubsverkehr *(m)*, Ferienverkehr *(m)*, Ausflugsverkehr *(m)*
holiday train Feriensonderzug *(m)*
holiday trip Ferienreise *(f)*, Urlaubsreise *(f)*
holiday village Feriendorf *(n)*
holiday weather Urlaubswetter *(n)*
holidays Urlaub *(m)*
Holland Holland
Hollandaise Sauce Sauce Hollandaise *(f)*
home Zuhause *(n)*, Heimat *(f)*, Heim *(n)*
home address Heimatanschrift *(f)*
home computer Heimcomputer *(m)*
home country Heimat *(f)*
home for old people Altersheim *(n)*
home town Heimatstadt *(f)*
homecoming Heimkehr *(f)*
homeless obdachlos
homely gutbürgerlich (Küche)
home-made hausgemacht
home-made noodles hausgemachte Nudeln *(pl. f)*
home port Heimathafen *(m)*
homeward journey Heimreise *(f)*
homeward tourist traffic Rückreiseverkehr *(m)*
hominy Maisbrei *(m)*
honest ehrlich
honey Honig *(m)*
honeymoon Hochzeitsreise *(f)*, Flitterwochen *(pl. f)*
honking Hupen *(n)*
hono(u)r (credit card) akzeptieren, annehmen (Kreditkarte)
hood Haube *(f)*
hook Haken *(m)*
hooter Autohupe *(f)*
hoover Staubsauer *(m)*, staubsaugen
hop Hopfen *(m)*
hop sprouts Hopfensprossen *(pl. f)*
horizon Horizont *(m)*
horn Hupe *(f)*
hors d'oeuvre Vorspeise *(f)*, Horsd'oeuvre *(n)*
horse sleigh Pferdeschlitten *(m)*
horse-drawn carriage Pferdewagen *(m)*
horse-race Pferderennen *(n)*
horseradish Meerrettich *(m)*
horseradish sauce Meerrettichsoße *(f)*
horses for hire Reitpferde *(pl. n)* zu vermieten
horticultural show Gartenschau *(f)*
hospice Hospiz *(n)*
hospitable gastlich, gastfreundlich
hospital Krankenhaus *(n)*, Klinik *(f)*
hospital benefits Krankenhauskostenzuschuss *(m)*
hospitality Gastfreundschaft *(f)*
hospitalization insurance Krankenhauskostenversicherung *(f)*
host Gastgeber *(m)*, Wirt *(m)*; Datenbankanbieter *(m)*
host country Gastland *(n)*
host family Gastfamilie *(f)*
hostel Herberge *(f)*, Heim *(n)*
hostess Hostess *(f)*, Gastgeberin *(f)*
hot heiß
hot-air bath Heißluftbad *(n)*
hot-air heating Luftheizung *(f)*
hot bacon tart Lothringer Specktorte *(f)*
hot broth Bouillon *(f)*
hot broth with liver dumplings Leberknödelsuppe *(f)*
hot claret with cinnamon and clove Glühwein *(m)*
hot dishes warme Speisen *(pl. f)*
hot dog Hotdog *(m)*
hot milk heiße Milch *(f)*
hot rum grog Grog *(m)* mit Rum *(m)*
hot slices of Swiss cheese heißer Schabkäse *(m)*
hot Swiss cheese mush Käsefondue *(n)*

hot water Warmwasser *(n)*, Heißwasser *(n)*
hot-water bottle Wärmflasche *(f)*
hot wine Glühwein *(m)*
hotel Hotel *(n)*, Gasthaus *(n)*
hotel accommodation Hotelunterbringung *(f)*, Hotelunterkunft *(f)*
hotel and catering trade Hotellerie *(f)*, Hotel- und Gaststättengewerbe *(n)*
hotel and restaurant business Gastgewerbe *(n)*
hotel and restaurant guide Hotel- und Gaststättenführer *(m)*
hotel and tourist industry Fremdenverkehrsindustrie *(f)*
hotel and tourist trade Fremdenverkehrsgewerbe *(n)*
hotel association Hotelverband *(m)*
hotel bed Hotelbett *(n)*
hotel bedrooms surplus Hotelbettenüberschuss *(m)*
hotel bellboy Hotelboy *(m)*, Page *(m)*
hotel bill Hotelrechnung *(f)*
hotel booking Hotelreservierung *(f)*
hotel bookings Hotelbelegung *(f)*
hotel building Hotelgebäude *(n)*
hotel business Hotelfach *(n)*
hotel capacity Hotelkapazität *(f)*
hotel car Schlafwagen *(m)* mit Speisewageneinrichtung *(f)*
hotel chain Hotelkette *(f)*
hotel contract Hotelvertrag *(m)*
hotel dining-room Hotelrestaurant *(n)*
hotel directory Hotelanzeiger *(m)*
hotel employee Hotelangestellte(r) *(f/m)*
hotel entrance hall Hotelhalle *(f)*
hotel floor Hoteletage *(f)*
hotel foyer Hotelhalle *(f)*
hotel fraud Zechprellerei *(f)*
hotel furnishings Hoteleinrichtung *(f)*
hotel guest Hotelgast *(m)*
hotel guide Hotelführer *(m)*
hotel industry Hotellerie *(f)*
hotel label Hotelzettel *(m)* (Gepäck)
hotel lobby Hotelempfangshalle *(f)*
hotel lounge Aufenthaltsraum *(m)*
hotel management Hotelleitung *(f)*, Hoteldirektion *(f)*
hotel manager Hotelmanager(in) *(m/f)*
hotel occupancy Hotelbelegung *(f)*
hotel of international standard Hotel *(n)* internationaler Klasse *(f)*
hotel office Hotelbüro *(n)*
hotel operation Hotelbetrieb *(m)*
hotel owner Hotelbesitzer *(m)*
hotel package Hotelarrangement *(n)*
hotel pageboy Hotelpage *(m)*
hotel property Hotelgrundstück *(n)*, Hoteleigentum *(n)*
hotel register Gästeverzeichnis *(n)*, Meldebuch *(n)*, Fremdenregister *(n)*
hotel representative Hotelrepräsentant *(m)*
hotel reservation Zimmerreservierung *(f)*
hotel room Hotelzimmer *(n)*
hotel rules and regulations Hotelordnung *(f)*
hotel side Hotelgelände *(n)*, Hotelgrundstück *(n)*
hotel size Hotelgröße *(f)*
hotel staff Hotelpersonal *(n)*
hotel trade Hotelwesen *(n)*, Hotellerie *(f)*
hotel training school Hotelfachschule *(f)*
hotel under good management gut geführtes Hotel *(n)*
hotel vestibule Hotelhalle *(f)*
hotel voucher Hotelgutschein *(m)*
hotelhood Hoteleigenschaft *(f)*
hotelier Hotelier *(m)*

improve verbessern, vervollkommnen
improvement budget Modernisierungsplan *(m)*
imputed interest kalkulatorische Zinsen *(pl. m)*
in accordance with local customs ortsüblich, landesüblich
in advance vorweg, im voraus, vorzeitig
in arrears im Rückstand *(m)*
in bond unter Zollverschluss *(m)*
in default of mangels
in due time termingerecht
in-house currency Hauswährung *(f)*
in lien of anstatt
in the end letztendlich
in the long run langfristig
in the open sea auf hoher See *(f)*
in the order of their liquidity nach Liquiditätsgesichtspunkten *(pl. m)*
in transit unterwegs
inaccuracy Ungenauigkeit *(f)*
inadequate unzulässig, unangemessen
inadmissible unzulässig
inalienable unveräußerlich
inapplicable nicht anwendbar
inattention Unaufmerksamkeit *(f)*
inbound travel(l)er Einreisende(r) *(f/m)*
incapable unfähig
incentive Anreiz *(m)*, Ansporn *(m)*
incentive system Prämiensystem *(n)*
incidental charges Nebenkosten *(pl.)*
incidental costs Hotelnebenkosten *(pl.)*
incidentals Nebenkosten *(pl.)*
include einschließen
inclusive einschließlich
inclusive air fare Flugpauschale *(f)*
inclusive air journey Flugpauschalreise *(f)*
inclusive arrangement Pauschalarrangement *(n)*
inclusive charge Pauschalgebühr *(f)*
inclusive fare Pauschalpreis *(m)*
inclusive holiday Pauschalpreisferien *(pl.)*
inclusive journey Pauschalreise *(f)*
inclusive of service and taxes einschließlich Bedienung *(f)* und Abgaben *(pl. f)*
inclusive price Pauschale *(f)*, Pauschalpreis *(m)*
inclusive rates for self-drive car hire Pauschalpreise *(pl. m)* für Selbstfahrer *(pl. m)*
inclusive single fare Einzelflugpauschale *(f)*
inclusive terms Pauschalarrangement *(n)*
inclusive trip Pauschalreise *(f)*
inclusive winter sports terms Wintersportarrangement *(n)*
incognito unerkannt, inkognito
income Einkommen *(n)*, Ertrag *(m)*, Verdienst *(m)*
income tax Ertragssteuer *(f)*
income tax reserve Rückstellung *(f)* für Ertragssteuer *(f)*
incompatible unverträglich, unvereinbar
inconvertible unkonvertierbar
incorporate einbeziehen
incorrect unrichtig
increase erhöhen, vermehren, Erhöhung *(f)*, Aufschlag *(m)*, Vermehrung *(f)*
increase in capacity Betriebserweiterung *(f)*, Kapazitätsausweitung *(f)*
increase of customs Zollerhöhung *(f)*
increase of wages Lohnerhöhung *(f)*
increment Zunahme *(f)*, (Wert-)Zuwachs *(m)*, (Wert-)Steigerung *(f)*; Aufschlag *(m)*
incur debts Schulden *(pl. f)* machen, in Schulden *(pl. f)* geraten
indebtedness Verschuldung *(f)*, Schuld *(f)*, Schuldenlast *(f)*

indemnity bond Ausfallbürgschaft *(f)*
indemnity liability Abfindungsverpflichtung *(f)*
indenture of apprenticeship Lehrvertrag *(m)*
independent unabhängig, selbständig
index Verzeichnis *(n)*
index card Karteikarte *(f)*
index number Kennzahl *(f)*
indian corn Mais *(m)*
indication Heilanzeige *(f)*
indifferent gleichgültig, indifferent
indigestion Verdauungsstörung *(f)*
indirect advertising indirekte Werbung *(f)*
indispensable unerlässlich
indistinct undeutlich
individual einzeln, individuell
individual care persönliche Betreuung *(f)*
individual inclusive journey Einzelpauschalreise *(f)*
individual journey Einzelreise *(f)*
individual return Einzelrückfahrt *(f)*
individual travel(l)er Einzelreisende(r) *(f/m)*
individually persönlich
indoor sport Hallensport *(m)*
indoor swimming pool Hallenschwimmbad *(n)*, Schwimmhalle *(f)*
induction Einführung *(f)*
induction training Einführungsschulung *(f)*
industrial area Industriegebiet *(n)*
industrial fair Industrieausstellung *(f)*
industry fair Industriemesse *(f)*
ineffective außer Kraft *(f)*, unwirksam
inefficient unwirtschaftlich, ineffizient
inexact ungenau
inexpensive billig, nicht teuer
inexperienced unerfahren
infant Säugling *(m)*; Minderjährige(r) *(f/m)*
infant's carrying basket Babytragekorb *(m)*
inferior minderwertig
inflammable, highly leicht entzündlich, feuergefährlich
inflatable boat Schlauchboot *(n)*
inflatable mattress Luftmatratze *(f)*
inflow Zustrom *(m)*
influence beeinflussen, Einfluss *(m)*
influenza Grippe *(f)*
influx Zustrom *(m)*
inform benachrichtigen, mitteilen, informieren, avisieren
informal zwanglos
information Information *(f)*, Auskunft *(f)*
information apply to Auskunft *(f)* erteilt
information board Informationstafel *(f)*
information bureau Informationsbüro *(n)*
information event Informationsveranstaltung *(f)*
information on application Auskünfte *(pl. f)* auf Anfrage *(f)*
information request form Auskunftsformular *(n)*
information service Informationsdienst *(m)*
information trip Informationsreise *(f)*
infusion Aufguss *(m)*
infusion of herbs Kräutertee *(m)*
ingest Nahrung *(f)* aufnehmen
ingestion Nahrungsaufnahme *(f)*
inglenook Kaminecke *(f)*
ingredient Zutat *(f)*
inhabitant Einwohner(in) *(m/f)*
inhalation Inhalation *(f)*
inhalation therapy Inhalationskur *(f)*
inhaler Inhalationsapparat *(m)*
inhouse sale Verkaufshinweise *(pl. m)* auf Einrichtungen *(pl. f)* im Hotel *(n)*

initial Anfangsbuchstabe *(m)*; unterzeichnen
initial advertising Einführungswerbung *(f)*
initial salary Anfangsgehalt *(n)*
injure verletzen, beschädigen
inland carriage Binnenverkehr *(m)*
inland harbo(u)r Binnenhafen *(m)*
inland navigation Binnenschifffahrt *(f)*
inland postage Inlandspostgebühren *(pl. f)*
inland waterway Binnengewässer *(n)*
inn Gasthaus *(n)*, Gasthof *(m)*, Gastwirtschaft *(f)*
innards Innereien *(pl.)*
inner courtyard Innenhof *(m)*
innkeeper Gastwirt(in) *(m/f)*, Gastronom(in) *(m/f)*
innkeeping Hotelwesen *(n)*
inoculation Impfung *(f)*
inoculation requirement Impfbestimmung *(f)*
input Eingabe *(f)*, Einsatz *(m)*, Eingang *(m)*
inquiry Anfrage *(f)*, Nachfrage *(f)*, Untersuchung *(f)*
inquiry office Auskunftsstelle *(f)*, Informationsbüro *(n)*
insanitary unhygienisch
insect Insekt *(n)*
insert Zeitungsbeilage *(f)*; einstecken
insert advertising Beilagenwerbung *(f)*
inside room Innenkabine *(f)*
insight Einsicht *(f)*
insipid fade, geschmacklos
insist (on, upon) dringen auf, bestehen auf
insolation Sonneneinstrahlung *(f)*
insolvency Insolvenz *(f)*
insolvent zahlungsunfähig
inspect prüfen, besichtigen
install installieren, einrichten
installation cost Einbaukosten *(pl.)*, Aufstellungskosten *(pl.)*
instal(l)ment credit Teilzahlungskredit *(m)*
instant meal Fertiggericht *(n)*
instantly sofort, unverzüglich
instead of anstatt, an Stelle von
instruct anweisen, unterweisen, instruieren
instruction Anweisung *(f)*, Unterweisung *(f)*
instruction card Arbeitsanweisung *(f)*
instruction manual Dienstanweisungs-Handbuch *(n)*
instructions for use Gebrauchsanweisung *(f)*
insulated picnic bag Kühltasche *(f)*
insult beleidigen, Beleidigung *(f)*
insurance Versicherung *(f)*
insurance charge Versicherungsbeitrag *(m)*
insurance company Versicherungsgesellschaft *(f)*
insurance contribution Versicherungsbeitrag *(m)*
insurance protection Versicherungsschutz (m)
insurance – building and contents Versicherung – Gebäude *(pl. n)* und Einrichtungen *(pl. f)*
insurance – general Global-Versicherungspolice *(f)*
insure versichern
intangible assets immaterielle Vermögenswerte *(pl. m)*
intensify verstärken, steigern; Intensität *(f)*, (hoher) Grad *(m)*
Inter-City train Intercity-Zug *(m)*
intercontinental network interkontinentales Streckennetz *(n)*
interest Zinsen *(pl. m)*
interest and dividends receivable Zins- und Dividendenforderungen *(pl. f)*
interest on capital leases Zinsanteile *(pl. m)*, die in den Leasingraten *(pl. f)* enthalten sind
interface Schnittstelle *(f)*

interfere einmischen, beeinträchtigen
interference Störung *(f)*
interim vorläufig, einstweilig
interim billing Zwischenrechnung *(f)*
interim invoice Zwischenrechnung *(f)*
interior Binnenland *(n)*
interior fittings Inneneinrichtung *(f)*
intermediate landing Zwischenlandung *(f)*
intermediate season Zwischensaison *(f)*
intermediate port Zwischenhafen *(m)*
intermediate station Zwischenstation *(f)*
intermediate stop Zwischenaufenthalt *(m)*
internal communicating system internes Kommunikationssystem *(n)*
internal tariff Binnentarif *(m)*
International Air Transport Association (IATA) Internationaler Luftverkehrsverband *(m)*
International Automobile Federation Internationaler Automobil-Verband *(m)*
international call Auslandsgespräch *(n)*
International Civil Aviation Organization (ICAO) Internationale Zivil-Luftfahrt-Organisation *(f)*
international driving permit (IDP) internationaler Führerschein *(m)*
international exhibition Weltausstellung *(f)*
International Exhibition of the Hotel and Catering Trade Internationale Fachausstellung *(f)* für das Hotel- und Gaststättengewerbe *(n)*
International Federation of Travel Agencies Reisebüroverband *(m)*
international flight Auslandsflug *(m)*
International Hotel Association (IHA) Internationaler Hotelverband *(m)*
international hotel code internationaler Hoteltelegrafenschlüssel *(m)*
international money order internationale Postanweisung *(f)*
international motor insurance card internationale grüne Versicherungskarte *(f)*
international reply coupon internationaler Antwortschein *(m)*
International Union of Tourist Centers Internationale Vereinigung *(f)* der Fremdenverkehrszentralen *(pl. f)*
International Vaccination Certificate internationales Impfzeugnis *(n)*
International Youth Hostel Federation (IYHF) Internationaler Verband *(m)* der Jugendherbergen *(pl. f)*
interpreter Dolmetscher(in) *(m/f)*
interrupt unterbrechen
interruption Unterbrechung *(f)*
intersection Straßenkreuzung *(f)*
interurban traffic Überlandverkehr *(m)*
interzonal traffic Interzonenverkehr *(m)*
interzonal train Interzonenzug *(m)*
introduce einführen, vorstellen
introduction Einführung *(f)*, Vorstellung *(f)*
invalid ungültig
inventories, at the lower of cost or market Vorräte *(pl. m)*, zum Niederstwert *(m)*
inventory Inventar *(n)*, Warenbestand *(m)*, Bestand *(m)*
inventory tag Inventurzettel *(m)*
inventory valuation adjustments Wertberichtigungen *(pl. f)* auf Vorräte *(pl. m)*

invest investieren, anlegen
investee company Beteiligungsgesellschaft *(f)*
investment Investition *(f)*; (Kapital-, Geld-, Wertpapier-, Vermögens-) Anlage *(f)*, Beteiligung *(f)*
investments by owners Einlagen *(pl. f)*
investments (held as fixed assets) Wertpapiere *(pl. n)* (des Anlagevermögens)
invitation Einladung *(f)*
invite einladen
invoice Rechnung *(f)*, berechnen
invoice amount Rechnungsbetrag *(m)*
involve einbeziehen, einschließen
iodine spring Jodquelle *(f)*
irate zornig, wütend
Irish stew Hammelragout irische Art *(n)*
ironing board Bügelbrett *(n)*
ironing service Büglerei *(f)*
irregular unregelmäßig
irregular entry Falschbuchung *(f)*
irritated gereizt
island Insel *(f)*
island cruise Inselkreuzfahrt *(f)*
isle Insel *(f)*
issue ausgeben, ausstellen, Ausgabe *(f)*, Ausstellung *(f)*
issue emittieren, auflegen, ausgeben, ausstellen
issue Problemkreis *(m)*, der bei Verlautbarungen *(pl. f)* behandelt wird
issue of goods Warenausgabe *(f)*
issued shares alle ausgegebenen Aktien *(pl. f)*
issuing office Ausgabebüro *(n)*
Italian corn-pudding Maisgrütze *(f)*
Italian salad italienischer Salat *(m)*
Italy Italien
item (Rechnungs-)Posten *(m)*, Gegenstand *(m)*
itemize aufgliedern, spezifizieren
itinerancy Umherreisen (n)
itinerary Fahrtroute *(f)*, Reiseroute *(f)*, Reiseplan *(m)*, Reiseführer *(m)*
itinerate umherreisen

J

jack Wagenheber *(m)*
jack price Preis *(m)* anheben
jacket Jacke *(f)*, Sakko *(m, n)*
jam Marmelade *(f)*, Konfitüre *(f)*
jam omelet(te) Konfitürenomelett *(n)*
jam roll Marmeladenbrötchen *(n)*
janitor Hausmeister *(m)*
jar Gefäß *(n)*, Topf *(m)*, Krug *(m)*
jardiniére Blumenschale *(f)*, Blumenständer *(m)*
jellied eingedickt, in Gelee *(n)*, geliert
jellied eels Aal in Gelee *(m)*
jelly Aspik *(m)*, Gelee (n), Sülze *(f)*
jelly of pork Schweinesülze *(f)*
jellyfish Qualle *(f)*
jeopardize gefährden
jeopardy Gefahr *(f)*, Gefährdung *(f)*
jerk Fleisch *(n)* in Streifen *(pl. m)* schneiden und dörren
jerkin Jacke *(f)*
jersey shirt Strickhemd *(n)*
jet Düsenflugzeug *(n)*, Düsenmaschine *(f)*
jet engine Düsentriebwerk *(n)*
jet liner Düsenverkehrsflugzeug *(n)*
jet plane Düsenflugzeug *(n)*
jettison über Bord werfen
jetty Landungsbrücke *(f)*, Landungssteg *(m)*, Mole *(f)*
jewel(le)ry **Schmuck** *(m)*, Juwelen *(pl. m)*
jewel(l)er Juwelier *(m)*
job Tätigkeit *(f)*, Arbeit *(f)*
job analysis Arbeitsstudie *(f)*
job analyst Arbeitsanalytiker(in) *(m/f)*
job characteristic Tätigkeitsmerkmal *(n)*

job breakdown Tätigkeitsbeschreibung *(f)*
job category Stellengruppe *(f)*
job description Stellenbeschreibung *(f)*, Tätigkeitsbeschreibung *(f)*, Arbeitsplatzbeschreibung *(f)*
job enlargement Arbeitserweiterung *(f)*
job enrichment Arbeitsanreicherung *(f)*
job evaluation Arbeitsbewertung *(f)*
job holder Stelleninhaber(in) *(m/f)*
job instruction Arbeitsunterweisung *(f)*
job instruction training betriebliche Unterweisung *(f)*
(job) interview Vorstellungsgespräch *(n)*
job opening Stellenangebot *(n)*
job rotation Arbeitsplatzrotation *(f)*
job satisfaction Arbeitszufriedenheit *(f)*
job security Arbeitsplatzsicherheit *(f)*
job specification Arbeitsplatzbeschreibung *(f)*
job standardization Arbeitsplatzstandardisierung *(f)*
job title Stellenbezeichnung *(f)*, Tätigkeitsbezeichnung *(f)*
jogging Dauerlauf *(m)*, Langlauf *(m)*, Joggen *(n)*
John Dory (fish) Petersfisch *(m)*
johnny-cake amerik. Maiskuchen *(m)*
join vereinigen, eintreten, beitreten
joint gemeinsam, gemeinschaftlich; Braten *(m)*
joint guaranty (USA) Mitbürgschaft *(f)*
joint of beef Rindsbraten *(m)*
joint owner Mitbesitzer *(m)*
joint passport Familienpass *(m)*
joint proprietor Miteigentümer *(m)*
joke Spaß *(m)*, Scherz *(m)*
jolly lustig, fröhlich
joule Joule *(n)*
journal entry Journalbuchung *(f)*
journal voucher Buchungsbeleg *(m)*
journey Reise *(f)*, Fahrt *(f)*, Anreise *(f)*
journey abroad Auslandsreise *(f)*
journey home Heimreise *(f)*
journey of discovery Entdeckungsreise *(f)*
journey time Fahrzeit *(f)*
joy Freude *(f)*
joys of winter Winterfreuden *(pl. f)*
jug Kanne *(f)*, Kännchen *(n)*, Krug *(m)*
judge urteilen
jugged game Wildfleischragout *(n)*
jugged hare Hasenpfeffer *(m)*
jugged meat Pfeffer-Fleischgericht *(n)*
juice Saft *(m)*
juicy saftig
juke-box Musikbox *(f)*
julienne Gemüsesuppe *(f)*
jumble sale Ramschverkauf *(m)*
jumbo jet Jumbo Jet *(m)*
jump seat Klappsitz *(m)*, Notsitz *(m)*
junction Straßenkreuzung *(f)*, Verkehrsknotenpunkt *(m)*
junior cook Jungkoch *(m)*, Hilfskoch *(m)*
junior suite Ein-Zimmer-Suite *(f)*
juniper Wacholder *(m)*
junket Milchgelee *(n)*
justifiable vertretbar
justification Berechtigung *(f)*, Rechtfertigung *(f)*
justify berechtigen, rechtfertigen
juvenile jugendlich

K

kaki Kakifrucht *(f)*
kale Grünkohl *(m)*
kangaroo tail soup Känguruschwanzsuppe *(f)*
karting Go-Kart-Sport *(m)*

large patty Blätterteigpastete *(f)*
large puff-paste patty stuffed with chicken and mushrooms (vol-au-vent) Blätterteigpastete mit Geflügelfüllung *(f)*
large puff-paste pie Blätterteigpastete *(f)*
large-scale public transport Massenverkehrsmittel *(n)*
large-scale tourism Massentourismus *(m)*
lark Lerche *(f)*
late spät, verspätet
late availability... Last-Minute-...
late booking Spätbuchung *(f)*, Last-Minute-...
late passenger arrival verspätete Ankunft *(f)* eines Fluggastes *(m)*
late payment Nachzahlung *(f)*
latest check-in time Meldeschluss *(m)*
launch Barkasse *(f)*
laundry (Schmutz)wäsche *(f)*, Wäscherei *(f)*
laundry and dry cleaning (schedule 2) Wäsche- und Reinigungskosten *(pl.)* (Umsatzbereich 2)
laundry bag Wäschesack *(m)*
laundry chute Wäscheschacht *(m)*
laundry manager Wäschereileiter(in) *(m/f)*
laurel Lorbeer *(m)*
lavatory Toilette *(f)*, Waschraum *(m)*
lawful rechtlich, rechtmäßig, gesetzlich
lawful age Volljährigkeit *(f)*
lawless ungesetzlich
lawyer Rechtsanwalt *(m)*, Rechtsanwältin *(f)*
lay the table Tisch *(m)* decken
lay-by Rastplatz *(m)*
lay day Liegetag *(m)*
layer Schicht *(f)*
layer-cake Schichttorte *(f)*
layman Laie *(m)*
layout räumliche Anordnung *(f)*
lazy faul
lazy Susan amerik. drehbares Tablett *(n)*
lead führen, leiten; Blei *(n)*
leadership Führerschaft *(f)*
leadership ability Führungsfähigkeit *(f)*
leading führend
leaf Blatt *(n)*
leaflet Merkblatt *(n)*, Prospekt *(m)*
leak auslaufen, lecken
lean mager
lean bacon Magerspeck *(m)*
leap year Schaltjahr *(n)*
learner Lernende(r) *(f/m)*
leasable mietbar
lease payment Leasingrate *(f)*
leased object Leasingobjekt *(n)*
leasehold dingliche Landpacht *(f)* bzw. Mietrecht *(n)*, Erbpacht *(f)*; geleaste Grundstücke *(pl. n)* und Gebäude *(pl. n)*, Mietbesitz *(m)*
leasehold improvements Einbauten *(pl. m)* oder Ausbauten *(pl. m)* in gemieteten Räumen *(pl. m)*
leaseholder Mieter(in) *(m/f)*, Pächter(in) *(m/f)*
leasing Vermietung *(f)*
leave verlassen, Abreise *(f)*, Urlaub *(m)*
leave port auslaufen
leave schedule Urlaubsplan *(m)*
leave (the country) ausreisen
leave the ship von Bord *(m)* gehen
leave-train Urlauberzug *(m)*
leaven Sauerteig *(m)*, Hefe *(f)*
leberkaese Leberkäse *(m)*
lecture Vortrag *(m)*
lecture tour Vortragsreise *(f)*
lecture with slides Lichtbildervortrag *(m)*
ledger card (ledger sheet) Kontenblatt *(n)*
leek Lauch *(m)*, Porree *(m)*
leek soup Lauchsuppe *(f)*
leeks Lauchgemüse *(n)*
left-hand traffic Linksverkehr *(m)*

left-luggage office Gepäckaufbewahrung *(f)*
left-luggage ticket Gepäckschein *(m)*
leftover Speiserest *(m)*
leg Bein *(n)*, Keule (Fleisch) *(f)*, Unterschenkel *(m)*
leg of lamb Lammkeule *(f)*
leg of mutton Hammelkeule *(f)*
leg of pork Schweineschlegel *(m)*
leg of veal Kalbskeule *(f)*, Kalbsschlegel *(m)*
leg of venison Rehschlegel *(m)*
legal rechtsgültig, gesetzlich
legal aid Rechtshilfe *(f)*
legal aid insurance Rechtsschutzversicherung *(f)*
legal claim Rechtsanspruch *(m)*
legal fees and expenses Rechtsanwaltsgebühren *(pl. f)*
legal form Rechtsform *(f)*
legal holiday gesetzlicher Feiertag *(m)*, gesetzlicher Urlaub *(m)*
legal services Rechtsberatung *(f)*
legally competent (to contract) geschäftsfähig
legend Zeichenerklärung *(f)*
legitimate gesetzmäßig, gesetzlich, rechtsmäßig
legitimation Ausweis *(m)*, Legitimation *(f)*
legume Hülsenfrucht *(f)*
Leicester Leicester-Käse *(m)*
Leipzig hodge-podge Leipziger Allerlei *(n)*
leisure Muße *(f)*
leisure time Freizeit *(f)*
leisure time activity Freizeitbeschäftigung *(f)*
leisureliness Gemächlichkeit *(f)*
lemon Zitrone *(f)*
lemon ice Zitroneneis *(n)*
lemon juice Zitronensaft *(m)*
lemon meringue pie Zitronenbaiserpudding *(m)*
lemon peel Zitronenschale *(f)*
lemon sole Rotzunge *(f)*
lemon squash Zitronenlimonade *(f)*
lemon squeezer Zitronenpresse *(f)*
lemonade Limonade *(f)*
lend leihen, verleihen, ausleihen
lending fee Leihgebühr *(f)*
length Länge *(f)*
length of service Diensthalter *(n)*
length of stay Aufenthaltsdauer *(f)*
lens Objektiv *(n)*
Lent Fastenzeit *(f)*
lentil Linse *(f)*
lentil soup Linsensuppe *(f)*
less weniger
lessee Leasingnehmer(in) *(m/f)*, Mieter(in) *(m/f)*, Pächter(in) *(m/f)*
lessor Leasinggeber(in) *(m/f)*, Vermieter(in) *(m/f)*, Verpächter(in) *(m/f)*
let gestatten, lassen; vermieten, verpachten
let go gehen lassen
let passengers out Fahrgäste *(pl. m)* aussteigen lassen
letter box Briefkasten *(m)*
letter file Briefordner *(m)*
letter of credit Akkreditiv *(n)*
letter of invitation Einladungsbrief *(m)*
letter of recommendation Empfehlungsbrief *(m)*
letter paper Briefpapier *(n)*
letter quality Korrespondenzqualität *(f)*
letter service Briefversand *(m)*, Schreibbüro *(n)*
lettuce Kopfsalat *(m)*
level Niveau *(n)*
level crossing Bahnübergang *(m)*
level of prices Preisniveau *(n)*
leveret Häschen *(n)*, junger Hase *(m)*
levy a charge Gebühr *(f)* erheben
liabilities Verbindlichkeiten *(pl. f)*
liabilities and owners' equity Verbindlichkeiten *(pl. f)* und Eigenkapital *(n)*, Passiva *(pl.)*
liability for damages Schadenshaftung *(f)*

liability insurance Haftpflichtversicherung *(f)*
liability insurance coverage Haftpflichtdeckung *(f)*
liability of the carrier Transporthaftung *(f)*
liability on bills of exchange Wechselobligo *(n)*
liable verantwortlich, haftpflichtig, haftbar
liable of charges gebührenpflichtig
liable to customs zollpflichtig
liable to duty zollpflichtig
liberated befreit
library Bibliothek *(f)*
licence, license Ausschanklizenz *(f)*, Konzession *(f)*, Lizenz *(f)*
licence plate Autonummernschild *(n)*
licensed hours Alkoholausschankzeiten *(pl. f)*
licensee Lizenzinhaber *(m)*
licenses and inspections Schankerlaubnis *(f)* und Gewerbeaufsicht *(f)*
licensing hours Alkoholausschankzeiten *(pl. f)*
licensor Lizenzgeber *(m)*
lid Deckel *(m)*
lido Freibad *(n)*, Strandbad *(n)*
lie awake wach liegen
lien Pfandrecht *(n)*
life insurance Lebensversicherung *(f)*
life jacket Schwimmweste *(f)*
life-saving station Rettungsstation *(f)*
life vest Schwimmweste *(f)*
lifebelt Rettungsgürtel *(m)*
lifeboat Rettungsboot *(n)*
lifeguard Badewärter(in) *(m/f)*
LIFO or FIFO cost flow assumptions Lifo- oder Fifo-Verbrauchsfolgeunterstellungen *(pl. f)*
LIFO value Lifo-Wert *(m)*
lift Aufzug *(m)*, Fahrstuhl *(m)*
lift up aufheben
liftboy Fahrstuhlführer(in) *(m/f)*
light leicht; Licht *(n)* anzünden
light beer helles Bier *(n)*
light food leichte Kost *(f)*, Schonkost *(f)*
light wine leichter Wein *(m)*
lighter Feuerzeug *(n)*
lighter fuel Feuerzeugbenzin *(n)*
lighthouse Leuchtturm *(m)*
lighting Beleuchtung *(f)*
lighting effect Lichteffekt *(m)*
lightning Blitz *(m)*
lights Lunge *(f)*
like gern haben, mögen; wie
limb Glied *(n)*
lime Limone *(f)*; Linde *(f)*
lime blossom tea Lindenblütentee *(m)*
lime juice Limonensaft *(m)*
lime tea Lindenblütentee *(m)*
limit begrenzen, Limit *(n)*, Grenze *(f)*
limit of credit Kreditgrenze *(f)*
limitation Begrenzung *(f)*, Einschränkung *(f)*
limited express train Fernschnellzug *(m)*
limited liability company Gesellschaft *(f)* mit beschränkter Haftung *(f)*
limited number of seats begrenzte Platzanzahl *(f)*
limited parking zone Kurzparkzone *(f)*
limited partner beschränkt haftender Gesellschafter (m), Kommanditist (m)
limo service (hotel) Abholdienst *(m)*
line Linie *(f)*, Strecke *(f)*, Gleis *(n)*; Teleph.: Leitung *(f)*, Apparat *(m)*, Nummer *(f)*; Schlange *(f)*
line and staff organization Stablinienorganisation *(f)*
line cord Kabel *(n)*
line function Linienfunktion *(f)*

line position Linienstelle *(f)*
line (at the front desk) Schlange *(f)* (an der Rezeption)
line-fishing Angelfischerei *(f)*
linen (schedule 2) Wäsche *(f)* (Umsatzbereich 2)
linen closet Wäscheschrank *(m)*
linen hire Wäscheverleih *(m)*
linen keeper Wäschebeschließer(in) *(m/f)*
linen room attendant Wäschebeschließer(in) *(m/f)*
liner Passagierdampfer *(m)*, Linienschiff *(n)*, Linienflugzeug *(n)*
liner company Schifffahrtsgesellschaft *(f)*
linguist-courier sprachkundige(r) Reiseleiter(in) *(m/f)*
link Bindeglied *(n)*, Verbindung *(f)*
links Dünen *(pl. f)*, Golfplatz *(m)*
linseed Leinsamen *(m)*
linseed cake Leinkuchen *(m)*
lipstick Lippenstift *(m)*
Liptauer, garnished Liptauer Käse garniert *(m)*
liqueur Likör *(m)*
liquid flüssig
liquid assets Bargeld *(n)* sowie sonstige Vermögensteile *(pl. m)*, die jederzeit verflüssigt werden können; liquide Vermögensteile *(pl. m)*
liquid funds flüssige Mittel *(pl. n)*
liquidity Liquidität *(f)*, flüssige Mittel *(pl. n)*
liquidity position Liquiditätslage *(f)*
liquor Spirituose *(f)*, Alkohol *(m)*
liquor store Spirituosengeschäft *(n)*
list verzeichnen; Liste *(f)*, Verzeichnis *(n)*
list of beverages Getränkekarte *(f)*
list of participants Teilnehmerliste *(f)*
list of travel agencies Agentur Verzeichnis *(n)*
list of vacant rooms Vakanzliste *(f)*
list price Listenpreis *(m)*
listen zuhören
litigation Prozess *(m)*, Rechtsstreit *(m)*
live leben, wohnen
lively lebhaft
liver Leber *(f)*
liver dumpling Leberknödel *(m)*
liver of veal Kalbsleber *(f)*
liver puree soup Leberpüreesuppe *(f)*
liver sausage Leberwurst *(f)*
liver sausage with pickled cabbage Leberwurst *(f)* mit Sauerkraut *(n)*
liveried livriert
living habit Lebensgewohnheit *(f)*
living room Wohnzimmer *(n)*
living space Wohnraum *(m)*
living standard Lebensstandard *(m)*
load Ladung *(f)*, laden
loading capacity Ladefähigkeit *(f)*
loading charges Verladegebühr *(f)*, Verladekosten *(pl.)*
loading hatch Ladeluke *(f)*
loading platform Verladebahnsteig *(m)*
loading point Verladestelle *(f)*
loading station Talstation *(f)*
loaf of bread Brotlaib *(m)*
loaf sugar Hutzucker *(m)*
loan Kredit *(m)*, Anleihe *(f)*
loan guarantee Bürgschaft *(f)* für ein Darlehen *(n)*, Kreditbürgschaft *(f)*
loans receivable from affiliated companies Ausleihungen *(pl. f)* an verbundene Unternehmen *(pl. n)*
lobby Empfangshalle *(f)*, Foyer *(n)*, Hotelhalle *(f)*
lobster Hummer *(m)*
lobster cocktail Hummercocktail *(m)*
lobster mayonnaise Hummermayonnaise *(f)*
lobster shift Nachtschicht *(f)*
local lokal, örtlich

mixed pickles Essiggemüse *(n)*
mixed salad gemischter Salat *(m)*
mixed vegetable gemischtes Gemüse *(n)*
mixture (of food) Allerlei *(n)*, Mischgericht *(n)*
moat Graben *(m)*
mocha Mokka *(m)*
mock turtle soup falsche Schildkrötensuppe *(f)*
model Schema *(n)*, Modell *(n)*
moderate climate gemäßigtes Klima *(n)*
moderate rate mittlere Preislage *(f)*
modernize modernisieren
modest bescheiden
modesty Bescheidenheit *(f)*
modification Abänderung *(f)*, Modifizierung *(f)*
Modified American Plan (MAP) Zimmer *(n)* mit Halbpension *(f)*
modify abändern, modifizieren
moist feucht, nass
moisture Feuchtigkeit *(f)*
molasses Sirup *(m)*
molded cream bayrische Creme *(f)*
molder schimmeln
mole Mole *(f)*
molest belästigen
molestation Belästigung *(f)*
mollusk Weichtier *(n)*
monastery Kloster *(n)*
money-back guarantee Geldzurückgarantie *(f)*
money contributed by a partner Geldeinlage *(f)* eines Gesellschafters *(m)*
monitor überwachen
month-to-date kumuliert zum Datum *(n)*
monthly consumption Monatsverbrauch *(m)*
monthly program Monatsprogramm *(n)*
monthly season ticket Monatskarte *(f)*
monument Denkmal *(n)*
mood Stimmung *(f)*, Laune *(f)*
mood music Stimmungsmusik *(f)*
moon Mond *(m)*
moonlight boat trip Mondscheinbootsfahrt *(f)*
moor anlegen
mooring Anlegen *(n)*
mooring pier Anlegestelle *(f)*
moral sittlich, moralisch
morale Moral *(f)*
morel Morchel *(f)*
morning concert Frühkonzert *(n)*
morning performance Matineevorstellung *(f)*
morning train Frühzug *(m)*
mortgage Hypothek *(f)*
mortgage bond Pfandbrief *(m)*
Moselle wine Moselwein *(m)*
mosque Moschee *(f)*
mosquito net Moskitonetz *(n)*
moss Moos *(n)*
motel Motel *(n)*
motion picture Film *(m)* (Kino)
motivate motivieren
motor accident Autounfall *(m)*
motor boat Motorboot *(n)*
motor car Auto *(n)*, Wagen *(m)*
motor car service Wagenpflege *(f)*
motor caravan Campingbus *(m)*
motor carrier Transportunternehmer(in) *(m/f)*
motor-club Automobilclub *(m)*
motor coach Bus *(m)*, Omnibus *(m)*
motor hotel Motel *(n)*
motor inn Stadtmotel *(n)*
motor insurance Kraftfahrzeugversicherung *(f)*
motor launch Motorboot *(n)*, Barkasse *(f)*
motor race Autorennen *(n)*
motor ride Autofahrt *(f)*
motor road Autostraße *(f)*
motor scooter Motorroller *(m)*
motor ship (MS) Motorschiff *(n)*
motor sleigh Motorschlitten *(m)*
motor traffic Autoverkehr *(m)*

motor vehicle Kraftfahrzeug *(n)*
motor vehicle insurance Kraftfahrzeugversicherung *(f)*
motor vehicle user Kraftfahrzeugbenutzer(in) *(m/f)*
motor vessel (MV) Motorschiff *(n)*
motorail train Autoreisezug *(m)*
motorcycle Motorrad *(n)*
motoring guide Autoführer *(m)*
motoring journey Autoreise *(f)*
motoring offence Verkehrsdelikt *(n)*
motoring tourist Autoreisende(r) *(f/m)*
motoring trip Autofahrt *(f)*, Autoreise *(f)*, Autotour *(f)*
motorist Autofahrer(in) *(m/f)*, Kraftfahrer(in) *(m/f)*
motorists' roadside assistance service Autohilfe *(f)*
motorway Autobahn *(f)*
motorway feeder road Autobahnzubringer *(m)*
motorway hotel Autobahnhotel *(n)*
motorway intersection Autobahnkreuz *(n)*
motorway restaurant Autobahnraststätte *(f)*
motorway toll Autobahngebühr *(f)*
mountain Berg *(m)*
mountain air Höhenluft *(f)*
mountain cabin Berghütte *(f)*
mountain climate Höhenklima *(n)*, Gebirgsklima *(n)*
mountain climber Bergsteiger(in) *(m/f)*
mountain climbing Klettern *(n)*, Klettersport *(m)*
mountain cock Auerhahn *(m)*
mountain guide Bergführer(in) *(m/f)*
mountain hike Bergwanderung *(f)*
mountain hotel Berghotel *(n)*
mountain hut Berghütte *(f)*
mountain inn Berggasthof *(m)*
mountain lake Bergsee *(m)*
mountain lodge Hüttenhotel *(n)*
mountain meadow Bergwiese *(f)*
mountain pass Bergpass *(m)*
mountain peak Berggipfel *(m)*
mountain railway Bergbahn *(f)*
mountain rescue service Bergwacht *(f)*
mountain restaurant Höhenrestaurant *(n)*, Bergrestaurant *(n)*
mountain road Bergstraße *(f)*, Hochstraße *(f)*
mountain sun Höhensonne *(f)*
mountain top Berggipfel *(m)*
mountain tour Bergtour *(f)*
mountain village Bergdorf *(n)*
mountaineer Bergsteiger(in) *(m/f)*
mountaineering Bergsteigen *(n)*, Hochtouristik *(f)*
mountaineering equipment Bergsteigerausrüstung *(f)*
mountaineering school Bergsteigerschule *(f)*
mountains Gebirge *(n)*, Gebirgswelt *(f)*
mousse Cremespeise *(f)*, Creme *(f)*
mouth wash Mundwasser *(n)*
mouth-to-mouth advertising Mund-zu-Mund-Werbung *(f)*
movable beweglich
move bewegen, beantragen
movie Film *(m)*
movie performance Filmvorführung *(f)*, Filmvorstellung *(f)*
movie program Kinoprogramm *(n)*, Filmprogramm *(n)*
movie room Kinosaal *(m)*
movie show Filmvorstellung *(f)*
movie theater Filmtheater *(n)*, Kino *(n)*
movie ticket Kinokarte *(f)*
moving average acquisition costs fortgeschriebene durchschnittliche Anschaffungskosten *(pl.)*
moving average production costs fortgeschriebene durchschnittliche Herstellungskosten *(pl.)*

mow mähen
much frequented viel besucht
mud bath Moorbad *(n)*, Schlammbad *(n)*
mud pack Fangopackung *(f)*, Schlammpackung *(f)*
mud therapy Fangotherapie *(f)*
mud treatment Moorbehandlung *(f)*, Fangobehandlung *(f)*
muffins Muffins *(pl.)* (engl. Teegebäck)
mug Krug *(m)*, Becher *(m)*
mugwort Beifuß *(m)*
mulberry Maulbeere *(f)*
mule Maultier *(n)*, Maulesel *(m)*
mulled claret Glühwein *(m)*
mulled wine Glühwein *(m)*
mullet Meerbarbe *(f)*, Seebarbe *(f)*, Meeräsche *(f)*
mulligatawny Geflügelrahmsuppe *(f)* mit Curry *(m)*, Mulligatawny-Suppe *(f)*
multi-bed room Mehrbettzimmer *(n)*
multi-car garage Sammelgarage *(f)*
multi cultural mulitkulturell
multi-day ticket Mehrtageskarte *(f)*
multi-day trips Mehrtagesreise *(f)*
multi-purpose room Mehrzweckraum *(m)*
multi-storey garage Hochgarage *(f)*
multi-story car park Parkhochhaus *(n)*
multi-user system Mehrbenutzersystem *(n)*
multilateral vielseitig, multilateral
multilingual mehrsprachig
multilingual guide mehrsprachiger Führer *(m)*
multiple vielfach
multiple-unit train Triebwagenzug *(m)*
multiplier Multiplikator *(m)*
multiply multiplizieren
municipal städtisch
municipal district Stadtbezirk *(m)*
municipal museum Stadtmuseum *(n)*
municipal theatre Stadttheater *(n)*
muscatel (wine) Muskateller-Wein *(m)*
mushroom Pilz *(m)*, Edelpilz *(m)*
mushroom sauce Pilzsoße *(f)*
mushroom soup Pilzsuppe *(f)*
mushrooms on toast Pilze *(pl. m)* auf Toast *(m)*, Pilzschnitte *(f)*
music and entertainment Musik *(f)* und Unterhaltung *(f)*
musical Musical *(n)*
musical evening Musikabend *(m)*
musician Musiker *(m)*
mussel (Mies)muschel *(f)*
mussel soup Muschelsuppe *(f)*
mustard Senf *(m)*
mustard pot Senfglas *(n)*
mustard sauce Senfsoße *(f)*
museum Museum *(n)*
mutton Hammel *(m)*
mutton chop Hammelrippchen *(n)*
mutton on skewers Hammelspießchen *(n)*
mutton stew Hammelragout *(n)*
mutual gegenseitig, wechselseitig
mutual agreement gegenseitiger Vertrag *(m)*
mystery tour Fahrt *(f)* ins Blaue *(n)*

N

name nennen, benennen, Name *(m)*
nanny Kindermädchen *(n)*
nap Mittagsschlaf *(m)*
napkin Serviette *(f)*
narrow eng, schmal
narrow film Schmalfilm *(m)*
narrow seas Ärmelkanal *(m)* und Irische See *(f)*
nasturtium Kapuzinerkresse *(f)*, Brunnenkresse *(f)*
national einheimisch, Staatsangehörige(r) *(f/m)*

national costume Nationaltracht *(f)*, Volkstracht *(f)*
national currency Landeswährung *(f)*
national holiday Nationalfeiertag *(m)*
national language Landessprache *(f)*
national park Reservat *(n)*, Nationalpark *(m)*
national tourist Inlandsgast *(m)*
nationality Staatsangehörigkeit *(f)*, Nationalität *(f)*
nationality sign Nationalitätszeichen *(n)*
nationalize verstaatlichen
native eingeboren, einheimisch, Einheimische(r) *(f/m)*
native language Muttersprache *(f)*
native town Heimatstadt *(f)*
natron kohlensaures Natron *(n)*
natural curative factor natürlicher Heilfaktor *(m)*
natural resources Bodenschätze *(pl. m)*
nature Natur *(f)*, natürliche Landschaft *(f)*
nature conservation Naturschutz *(m)*
nature cure Naturheilbehandlung *(f)*
nature reserve Naturschutzgebiet *(n)*, Reservat *(n)*
naturism Freikörperkultur *(f)*
naturopath Heilpraktiker(in) *(m/f)*, Naturheilkundige(r) *(f/m)*
naturopathy Naturheilmethode *(f)*, Naturheilverfahren *(n)*
nausea Übelkeit *(f)*, Brechreiz *(m)*
nautical chart Seekarte *(f)*
nautical mile Seemeile (1.852km) *(f)*
navel orange Navelorange *(f)*
navigability Befahrbarkeit *(f)*, Schiffbarkeit *(f)*
navigable schiffbar
navigable river schiffbarer Fluss *(m)*
navigate schiffen, befahren
navigation Nautik *(f)*, Navigation *(f)*, Schifffahrtskunde *(f)*, Navigationskunde *(f)*, Schifffahrt *(f)*
navigation channel Fahrrinne *(f)*
navigation guide Navigationskarte *(f)*
navigation light Positionslicht *(n)*
navigator Steuermann *(m)*
near nahe, in der Nähe *(f)*
near at hand nahe, in der Nähe *(f)*, dicht dabei
near beer Dünnbier *(n)*
Near East Naher Osten
neat pur, rein, sauber
necklace Halskette *(f)*
need brauchen, Bedarf *(m)*, Bedürfnis *(n)*
negative Negativ *(n)*, negativ
neglect vernachlässigen, versäumen
negotiability Begebbarkeit *(f)*, Umlauffähigkeit *(f)*, Indossierbarkeit *(f)*
negotiable begebbar, indossierbar
negotiable instrument begebbares Instrument *(n)* (z.B. Wechsel, Scheck)
negotiable note umlauffähiger kurz- bzw. mittelfristiger Schuldschein *(m)*
negotiate verhandeln, abschließen
negotiation Verhandlung *(f)*, Abschluss *(m)*
neighbo(u)rhood Nachbarschaft *(f)*
neighbo(u)ring country Nachbarland *(n)*
net cost of food and beverage sales (schedule 2) bereinigte Warenkosten (pl.) (Umsatzbereich 2)
net income Jahresüberschuss *(m)*
net other income (schedule 2) sonstige Umsätze *(pl. m)* – netto (Umsatzbereich 2)
net proceeds Reinertrag *(m)*
net property and equipment Sachanlagevermögen *(n)* abzüglich Abschreibungen *(pl. f)*
net receivables Forderungen *(pl. f)* abzüglich der uneinbringlichen Forderungen *(pl. f)*

net revenue Nettoumsatz *(m)*, Nettoerlös *(m)*
net weight Reingewicht *(n)*
net worth Eigenkapital *(n)*
net (offset) saldieren
neutrality Neutralität *(f)* (Rechnungslegung)
new booking Neubuchung *(f)*
new-fallen snow Neuschnee *(m)*
new potatoes neue Kartoffeln *(pl. f)*
New Year's cruise Neujahrskreuzfahrt *(f)*, Silvesterreise *(f)*
New Year's Day Neujahrstag *(m)*
New Year's dinner Silvesterdiner *(n)*
New Year's Eve celebration Silvesterfeier *(f)*
news Neuigkeit *(f)*, Nachricht(en) *(pl. f)*
news stall Zeitungskiosk *(m)*
newspaper Zeitung *(f)*
newspaper advertising Zeitungswerbung *(f)*
newspaper supplement Zeitungsbeilage *(f)*
newsreel Wochenschau *(f)*
newsstand Zeitungsstand *(m)*, Kiosk *(m)*
next of kin nächste(r) Verwandte(r) *(f/m)*
nice nett, freundlich, angenehm
night and Sunday duty Nacht- und Sonntagsdienst *(m)*
night bus Nachtbus *(m)*
night concierge Nachtportier *(m)*
night flight Nachtflug *(m)*
night life Nachtleben *(n)*
night manager Direktionsvertreter(in) *(m/f)* während der Nacht *(f)*
night rate Nachttarif *(m)*
night rest Nachtruhe *(f)*
night run Nachtpiste *(f)*
night service Nachtverkehr *(m)*
night shift Nachtschicht *(f)*
night shift bonus Nachtschichtvergütung *(f)*
night shirt Herrennachthemd *(n)*
night-telephone operator Nachttelefonist(in) *(m/f)*
night traffic Nachtverkehr *(m)*
night train Nachtzug *(m)*
night trip Nachtfahrt *(f)*
night-watchman Nachtwächter *(m)*
nightcleaner Nachtreinigungspersonal *(n)*
nightclub Nachtklub *(m)*, Nachtlokal *(n)*, Nachtbar *(f)*
nightdress Nachthemd *(n)*
nightwork Nachtarbeit *(f)*
night's lodging Übernachtung *(f)*, Unterkunft *(f)*
nil Nichts *(n)*, Null *(f)*
ninepin Kegel *(m)*
no admittance kein Eintritt *(m)*
No entry! Eintritt *(m)* verboten! , Einfahrt *(f)* verboten!
no honking (no hooting) hupen verboten
no overtaking Überholverbot *(n)*
no parking Parkverbot *(n)*
no right turn rechts abbiegen verboten
no stopping Halteverbot *(n)*
no stopping on this side today Halteverbot *(n)* heute auf dieser Straßenseite *(f)*
no through road keine Durchfahrt *(f)*
no U-turn wenden verboten
no waiting Halteverbot *(n)*
noise Lärm *(m)*, Geräusch *(n)*
noise control Lärmbekämpfung *(f)*
nominal account Erfolgskonto *(n)*
nominal capital Nominalkapital *(n)*
non-alcoholic alkoholfrei
non-alcoholic beverage alkoholfreies Getränk *(n)*
non-durable goods Verbrauchsgüter *(pl. n)*
non-dutiable nicht zollpflichtig
non-flight (tour) erdgebunden (Reise)
non-iron bügelfrei

non-malted nicht gemälzt
non-production group produktionsunabhängige Stelle *(f)*
non-scheduled flight Sonderflug *(m)*
non-smoker Nichtraucher *(m)*
non-smoker compartment Nichtraucherabteil *(n)*
non-smoking area Nichtraucherbereich *(m)*
non-smoking flight Nichtraucherflug *(m)*
non-stop flight Non-Stop-Flug *(m)*, Flug *(m)* ohne Zwischenlandung *(f)*, Direktflug *(m)*
non-swimmer Nichtschwimmer *(m)*
non-swimmers' pool Nichtschwimmerbecken *(n)*
non-wage labo(u)r costs Lohnnebenkosten *(pl.)*
nonbusiness organization nicht unternehmerisch tätige Organisation *(f)*
nonconsolidated subsidiary nichtkonsolidiertes Beteiligungsunternehmen *(n)*
noncurrent assets langfristige Vermögenswerte *(pl. m)*, Vermögensteile *(pl. m)*
noncurrent receivables Forderungen *(pl. f)*, die nach einem Zeitraum *(m)* von 12 Monaten fällig sind; langfristige Forderungen (pl. f)
nondeductible nicht abzugsfähig
nondelivery Nichtlieferung *(f)*
nonfulfillment Nichterfüllung *(f)*
nontrading corporation nicht handeltreibende Körperschaft *(f)*
noodle Nudel *(f)*
noodle soup Nudelsuppe *(f)*
noon Mittag *(m)*
normal fare ticket Vollpreisfahrkarte *(f)*
normal performance Normalleistung *(f)*
north wind Nordwind *(m)*
Norway Norwegen
Norway lobster Langustinen *(pl. f)*
nose-to-tail collision Auffahrunfall *(m)*
note aufzeichnen, vermerken, notieren, Mitteilung *(f)*, Aufzeichnung *(f)*, Notiz *(f)*, Vermerk *(m)*
note paper Briefpapier *(n)*, Schreibpapier *(n)*
notes Anhang *(m)*
notes accompanying the financial statements Anmerkungen *(pl. f)* zum Jahresabschluss *(m)*
notes payable Schuldwechsel *(m)*, Wechselverbindlichkeiten *(pl. f)*
notes receivable Besitzwechsel *(m)*, Wechselforderungen *(pl. f)*
notice bekannt geben, wahrnehmen, Aushang *(m)*, Bekanntgabe *(f)*
notice of a loss Verlustanzeige *(f)*
notice of accident Unfallmeldung *(f)*
notice of claim Schadensanzeige *(f)*
notice of defects Mängelanzeige *(f)*
notice of departure Abmeldung *(f)*
notifiable meldepflichtig, anzeigepflichtig
notification Benachrichtigung *(f)*, Bekanntgabe *(f)*
notify avisieren
nourish ernähren
nourishment Nahrung *(f)*, Nahrungsmittel *(n)*
novelty Neuheit *(f)*
nudism FKK, Freikörperkultur *(f)*
nuisance Belästigung *(f)*, Unfug *(m)*, Störung *(f)*
null and void null und nichtig
number Nummer *(f)*, Zahl *(f)*
number of arrivals Anzahl *(f)* der Ankünfte *(pl. f)*
number of food covers Anzahl *(f)* der Essensgedecke *(pl. n)*
number of participants Teilnehmerzahl *(f)*
number of seats Platzzahl *(f)*
number plate Nummernschild *(n)*

nurse Krankenschwester *(f)*
nursemaid Kindermädchen *(n)*
nursery Kinderzimmer *(n)*
nut Nuss *(f)*
nut bun Nussbeugel *(n)* (österr.)
nut butter Nussbutter *(f)*, braune Butter *(f)*
nut ice Nusseis *(n)*
nut pudding Nusspudding *(m)*
nut tart Nusstorte *(f)*
nutmeg Muskatnuss *(f)*
nutrition Ernährung *(f)*
nutrition science Ernährungslehre *(f)*

O

oak Eiche *(f)*
oar Ruder *(n)*
oasis Oase *(f)*
oat Hafer *(m)*
oat flakes Haferflocken *(pl. f)*
oatmeal Hafermehl *(n)*, Haferbrei *(m)*
oatmeal cream soup Haferschleimsuppe *(f)*
oats Haferflocken *(pl. f)*
obedient gehorsam; ergeben
object Gegenstand *(m)*
object to beanstanden
objection Beanstandung *(f)*
objective Ziel *(n)*, Zielsetzung *(f)*
obligate verpflichten
obligation Verpflichtung *(f)*, Schuld *(f)*, Verbindlichkeit *(f)*, Obligation *(f)*
obligation to register with the police polizeiliche Meldepflicht *(f)*
obligatory verpflichtend, bindend
oblige verpflichten
observation Beobachtung *(f)*
observation platform Besucherbalkon *(m)*
observation tower Aussichtsturm *(m)*
observation window Aussichtsfenster *(n)*
observatory Sternwarte *(f)*, Observatorium *(n)*
observe beobachten
occasion Gelegenheit *(f)*
occasional customers Laufkundschaft *(f)*
occupancy Belegung *(f)*, Hotelbelegung *(f)*; Aneignung *(f)*
occupancy percentage Belegungsprozentsatz *(m)*
occupation Beruf *(m)*, Beschäftigung *(f)*
occupational illness Berufskrankheit *(f)*
occupied besetzt
occur vorfallen
ocean Ozean *(m)*, Meer *(n)*
ocean-going hochseetüchtig
ocean liner Ozeandampfer *(m)*
odo(u)r Geruch *(m)*, Duft *(m)*
of age mündig, volljährig
off-licence inn Gassenschenke *(f)*
off limits Zutritt *(m)* verboten
off-peak fare Vor- und Nachsaisonfahrpreis *(m)*
off-peak period verkehrsarme Zeit *(f)*
off-peak season Vor- und Nachsaison *(f)*
off-season tote Saison *(f)*
off the beaten track abgelegen
off the peg von der Stange
off the road abseits der Straße *(f)*
offals Innereien *(pl. f)*
offend beleidigen
offer anbieten, offerieren, Angebot *(n)*, Offerte *(f)*
offer of employment Stellenangebot *(n)*
office Büro *(n)*
office equipment Büroausstattung *(f)*
office furniture, fixtures and equipment Büromobiliar *(n)*, -einbauten *(pl.)* und – maschinen *(pl. f)*
office hours Geschäftszeit *(f)*

office supplies Büromaterial *(n)*, Bürobedarf *(m)*
office work Büroarbeit *(f)*
officer Mitglied *(n)* der Geschäftsleitung *(f)*
official offiziell, amtlich
oil Öl *(n)*
oil change Ölwechsel *(m)*
oil-fired central heating Ölzentralheizung *(f)*
oil heating Ölheizung *(f)*
oil level Ölstand *(m)*
old alt
old snow Altschnee *(m)*
old town Altstadt *(f)*
old wine alter Wein *(m)*
old-fashioned altmodisch
olive Olive *(f)*
olive oil Olivenöl *(n)*
olives, stuffed gefüllte Oliven *(pl. f)*
Olympic city Olympiastadt *(f)*
Olympic Games Olympische Spiele *(pl. n)*
omelet Omelett *(n)*
omelet soufflé Auflaufomelett *(n)*
omelet with fine herbs Kräuteromelett *(n)*
omelet with ham Schinkenomelett *(n)*
omelet with mushrooms Champignonomelett *(n)*
omnibus Omnibus *(m)*
on behalf of namens
on board an Bord *(m)*
on board ship auf dem Schiff *(n)*
on demand auf Verlangen *(n)*
on hand vorrätig
on hand (amount) Bestand *(m)*
on lease pachtweise, mietweise
on leaving the country bei der Ausreise *(f)*
on schedule planmäßig, termingerecht
on shore an Land *(n)*
on short routes auf kurzen Strecken *(pl. f)*
on the high seas auf hoher See *(f)*
on the job training Ausbildung *(f)* am Arbeitsplatz *(m)*
on the quay am Kai *(m)*
on the rocks Getränk *(n)* mit Eis(-würfel) *(n)*
on the sea zur See *(f)*, an der See *(f)*
on the spit am Spieß *(m)* gebraten
on trial auf Probe *(f)*
oncoming traffic entgegenkommender Verkehr *(m)*, Gegenverkehr *(m)*
one-armed bandit Spielautomat *(m)*
one man operation Einmannbetrieb *(m)*
one-room apartment Einzimmerwohnung *(f)*
one-room flat Einzelzimmerappartement *(n)*
one-way street Einbahnstraße *(f)*
onion Zwiebel *(f)*
onion mash Zwiebelmus *(n)*
onion sauce Zwiebelsoße *(f)*
onward air journey Weiterflug *(m)*
open offen, öffnen
open-air bath Freibad *(n)*
open-air café Straßencafé *(n)*, Gartencafé *(n)*
open-air dance Tanz *(m)* im Freien *(n)*
open-air rest cure Liegekur *(f)*
open-air restaurant Gartenlokal *(n)*, Gartenrestaurant *(n)*
open-air stage Freiluftbühne *(f)*
open-air swimming-pool Freibad *(n)*, Sommerbad *(n)*
open-air theatre Freiluftbühne *(f)*, Freilufttheater *(n)*
open-air ticket offener Flugschein *(m)*
open-air veranda Liegehalle *(f)*
open all (the) year round ganzjährig geöffnet
open an account Konto *(n)* eröffnen
open bar Open Bar *(f)*
open check Barscheck *(m)*

open-door policy Politik *(f)* der offenen Tür *(f)*
open-jaw flight Gabelflug *(m)*
open market freier Markt *(m)*
open pie Pizza *(f)*
open price freier Preis *(m)*
open sandwich belegtes Brot *(n)* (einfach)
open season Jagdsaison *(f)*, Jagdzeit *(f)*
open space Grünfläche *(f)*
open-water port Hafen *(m)* am offenen Meer *(n)*
open wine offener Wein *(m)*
opening freie Stelle *(f)*, Eröffnung *(f)*
opening of the season Saisoneröffnung *(f)*
opera Oper *(f)*
opera ball Opernball *(m)*
opera house Opernhaus *(n)*
operate funktionieren, in Betrieb *(m)* halten, Gäste *(pl. m)* bedienen
operates daily verkehrt täglich
operating agreement Betriebsvereinbarung *(f)*
operating all (the) year round ganzjährig in Betrieb *(m)*
operating cycle Geschäftszyklus *(m)*, Betriebskreislauf *(m)*
operating rate Beschäftigungsgrad *(m)*
operating supplies Betriebsstoffe *(pl. m)*
operating system Betriebssystem *(n)*
operating time Betriebszeit *(f)*
operational einsatzfähig, einsatzbereit
operational control Betriebskontrolle *(f)*
operational management Operational Management *(n)*, praktisches Hotelmanagement *(n)*, Betriebsführung *(f)*
operator Telefonist(in) *(m/f)*
operetta house Operettentheater *(n)*
opinion Meinung *(f)*, Prüfmeinung *(f)*
opinion survey Meinungsumfrage *(f)*
opportunity advertising Gelegenheitswerbung *(f)*
opposite gegenüber, entgegengesetzt, Gegenteil *(n)*
optical optisch
optimal lot size optimale Losgröße *(f)*
optimization Optimierung *(f)*
option Option *(f)*, befristetes Kaufangebot *(n)*
option Optionsrecht *(n)*
option date Erklärungstag *(m)*
optional wahlfrei, fakultativ, freigestellt
optional reservation Vormerkung (einer Buchung) *(f)*
oral mündlich
orange Orange *(f)*, Apfelsine *(f)*
orange ice-cream Orangeneis *(n)*
orangeade Orangeade *(f)*, natürliche Orangenlimonade *(f)*
orchestra Orchester *(n)*
order bestellen, beauftragen, Bestellung *(f)*, Auftrag *(m)*; Ordnung *(f)*
order by telephone telefonische Bestellung *(f)*
order copy Bestellkopie *(f)*
order form Bestellformular *(n)*
order quantity Bestellmenge *(f)*
order taking Bestellaufnahme *(f)*
ordering procedure Bestellverfahren *(n)*
ordering rate Bestellhäufigkeit *(f)*
orderly ordentlich, ordnungsgemäß
ordinary gewöhnlich
organic food Vollwertkost *(f)*
organization Organisation *(f)*, Einrichtung *(f)*
organization chart Organigramm *(n)*, Organisationsplan *(m)*
organize organisieren, einrichten
organized tour Gesellschaftsreise *(f)*
organizer Veranstalter(in) *(m/f)*, Organisator(in) *(m/f)*

orient Osten *(m)*, Morgenland *(n)*
orientation plan Orientierungstafel *(f)*
orientation training Einführungsschulung *(f)*
origin Herkunft *(f)*, Ursprung *(m)*, Abstammung *(f)*
original historical acquisition or production costs ursprüngliche Anschaffungs- oder Herstellungskosten *(pl.)*
ornamental fountains Wasserspiele *(pl. n)*
other assets, at costs less amortization sonstiges Vermögen *(n)*, zu Anschaffungskosten *(pl.)* *abzüglich Abschreibungen (pl. f)*
other assets, net sonstige Aktiva *(pl.)*, netto
other catering operations sonstige Dienstleistungen *(pl. f)*
other cost of sales (schedule 2) sonstige Warenkosten *(pl.)* (Umsatzbereich 2)
other income (schedule 2) sonstige Umsätze *(pl. m)* (Umsatzbereich 2)
other operated departments Nebenbetriebe *(pl. m)*, sonstige Betriebsabteilungen *(pl. f)*
ounce, o. z. Unze *(f)*, 28,350g
out of date veraltet
out-of-line abweichend vom Üblichen *(n)*
out-of-pocket expense Barauslage *(f)*
out of the way abgelegen
outboard motor boat Außenbord-Motorboot *(n)*
outdoor advertising Außenwerbung *(f)*
outdoor bath Freibad *(n)*
outdoor dress Straßenkleidung *(f)*
outfit Ausstattung *(f)*, Ausrüstung *(f)*
outing Ausflug *(m)*, Ausfahrt *(f)*
outing in the country Landausflug *(m)*
outlet Betriebsstätte *(f)*, Absatzmarkt *(m)*, Auslass *(m)*, Steckdose *(f)*
outline umreißen, Umriss *(m)*
output Produktionsmenge *(f)*, Arbeitsleistung *(f)*
outside representative Außenvertreter(in) *(m/f)*
outside room Außenkabine *(f)*
outsider Außenseiter(in) *(m/f)*
outstanding hervorragend
outstanding shares alle im Umlauf *(m)* befindlichen Aktien *(pl. f)*
outward äußerlich, aus(wärts)...
outward and homeward voyage Hin- und Rückreise *(f)*
outward and inward flight Hin- und Rückflug *(m)*
outward and inward journey Hin- und Rückreise *(f)*, Hin- und Rückfahrt *(f)*
outward flight Hinflug *(m)*
outward journey Hinreise *(f)*, Hinflug *(m)*, Hinfahrt *(f)*
outward voyage Hinfahrt *(f)*, Hinreise *(f)*
oven Bratofen *(m)*, Backofen *(m)*
oven-baked im Ofen *(m)* gebacken
oven-baked apple im Ofen *(m)* gebackener Apfel *(m)*
overall labo(u)r agreement Manteltarifvertrag *(m)*
overall planning Gesamtplanung *(f)*
overall view Übersicht *(f)*
overcapacity Überkapazität *(f)*
overcharge überfordern, zuviel berechnen
overcoat Mantel *(m)*, Überzieher *(m)*
overcome überwinden
overcook zu stark braten
overcrowded überfüllt, überlaufen
overdone übergar
overdraw überziehen
overdue überfällig
overestimate überschätzen
overestimation Überschätzung *(f)*

part-timer Teilzeitarbeiter(in) *(m/f)*, Aushilfe *(f)*
partial board Teilverpflegung *(f)*
partial cancellation Teilstornierung *(f)*
partial massage Teilmassage *(f)*
partial payment Teilzahlung *(f)*, Abschlagszahlung *(f)*
partially teilweise
participant Teilnehmer(in) *(m/f)*
participate teilhaben, teilnehmen, sich beteiligen
participating certificate Genussschein *(m)*
participation Anteil *(m)*, Teilnahme *(f)*, Beteiligung *(f)*
particulars Einzelangaben *(pl. f)*
partition Trennwand *(f)*
partner Teilhaber(in) *(m/f)*
partnership Personengesellschaft *(f)*, etwa: Offene Handelsgesellschaft (OHG) *(f)*, Gesellschaft des bürgerlichen Rechts (GbR) (f); Teilhaberschaft (f), Sozietät (f) (Anwälte, Ärzte etc.)
partridge Rebhuhn *(n)*
partridge pie Rebhuhnpastete *(f)*
party flight Gesellschaftsflug *(m)*
party game Gesellschaftsspiel *(n)*
party outing Gesellschaftsfahrt *(f)*, Gruppenfahrt *(f)*, Sammelfahrt *(f)*
party tour Gesellschaftsreise *(f)*, Gruppenreise *(f)*
party travel Gesellschaftsreisen *(pl. f)*
party trip Gesellschaftsfahrt *(f)*, Gruppenfahrt *(f)*
pass übergeben, weiterreichen, überholen, vergehen, Pass *(m)*, Durchgang *(m)*
pass in the Alps Alpenpass *(m)*
pass on abwälzen
pass over übergehen, übergeben
passability Befahrbarkeit *(f)*
passable befahrbar
passage Durchfahrt *(f)*, Gang *(m)*
passenger Fahrgast *(m)*, Passagier *(m)*, Beifahrer(in) *(m/f)*
passenger car Personenwagen *(m)*
passenger carriage Personentransport *(m)*, Personenverkehr *(m)*
passenger deck Passagierdeck *(n)*
passenger density Reisedichte *(f)*
passenger fare Passagenpreis *(m)*
passenger ferry Personenfähre *(f)*
passenger plane Passagierflugzeug *(n)*
passenger service Fahrgastbetreuung *(f)*
passenger ship Passagierschiff *(n)*
passenger steamer Passagierdampfer *(m)*
passenger terminal Abfertigungsgebäude *(n)*, Fluggastterminal *(n)*
passenger traffic Personenverkehr *(m)*
passenger train Reisezug *(m)*, Personenzug *(m)*
passenger's luggage Passagiergepäck *(n)*
passer-by Passant(in) *(m/f)*
passing place Ausweichstelle *(f)*
passionate hitzig, leidenschaftlich
passkey Hauptschlüssel *(m)*
passport Reisepass *(m)*
passport and customs examination Zoll- und Passabfertigung *(f)*
passport inspection Passkontrolle *(f)*, Passabfertigung *(f)*
passport office Passstelle *(f)*
passport regulations Passvorschriften *(pl. f)*
past due überfällig
pasta Teigwaren *(pl. f)*, Nudeln *(pl. f)*
pasta with grated cheese Teigwaren *(pl. f)* mit geriebenem Käse *(m)*
paste Paste *(f)*, Teig *(m)*
pasteurization Pasteurisierung *(f)*
pasteurized milk pasteurisierte Milch *(f)*

pastry Gebäck *(n)*
pastry board Nudelbrett *(n)*
pastry cook Patissier *(m)*, Zuckerbäcker(in) *(m/f)*
pastry envelopes Teigtaschen *(pl. f)*
pastry envelopes filled with white cheese Quarktaschen *(pl. f)*
pastry shop Konditorei *(f)*
pasturage Weideland *(n)*
pasture Weide *(f)*
patch cord Steckschnur *(f)*
patent Patent *(n)*
patent violation Patentverletzung *(f)*
path Pfad *(m)*, Weg *(m)*
patron Gast *(m)*, Kunde *(m)*, Stammkunde *(m)*
patty Blätterteigpastetchen *(n)*, Pastetchen *(n)*
pattern Muster *(n)*, Probe *(f)*
paté Pastete *(f)*
paté de foie gras Gänseleberpastete *(f)*
pavement Bürgersteig *(m)*
pawn pfänden
pawpaw Baummelone *(f)*
pax Gast *(m)*, Passagier *(m)*
pay zahlen, bezahlen, Lohn *(m)*, Gehalt *(n)*
pay cash bar bezahlen
pay damages Schadenersatz *(m)* leisten
pay day Zahltag *(m)*
pay phone Telefonzelle *(f)*
payable zahlbar, fällig
paying guest zahlender Gast *(m)*
paying habit Zahlungsgewohnheit *(f)*
paying passenger Zahlpax *(m)*
payload Nutzlast *(f)*
paymaster Zahlmeister *(m)*
payment Zahlung *(f)*, Bezahlung *(f)*, Auszahlung *(f)*
payment in kind Naturalleistung *(f)*
payment of travel(l)ers Reisezahlungsverkehr *(m)*
payroll deductions einbehaltene Lohnsteuer *(f)* und Sozialabgaben *(pl. f)*
payroll fringe costs Lohnnebenkosten *(pl. n)*
pea Erbse *(f)*
pea mash Erbsenpüree *(n)*
pea soup Erbsensuppe *(f)*; dichter Nebel *(m)* (scherzhafter Ausdruck); Waschküche *(f)*
peaceful friedlich
peach Pfirsich *(m)*
peach Melba Pfirsich Melba *(m)*
peaches ice-cream Pfirsicheis *(n)*
peacock Pfau *(m)*
peak hour Zeit *(f)* der Spitzenbelastung *(f)*, Stoßzeit *(f)*
peak hour traffic Stoßverkehr *(m)*, Spitzenverkehr *(m)*
peak load Stoßarbeit *(f)*, Belastungsspitze *(f)*, Arbeitshäufung *(f)*
peak period Stoßzeit *(f)*
peak season Hochsaison *(f)*
peak season fare Hauptsaisonflugpreis *(m)*
peak tourist season Hauptreisezeit *(f)*
peak tourist traffic Hauptreiseverkehr *(m)*
peanut Erdnuss *(f)*
peanut butter Erdnussbutter *(f)*
pear Birne *(f)*
pebble beach Kiesstrand *(m)*
pedestrian crossing Fußgängerübergang *(m)*
peel schälen, Schale *(f)*
peeled geschält
peeling Haut *(f)*, Rinde *(f)*, Schale *(f)*
pem(m)ican Pemmikan *(m)*
penalty Geldstrafe *(f)*, Strafstoß *(m)* (Sport)
peninsula Halbinsel *(f)*
penknife Taschenmesser *(n)*
penny-in-the-slot Automat *(m)*, Verkaufsautomat *(m)*

pension obligations Pensionsrückstellungen *(pl. f)*
pension reserves Pensionsrückstellungen *(pl. f)*
pension scheme Pensionsplan *(m)*
Pentecost Pfingsten *(n)*
penthouse Dachwohnung *(f)*
pepper Pfeffer *(m)*, Pfefferschote *(f)*
pepper box Pfeffergefäß *(n)*
pepper cake Ingwerkuchen *(m)*
pepper-castor Pfefferstreuer *(m)*
peppercorn Pfefferkorn *(n)*
pepper mill Pfeffermühle *(f)*
peppermint Pfefferminze *(f)*
pepper-pot Pfefferstreuer *(m)*
pepper-steak Pfeffersteak *(n)*
per annum pro Jahr *(n)*, jährlich
per day pro Tag *(m)*
per diem allowance Reisespesen-Tagessatz *(m)*
perambulate durchwandern, bereisen, besichtigen
perambulation Durchwanderung *(f)*, Besichtigungsreise *(f)*
perch Barsch *(m)*
perch-pike Fogosch (Zander) *(m)*
percolate Kaffee *(m)* etc. filtern
percolator Perkolator *(m)*, Kaffee(filter)maschine *(f)*
peregrinate wandern, umherreisen
peregrination Wandern *(n)*, Wanderung *(f)*
perfect vervollkommnen
performance Aufführung *(f)* (Theater); Leistung *(f)*, Leistungsgrad *(m)*
performance appraisal Arbeitsplatzbewertung *(f)*, Leistungsbewertung *(f)*
performance control Leistungskontrolle *(f)*
performance standard Leistungsmaßstab *(m)*
period of stay Aufenthaltsdauer *(f)*
period of validity Gültigkeitsdauer *(f)*
periodical Zeitschrift *(f)*
perishable leicht verderblich (Lebensmittel)
perishable goods verderbliche Waren *(pl. f)*
permanent dauernd, ständig
permanent residence ständiger Wohnsitz *(m)*
permanent resident Dauergast *(m)*
permanently open durchgehend geöffnet
permission Erlaubnis *(f)*
permit erlauben, gestatten, Erlaubnis *(f)*, Genehmigung *(f)*, Passierschein *(m)*
perpendicular senkrecht
Persian blinds Jalousien *(pl. f)*
persimmon Kakipflaume *(f)*
personal persönlich
personal belonging persönliche Gebrauchsgegenstände *(pl. m)*
personal computer Personalcomputer *(m)*
personal data Personenbeschreibung *(f)*
personal expenses persönliche Ausgaben *(pl. f)*
personal I.D. Personalausweis *(m)*
personal selling persönlicher Verkauf *(m)*
personal status Familienstand *(m)*
personnel Personal *(n)*
personnel department Personalabteilung *(f)*
personnel manager Personalchef(in) *(m/f)*
personnel requisition Personalanforderung *(f)*
PERT, Program Evaluation and Review Technique Netzplantechnik *(f)*, Projektfortschrittsplanung *(f)*
pet Haustier *(n)*
petrol Benzin *(n)*
petrol can Benzinkanister *(m)*
petrol consumption Benzinverbrauch *(m)*

petrol station Tankstelle *(f)*
petrol tank Benzintank *(m)*
petrol voucher Benzinschein *(m)*
pettitoes Schweinsfüße *(pl. m)*
petty cash kleine Kasse (f), Bargeldkasse *(f)*
pe(e)wit Kiebitz *(m)*
pharmacy Apotheke *(f)*
pheasant Fasan *(m)*
phone Telefon *(n)*
phone book Telefonbuch *(n)*
photo Foto *(n)*
photo safari Fotosafari *(f)*
photographic equipment Fotoausrüstung *(f)*
Photographing not allowed! Fotografieren *(n)* verboten!
phrase formulieren, Ausdruck *(m)*
physical inventory count körperliche Bestandsaufnahme *(f)* der Warenvorräte *(pl. m)*
physiotherapist Krankengymnast(in) *(m/f)*
physiotherapy Heilgymnastik *(f)*, Krankengymnastik *(f)*
piano Klavier *(n)*
piccalilli scharf gewürztes Essiggemüse *(n)*
pick-me-up (Magen-)Stärkung *(f)*, Schnäpschen *(n)*
pick-up-area Abholbereich *(m)*
pick-up-day Abholtag (z. B. Mietwagen) *(m)*
pick-up service Abholdienst *(m)*
pick-up time Abholzeit (z. B. vom Hotel) *(f)*
picking up point Zusteigemöglichkeit *(f)*
pickle Essigsoße *(f)* (zum Einlegen),Gewürzgurke *(f)*, Essiggurke *(f)*
pickled gepökelt
pickled beef's muzzle Ochsenmaulsalat *(m)*
pickled cabbage Sauerkraut *(n)*, Weinkraut *(n)*
pickled cucumber saure Gurke *(f)*
pickled fish marinierter Fisch *(m)*
pickled fruit Senfobst *(n)*, Senffrüchte *(pl. f)*
pickled gherkin Gewürzgurke *(f)*, Salzgurke *(f)*
pickled onion Perlzwiebel *(f)*
pickled pork Pökelfleisch *(n)*, Eisbein *(n)*
pickled shank of pork Eisbein *(n)*
pickles in Essig *(m)* eingelegtes Gemüse *(n)*
pickpocket Taschendieb *(m)*
picnic Picknick *(n)*
picnic bag Picknicktasche *(f)*
picture gallery Gemäldegalerie *(f)*
picture postcard Ansichtskarte *(f)*
picturesque malerisch
piddock Dattelmuschel *(f)*
pie Pastete *(f)*
pie-crust Pastetenkruste *(f)*, Teigdecke *(f)*
piece Stück (n)
piece of cake Stück *(n)* Kuchen *(m)*
piece of luggage Gepäckstück *(n)*
piece of the ribs of beef Mittelrippenstück *(n)* (Rind)
pie-plant Rhabarber *(m)*
pier Mole *(f)*
pig Schwein *(n)*
pigeon Taube *(f)*
pigeon hole Postfach *(n)*, Ablagefach *(n)*
pig's head Schweinskopf *(m)*
pig's trotters Schweinsfüße *(pl. m)*
pike Hecht *(m)*
pike dumplings Hechtklößchen *(pl. n)*
pike-perch Zander *(m)*
pilchard große Sardine *(f)*
pilfer stehlen, entwenden
pilferage Diebstahl *(m)*
pilgrimage Pilgerreise *(f)*
pilgrimage church Wallfahrtskirche *(f)*
pillow Kopfkissen *(n)*
pillowcase Kopfkissenbezug *(m)*
pillowslip Kopfkissenbezug *(m)*

pilot Lotse *(m)*, Pilot *(m)*, steuern, lotsen
pilotage Lotsengebühr *(f)*
pilot's licence Flugschein *(m)*
pimento Jamaikapfeffer *(m)*
pinch Prise *(f)*
pineapple Ananas *(f)*
pineapple ice Ananaseis *(n)*
pineapple juice Ananassaft *(m)*
ping-pong Tischtennis *(n)*
ping-pong room Tischtennishalle *(f)*
pinpoint genau bestimmen (Ziel)
pint ca. 1/2 Liter *(m)*
pintail Wildente *(f)*
piquant sauce pikante Soße *(f)*
pitch a tent Zelt *(n)* aufstellen
pitcher Kanne *(f)*, Krug *(m)*
pivot Angelpunkt *(m)*
pivotal question zentrale Frage *(f)*
pivotal role entscheidende Aufgabe *(f)*
pizza Pizza *(f)*
place a long-distance call ein Ferngespräch *(n)* anmelden
place an order einen Auftrag *(m)* erteilen
place card Tischkarte *(f)*
place-name sign Ortstafel *(f)*
place of arrival Ankunftsort *(m)*
place of assembly Sammelstelle *(f)*, Treffpunkt *(m)*
place of birth Geburtsort *(m)*
place of delivery Erfüllungsort *(m)*
place of departure Abfahrtsstelle *(f)*
place of destination Bestimmungsort *(m)*
place of dispatch Versandort *(m)*
place of entertainment Vergnügungslokal *(n)*
place of interest Ausflugsort *(m)*, Sehenswürdigkeit *(f)*
place of issue Ausstellungsort *(m)*
place of payment Zahlungsort *(m)*
place of performance Erfüllungsort *(m)*
place of pilgrimage Wallfahrtsort *(m)*
place of residence Wohnort *(m)*
place on deck Deckplatz *(m)*
place to sleep Schlafstelle *(f)*
plaice Scholle *(f)*
plain einfach, gutbürgerlich
plain boiled aus dem Wasser *(n)* gezogen (gekocht)
plain boiled potatoes Salzkartoffeln *(pl. f)*
plain circle cake Gugelhupf *(m)*
plain cooking gutbürgerliche Küche *(f)*
plain fare Hausmannskost *(f)*
plain omelet einfaches Omelett *(n)*
plain sausage Knackwurst *(f)*
plain veal cutlet Kalbskotelett *(n)* (natur)
plain veal steak Naturschnitzel *(n)*
plan Plan *(m)*, planen
plane Flugzeug *(n)*, Maschine *(f)*
plane crash Flugzeugabsturz *(m)*
plane load Flugzeugladung *(f)*
plane ticket Flugkarte *(f)*, Flugschein *(m)*
plank Steg *(m)*
planning Planung *(f)*
plastic bag Plastikbeutel *(m)*
plate Teller *(m)*, Platte *(f)*
plate glass insurance Spiegel- und Fensterglasversicherung *(f)*
platform Bahnsteig *(m)*
platform ticket Bahnsteigkarte *(f)*
platter (Braten-)Platte *(f)*
play spielen, Theaterstück *(n)*
play ninepins kegeln
play skittles kegeln
player Spieler(in) *(m/f)*
playgoer Theaterbesucher(in) *(m/f)*
playground Spielplatz *(m)*
playhouse Schauspielhaus *(n)*
playing field Spielwiese *(f)*
playroom Spielzimmer *(n)*
please sb. j-m gefallen, j-m zusagen, j-n erfreuen
please close the door bitte Tür *(f)* schließen

please do not touch bitte nicht berühren
pleasure Vergnügen *(n)*, Freude *(f)*
pleasure boat Vergnügungsdampfer *(m)*
pleasure drive Vergnügungsfahrt *(f)*, Spazierfahrt *(f)*
pleasure trip Vergnügungsreise *(f)*
pleasures of the table kulinarische Genüsse *(pl. m)*
pledge Pfand *(n)*, verpfänden; Pfandrecht *(n)*
pledge of property gewährtes Pfandrecht *(n)*
plentiful reichlich
plimsolls Tennisschuhe *(pl. m)*, Turnschuhe *(pl. m)*
plover Kiebitz *(m)*
plover's eggs Kiebitzeier *(pl. n)*
plug stecken, einstecken, Stecker *(m)*
plum Pflaume *(f)*, Zwetschge *(f)*
plum dumpling Zwetschgenknödel *(m)*
plum flan Pflaumenkuchen *(m)*
plum pudding engl. Weihnachtspudding *(m)*, Plumpudding *(m)*
plum tart Pflaumenkuchen *(m)*
plumber Klempner *(m)*, Installateur *(m)*
plummy reich an Pflaumen *(pl. f)* oder Rosinen *(pl. f)*
pluvial regnerisch
p. m. (post meridiem) nachmittags
poached egg on toast verlorenes Ei *(n)* auf Toast *(m)*
poached eggs verlorene Eier *(pl. n)*
pocket lamp Taschenlampe *(f)*
pocket money Taschengeld *(n)*
pocket timetable Taschenfahrplan *(m)*
point of departure Abfahrtsort
point of origin Ausgangsort *(m)*
point of sale Verkaufsort *(m)*, Verkaufspunkt *(m)*
point of turnaround Umkehrpunkt *(m)*
pointsman Verkehrspolizist(in) *(m/f)*
poker Feuerhaken *(m)*; Poker(spiel) *(n)*
police Polizei *(f)*
police headquarters Polizeipräsidium *(n)*
policeman Polizist *(m)*
police station Polizeirevier *(n)*
polish polieren
polite höflich
politics Politik *(f)*
pollution of the air Luftverschmutzung *(f)*
pollution of the waters Gewässerverschmutzung *(f)*
polyglot vielsprachig
pomegranate Granatapfel *(m)*
pond Teich *(m)*, Weiher *(m)*
pone amerik. Maisbrot *(n)*
pool attendant Bademeister(in) *(m/f)*
poolroom Billardzimmer *(n)*
poolside room Zimmer *(n)* am Swimmingpool *(m)*
pop Brause *(f)*, Popmusik *(f)*
popcorn Puffmais *(m)*
poppy-seed bun Mohnbeugel *(n)* (österr.)
popularity rate Beliebtheitsgrad *(m)*
population density Bevölkerungsdichte *(f)*
porcelain Porzellan *(n)*
porch (überdachte) Vorhalle *(f)*
pork Schweinefleisch *(n)*
pork chop Schweinekotelett *(n)*
pork cutlet Schweinekotelett *(n)*
pork cutlet breaded Schweinskotelett *(n)* gebacken
pork galantine Schwartenmagen *(m)*
pork kidneys Schweinsnieren *(pl. f)*
pork knuckles Schweinshaxe *(f)*
porker Mastschwein *(n)*
porkling Ferkel *(n)*
porridge Haferbrei *(m)*, Porridge *(m)*
port Hafen *(m)*, Portwein *(m)*

port dues Hafengeld *(n)*
port entrance Hafeneinfahrt *(f)*
port installations Hafenanlagen *(pl. f)*
port of call Anlaufhafen *(m)*, Anlegehafen *(m)*, Bestimmungshafen *(m)*, Zwischenhafen *(m)*
port of embarkation Abfahrtshafen *(m)*
port of departure Ausgangshafen *(m)*
port of registry Heimathafen *(m)*
port of transshipment Umschlaghafen *(m)*
portable luggage Handgepäck *(n)*
portable medicine case Reiseapotheke *(f)*
portable radio Kofferradio *(n)*
portacrib Reisebett (für Kleinkinder) *(n)*
portal Portal *(f)*
porter dunkles Bier *(n)*; Hoteldiener *(m)*, Gepäckträger *(m)*, Pförtner *(m)*, Portier *(m)*
porterhouse steak Zwischenrippenstück *(n)* mit Filet *(n)*
porthole Bullauge *(n)*
portion Portion *(f)*, Teil *(m)*
portion chart Verzeichnis *(n)* der Soll-Portionsgrößen *(pl. f)*
portion size Portionsgröße *(f)*
position Stellung *(f)*, Position *(f)*, Lage
possessor Besitzer(in) *(m/f)*
possibility Möglichkeit *(f)*
possibility of travel(l)ing Anreisemöglichkeit (f)
post office Postamt *(n)*
post office box Postfach *(n)*
post office bus Postbus *(m)*
post payment Nachzahlung *(f)*
post paid franko, frankiert
postage Porto *(n)*
postage meter Frankiermaschine *(f)*
postage stamp Briefmarke *(f)*
postal code Postleitzahl *(f)*
postal delivery Postzustellung *(f)*
postal district Postbezirk *(m)*
postal giro office Postscheckamt *(n)*
postal money order Postanweisung *(f)*
postal order Postanweisung *(f)*
postal rate Portogebühr *(f)*
postal savings account Postsparkonto *(n)*
postale check account Postscheckkonto *(n)*
postcard Postkarte *(f)*
poste restante postlagernd
poste restante railway station bahnpostlagernd
poster Werbeplakat *(n)*, Plakat *(n)*, Poster *(n)*
poster board Anschlagtafel *(f)*
posting Versetzung *(f)*
posting to an account Verbuchung *(f)* auf einem Konto *(n)*
postman Briefträger *(m)*
postmark Poststempel *(m)*
postpone aufschieben, verschieben, vertagen
postponement Verschiebung *(f)*, Vertagung *(f)*
posture Haltung *(f)*
postwoman Briefträgerin *(f)*
pot Topf *(m)*, Tiegel *(m)*
pot of broth with boiled meat Suppentopf *(m)* mit Fleischeinlage *(f)*
pot roast Schmorbraten *(m)*
pot stew of fish Fischeintopfgericht *(n)*
pot stew of tripes gedämpfte Kutteln *(pl. f)*
pot-herb Küchenkraut *(n)*
potage (dicke) Suppe *(f)*
potation Trinken *(n)*
potato Kartoffel *(f)*
potato basket Kartoffelkörbchen *(n)*
potato chips Kartoffelchips *(pl.)*

potato crisps gebackene Kartoffelscheiben *(pl. f)*, Kartoffelchips *(pl.)*
potato croquettes Kartoffelkroketten *(pl. f)*
potato dumpling Kartoffelknödel *(m)*
potato fritters Reibekuchen *(pl. m)*, Kartoffelpuffer *(pl. m)*
potato mash Kartoffelbrei *(m)*
potato masher Kartoffelstampfer *(m)*
potato nest Kartoffelkörbchen *(n)*
potato pancake Kartoffelpuffer *(m)*
potato salad Kartoffelsalat *(m)*
potato soup Kartoffelsuppe *(f)*
potato straws Strohkartoffeln *(pl. f)*
potatoes, baked gebackene Kartoffeln *(pl. f)*
potatoes baked in their jackets gebackene Pellkartoffeln *(pl. f)*
potatoes, boiled Salzkartoffeln *(pl. f)*
potatoes, chipped Pommes frites *(pl. f)*
potatoes, fried Bratkartoffeln *(pl. f)*
potatoes in their jackets Kartoffeln *(pl. f)* in der Schale *(f)*
potatoes, sauté Schwenkkartoffeln *(pl. f)*
potential of accommodation Aufnahmepotential *(n)*
pothole Schlagloch *(n)*
pottage dicke Gemüsesuppe *(f)* (mit Fleisch)
potted beef Rinderschmorbraten *(m)*
pottery Keramik *(f)*
poulard Poularde *(f)*
poultry Geflügel *(n)*
pound engl. Pfund *(n)* (ca. 450g)
poundcake Napfkuchen *(m)*
pour gießen
pour over darüber gießen
poussin Küken *(n)*
powder Pulver *(n)*, Puder *(m)*, bestreuen
powder snow Pulverschnee *(m)*
power consumption Stromverbrauch *(m)*
power current Kraftstrom *(m)*
power point Steckdose *(f)*
power supply Energieversorgung *(f)*
practical praktisch, zweckmäßig
practice slope Übungshang *(m)*
practise üben, trainieren
prawn Garnele *(f)*, Krabbe *(f)*
prawn cocktail Krabbencocktail *(m)*
prearrange vorausplanen
precede vorausgehen, vorangehen
precedence Priorität *(f)*, Vorrang *(m)*, Vorrecht *(n)*
precipitation Niederschlag *(m)*
precondition Voraussetzung *(f)*
precook vorkochen
precool vorkühlen
predestined vorherbestimmt
predicative value Voraussagetauglichkeit *(f)* (Rechnungslegung)
predict demand Prognose *(f)* der Nachfrage *(f)*
predominant vorherrschend
prefer bevorzugen, vorziehen
preference Vorzug *(m)*, Vorliebe *(f)*, Wahl *(f)*
preferential treatment Vorzugsbehandlung *(f)*, Sonderbehandlung *(f)*
preferred bevorzugt
preferred stock Vorzugsaktien *(pl. f)*
preheat vorwärmen
preliminary agreement Vorvertrag *(m)*
première Erstaufführung *(f)*
preopening expenses Voreröffnungskosten *(pl.)*
preopening management Voreröffnungsmanagement *(n)*
prepaid vorausbezahlt
prepaid expenses aktive Rechnungsabgrenzung *(f)*, transitorische Rechnungsabgrenzung *(f)*

prepaid rent vorausbezahlte Miete *(f)*
preparation Vorbereitung *(f)*, Zubereitung *(f)*
prepare vorbereiten, zubereiten
prepared at (guest's) table am Tisch *(m)* zubereitet
prepared with butter in Butter *(f)* zubereitet
prepayment Vorauszahlung *(f)*
prepayments geleistete Anzahlungen *(pl. f)*
pre-/post-convention tour Einzel- oder Gruppenpreise *(f)* im Zusammenhang *(m)* mit einer Kongressveranstaltung *(f)*
pre-preparation Grundzubereitung *(f)*
prerequisite Voraussetzung *(f)*
pre-season Vorsaison *(f)*
present Geschenk *(n)*
present a bill Rechnung *(f)* vorlegen
present value Gegenwartswert *(m)*, Barwert *(m)*
present value of future cash flow diskontierte Nettoeinzahlungsüberschüsse *(pl. m)*
presentation Vorlage *(f)*, Präsentation *(f)*
preservation of monuments Denkmalpflege *(f)*
preserve einmachen, erhalten
preserves Eingemachtes *(n)*, Konserve *(f)*, eingemachte Früchte *(pl. f)*, Konfitüren *(pl. f)*
presidential suite Präsidenten-Suite *(f)*
press advertising Anzeigenwerbung *(f)*
press release Presseinformation *(f)*, Presseerklärung *(f)*, Pressemitteilung *(f)*
press tour Pressereise *(f)*
pressed hog's head Presskopf *(m)*
pressing service Bügelservice *(m)*, Büglerei *(f)*
pressure Druck *(m)*
prestige advertising Repräsentationswerbung *(f)*
pretzel (Salz-)Bretzel *(f)*
prevent verhindern, verhüten
prevention Verhinderung *(f)*, Vorbeugung *(f)*
preventive vorbeugend
preview Vorschau *(f)*
previous season vorherige Saison *(f)*
previous year Vorjahr *(n)*
prey Beute *(f)*
price Preis *(m)*
price allowance Preisnachlass *(m)*
price category Preisklasse *(f)*
price ceiling Preisobergrenze *(f)*
price cut Preisermäßigung *(f)*
price for board and lodging Pensionspreis *(m)*
price increase Preiserhöhung *(f)*
price list Preisliste *(f)*
price-performance ratio Preis-Leistungsverhältnis *(n)*
price policy Preispolitik *(f)*
price structure Preisgefüge *(n)*
price tag Preisschild *(n)*
prices include service charge and value added tax Preise *(pl. m)* einschließlich Bedienungsgeld *(n)* und Mehrwertsteuer *(f)*
prices include the following services Preise *(pl. m)* schließen die folgenden Leistungen *(pl. f)* ein
prices on request Preise *(pl. m)* auf Anfrage *(f)*
prices per day and person Preise *(pl. m)* je Tag *(m)* und Person *(f)*
prices subject to alteration Preisänderung *(f)* vorbehalten
prices without guarantee Preise *(pl. m)* ohne Gewähr *(f)*
pricing Preisfestsetzung *(f)*
prime erstklassig
prime choice erste Wahl *(f)*
prime rib of beef Ochsenrippenstück *(n)*

principal payment Kapitalrückzahlung *(f)*, Tilgung *(f)*
principles of proper accounting Bilanzierungsgrundsätze *(pl. m)*
print Abzug *(m)*, drucken
printed matter Drucksache *(f)*
printer Drucker *(m)*
printing and stationery Druck- und Büromaterial *(n)* und Drucksachen *(pl. f)*
prior to früher, älter, eher (als), vorher, vorausgehend
priority Vorzug *(m)*, Vorrang *(m)*, Priorität *(f)*
priority road Vorfahrtsstraße *(f)*
privacy Privatsphäre *(f)*
private air traffic Privatflugverkehr *(m)*
private bath Einzelbad *(n)*
private bathing-beach Privatbadestrand *(m)*
private car Privatwagen *(m)*
private hotel Hotelpension *(f)*
private house Privathaus *(n)*
private party geschlossene Gesellschaft *(f)*
private performance geschlossene Vorstellung *(f)*
private property Privatgrundstück *(n)*, Privatbesitz *(m)*
private room Privatzimmer *(n)*, Privatquartier *(n)*, Gesellschaftsraum *(m)*
private yacht Privatjacht *(f)*
privilege Vorrecht *(n)*
pro memoria item Erinnerungsposten *(m)*
pro rata depreciation anteilige Jahresabschreibung *(f)*
probable wahrscheinlich
probable losses from pending transactions drohende Verluste *(pl. m)* aus schwebenden Geschäften *(pl. f)*
probable time of arrival voraussichtliche Ankunftszeit *(f)*
procedure Verfahren *(n)*
proceed to the waiting room in good time sich frühzeitig in den Warteraum *(m)* begeben
process chart Arbeitsablaufdiagramm *(n)*
processing Verarbeitung *(f)*
procession Umzug *(m)*
procession in national costumes Trachtenumzug *(m)*
produce herstellen, vorlegen
product Produkt *(n)*, Erzeugnis *(n)*
product development Produktentwicklung *(f)*
product liability claim Schadensersatzverpflichtung *(f)* (aus Produkthaftung)
product mix Sortiment *(n)*
product quality Produktqualität *(f)*
product warranty Garantieverpflichtung *(f)*
production control Steuerung *(f)* der Produktion *(f)*
production planning Produktionsplanung *(f)*
production standard Leistungsmaßstab *(m)*, Leistungseinheit *(f)*
productivity Leistung *(f)*, Produktivität *(f)*
profession Beruf *(m)*
professional professionell, Profi *(m)*
profit Gewinn *(m)*
profit sharing plan Gewinnbeteiligung *(f)*, Tantiemen *(pl. f)*
profitability Rentabilität *(f)*
program (US) Programm *(n)*
programme (GB) Programm *(n)*
programming language Programmiersprache *(f)*
progress Fortgang *(m)*, Verlauf *(m)*
prohibit untersagen, verbieten
prohibited area Sperrgebiet *(n)*
prohibition of entry of vehicles Verkehrsverbot *(n)*
prohibition to overtake Überholverbot *(n)*

prohibition to park Parkverbot *(n)*
prohibition to stop Halteverbot *(n)*
projector Projektor *(m)*
prolong verlängern
prolongation Verlängerung *(f)*
promenade Promenade *(f)*
promenade deck Promenadendeck *(n)*
promise versprechen, Versprechen *(n)*
promissory note Schuldschein *(m)*, persönliches Schuldanerkenntnis *(n)*, Solawechsel *(m)*
promontory Vorgebirge *(n)*
promote werben, fördern, Vorschub *(m)* leisten
promotion Werbung *(f)*, Verkaufsförderung *(f)*
promotion of the tourist trade Förderung *(f)* des Fremdenverkehrs *(m)*
promotional gift Werbegeschenk *(n)*
prompt Eingabeaufforderung *(f)*
proof Beweis *(m)*, Nachweis *(m)*
proof of foreign medical coverage Auslandskrankenschein *(m)*
propan gas Propangas *(n)*
property Eigentum *(n)*
property right Eigentumsrecht *(n)*, Vermögensrecht *(n)*
property, plant and equipment, at cost Anlagevermögen *(n)*, zu Anschaffungs- bzw. Herstellkosten *(pl.)*
proposal Vorschlag *(m)*, Antrag *(m)*
propose vorschlagen, beantragen
proprietor Inhaber(in) *(m/f)*, Eigentümer(in) *(m/f)*
proprietorship Einzelkaufmann *(m)*
prospectus Prospekt *(m)*
prosperity irregularity report, PIR Bestätigung *(f)* für abhanden gekommenes Gepäck *(n)*
protected from geschützt gegen
protection of places of natural beauty Landschaftsschutz *(m)*
protective inoculation Schutzimpfung *(f)*
protective vaccination Schutzimpfung *(f)*
prove one's identity sich ausweisen
proven bewiesen, nachgewiesen
provide bereitstellen
provider Anbieter(in) *(m/f)*
provision Bestimmung *(f)*, Vorschrift *(f)*, Klausel *(f)* (in Gesetzen, Verträgen etc.); Rückstellung (f)
provision dealer Feinkosthändler *(m)*
provisional vorläufig
provisions Lebensmittel *(pl. n)*, Proviant *(m)*
provoke hervorrufen, erregen, verursachen, provozieren
prune Pflaume *(f)*, Zwetschge *(f)*, Dörrpflaume *(f)*, Backpflaume *(f)*
prunelle Prünelle *(f)* (getrocknete, entkernte Pflaume)
pub Gasthaus *(n)*, Kneipe *(f)*, Ausschank *(m)*, Pub *(m)*, Lokal *(f)*
pub crawl Kneipentour *(f)*
public bar Stehbierhalle *(f)*
public bathroom Etagenbad *(n)*
public call box öffentliche Fernsprechzelle *(f)*
public convenience öffentliche Toilette *(f)*
public corporation Aktiengesellschaft *(f)* mit breiter Streuung *(f)* des Aktienbesitzes *(m)*
public gardens öffentliche Anlagen *(pl. f)*
public health department Gesundheitsamt *(n)*
public health regulations Gesundheitsbestimmungen *(pl. f)*
public holiday gesetzlicher Feiertag *(m)*
public house Bierlokal *(n)*, Ausschank *(m)*, Wirtshaus *(n)*

public lavatory öffentliche Toilette *(f)*
public notices öffentliche Bekanntmachungen *(pl. f)*
public relations Öffentlichkeitsarbeit *(f)*, Public Relations (PR) *(pl.)*
public space and kitchen cleaning Reinigung *(f)* der Veranstaltungsräume *(pl. m)* und Küche *(f)*
public transport öffentliche Verkehrsmittel *(pl. n)*
publican Wirt *(m)*, Kneipenbesitzer *(m)*
publication Veröffentlichung *(f)*, Publikation *(f)*
publicity Publizität *(f)*, Öffentlichkeit *(f)*
publicity campaign Werbefeldzug *(m)*
publicity campaign abroad Auslandswerbung *(f)*
publicity department Werbeabteilung *(f)*
publish veröffentlichen
pudding Pudding *(m)*
puff omelet Omelette Soufflee *(n)*
puff pastry Blätterteiggebäck *(n)*
puff-paste Blätterteig *(m)*
puff-paste patty Blätterteigpastetchen *(n)*
puff-paste stick Blätterteigstängelchen *(n)*
puffed potatoes Auflaufkartoffeln *(pl. f)*
pull-down table Klapptisch *(m)*
pull the emergency brake Notbremse *(f)* ziehen
pull-out bed Ausziehbett *(n)*
Pullman(car) Pullmannwagen *(m)*, Salon-Schlafwagen *(m)*
pulses Hülsenfrüchte *(pl. f)*
pump room Trinkhalle *(f)*, Quellpavillon *(m)*, Wandelhalle *(f)*
pump room cure Trinkkur *(f)*
pumpkin Kürbis *(m)*
punch Punsch *(m)*
purchase erwerben, einkaufen, Kauf *(m)*
purchase requisition Bedarfsmeldung *(f)*
purchasing agent Einkäufer(in) *(m/f)*
purchasing department Einkaufsabteilung *(f)*
purchasing policy Einkaufspolitik *(f)*
purchasing procedure Einkaufsverfahren *(n)*
purchasing specifications Einkaufsrichtlinien *(pl. f)*
pure pur, rein
puree of beans Bohnenpüree *(n)*
puree of peas Erbsenpüree *(n)*
purse Geldbeutel *(m)*
purser Zahlmeister *(m)*
push stoßen
pusher Schieber *(m)* (Kinderlöffel)
put on a waiting list auf eine Warteliste *(f)* setzen
put s.b. at ease j-n beruhigen
put up absteigen, beherbergen
put up to sea auslaufen
put up with sich abfinden mit
PX (post exchange) Warenhaus *(n)* für amerik. Armeeangehörige *(pl. m)*

Q

quack doctor Kurpfuscher *(m)*, Quacksalber *(m)*
quaff zechen
quagmire Morast *(m)*
quail Wachtel *(f)*
qualification Qualifikation *(f)*, Eignung *(f)*
qualified qualifiziert
qualify befähigen, qualifizieren
quality Güte *(f)*, Beschaffenheit *(f)*, Qualität *(f)*
quality assurance Qualitätssicherung *(f)*
quality assurance program Qualitätsprüfungsprogramm *(n)*

quality control Qualitätskontrolle *(f)*
quality evaluation Qualitätsbewertung *(f)*
quality inspector Qualitätskontrolleur(in) *(m/f)*
quality label Gütezeichen *(n)*
quality standard Qualitätsstandard *(m)*
qualmish übel, unwohl
quantitative analysis quantitative Untersuchung *(f)*
quantity Menge *(f)*
quantity standard Mengenstandard *(m)*, Mengenvorgabe *(f)*
quarantine Quarantäne *(f)*
quarrel streiten, zanken, Streit *(m)*
quart Quart *(m)* (1,1361)
quarter Viertel *(n)*, Vierteljahr *(n)*, Stadtviertel *(n)*, Himmelsrichtung *(f)*, Quartal *(n)*
quarterly vierteljährlich
quartermaster Quartiermeister *(m)*, Steuermannsmaat *(m)*
quarters Quartier *(n)*
quasi gleichkommend, quasi
quay Kai *(m)*
quay dues Kaigebühren *(pl. f)*, Liegegeld *(n)*
quayage Kaigeld *(n)*, Kaianlagen *(pl. f)*
queasy empfindlich
queen olive große, grüne Olive *(f)*
quenelle Fleischknödel *(m)*
querulous quengelig
question Frage *(f)*, in Frage *(f)* stellen
questionary Fragebogen *(m)*
questionnaire Fragebogen *(m)*
queue Schlange *(f)*, Reihe *(f)*
queue up Schlange *(f)* stehen
quick schnell
quick lunch restaurant Schnellgaststätte *(f)*
quick service restaurant Schnellgaststätte *(f)*
quick-frozen tiefgekühlt
quiet ruhig, still
quietly located in ruhiger Lage *(f)*
quilt Steppdecke *(f)*
quince Quitte *(f)*
quit aufgeben, verlassen, verzichten, kündigen
quit claim verzichten, Verzicht *(m)*
quit rate Kündigungsquote *(f)*
quite ganz, ziemlich
quota Quote *(f)*, Anteil *(m)*, Kontingent *(n)*
quotation Kursnotierung *(f)*, Preisnotierung *(f)*, Preisangabe *(f)*
quotation of prices Preisangabe *(f)*
quote notieren, quotieren, ein Preisangebot *(n)* machen
quotient Quotient *(m)*

R

rabbit Kaninchen *(n)*
race Rennen *(n)*, rennen
race course Rennstrecke *(f)*
racing boat Rennboot *(n)*
rack Trockengestell *(n)*, Gläsergestell *(n)*
rack rate offizieller (höchster) Zimmerpreis *(m)*, Standard-Zimmerpreis *(m)*, Tarifpreis *(m)*
racket Tennisschläger *(m)*
radiator Kühler *(m)* (Auto)
radio sets in every room Radio *(n)* in allen Zimmern *(pl. n)*
radio taxi Funktaxi *(n)*
radish Radieschen *(n)*, Rettich *(m)*
radon spring Radonquelle *(f)*
raft Floß *(n)*
rag Lappen *(m)*
ragout Ragout *(n)*
ragout of chicken Geflügelragout *(n)*
rail Reling *(f)*
rail and steamship travel kombinierte Zug-Schiffsreise *(f)*
rail and water terminal Schiff-Eisenbahn-Umladeplatz *(m)*

rail connection Bahnverbindung *(f)*, Zugverbindung *(f)*
rail ticket Eisenbahnfahrkarte *(f)*
rail ticket office Bahnschalter *(m)*
rail traffic Eisenbahnverkehr *(m)*, Schienenverkehr *(m)*
rail transport Eisenbahngütertransport *(m)*
railcar Triebwagen *(m)*
railroad Eisenbahn *(f)*
railroad car Eisenbahnwagen *(m)*
railroad grade crossing Eisenbahnübergang *(m)*
railroad schedule Eisenbahnfahrplan *(m)*
railroad staff Bahnpersonal *(n)*
railroad terminal Eisenbahnendstation *(f)*
rail-steamer journey Bahn-Schiffsreise *(f)*
railway Eisenbahn *(f)*
railway bookstand Bahnhofsbuchhandlung *(f)*
railway bus Bahnbus *(m)*
railway carriage Eisenbahnwagen *(m)*
railway coach Eisenbahnwagen *(m)*
railway guide Kursbuch *(n)*
railway inquiry office Zugauskunft *(f)*
railway journey Bahnfahrt *(f)*, Bahnreise *(f)*
railway junction Eisenbahnknotenpunkt *(m)*
railway level Bahnübergang *(m)*
railway line Bahnstrecke (f), Schienenweg *(m)*
railway network Bahnnetz *(n)*
railway rates Eisenbahntarif *(m)*
railway staff Bahnpersonal *(n)*
railway station Bahnhof *(m)*, Bahnstation *(f)*
railway system Eisenbahnnetz *(n)*
railway ticket Eisenbahnfahrkarte *(f)*
railway timetable Eisenbahnfahrplan *(m)*
railway traffic Eisenbahnverkehr *(m)*
rails Gleise *(pl. n)*
rain insurance Regenversicherung *(f)*
rainbow trout Regenbogenforelle *(f)*
raincoat Regenmantel *(m)*
rainfall Niederschlag *(m)*, Regenfall *(m)*
rainproof regendicht
rainy regnerisch
rainy season Regenzeit *(f)*
raise erhöhen, aufnehmen
raise price Preis *(m)* erhöhen
raisin Rosine *(f)*
rally sammeln, Massenversammlung *(f)*; Rallye *(f)*, Sternfahrt *(f)*
ramble wandern, Wanderung *(f)*, Spaziergang *(m)*
rambler Wanderer *(m)*
ramblers' guide Wanderführer *(m)*
rambling Wandern *(n)*, Wandertourismus *(m)*, Wandersport *(m)*
rambling association Wanderverein *(m)*
ramp Rampe *(f)*
rancid ranzig
random access memory (ram) Speicher *(m)* mit wahlfreiem Zugriff *(m)*
random sampling Zufallsstichprobenuntersuchung *(f)*
random test Stichprobenprüfung *(f)*
range Palette *(f)*, Auswahl *(f)*; Herd *(m)*; Bereich *(m)*
range finder Entfernungsmesser *(m)*
rank rangieren, einordnen, Rang *(m)*
ranking list Rangliste *(f)*
rare blutig gebraten, halb durch
rare selten
raspberry Himbeere *(f)*

reduced fares for tourist groups Fahrpreisermäßigung *(f)* für Reisegesellschaften *(pl. f)*
reduced rates ermäßigter Tarif *(m)*, ermäßigter Preis *(m)*, Vergünstigungen *(pl. f)*
reduced-fare ticket Fahrkarte *(f)* zu ermäßigtem Preis *(m)*
reducing diet Abmagerungskur *(f)*
reduction Herabsetzung *(f)*, Ermäßigung *(f)*, Kürzung *(f)*
reduction for children Kinderermäßigung *(f)*
reduction for hotel guests Ermäßigung für Hausgäste *(pl. m)*
reduction of the rates Tarifsenkung *(f)*, Preissenkung *(f)*
re-educate umschulen
re-education Umschulung *(f)*
re-entry visa Wiedereinreisevisum *(n)*
reembark (sich) wieder einschiffen
refer to sich beziehen auf
reference Bezugnahme *(f)*, Hinweis *(m)*
referral business Geschäft *(n)* durch gegenseitige Empfehlung *(f)*
refrain from doing sth. etw. unterlassen
refreshed erfrischt
refreshing erfrischend
refreshment Erfrischung *(f)*
refreshment bar Büffet *(n)*
refreshment room Erfrischungsraum *(m)*
refreshment stall Erfrischungskiosk *(m)*
refrigerator Kühlschrank *(m)*
refrigerator car Kühlwagen *(m)*
refuel tanken
refuge Verkehrsinsel *(f)*, Schutzhütte *(f)*
refund Rückerstattung *(f)*, Rückvergütung *(f)*, zurückerstatten, zurückzahlen
refusal Ablehnung *(f)*, Weigerung *(f)*
refusal to pay Zahlungsverweigerung *(f)*
refuse ablehnen, zurückweisen
region Gegend *(f)*, Gebiet *(n)*
regional airport Regionalflughafen *(m)*
register eintragen, anmelden, einschreiben, Verzeichnis *(n)*
register luggage Gepäck *(n)* aufgeben
register with the police sich bei der Polizei *(f)* melden
registered letter Einschreibebrief *(m)*
registering of luggage Gepäckabgabe *(f)*
registration Abfertigung *(f)*, Anmeldung *(f)*, Eintragung *(f)*
registration closing Anmeldeschluss *(m)*
registration confirmation Anmeldebestätigung *(f)*
registration fee Anmeldegebühr *(f)*, Registrierungsgebühr *(f)*
registration form Anmeldeformular *(n)*, Meldeschein *(m)*
registration of luggage Gepäckabfertigung *(f)*
registration office Meldeamt *(n)*
registry office Registratur *(f)*
regret bedauern
regroup umgruppieren
regular fahrplanmäßig
regular customer Stammgast *(m)*
regular depreciation planmäßige Abschreibung *(f)*
regular hotel guest Hotelstammgast *(m)*
regular traffic Linienverkehr *(m)*
regular working time Normalarbeitszeit *(f)*
regulars' table Stammtisch *(m)*
regulation Regel *(f)*, Richtlinie *(f)*, Ordnung *(f)*, Vorschrift *(f)*
regulations Ausführungsbestimmungen *(pl. f)*

regulations of the house Hausordnung (f)
regulatory body Regelungsinstitution *(f)*
reheat aufwärmen
rehire wieder einstellen
reimburse (zurück)vergüten, zurückerstatten, ersetzen
reimbursement Vergütung *(f)*
reindeer Rentier *(n)*
rejuvenation cure Verjüngungskur *(f)*
related verwandt
relation Beziehung *(f)*, Verhältnis *(n)*
relationship Beziehung *(f)*
relative Verwandter *(m)*
relax sich erholen, entspannen
relaxation Erholung *(f)*, Ausspannung *(n)*
relaxation cure Entspannungskur *(f)*
relaxation time Erholungszeit *(f)*
relaxing erholsam, entspannend
relevance Relevanz *(f)* (Rechnungslegung)
reliability Zuverlässigkeit *(f)*
reliability criterion Reabilitätstest *(m)*
reliable zuverlässig
relief Erleichterung *(f)*
relief train Entlastungszug *(m)*, Sonderzug *(m)*
relieve entlasten, befreien
relieve measure Abhilfemaßnahme *(f)*
relish gern essen, sich schmecken lassen
reloading charge Umladungsgebühr *(f)*
relocate hier: umbuchen
relocation Versetzung *(f)*
relocation expenses (schedule 9) Versetzungskosten *(pl.)* (Service Center 9)
rely sich verlassen auf
remainder Rest *(m)*
remarkable bemerkenswert
remedial gymnastics Krankengymnastik *(f)*
remedy Medikament *(n)*, Heilmittel *(n)*, Abhilfe *(f)*
remind erinnern, mahnen
reminder Erinnerung *(f)*, Mahnung *(f)*, Mahnbrief *(m)*
reminder advertising Erinnerungswerbung *(f)*
remit überweisen
remote entfernt
removal of waste matter (schedule 12) Abfallbeseitigung *(f)* (Service Center 12)
remove beseitigen, entfernen
render a service einen Dienst *(m)* leisten
renew erneuern, verlängern
renewal Erneuerung *(f)*, Verlängerung *(f)*
renounce aufgeben, verzichten
renovate erneuern
renovation Erneuerung *(f)*
rent mieten, pachten, vermieten, verpachten, Miete *(f)*, Pacht *(f)*
rentable mietbar, pachtbar
rental Anmietung *(f)*
rental car Leihwagen *(m)*, Mietwagen *(m)*
rental charge Mietgebühr *(f)*
rental contract Mietvertrag *(m)*
rental office Vermietstation *(f)*
rental service Verleih *(m)*
rentals and other income (schedule 6) Miet- und sonstige Erträge *(pl. m)* (Umsatzbereich 6)
reopening Wiedereröffnung *(f)*
reorder nachbestellen, Nachbestellung *(f)*
reorder system Bestellverfahren *(n)*
reorganization Umorganisation *(f)*
reorganize sanieren, umorganisieren
repair reparieren, instand setzen, ausbessern, Instandsetzung *(f)*
repair order Reparaturauftrag *(m)*

repair shop Reparaturwerkstätte *(f)*
repairs and maintenance Reparaturen *(pl. f)* und Instandhaltung *(f)*
repay zurückzahlen, zurückerstatten
repayable rückzahlbar
repayment amount Rückzahlungsbetrag *(m)*
repeat wiederholen, Wiederholung *(f)*
repeat business Wiederholungsgeschäft *(n)*
repeat order Wiederholungsauftrag *(m)*
repetition Wiederholung *(f)*
replace ersetzen
replacement value Wiederbeschaffungswert *(m)*
reply antworten, Antwort *(f)*
reply postcard Rückantwortkarte *(f)*
report berichten, Bericht *(m)*
report format Staffelform *(f)*
report to unterstellt sein
reporting time Meldezeit *(f)*
represent vertreten
representation Vertretung *(f)*, Stellvertretung *(f)*
representational faithfulness Abbildungstreue *(f)* (Rechnungslegung)
representative Beauftragte(r) *(f/m)*, Vertreter(in) *(m/f)*, Bevollmächtigte(r) *(f/m)*
reprove tadeln
repurchase zurückkaufen
reputation Ruf *(m)*, Ansehen *(n)*
request bitten, auffordern, Bitte *(f)*, Aufforderung *(f)*
request for overtime Überstundenanforderung *(f)*
request stop Bedarfshaltestelle *(f)*
require erfordern, verlangen, brauchen
requirement Erfordernis *(n)*, Bedürfnis *(n)*, Anspruch *(m)*
requisition Anforderung *(f)*, Lageranforderung *(f)*, Bestellung *(f)*
rescue expedition Rettungsexpedition *(f)*
rescue party Rettungsmannschaft *(f)*
research forschen, Forschung *(f)*, Untersuchung *(f)*
research and development Forschung *(f)* und Entwicklung *(f)*
research department Forschungsabteilung *(f)*
reseller Wiederverkäufer *(m)*
reservation Reservierung *(f)*, Belegung *(f)*, Vorbehalt *(m)*; Reservat *(n)*
reservation confirmation Reservierungsbestätigung *(f)*
reservation number Buchungsnummer *(f)*
reservation of seats in advance Vorbestellung *(f)* von Plätzen *(pl. m)*
reservation service Reservierungssystem *(n)*
reservation supervisor Leiter(in) *(m/f)* der Reservierungsabteilung *(f)*
reservation system Reservierungssystem *(n)*
reserve Reserve *(f)*, reservieren, buchen, vorbestellen
reserve a table einen Tisch *(m)* reservieren
reserve by telephone telefonisch bestellen
reserved seat ticket Platzkarte *(f)*
reserves Rücklagen *(pl. f)*
reservoir Stausee *(m)*
reside wohnen, seinen Wohnsitz *(m)* haben
residence Wohnort *(m)*, Wohnsitz *(m)*, Aufenthaltsort *(m)*
residence permit Aufenthaltserlaubnis *(f)*, Aufenthaltsgenehmigung *(f)*

resident wohnhaft, Einwohner(in) *(m/f)*, Bewohner(in) *(m/f)*, Hausgast *(m)*, Pensionsgast *(m)*
resident manager Hoteldirektor(in) *(m/f)*
residential area Wohngebiet *(n)*
residential hotel Hotel garni *(n)*, Frühstückspension *(f)*, Familienpension *(f)*
residue Rest *(m)*
resignation Kündigung *(f)*, Rücktritt *(m)*
resolve (problem) lösen (Problem)
resort hotel Erholungshotel *(n)*
resource Hilfsquelle *(f)*, Reserve *(f)*
respectable seriös
respond to ansprechen auf, reagieren auf
responsibility Verantwortung *(f)*, Haftung *(f)*
responsible verantwortlich, haftbar
responsiveness Reaktionsfähigkeit *(f)*, Empfindlichkeit *(f)*
rest after treatment Nachkur *(f)*
rest area Rastplatz *(m)*, Ruhezone *(f)*
rest cure Erholungskur *(f)*, Erholungsaufenthalt *(m)*, Liegekur *(f)*
rest cure lawn Liegewiese *(f)*
rest cure terrace Liegeterrasse *(f)*
rest period Erholungspause *(f)*
rest room Ruheraum *(m)*, Toilette *(f)* (US), Waschraum *(m)*
restaurant car Speisewagen *(m)*
restaurant deck Restaurantdeck *(n)*
restaurant-keeper Gastwirt(in) *(m/f)*, Gaststättenbesitzer(in) *(m/f)*, Restaurateur(in) *(m/f)*
restaurant manager Restaurantdirektor(in) *(m/f)*
restaurateur Gastronom(in) *(m/f)*, Gastwirt(in) *(m/f)*
restful erholsam
rest-home Erholungsheim *(n)*
restlessness Unruhe *(f)*
restoration Wiederherstellung *(f)*
restore wiederherstellen
restraint of trade Wettbewerbsbeschränkung *(f)*
restricted eingeschränkt, beschränkt, begrenzt
restricted cash funds flüssige Mittel *(pl. n)*, die einer Verfügungsbeschränkung *(f)* unterliegen
restricted money nicht verfügbares Geld *(n)*
restriction Einschränkung *(f)*, Beschränkung *(f)*
restrictive covenants Einschränkungen *(pl. f)*, eingeschränkende Vertragsklauseln *(pl. f)*
result in zur Folge *(f)* haben
résumé Lebenslauf *(m)*, Zusammenfassung *(f)*
retail price Verkaufspreis *(m)*
retain zurückbehalten
retained earnings Gewinnvortrag *(m)* einschließlich freie Rücklagen *(pl. f)*
retardation Verzögerung (f)
retire in Pension *(f)* gehen, zurücktreten
retirement Ruhestand *(m)*, Pension *(f)*
retrain umschulen
retraining Umschulung *(f)*
return Rückkehr *(f)*, Rückgabe *(f)*, zurückgeben, zurückkommen
return fare Fahrpreis *(m)* für die Hin- und Rückreise *(f)*
return flight Rückflug *(m)*
return home Heimkehr *(f)*
return journey Rückreise *(f)*, Rückfahrt *(f)*
return ticket Rückfahrkarte (f), Hin- und Rückfahrschein *(m)*
return transfer Rückholservice *(m)*
return transportation Rückbeförderung *(f)*
return trip Rückreise *(f)*, Rückfahrt *(f)*, Heimreise (f)

return trip insurance Rückreiseversicherung *(f)*
return voyage Rückreise *(f)*
returnable Mehrweg-
reuse wiederverwenden, Wiederverwendung *(f)*
revalidate erneuern
revel feiern
reveal enthüllen, preisgeben
revenue Einkommen *(n)*, Ertrag *(m)*, Umsatz *(m)*, Einnahme *(f)*
review nachprüfen, überprüfen, Überprüfung *(f)*
revise verbessern, durchsehen, revidieren
reward belohnen, Belohnung *(f)*
Rhine salmon Rheinsalm *(m)*
Rhine wine Rheinwein *(m)*
rhubarb Rhabarber *(m)*
rhum-baba Rumbaba *(m)*
rib Rippchen *(n)*
rib of beef Ochsenrippenstück *(n)*
rib of beef, boiled Beinfleisch *(n)*
rib of pork Schweinskarree *(n)*
rib roast of veal Kalbskarreebraten *(m)*
rib steak Kotelett *(n)*
ribbon macaroni Bandnudeln *(pl. f)*
ribs of veal Kalbskarreebraten *(m)*
rice Reis *(m)*
rice dish with grated cheese Reisgericht mit Reibkäse *(n)*
rice dish with peas Reisgericht mit Erbsen *(n)*
rice pie Reisgericht in Form *(n)*
rice pudding Milchreis *(m)*
rice soup Reissuppe *(f)*
rice timbale Reisgericht in Form *(n)*
riding club Reitklub *(m)*
riding course Reitkurs *(m)*
riding facilities Reitgelegenheit *(f)*
riding ground Reitgelände *(n)*
riding ring Reitbahn *(f)*
riding school Reitschule *(f)*
riding stable Reitstall *(m)*
riding track Reitweg *(m)*
rigging Takelung *(f)*
right Recht *(n)*, Berechtigung *(f)*, Rechtsanspruch *(m)*; Lizenz *(f)*; rechts, richtig
right of rescission Rücktrittsrecht *(n)*
right of sublease Untervermietungsrecht *(n)*
right of way Vorfahrt *(f)*
rightful rechtmäßig
rightfulness Rechtmäßigkeit *(f)*
right-hand traffic Rechtsverkehr *(m)*
ring road Ringstraße *(f)*
rinse spülen
riot Krawall *(m)*, Unruhen *(pl. f)*
ripe reif
ripe olive reife Olive *(f)*
rise erhöhen, Erhöhung *(f)*, Aufstieg *(m)*
risk riskieren, wagen, Gefahr *(f)*, Risiko *(n)*, Wagnis *(n)*
risk of conveyance Transportgefahr *(f)*
risk of litigation Prozessrisiko *(n)*
risk under guarantee Bürgschaftsrisiko *(n)*
risky risikoreich, gefährlich
risotto with saffron Safranreis *(m)*
rissole Fleischklöße (gebraten) *(pl. m)*
river Fluss *(m)*
river map Flusskarte *(f)*
river port Binnenhafen *(m)*
river steamer Flussdampfer *(m)*
river traffic Flussschifffahrt *(f)*
river-trout Flussforelle *(f)*
riverside hotel Flusshotel *(n)*
riverside road Uferstraße *(f)*
roach Plötze *(f)*
road atlas Straßenatlas *(m)*
road cleared of snow schneegeräumte Straße *(f)*
road closed gesperrte Straße *(f)*
road conditions Straßenzustand *(m)*
road construction Straßenbau *(m)*
road ditch Straßengraben *(m)*

road fork Straßengabelung *(f)*
road haulage Güterkraftverkehr *(m)*
road junction Straßenkreuzung *(f)*
road map Straßenkarte *(f)*, Autokarte *(f)*
road narrows Straßenverengung *(f)*
road network Straßennetz *(n)*
road report Straßenzustandsbericht *(m)*
road safety Verkehrssicherheit *(f)*
road sign Verkehrzeichen *(n)*
road site Straßenbaustelle *(f)*
road traffic Straßenverkehr *(m)*
road transport connection Zubringerverkehr *(m)*
road tunnel Straßentunnel *(m)*
road user Verkehrsteilnehmer(in) *(m/f)*
road works Straßenbauarbeiten *(pl. f)*
road-hole Schlagloch *(n)*
roadhouse Raststätte *(f)*
roadside café Ausflugslokal *(n)*
roadway Fahrbahn *(f)*, Fahrdamm *(m)*
roast geröstet, gebraten, Braten *(m)*
roast beef Ochsenbraten *(m)*, Rostbraten *(m)*, Rindsbraten *(m)*
roast beef English style englisches Roastbeef *(n)*
roast chicken Brathähnchen *(n)*
roast duck gebratene Ente *(f)*
roast fillet of beef Rindslendenbraten *(m)*
roast fillet of beef in puff-paste Filet Wellington *(n)*
roast goose Gänsebraten *(m)*
roast goose with sauerkraut Gänsebraten mit Sauerkraut *(m)*
roast hare Hasenbraten *(m)*
roast joint of pork Schweinebraten *(m)*
roast lamb Lammbraten *(m)*
roast loin of veal Kalbsbraten *(m)*
roast loin of veal with kidney Kalbsnierenbraten *(m)*
roast of veal Kalbsbraten *(m)*
roast pheasant Fasan *(m)* gebraten
roast pork Schweinebraten *(m)*
roast potatoes Schwenkkartoffeln *(pl. f)*
roast sausage Bratwurst *(f)*
roast sirloin Roastbeef *(n)*
roast sirloin of beef Nierstückbraten *(m)*
roast smoked spare rib of pork Kasseler Rippenspeer *(m, n)*
roast stuffed breast of veal gefüllte Kalbsbrust *(f)*
roast turkey Truthahn *(m)* gebraten
roast venison Rehbraten *(m)*
roasted gebraten
robe Morgenrock *(m)*
rock Felsen *(m)*
rock climbing Bergsteigen *(n)*, Klettern *(n)*, Klettersport *(m)*
rock garden Steingarten *(m)*
rock lobster Languste *(f)*
rock partridge Steinhuhn *(n)*
rocky felsig
roe Rogen *(m)*
roebuck Rehbock *(m)*
roll Brötchen *(n)*, Semmel *(f)*
roll film Rollfilm *(m)*
roll on – roll off Autoverladung *(f)* bei Schiffen *(pl. n)*
roll out ausrollen (Teig)
roll-a-way fahrbare Liege *(f)*
rolled beef Rollbraten *(m)*
rolled braised beef Rindsroulade *(f)*
rolled fillets of sole Seezungenröllchen *(pl. n)*
rolled ham Rollschinken *(m)*
rolled herring Rollmops *(m)*
rolled pancake Palatschinken *(m)*
rolled stuffed cabbage leave Kohlroulade *(f)*
rolled veal on skewers Kalbsröllchen *(n)* am Spieß *(m)*
rolled veal steak Kalbsroulade *(f)*
rolling pin Nudelholz *(n)*

rollmop Rollmops *(m)*
romaine Sommerendivie *(f)*
roof garage Dachgarage *(f)*
roof garden Dachgarten *(m)*
roof rack Autodachgepäckträger *(m)*
roofrack Gepäckträger (Auto) *(m)*
room Zimmer *(n)*
room amenities Zimmerausstattung *(f)*
room charge Zimmerpreis *(m)*
room clerk Empfangsdame *(f)*, Empfangsherr *(m)*
room facing south Südzimmer *(n)*
room facing the street Zimmer *(n)* zur Straße *(f)*
room night Logiernacht *(f)*
room nights available Zimmer *(pl. n)* vorhanden (im Berichtszeitraum)
room nights sold belegte Zimmer *(pl. n)* (im Berichtszeitraum)
room number Zimmernummer *(f)*
room rate Zimmerpreis *(m)*
room resevation Zimmerbuchung *(f)*
room service Etagenservice *(m)*, Zimmerservice *(m)*
room service headwaiter Etagenoberkellner *(m)*
room service order taking Bestellungsaufnahme *(f)* für den Etagenservice *(m)*
room service waiter Etagenkellner *(m)*, Zimmerkellner *(m)*
room telephone Zimmertelefon *(n)*
room with a view of the sea Zimmer *(n)* mit Blick *(m)* aufs Meer *(n)*
room with balcony Balkonzimmer *(n)*
room with private bath or shower Zimmer *(n)* mit Bad *(n)* oder Dusche *(f)*
room with two beds Zweibettzimmer *(n)*
rooming list Zimmerliste *(f)*
rooming (the guest) Zuweisung *(f)* eines Zimmers *(n)* (an den Gast)
rooms department Berherbergungsabteilung *(f)*
rooms division department Beherbergungsbereich *(m)*
rooms division manager Leiter(in) *(m/f)* der Beherbergungsabteilung *(f)*
rooms occupied and vacant belegte und freie Zimmer *(pl. n)*
rooms statistic Beherbergungsstatistik *(f)*
rooms to let Zimmer *(pl. n)* zu vermieten, Fremdenzimmer *(pl. n)*
rooms vacant Zimmer *(pl. n)* frei
roomy geräumig
rooster Hahn *(m)*
rope down abseilen
rope ladder Strickleiter *(f)*
rope tow Schlepplift *(m)*
Roquefort Roquefort-Käse *(m)*
rose wine Roséwein *(m)*
rosemary Rosmarin *(m)*
rotate wechseln, rotieren
rotating shift Wechselschicht *(f)*
rotten faul, verfault, schlecht
rough rau, stürmisch
rough calculation überschlägige Berechnung *(f)*
rough estimate grobe Schätzung *(f)*
roulade Roulade *(f)*
round rund, Runde *(f)*
round off abrunden
round up aufrunden
round tour Rundgang *(m)*
round-trip Rundreise *(f)*
roundabout Kreisverkehr *(m)*, Karussell *(n)*
roundabout ticket Rückfahrkarte *(f)*, Hin- und Rückfahrschein *(m)*
roundabout way Umweg *(m)*
rouse wecken
route map Streckenkarte (f)
route network Flugnetz *(n)*, Streckennetz *(n)*
routine work Routinearbeit *(f)*

routing Streckenführung *(f)*
row rudern, Bootsfahrt *(f)*
rowboat Ruderboot *(n)*
rowing boat Ruderboot *(n)*
rubber boots Gummistiefel *(pl. m)*
rubber dinghy Schlauchboot *(n)*
rubbish Müll *(m)*, Abfall *(m)*
rudder Steuerruder *(n)*
rug Vorleger *(m)*, Teppich *(m)*
rugged wild, zerklüftet
ruin Ruine *(f)*
rule regeln, entscheiden; Vorschrift *(f)*, Regel *(f)*
rules and regulations of a hotel Hotelordnung *(f)*
rules of residents Hausordnung *(f)*
rum Rum *(m)*
rumpsteak Rumpsteak *(n)*
rumpsteak grilled Rumpsteak *(n)* vom Rost *(m)*
rumpsteak with fried onions Wiener Rostbraten *(m)*
run Abfahrt *(f)*, Abfahrtsstrecke *(f)*
run at regular times fahrplanmäßig fahren
run of the house rate Spezialpreis *(m)* für Reiseveranstalter *(pl. m)*
run the risk Gefahr *(f)* laufen
runner bean grüne Bohne *(f)*
running time Fahrzeit *(f)*
running water fließendes Wasser *(n)*
runway Rollbahn *(f)*, Piste *(f)*, Startbahn *(f)*, Landebahn *(f)*
rural ländlich
rural district Landbezirk *(m)*
rush Andrang *(m)*, Eile *(f)*
rush hour Hauptverkehrszeit *(f)*, Stoßzeit *(f)*
rush hour traffic Stoßverkehr *(m)*
rush order Eilauftrag *(m)*
rusk Zwieback *(m)*
Russian bath Dampfbad *(n)*
Russian beetroot soup russische rote Rübensuppe *(f)*
Russian eggs russische Eier *(pl. n)*
rye Roggen *(m)*
rye bread Roggenbrot *(n)*

S

sabayon warme Wein-Eiersoße *(f)*, Chaudeau *(n)*
sabbatical leave Freistellung *(f)*, Forschungsurlaub *(m)*
saddle Rückenstück *(n)*, Rücken *(m)*
saddle of hare Hasenrücken *(m)*
saddle of mutton Hammelrücken *(m)*
saddle of veal Kalbsrücken *(m)*
saddle of venison Rehrücken *(m)*
safari Safari *(f)*
safe deposit box Stahlfach *(n)*, Schließfach *(n)*
safe deposit of valuables Aufbewahrung *(f)* von Wertgegenständen *(pl. m)*
safe for avalanches lawinensicher
safety Sicherheit *(f)*
safety binding Sicherheitsbindung *(f)*
safety regulation Unfallverhütungsvorschrift *(f)*
safety stock Sicherheitsbestand *(m)*
saffron Safran *(m)*
saffron-risotto Safranreis *(m)*
sage Salbei *(m)*
sail Segel *(n)*, segeln
sail near to the wind hart am Wind *(m)* segeln
sailboat Segelboot *(n)*
sailing Abfahrt *(f)*, Fahrt *(f)*
sailing boat Segelboot *(n)*
sailing date Abfahrtstag *(m)* (Schiff)
sailing dinghy Jolle *(f)*
sailing plane Segelflugzeug *(n)*
sailing ship Segelschiff *(n)*
sailing time Abfahrtszeit *(f)*
sailor Matrose *(m)*, Seemann *(m)*
salad Salat *(m)*
salad bowl Salatschüssel *(f)*
salad dressing Salatsoße *(f)*
salad of boiled beef Rindfleischsalat *(m)*
salad of ox-palate Ochsenmaulsalat *(m)*

salad plate Rohkostplatte *(f)*
salami Salami *(f)*
salary Gehalt *(n)*
sale Verkauf *(m)*, Absatz *(m)*, Ausverkauf *(m)*, Vertrieb *(m)*
sale agreement, conditional Kaufvertrag *(m)* unter Eigentumsvorbehalt *(m)*
sale contract Kaufvertrag *(m)*
sale of alcoholic drinks Ausschank *(m)* alkoholischer Getränke *(pl. n)*
sale of tickets Kartenverkauf *(m)*
sales argument Verkaufsargument *(n)*
sales department Verkaufsabteilung *(f)*
sales forecast Umsatzprognose *(f)*
sales letter Werbebrief *(m)*
sales literature Werbematerial *(n)*
sales manager Verkaufsleiter(in) *(m/f)*, Vertriebsleiter(in) *(m/f)*
sales mix Sortiment *(n)*
sales outlet Absatzstelle *(f)*
sales price Verkaufspreis *(m)*
sales promotion Verkaufsförderung *(f)*
sales representative Verkaufsvertreter(in) *(m/f)*, Verkaufsrepräsentant(in) *(m/f)*
sales trend Umsatzentwicklung *(f)*
salesman Verkäufer *(m)*, Vertreter *(m)*, Reisender *(m)*
salesperson Verkäufer(in) *(m/f)*
salmon Salm *(m)*, Lachs *(m)*
salmon cut(let) Salmmittel-stück *(n)*
salmon mayonnaise Salmmayonnaise *(f)*
salmon trout Lachsforelle *(f)*
salmonellae Salmonellen *(pl.)*
saloon Ausschank *(m)*, Gastwirtschaft *(f)*
saloon bar Ausschank *(m)*
saloon carriage Salonwagen *(m)*
saloonkeeper Schankwirt(in) *(m/f)*
salsify Schwarzwurzel *(f)*
salt Salz *(n)*, salzen
salt cellar Salzfässchen *(n)*, Salzstreuer *(m)*
salt cod Stockfisch *(m)*
salt spring Solquelle *(f)*
salt water Sole *(f)*
salt-water bath Solbad *(n)*
salt-water fish Meeresfisch *(m)*
salt-water resort Solbad *(n)* (Kurort) *(m)*
salted gesalzen, gepökelt
salted almonds Salzmandeln *(pl. f)*
salted beef Pökelrindfleisch *(n)*
salted codfish Stockfisch *(m)*
salted cucumber Salzgurke *(f)*
salted pig's knuckle Eisbein *(n)*
salted pig's trotter Eisbein *(n)*
salt(ed) herring Matjeshering *(m)*
saltshaker Salzstreuer *(m)*
salvage (schedule 6) Abfallverwertung *(f)* (Umsatzbereich 6)
Salzburg sweet dumpling Salzburger Nockerl *(n)*
sample Probe *(f)*, Muster *(n)*
sampling test Stichprobenprüfung *(f)*
sanatorium Sanatorium *(n)*, Kuranstalt *(f)*, Heilstätte *(f)*
sand bank Sandbank *(f)*
sand bath Sandbad *(n)*
sand dune Sanddüne *(f)*
sandcastle competition Sandburgenwettbewerb *(m)*
sandstone rock Sandsteinfelsen *(m)*
sandwich belegtes Brot *(n)*
sandy beach Sandstrand *(m)*
sanitarium Sanatorium *(n)*, Kurananstalt *(f)*, Heilstätte *(f)*
sanitary facilities sanitäre Anlagen *(pl. f)*
sanitary regulations Gesundheitsvorschriften *(pl. f)*
sanitation Hygiene *(f)*
Santa Claus Weihnachtsmann *(m)*
sap Saft *(m)*
sardines Ölsardinen *(pl. f)*

sardines in oil Sardinen *(pl. f)* in Öl *(n)*
satisfactory zufrieden stellend
satisfy befriedigen, bezahlen
satisfying befriedigend, beruhigend, ausreichend
saturate/saturating sättigen/sättigend
sauce Soße *(f)*, Tunke *(f)*
sauce boat Sauciere *(f)*
saucepan Kochtopf *(m)*, Tiegel *(m)*
saucer Untersetzer *(m)*, Untertasse *(f)*
sauerbraten Sauerbraten *(m)*
sauerkraut Sauerkraut *(n)*
sauerkraut or string beans with meat and sausage Berner Platte *(f)*
sauerkraut with smoked meat, ham and sausage Sauerkrautplatte *(f)*
sauna Sauna *(f)*
sausage Wurst *(f)*, Würstchen *(n)*
sauteed gebraten
sauterne Sauterne *(m)*
sauté potatoes Bratkartoffeln *(pl. f)*
save sparen; speichern
saveloy Zervelat *(f)*, Zervelatwurst *(f)*, Knackwurst *(f)*
savings bank Sparkasse *(f)*
savo(u)ry schmackhaft; pikantes Vorgericht *(n)*
savoy cabbage Sommer- und Wirsingkohl *(m)*
scald brühen, abkochen (Milch)
scale Waage *(f)*, Skala *(f)*, staffeln
scallion Schalotte *(f)*
scallop Kammmuschel *(f)*
scallop St. Jaques Jakobsmuschel *(f)*
scallop (of meat) Schnitzel *(n)*
Scandinavian salmon Nordsalm *(m)*
scenery Landschaft *(f)*
scenic malerisch, landschaftlich schön
schedule planen, Aufstellung *(f)*, Zeitplan *(m)*, Verzeichnis *(n)*, Fahrplan *(m)*, Flugplan *(m)*
schedule change Fahrplanwechsel *(m)*
scheduled fahrplanmäßig, planmäßig
scheduled air line Fluglinie *(f)* mit fahrplanmäßigem Dienst *(m)*
scheduled bus Linienbus *(m)*
scheduled flight planmäßiger Flug *(m)*, Linienflug *(m)*
scheduled plane Kursmaschine *(f)*, Linienmaschine *(f)*
scheduled stop planmäßiger Halt *(m)*
scheduled train Regelzug *(m)*
scheduled halt planmäßiger Halt *(m)*
scheme Schema *(n)*
school holidays Schulferien *(pl.)*
school of hotel management Hotelfachschule *(f)*
school outing Schulausflug *(m)*
scientific management wissenschaftliche Betriebsführung *(f)*
scone (dreieckiger) Weizen- oder Gerstenmehlkuchen *(m)* (zum Tee)
scones Teegebäck *(n)*
scooter Motorroller *(m)*
Scotch broth dicke Gemüsesuppe *(f)* mit Hammelfleisch *(n)*
Scotch egg hart gekochtes Ei *(n)* (eingehüllt in Teig)
scouring cloth Scheuerlappen *(m)*
scrambled eggs Rühreier *(pl. n)*
screen Bildschirm *(m)*
screw Schiffsschraube *(f)*
scuba diving Unterwassersport *(m)*
scullery Spülküche *(f)*
scullion Küchenjunge *(m)*
sea See *(f)*, Meer *(n)*
sea air Seeluft *(f)*
sea bag Seesack *(m)*
sea bath Seebad *(n)*, Seeheilbad *(n)*
sea bream Brasse *(f)*, Rotbrasse *(f)*
sea glider Wassersegelflugzeug *(n)*
sea level Normalnull = NN

sea-air voyage See-Luft-Reise *(f)*
sea-captain Schiffskapitän *(m)*
seafish Meerfisch *(m)*
seafood Meeresfrüchte *(pl. f)*
sea-front hotel Seehotel *(n)*
sea-gull Möwe *(f)*
seaman Seemann *(m)*, Schiffer *(n)*
sea-perch Meerbarsch *(m)*
seaplane Wasserflugzeug *(n)*
seaport Seehafen *(m)*
sear Sengen *(n)* (Geflügel), versengen, anbrennen
search suchen, durchsuchen
sea route Seeroute *(f)*, Seeweg *(m)*
seashells Muscheltiere *(pl. n)*
seasick seekrank
seasickness Seekrankheit *(f)*
seaside Küste *(f)*
seaside gala Strandfest *(n)*
seaside health resort Seeheilbad *(n)*
seaside hotel Strandhotel *(n)*, Seehotel *(n)*
seaside pleasures Badefreuden *(pl. f)*
seaside resort Seebad *(n)*
season Jahreszeit *(f)*, Saison *(f)*; würzen (Speisen)
season ticket Zeitkarte *(f)*, Dauerabonnement *(n)*, Dauerkarte *(f)*, Saisonkarte *(f)*
season's salad Jahreszeitsalat *(m)*
seasonal business Saisongeschäft *(n)*
seasonal employment saisonale Beschäftigung *(f)*
seasonal establishment Saisonbetrieb *(m)*
seasonal fluctuation Saisonschwankung *(f)*
seasonal hotel Saisonhotel *(n)*
seasonal hotel trade Saisonhotellerie *(f)*
seasonal peak Saisonspitze *(f)*
seasonal price increase Saisonaufschlag *(m)*
seasonal service Saisonbetrieb *(m)*
seasonal surcharge Saisonzuschlag *(m)*
seasonal variation Saisonschwankung *(f)*
seat Platz *(m)*, Sitz *(m)*
seat belt Sicherheitsgürtel *(m)*, Sicherheitsgurt *(m)*
seat number Sitzplatznummer *(f)*
sea tourism Seetouristik *(f)*
seat reservation Platzreservierung *(f)*, Platzbestellung *(f)*, Sitzplatzreservierung *(f)*
seat reservation fee Platzkartengebühr *(f)*
seat taken besetzter Platz *(m)*
seating capacity Sitzplatzkapazität
seats should be reserved in advance Platzkarten *(pl. f)* erforderlich
seawater Meerwasser *(n)*
seawater bathing pool Seewasser-Badebecken *(n)*
seawater cure Meerwasserkur *(f)*
second class zweite Klasse *(f)*
second-class compartment Abteil *(n)* zweiter Klasse *(f)*
second course zweiter Gang *(m)*
second hand gebraucht
secretarial compartment Schreibabteil *(n)*
secure sicher, schützen
securities rendered gewährte Sicherheiten *(pl. f)*
security Wertpapier *(n)*, Sicherheit *(f)*, Bürgschaft *(f)*
security deposit bei öffentlichen Versorgungsbetrieben *(pl. m)* hinterlegter Geldbetrag *(m)*
security official Sicherheitsbeamte *(m)*
sedative factor Schonfaktor *(m)*
sediment Bodensatz *(m)*
see sehen, erblicken
seed Samen *(m)*, Samenkorn *(n)*
select auswählen
selection Auswahl *(f)*
selection of cheese Käseplatte *(f)*

selection of cold cuts gemischter Aufschnitt *(m)*
selection of cold meat gemischter Aufschnitt *(m)*
self insurance Eigendeckung *(f)*, freiwillige Selbstversicherung *(f)*
self catering Selbstverpflegung *(f)*
self-confident selbstbewusst, selbstvertrauend
self-contained flat Appartement *(n)*
self-drive car hire service Autovermietung *(f)* an Selbstfahrer *(pl. m)*
self-employed selbständig
self-esteem Selbstachtung *(f)*, Eigendünkel *(m)*
self-service Selbstbedienung *(f)*
self-service cafeteria Selbstbedienungsrestaurant *(n)*
self-service restaurant Selbstbedienungsrestaurant *(n)*
self-service restaurant with slot machines Automatenrestaurant *(n)*
self-service shop Selbstbedienungsladen *(m)*
self-service snack bar Schnellimbissstube *(f)*
self-service store Selbstbedienungsladen *(m)*
sell verkaufen
sell out ausverkaufen, (Lager) räumen
seller Verkäufer(in) *(m/f)*
sellers' market Verkäufermarkt *(m)*
selling aid (schedule 11) Verkaufshilfe *(f)* (Service Center 11)
selling expenses Vertriebskosten *(pl.)*
selling price Verkaufspreis *(m)*
seltzer Selterswasser *(n)*
semiannual halbjährlich
semimonthly halbmonatlich
semolina Grieß *(m)*
semolina pie Grießstrudel *(m)*
semolina pudding Grießpudding *(m)*
semolina soup Grießsuppe *(f)*
send (ver)senden
send luggage in advance Gepäck *(n)* aufgeben
sensitive empfindlich
sensitivity Empfindlichkeit *(f)*
separate trennen
serious (matter) ernsthaft (Angelegenheit)
serve dienen, servieren, auftragen, bedienen
service Dienst *(m)*, Dienstleistung *(f)*, Service *(m)*, Servierleistung *(f)*, Servieren *(n)*, Bedienungsgeld *(n)*, Gottesdienst *(m)*
service and taxes included Bedienung *(f)* und Steuern *(pl. f)* inbegriffen
service bureau fees (schedule 8) Kundendienstgebühren *(pl. f)* (Service Center 8)
service charge Bedienungsgeld *(n)*, Bedienungszuschlag *(m)*
service included Bedienung *(f)* inbegriffen
service lift Speisenaufzug *(m)*
service on board Service *(m)* an Bord *(m)*
service program Dienstprogramm
service staff Bedienungspersonal *(n)*
service station Reparaturdienst *(m)*
service trade Dienstleistungsgewerbe *(n)*
serviced hut bewirtschaftete Hütte *(f)*
servicing Wartung *(f)*
serving dish Platte *(f)*
set off aufbrechen
set the table Tisch *(m)* decken
settle schlichten; sich niederlassen
settle an account ein Konto *(n)* ausgleichen
settlement Schlichtung *(f)*, Übereinkommen *(n)*
settlement of accounts Abrechnung *(f)*

severe climate raues Klima *(n)*
sewer Abwasserkanal *(m)*
sewing kit Nähzeug *(n)*
shad Maifisch *(m)*, Alse *(f)*
shadow Schatten *(m)*
shady schattig
shaft Welle *(f)*
shake schütteln
shallot Schalotte *(f)*
shandy Radlermaß *(n)*
share a room with s.o. mit j-m ein Zimmer *(n)* teilen
shared bathroom gemeinsames Badezimmer *(n)*
shark's fins Haifischflossen *(pl. f)*
shark's fins soup Haifischflossensuppe *(f)*
sharp bend scharfe Kurve *(f)*
shaved cheese Hobelkäse *(m)*
shaver point Steckdose *(f)* für Elektrorasierer *(m)*
sheatfish Wels *(m)*
shed Schuppen *(m)*
sheep's cheese Schafskäse *(m)*
sheet Laken *(n)*; Blatt *(n)*
shellfish Schalentier *(n)*
shelter Unterkunft *(f)*
sheltered geschützt
sheltered from the wind windgeschützt
shepherd's pie Auflauf *(m)* aus Hackfleisch *(n)* und Kartoffeln *(pl. f)*
sherbet Scherbett *(m)*, Sorbett *(m)*
sherry Sherry *(m)*
shift Schicht *(f)*
shin of pork Schopfbraten *(m)*
shining glänzend
ship versenden, Schiff *(n)*
ship game Bordspiel *(n)*
ship owner Reeder *(m)*
shipbuilding Schiffsbau *(m)*
shipment Versendung *(f)*, Verfrachtung *(f)*
shipping charges Versandkosten *(pl.)*
shipping clerk Expedient *(m)*
shipping company Reederei *(f)*
shipping cost Versandkosten *(pl.)*
shipping space Schiffsraum *(m)*
ship's cook Schiffskoch *(m)*, Schiffsköchin *(f)*
ship's doctor Schiffsarzt *(m)*, Schiffsärztin *(f)*
ship's newspaper Bordzeitung *(f)*
shoe cleaning Schuhputzen *(n)*
shoe-shining cloth Schuhputzlappen *(m)*
shoeblack Schuhputzer *(m)*
shoehorn Schuhanzieher *(m)*
shoestring potatoes Streichholzkartoffeln *(pl. f)*
shoot schießen, jagen, Jagdrevier *(n)*
shooting Jagd *(f)*
shooting box Jagdhütte *(f)*
shooting licence Jagdschein *(m)*
shooting lodge Jagdhütte *(f)*
shooting-match Schützenfest *(n)*
shooting season Jagdsaison *(f)*, Jagdzeit *(f)*
shooting trip Jagdreise *(f)*
shop Geschäft *(n)*, Laden *(m)*, einkaufen
shopping Einkaufen *(n)*
shopping center(-re) Einkaufszentrum *(n)*
shopping mall Einkaufszentrum *(n)*
shopping street Geschäftsstraße *(f)*
shore Strand *(m)*, Küste *(f)*, Ufer *(n)*
shore excursion Landausflug *(m)*
short cut Abkürzung *(f)*
short trip Kurzurlaub *(m)*
shortage Manko *(n)*, Fehlbetrag *(m)*, Engpass *(m)*
shortcake Mürbeteigkuchen *(m)*
shortcomings Unzulänglichkeiten *(pl. f)*, Mängel *(pl. m)*, Fehler *(pl. m)*
short-distance flight Kurzstreckenflug *(m)*
short-distance traffic Nahverkehr *(m)*

short-range kurzfristig
short-term kurzfristig
short-term investments kurzfristige Anlagen *(pl. f)*, Wertpapiere *(pl. n)* des Umlaufvermögens *(n)*
short-term parker Kurzparker *(m)*
short-time worker Kurzarbeiter(in) *(m/f)*
shortening Fett *(n)*, Backfett *(n)*
shoulder Schulter *(f)*
shoulder of pork Schweinsschulter *(f)*
shoulder of veal Kalbsschulter *(f)*
shoulder period Vor- oder Nachsaison *(f)*
show Vorführung *(f)*, Show *(f)*, zeigen
show of national costumes Trachtenfest *(n)*
showcase Schaukasten *(m)*, Vitrine *(f)*
shower Brause *(f)*, Dusche *(f)*
shower cubicle Duschkabine *(f)*
shower of rain Regenschauer *(m)*
shower room Duschraum *(m)*
shower stall Duschnische *(f)*
showers Duschanlage *(f)*
shredded calf's liver geschnetzelte Kalbsleber *(f)*
shredded meat Geschnetzeltes *(n)*
shrimp Garnele *(f)*, Krabbe *(f)*
shrink schrumpfen, sich vermindern
shrinkage Schwundverlust *(m)*, Schwund *(m)*
Shrove Tuesday Fastnacht *(f)*, Faschingsdienstag *(m)*
Shrovetide Fastnachtszeit *(f)*, Karnevalszeit *(f)*
shrub Strauch *(m)*
shuffleboard Shuffleboard *(n)* (Unterhaltungsspiel auf Kreuzfahrt-Schiffen)
shunt rangieren
shutter Verschluss *(m)*
shutter-release Auslöser *(m)*
shuttle Flughafenbus *(m)*, Zubringer(bus) *(m)*
shuttlecock Federball *(m)*
shuttle service Pendelverkehr *(m)*
sick krank
sick leave Krankenurlaub *(m)*
sickness Krankheit *(f)*, Übelkeit *(f)*
sickness insurance Krankenversicherung *(f)*
side dish Beilage *(f)*
side street Nebenstraße *(f)*
side-wheeler Raddampfer *(m)*
sidewalk Bürgersteig *(m)*
sidewalk café Straßencafé*(n)*
siesta Mittagsschlaf *(m)*
sieve Sieb *(n)*
sift sieben
sight Anblick *(m)*, Sehenswürdigkeit *(f)*
sight-seeing Besuchen *(n)* von Sehenswürdigkeiten *(pl. f)*
sight-seeing excursion Besichtigungsfahrt *(f)*
sight-seeing flight Rundflug *(m)*
sight-seeing tour Stadtrundfahrt *(f)*
signature Unterschrift *(f)*
significant bezeichnend, bedeutsam, wichtig, von Bedeutung *(f)*
signpost Wegweiser *(m)*
signs and symbols Zeichenerklärung *(f)*
silence (the guest) (den Gast) zum Schweigen *(n)* bringen
silent partner stiller Gesellschafter *(m)*
silent partnership stille Beteiligung *(f)*
silver Silber *(n)*, Silbergeschirr *(n)*
silver hake Seehecht *(m)*
silver trout Silberfelchen *(m)*
simmer brodeln lassen, leicht sieden
simple einfach
simple breakfast einfaches Frühstück *(n)*
sincere aufrichtig, ehrlich, offen
single Einzelzimmer *(n)*, ledig, einfach
single bed Einzelbett *(n)*

single bedroom Einbettzimmer *(n)*
single cabin Einzelkabine *(f)*
single entry bookkeeping einfache Buchhaltung *(f)*
single file traffic einspurige Fahrbahn *(f)*
single market property auf bestimmten Gästetyp *(m)* spezialisiertes Hotel *(n)*
single passenger Einzelreisende(r) *(f/m)*
single room Einzelzimmer *(n)*, Einbettzimmer *(n)*, Einzelkabine *(f)*
single room supplement Einzelzimmerzuschlag *(m)*, Mehrpreis *(m)* für Einzelbelegung *(f)*
single ticket einfache Fahrkarte *(f)*
single tourist Einzelreisende(r) *(f/m)*
single track eingleisig
single-berth compartment Einbettabteil *(n)*
single-engined aircraft einmotoriges Flugzeug *(n)*
sinking fund Tilgungsfonds *(m)*, Amortisationsfonds *(m)*
sinking fund payments Einzahlungen *(pl. f)* in einen Tilgungsfonds *(m)*
sinking fund requirements Rückzahlungsverpflichtungen *(pl. f)* (im Jahresabschluss)
sip nippen, schlürfen
sirloin Zwischenrippenstück *(n)*
sirloin steak with green pepper Zwischenrippenstück *(n)* mit grünem Pfeffer *(m)*
sirloin steak with onions Zwiebelrostbraten *(m)*
site Schauplatz *(m)*
sitting Besetzung *(f)* des Restaurants *(n)*
sitting room Wohnzimmer *(n)*, Gästezimmer *(n)*, Tagesraum *(m)*
size of party Personenzahl *(f)*
skate eislaufen, Schlittschuh *(m)* laufen
skateboard Skateboard *(n)*
skater Eisläufer(in) *(m/f)*
skating Eislauf *(m)*, Eislaufen *(n)*
skating rink Eishalle *(f)*, Rollschuhbahn *(f)*
skewer Spießchen *(n)*, Spieß *(m)*
ski Ski *(m)*, Ski *(m)* laufen
ski area Skigebiet *(n)*
ski binding Skibindung *(f)*
ski boot Skistiefel *(m)*
ski carrier Skiträger *(m)*
ski center(-re) Skizentrum *(n)*
ski coach Skilehrer(in) *(m/f)*
ski equipment Skiausrüstung *(f)*
ski grounds Skigelände *(n)*
ski hire Skiverleih *(m)*
ski hotel Skihotel *(n)*
ski hut Skihütte *(f)*
ski jump Sprungschanze *(f)*
ski jumping Skispringen *(n)*
ski lodge Skihütte *(f)*
ski nursery slope Anfängerhang *(m)*
ski pole Skistock *(m)*
ski race Skirennen *(n)*
ski rental Skiverleih *(m)*
ski resort Skiort *(m)*
ski run Piste *(f)*
ski run maintenance Pistenpflege *(f)*
ski school Skischule *(f)*
ski slope Skihang *(m)*, Abfahrtshang *(m)*
ski stick Skistock *(m)*
ski tour Skitour *(f)*
ski tourist Skitourist *(m)*
ski tow Skischlepplift *(m)*
ski trousers Skihose *(f)*
ski wax Skiwachs *(n)*
ski wear Skikleidung *(f)*
skibob Skibob *(m)*
skid schleudern
skier Skifahrer(in) *(m/f)*, Skiläufer(in) *(m/f)*
skiing Skifahren *(n)*, Skilauf *(m)*, Skisport *(m)*

skiing club Skiklub *(m)*
skiing exercises Skigymnastik *(f)*
skiing guide Skiführer *(m)*
skiing holidays Skiurlaub *(m)*, Skiferien *(pl.)*
skiing instruction Skiunterricht *(m)*
skiing instructor Skilehrer(in) *(m/f)*
skiing lessons Skiunterricht *(m)*
skiing trip Skireise *(f)*
skiing village Skidorf *(n)*
skiing-weekend Skiwochenende *(n)*
ski-lift day ticket Skitagespass *(m)*
ski-lift season ticket Skipass *(m)*
skill Fachkenntnis *(f)*, Fähigkeit *(f)*
skilled ausgebildet; geschickt
skilled manpower gelernte Arbeitskräfte *(pl. f)*
skillet Bratpfanne *(f)*
skim milk Magermilch *(f)*
skim off abschöpfen
skim(med) milk Magermilch *(f)*
skimmer Schaumlöffel *(m)*
skin Haut *(f)*
skins ski Steigfelle *(pl. n)*
skip übergehen, auslassen
skittle Kegel *(m)*
skittle alley Kegelbahn *(f)*
sky Himmel *(m)*
skyline Horizont *(m)*
slack off nachlassen
slaughter schlachten
sled Schlitten *(m)*
sledge Schlitten *(m)*
sledge tow Rodellift *(m)*, Schlittenlift *(m)*
sleep Schlaf *(m)*, schlafen
sleep late verschlafen
sleeper Schlafwagen *(m)*
sleeper section Schlafabteil *(n)*
sleeping accommodation Schlafgelegenheit *(f)*
sleeping bag Schlafsack *(m)*
sleeping berth Bett *(n)*, Schlafplatz *(m)*
sleeping car Schlafwagen *(m)*
sleeping car attendant Schlafwagenschaffner(in) *(m/f)*
sleeping car charge Schlafwagenzuschlag *(m)*
sleeping car ticket Schlafwagenkarte *(f)*
sleeping compartment Schlafabteil *(n)*
sleeping cure Schlafkur *(f)*
sleigh-ride Schlittenfahrt *(f)*
slice Scheibe *(f)*, Schnitte *(f)*
slice of grilled (beef) meat grillierte Fleischschnitte *(f)*
sliced calf's liver Kalbsleberscheiben *(pl. f)*
sliced knuckle of veal Kalbshaxenscheiben *(pl. f)*
slices Blechkuchen *(m)*
slices of sausage Wurstaufschnitt *(m)*
slide Diapositiv *(n)*
sliding roof Schiebedach *(n)*
slimming diet treatment Abmagerungskur *(f)*
slipper Hausschuh *(m)*
slippery glatt, rutschig
slippery when wet Schleudergefahr *(f)*
slope Abhang *(m)*, Hang *(m)*, Piste *(f)*
slope grooming Pistenpflege *(f)*
slopy abschüssig
slot machine (schedule 6) Automat *(m)*, Spielautomat *(m)* (Umsatzbereich 6)
Slow down! Schritt *(m)* fahren!
slow train Bummelzug *(m)*
sluice Schleuse *(f)*
slump in sales Umsatzrückgang *(m)*
slush Schneematsch *(m)*
slurp schlürfen
small ad Kleinanzeige *(f)*
small cigar Zigarillo *(m)*
small dumpling Klößchen *(n)*
small veal sausage Kalbfleischwürstchen *(n)*
small veal steak Kalbsnüsschen *(n)*
smell Geruch *(m)*, riechen
smelt Stint *(m)*

smoke room Rauchsalon *(m)*
smoked geräuchert
smoked beef Rauchfleisch *(n)*
smoked beef tongue Rindszunge *(f)*, geräuchert
smoked eel Räucheraal *(m)*
smoked ham Räucherschinken *(m)*
smoked herring Hering *(m)* geräuchert
smoked meat Rauchfleisch *(n)*
smoked pig's ears geräucherte Schweinsohren *(pl. n)*
smoked pork ribs Kasseler Rippenspeer *(m, n)*
smoked pork with pickled cabbage Rauchfleisch *(n)* mit Kraut *(n)*
smoked rib of pork with sauerkraut Schweinsrippchen *(n)* mit Sauerkraut *(n)*
smoked salmon Räucherlachs *(m)*
smoked sausage Mettwurst *(f)*
smoked (stuffed) pig's trotter Eisbein *(n)*
smoker Raucher *(m)*, Raucherabteil *(n)*
smoking compartment Raucherabteil *(n)*
smuggle schmuggeln
snack Imbiss *(m)*
snack bar Imbissstube *(f)*, Snackbar *(f)*
snack counter Imbissstube *(f)*
snail Weinbergschnecke *(f)*
snapshot Schnappschuss *(m)*
sneakers Turnschuhe *(pl. m)*
snifter Gläschen *(n)*, Schnäpschen *(n)*
snipe (Moor)schnepfe *(f)*
snook Seebarsch *(m)*
snorkel Schnorchel *(m)*
snowball Schneeball *(m)*
snow chains Schneeketten *(pl. f)*
snow-cleared schneegeräumt
snow-clearing Schneeräumung *(f)*
snow conditions Schneelage *(f)*, Schneeverhältnisse *(pl. n)*
snow-covered schneebedeckt, verschneit
snow fall Schneefall *(m)*
snow goggles Schneebrille *(f)*
snow grouse Schneehuhn *(n)*
snow plough Schneepflug *(m)*
snow report Schneebericht *(m)*
snow train Wintersportzug *(m)*
snowdrift Schneewehe *(f)*
snowed in eingeschneit
snowed up eingeschneit, verschneit
snowfield Schneefeld *(n)*
snowman Schneemann *(m)*
snowmobile Motorschlitten *(m)*
snowplow Schneepflug *(m)*
snowstorm Schneesturm *(m)*
snowy schneereich
snowy season Schneesaison *(f)*
snuff Schnupftabak *(m)*
snug behaglich, gemütlich
soak einweichen
sober nüchtern
soccer Fußball *(n)*
social activity gesellschaftliche Veranstaltung *(f)*
social evening Gesellschaftsabend *(m)*
social insurance Sozialversicherung *(f)*
social tourism Sozialtourismus *(m)*
society Gesellschaft *(f)*
socket Steckdose *(f)*, Fassung *(f)*
soda Soda *(n)*
soda fountain Erfrischungshalle *(f)*
soda machine Getränkeautomat *(m)*
soda water Selterswasser *(n)*
sodium sulphate spring Glaubersalzquelle *(f)*
soft weich
soft boiled egg weich gekochtes Ei *(n)*
soft drink alkoholfreies Getränk *(n)*
software Software *(f)*
solar radiation Sonnenstrahlung *(f)*, Sonnenbestrahlung *(f)*
sold out ausverkauft
sole Seezunge *(f)*

sole agent Alleinvertreter *(m)*
solicit sich bemühen, erbitten
solution Auflösung *(f)*, Lösung *(f)*, Erklärung *(f)*
soon bald, früh
sorrel Sauerampfer *(m)*
soufflé Auflauf *(m)*
soufflé of chocolate Schokoladenauflauf *(m)*
soufflé of rice Reisauflauf *(m)*
soufflé of vanilla Vanilleauflauf *(m)*
soufflé-potatoes Auflaufkartoffeln *(pl. f)*
sound equipment Tonwiedergabegeräte *(pl. n)*
sound proof schalldicht
soup Suppe *(f)*
soup plate Suppenteller *(m)*
soup tureen Suppenschüssel *(f)*
soup with dumpling Knödelsuppe *(f)*
soup with egg dough drops Eintopfsuppe *(f)*
soup with fowl Geflügelsuppe *(f)*
soup with fried peas Bouillon *(f)* mit gedünsteten Erbsen *(pl. f)*
soup with ham dumplings Schinkenknödelsuppe *(f)*
soup with liver dumplings Leberknödelsuppe *(f)*
soup with liver rice Leberreissuppe *(f)*
soup with mushrooms Pilzsuppe *(f)*
soup with potatoes Kartoffelsuppe *(f)*
soup with semolina dumplings Grießklößchensuppe *(f)*
soup with tapioca Tapiocasuppe *(f)*
soup with white beans Bohnensuppe *(f)*
sour sauer
sour cream saurer Rahm *(m)*
source market Quell- und Zielmärkte *(pl. m)*
source of information Informationsquelle *(f)*
sourdough Sauerteig *(m)*
soured milk Dickmilch *(f)*
sous-chef stellvertretende(r) Küchenchef(in) *(m/f)*
souse Marinade *(f)*
soused herring Bismarckhering *(m)*
souvenir shop Andenkengeschäft *(n)*
soy bean Sojabohne *(f)*
spa Mineralquelle *(f)*, Heilquelle *(f)*, Kurort *(m)*, Badeort *(m)*, Heilbad *(n)*
spa ballroom Tanzkasino *(n)*
spa concert Kurkonzert *(n)*
spa doctor Kurarzt *(m)*, Badearzt *(m)*, Kurärztin *(f)*, Badeärztin *(f)*
spa gardens Kurpark *(m)*
spa guest Kurgast *(m)*
spa house Kurhaus *(n)*
spa open all the year round ganzjähriger Kurbetrieb *(m)*
spa orchestra Kurorchester *(n)*
spa park Kurpark *(m)*
spa treatment Kurbehandlung *(f)*
space rentals (schedule 6) Mieterträge *(pl. m)* aus der Vermietung *(f)* von Räumen *(pl. m)* im Hotel *(n)* (Umsatzbereich 6)
spacious geräumig
spaghetti with minced meat sauce Spaghetti *(pl.)* mit Hackfleischsoße *(f)*
spaghetti with tomato sauce Spaghetti *(pl.)* mit Tomatensoße *(f)*
Spain Spanien
span of control Kontrollspanne *(f)*
Spanish fish stew spanischer Fischeintopf *(m)*
Spanish meat pot spanischer Suppentopf *(m)*
Spanish rice dish with fish and meat spanisches Reisgericht *(n)* mit Fisch *(m)* und Fleisch *(n)*
spare bed Reservebett *(n)*
spare part Ersatzteil *(n)*
spare rib Rippenspeer *(m, n)*, Schopfbraten *(m)*

spare room Fremdenzimmer *(n)*, Gastzimmer *(n)*, Gästezimmer *(n)*
spare time Freizeit *(f)*
sparkling schäumend, perlend (Wein)
sparkling wine Schaumwein *(m)*, Sekt *(m)*, Perlwein (m)
speaker Sprecher(in) *(m/f)*
speaking clock Zeitansage *(f)*
special arrangement Spezialarrangement *(n)*
special brochure Sonderprospekt *(m)*
special bus Sonderbus *(m)*
special folder Sonderprospekt *(m)*
special leave Sonderurlaub *(m)*
special plane Sonderflugzeug *(n)*
special price Vorzugspreis *(m)*
special ride Sonderfahrt *(f)*
special quota Sonderkontingent *(n)*
special rate Sondertarif *(m)*, Sonderpreis *(m)*
special slalom Spezialslalom *(m)*
special train Sonderzug *(m)*
special weekend price Wochenendspezialpreis *(m)*
speciality of the house Spezialität *(f)* des Hauses *(n)*
specialized knowledge Fachwissen *(n)*
specification Spezifikation *(f)*, Beschreibung *(f)*
specify spezifizieren
speed Geschwindigkeit *(f)*, Tempo *(n)*
speed limit Geschwindigkeitsbegrenzung *(f)*
speed skating Eisschnelllauf *(m)*
spend ausgeben
spending power Kaufkraft *(f)*
spice Gewürz *(n)*
spicy pikant, scharf, würzig
spilt shift unterbrochene Arbeitsschicht *(f)*
spinach Spinat *(m)*
spinach beets Mangold *(m)*
spiny lobster Languste *(f)*
spirit stove Spirituskocher *(m)*
spirits Spirituosen *(pl. f)*, Alkohol *(m)*
spit-roasted am Spieß *(m)* gebraten
splash planschen
split 1/2 Flasche *(f)* Mineralwasser *(n)*
spoil verderben
spoilage Verderb *(m)* von Waren *(pl. f)*
sponge Schwamm *(m)*
sponge ice-cream Schaumgefrorenes *(n)*
sponge (Swiss)roll Biskuitrolle *(f)*
spoon Löffel *(m)*
sport clothes Sportkleidung *(f)*
sporting event Sportveranstaltung *(f)*
sporting goods Sportartikel *(pl. m)*
sporting plane Sportflugzeug *(n)*
sports car Sportwagen *(m)*
sports equipment Sportausrüstung *(f)*, Sporteinrichtungen *(pl. f)*
sports facilities Sportanlagen *(pl. f)*, Sporteinrichtungen *(pl. f)*
sports field Sportplatz *(m)*
sports hall Sporthalle *(f)*
sports hotel Sporthotel *(n)*
sports meeting Sportveranstaltung *(f)*
sportsman Sportler *(m)*
sportswear Sportkleidung *(f)*
spot buying rate Tagesankaufskurs *(m)*
spot check Überraschungsinventur *(f)*, Prüfung *(f)* an Ort *(m)* und Stelle *(f)*
spotted dick Sultaninenpudding *(m)*
spouse program Rahmenprogramm *(n)* für Begleitpersonen *(pl. f)*
spouses Eheleute *(pl.)*
sprat Sprotte *(f)*
spread Spanne *(f)*

spring Quelle *(f)*, Brunnen *(m)*, Frühling *(m)*, Frühjahr *(n)*
spring chicken Masthähnchen *(n)*, Hähnchen *(n)*
spring cleaning Frühjahrsputz *(m)*
spring holiday Frühjahrsferien *(pl.)*
spring onion kleine Zwiebel *(f)*
spring trade fair Frühjahrsmesse *(f)*
spring water Quellwasser *(n)*
springboard Sprungbrett *(n)*
sprinkle bestreuen
sprinkler Berieselungsapparat *(m)*, Rasensprenger *(m)*, Feuerlöschbrause *(f)*
sprinkler leakage Wasserschaden *(m)* durch Feuerlöschbrause *(f)*
spritzer Schorle *(f)*, gespritzter Wein *(m)*
sprouts Kohlsprossen *(pl. f)*, Rosenkohl *(m)*
square Platz *(m)*
squash Fruchtbrei *(m)*, Fruchtsaft *(m)*; Squash (Spiel) *(n)*
squid Tintenfisch *(m)*
stadium Stadion *(n)*
staff Personal *(n)*, Belegschaft *(f)*, Stab *(m)*
staff function Stabsfunktion *(f)*
staff holiday Betriebsferien *(pl.)*
staff position Stabsstelle *(f)*
staff responsibility Verantwortungsbereich *(m)* einer Stabsstelle *(f)*
staffing schedule Stellenbesetzungsplan *(m)*
stag Hirsch *(m)*
stage Teilstrecke *(f)*, Bühne *(f)*
stage of journey Reiseetappe *(f)*
staggered holidays Ferienstaffelung
staggering of tourist traffic Streuung *(f)* des Fremdenverkehrs *(m)*
staggering scheduling gestaffelter Dienstplan (m)
stagnation Stagnation *(f)*
staircase Treppenhaus *(n)*
stairs Treppe *(f)*
stalactite cave Tropfsteinhöhle *(f)*
stale bread altbackenes Brot *(n)*
stall Sperrsitz *(m)*
stamp Briefmarke *(f)*, Stempel *(m)*, stempeln, frankieren
stamp machine Briefmarkenautomat *(m)*
stand in line Schlange *(f)* stehen
standard Standard *(m)*, Wertmesser *(m)*
standard class Einheitsklasse *(f)*
standard of living Lebensstandard *(m)*
standard of performance Leistungsstandard *(m)*, Leistungsmaßstab *(m)*
standard price Einheitspreis *(m)*, Standardpreis *(m)*
standard wage Tariflohn *(m)*
standardization Normung *(f)*, Standardisierung *(f)*, Vereinheitlichung *(f)*
standardize standardisieren, vereinheitlichen
standardized menu item standardisierter Speiseartikel *(m)*
stand-by Warteliste *(f)* (Abflug ohne feste Reservierung)
standby position Wartestellung *(f)*
standing place Stehplatz *(m)*
standing reception Stehempfang *(m)*
starfish Seestern *(m)*
start Reisebeginn *(m)*, Abflug *(m)*, Start *(m)*
starter Vorspeise *(f)*
starling-point Ausgangsort *(m)*, Ausgangspunkt *(m)*
state Zustand *(m)*; Staat *(m)*
state forest Staatswald *(m)*
state frontier Staatsgrenze *(f)*
state of emergency Notstand *(m)*
state of mind Geisteszustand *(m)*
stated value (capital stock) ursprünglich festgesetzter Wert *(m)* einer Aktie *(f)* (US)

statement Aufstellung *(f)*, Behauptung *(f)*, Erklärung *(f)*
statement of capital stock and surplus Entwicklung *(f)* des Kapitals *(n)* und der Rücklagen *(pl. f)*
statement of financial position Bilanz *(f)*
statement of (owner's) equity Entwicklung des Eigenkapitals *(n)*, Eigenkapitalausweis *(m)*
statement of partners' equity Entwicklung *(f)* des Eigenkapitals *(n)* von Personenunternehmen *(pl. n)*
statement of stockholders' equity Eigenkapitalspiegel *(m)*
station hall Bahnhofshalle *(f)*
station hotel Bahnhofshotel *(n)*
station locker Gepäckschließfach *(n)*
station post office Bahnpostamt *(n)*
station restaurant Bahnhofsgaststätte *(f)*
station superintendant Bahnhofsaufsicht *(f)*
station wagon Kombiwagen *(m)*
stationary stationär
stationery Bürobedarf *(m)*, Schreibwaren *(pl. f)*
station-master Bahnhofsvorstand *(m)*, Bahnhofsvorsteher *(m)*
statistic Statistik *(f)*
statistical statistisch
status Status *(m)*, Stand *(m)*
stay Aufenthalt *(m)*
stay abroad Auslandsaufenthalt *(m)*
stay at a spa Kuraufenthalt *(m)*
stay in the country Landaufenthalt *(m)*
stay over Bleibegast *(m)*
steak Beefsteak *(n)*, Steak *(n)*
steak and kidney pie warme Steak- und Nierenpastete *(f)*
steak, Vienna style Wiener Rostbraten *(m)*
steal stehlen, klauen, entwenden
steam bath Dampfbad *(n)*, Schwitzbad *(n)*
steam-ironing Dampfbügeln *(n)*
steamed gedämpft, gedünstet
steamed potatoes Dampfkartoffeln *(pl. f)*
steamed rice with chopped pork (beef) Reisfleisch *(n)*
steamer Dampfer *(m)*
steamer service Schiffsverbindung *(f)*
steamer ticket Schiffskarte *(f)*
steamship Dampfer *(m)*
steamship connection Schiffsanschluss *(m)*
steep steil
steep coast Steilküste *(f)*
steep slope Steilhang *(m)*
steeple Kirchturm *(m)*
steer steuern
steerage Zwischendeck *(n)*
steering wheel Lenkrad *(n)*
stencil Matrize *(f)*
step Schritt *(m)*
stern Heck *(n)*
stew Ragout *(n)*, Eintopf *(m)*; schmoren
stew of pork Hungarian style Schweinsgulasch *(n)*
stew of veal with dumplings Kalbsgulasch *(n)* mit Klößen *(pl. m)*
stew of venison Rehragout *(n)*
stew of white beans Weißbohnengericht *(n)*
steward Steward *(m)*, Schiffskellner *(m)*, Leiter *(m)* der Spülküche *(f)*
stewardess Stewardess *(f)*
stewarding department Spülküche *(f)*, Reinigungsabteilung *(f)*
stewed gedämpft
stewed apples Apfelkompott *(n)*
stewed beef Rinderschmorbraten *(m)*
stewed chicken in paprika (cream) sauce Paprikahühnchen *(n)*

stewed fruit Kompott *(n)*
stewed pork and sauerkraut in paprika sauce Szegedinergulasch *(n)*
stewed veal eingemachtes Kalbfleisch *(n)*
stick to sich halten an
sticker Aufklebezettel *(m)*
sticky snow Pappschnee *(m)*
Stilton (cheese) Blauschimmelkäsesorte *(f)*
stimulant Stimulanz *(f)*, Wachmacher *(m)*
stock Aktie(n) *(pl. f)*, Wertpapier *(n)*; Lager *(n)*, Bestand *(m)*
stock in trade Warenbestand *(m)*
stockholder Aktionär *(m)*
stockholder's equity Passiva *(pl.)* insgesamt; Rücklagen *(pl. f)* und Gewinnvortrag *(m)*; Eigenkapital *(n)*
stocks on hand Vorräte *(pl. m)*, Warenbestand *(m)*
stomach Bauch *(m)*
stone Stein *(m)*, Kern *(m)*, auskernen, entsteinen
stool Barhocker *(m)*
stop Station *(f)*, Aufenthalt *(m)*, Haltestelle *(f)*, Halt *(m)*, halten
stop en route Zwischenlandung *(f)*, Unterwegsaufenthalt *(m)*
stopover Reiseunterbrechung *(f)*, Zwischenlandung *(f)*, Fahrtunterbrechung *(f)*
stoppage Stockung *(f)*
storage Lagerung *(f)*
storage location Lagerrort *(m)*
storage space Lagerraum *(m)*
store lagern, speichern, Lager *(n)*
storekeeper Lagerhalter *(m)*
storeroom Lager *(n)*, Vorratsraum *(m)*
storeroom requisition Lageranforderung *(f)*
storing Lagerhaltung *(f)*
stout beer dunkles (schwächeres) Bier *(n)*
stove Ofen *(m)*, Herd *(m)*
stove heating Ofenheizung *(f)*
straight line depreciation lineare Abschreibungsmethode *(f)*
straightforward (process) einfach, unkompliziert (Vorgang)
strain durchseien
stranger Fremde(r) *(f/m)*
strategy Strategie *(f)*
straw Strohhalm *(m)*, Trinkhalm *(m)*
straw potatoes Strohkartoffeln *(pl. f)*
strawberry Erdbeere *(f)*
strawberry ice-cream Erdbeereis *(n)*
stream trout Flussforelle *(f)*
street hawker Straßenhändler *(m)*
street plan Stadtplan *(m)*
street sign Straßenschild *(n)*
street lamp Straßenlaterne *(f)*
streetcar Straßenbahn *(f)*
streetcar line Straßenbahnlinie *(f)*
streetcar stop Straßenbahnhaltestelle *(f)*
streetcar ticket Straßenbahnkarte *(f)*
stress disease Managerkrankheit *(f)*
stretch Strecke *(f)*
strike streiken, Streik *(m)*
string bean Stangenbohne *(f)*, junge Brechbohne *(f)*
strips of chicken breast Bruststreifen *(pl. m)* vom Huhn *(n)*
strips of sole fillets Streifen *(pl. m)* von Seezungen *(pl. f)*
strive erstreben
stroll Spaziergang *(m)*, Bummel *(m)*
strong stark
stronghold Festung *(f)*, Burg *(f)*
structure bauliche Anlage *(f)*, Struktur *(f)*, Aufbau *(m)*
strudel Strudel *(m)*
student travel Studentenfahrt *(f)*, Studentenreiseverkehr *(m)*
student trip Studentenfahrt *(f)*
studio couch Bettcouch *(f)*
studio (executive room) Zimmer *(n)* mit zusätzlicher Schlafcouch *(f)*

study trip Studienreise *(f)*
stuff füllen (mit Füllsel)
stuffed gefüllt
stuffed boar's head Wildschweinskopf *(m)* gefüllt
stuffed breast of veal Kalbsbrust *(f)* gefüllt
stuffed eggs gefüllte Eier *(pl. n)*
stuffed fritters Teigtaschen *(pl. f)*
stuffed green (sweet) peppers gefüllte Paprika *(pl. f)*
stuffed half-moon patty gefülltes Halbmondpastetchen *(n)*
stuffed olive gefüllte Olive *(f)*
stuffed pancakes Palatschinken *(m)*
stuffed shoulder gefüllte Schulter *(f)*
stuffed tomatoes gefüllte Tomaten *(pl. f)*
stuffed veal collop gefülltes Kalbsschnitzel *(n)*
stuffing Füllung *(f)*, Füllsel *(n)*
sturgeon Stör *(m)*, Sterlet *(m)*
subcontract Untervertrag *(m)*
subdivide unterteilen, aufteilen
subdivision Unterabteilung *(f)*, Aufteilung *(f)*
subject to alteration Änderungen *(pl. f)* vorbehalten
sublease Untervermietung *(f)*, Untermiete *(f)*
sublessee Untermieter(in) *(m/f)*, Unterpächter(in) *(m/f)*
sublessor Untervermieter(in) *(m/f)*, Unterverpächter(in) *(m/f)*
sublet untervermieten, unterverpachten
submeter gesondert erfassen (z. B. Strom)
submissive unterwürfig, gehorsam
subordinate unterordnen, Untergebene(r) *(f/m)*
subscribe abonnieren
subscription Abonnement *(n)*
subsequent payment Nachzahlung
subsidiary company Tochtergesellschaft *(f)*
subsidize subventionieren
subsidy Zuschuss *(m)*
substantial meal reichliche Mahlzeit *(f)*
substitute ersetzen, Ersatz *(m)*, Stellvertreter(in) *(m/f)*
subtenant Untermieter(in) *(m/f)*, Unterpächter(in) *(m/f)*
subtract abziehen
subtraction Abzug *(m)*
suburban train Vorortzug *(m)*
subway U-Bahn *(f)*, Fußgängertunnel *(m)*
suckling pig Spanferkel *(n)*
sudatory bath Schwitzbad *(n)*
sue klagen, verklagen
suet Fett *(n)*
sufficient ausreichend, hinreichend
sugar Zucker *(m)*
sugar basin Zuckerdose *(f)*
sugar bowl Zuckerschale *(f)*
sugar cube(s) Würfelzucker *(m)*
sugar pea Zuckererbse *(f)*
sugar tongs Zuckerzange *(f)*
sugared gezuckert
suggest vorschlagen, anregen
suggestion Vorschlag *(m)*, Anregung *(f)*
suit Anzug *(m)*, Kostüm *(n)*
suitable for children kindergerecht
suitability Tauglichkeit *(f)*
suitcase Koffer *(m)*, Handkoffer *(m)*
suitcase label Kofferaufkleber *(m)*
suite Suite *(f)*
sulfur spring Schwefelquelle *(f)*
sulphur spring Schwefelquelle *(f)*
sultana Sultanine *(f)*
sultana (fruit) cake Englischer Kuchen *(m)*
sultry schwül
sum up zusammenfassen, summieren
summary Zusammenfassung *(f)*
summer fair Sommermesse *(f)*
summer festival Sommerspiele *(pl. n)*

summer health resort Sommerfrische *(f)*, Sommerkurort
summer holiday resort Sommerfrische *(f)*
summer holiday village Sommerferiendorf *(n)*
summer holidays Sommerferien *(pl.)*
summer party Sommerfest *(n)*
summer residence Sommersitz *(m)*
summer resort Sommerfrische *(f)*
summer school Ferienkurs *(m)*
summer season Sommersaison *(f)*
summer squash Zwergkürbis *(m)*
summer stay Sommeraufenthalt *(m)*
summer terrace Sonnenterrasse *(f)*
summer timetable Sommerfahrplan *(m)*
summer tourist traffic Sommerreiseverkehr *(m)*, Sommerfremdenverkehr *(m)*
summer vacation Sommerferien *(pl.)*
summer visitor Sommergast *(m)*
summertime Sommerzeit *(f)*
sun deck Sonnendeck *(n)*
sun lotion Sonnencreme *(f)*
sun treatment Sonnenkur *(f)*
sun umbrella Sonnenschirm *(m)*
sun visor Sonnenblende *(f)*
sunbath Sonnenbad *(n)*
sunbathe ein Sonnenbad *(n)* nehmen
sunbathing lawn Liegewiese *(f)*
sunburn Sonnenbrand *(m)*
sunblind Markise *(f)*
sundae Eisbecher *(m)*
Sunday excursion Sonntagsausflug *(m)*
Sunday excursion ticket Sonntagsfahrkarte *(f)*
sundry verschiedene
sunglasses Sonnenbrille *(f)*
sun-light treatment Heliotherapie *(f)*
sunny sonnig
sunrise Sonnenaufgang *(m)*
sunroof Schiebedach *(n)*
sunscreen Sonnenschutz *(m)*
sunset Sonnenuntergang *(m)*
sunshade Sonnenschirm *(m)*
sunstroke Sonnenstich *(m)*
sunterrace Sonnenterrasse *(f)*
superior Vorgesetzte(r) *(f/m)*
supermarket Selbstbedienungsladen *(m)*
supervise beaufsichtigen
supervision Aufsicht *(f)*
supervisor Aufsichtsperson *(f)*, Vorgesetzte(r) *(f/m)*
supervisory body Aufsichtsorgan *(n)*, Überwachungsstelle *(f)*
supervisory training Vorgesetzenschulung *(f)*
supper Abendessen *(n)*
supplement Zuschlag *(m)*, Ergänzung *(f)*, Nachtrag *(m)*
supplement for sole use Mehrpreis *(m)* für Einzelbelegung *(f)*
supplementary accommodation Parahotellerie *(f)* (z. B. Privatquartiere, Ferienzentren, Campingplätze, Erholungsheime etc.)
supplementary charge Zuschlag *(m)*
supplementary course of treatment zusätzliche Kur *(f)*
supplementary cure zusätzliche Kur *(f)*
supplementary fare Zuschlag *(m)*
supplementary ticket Zusatzfahrkarte *(f)*
supplementary treatment Ergänzungsbehandlung *(f)*
supplier Lieferant *(m)*, Lieferer *(m)*
supplies Hilfs- und Betriebsstoffe *(pl. m)*
supply liefern, versorgen, Lieferung *(f)*, Angebot *(n)*
supply on credit gegen Ziel *(n)* liefern
supply pipe Zuleitung *(f)*

supplying industry Zulieferindustrie *(f)*
support unterstützen, Unterstützung *(f)*
surcharge Aufschlag *(m)*, Zuschlag *(m)*
surf Brandung *(f)*
surface connection Anschluss *(m)* mit Bahn *(f)* oder Bus *(m)*
surface transport Bahn-Bus-Verkehr *(m)*
surfboard Surfbrett *(n)*
surfing Wellenreiten *(n)*
surname Zuname *(m)*, Familienname *(m)*
surpass übertreffen
surplus Gewinn *(m)*
surrounding region Umland *(n)*
surroundings Umgebung *(f)*
surveillance Bewachung *(f)*
survey Untersuchung *(f)*, Erhebung *(f)*, überblicken
survey sheet Erhebungsbogen *(m)*, Fragebogen *(m)*
suspension railway Schwebebahn *(f)*
swamp Sumpf *(m)*
swap tauschen, vertauschen, austauschen
sway schwanken
sweat Schweiß *(m)*, schwitzen
sweating bath Schwitzbad *(n)*
swede weiße Rübe *(f)*
sweet süß
sweet cheese cake süßer Käsekuchen *(m)*
sweet cider Süßmost *(m)*, Apfelsaft *(m)*
sweet corn Mais *(m)*
sweet cream Rahm *(m)*, Sahne *(f)*
sweet curd-cheese strudel Topfenstrudel *(m)*
sweet curds pie Topfenstrudel *(m)*
sweet dish Dessert *(m)*, Süßspeise *(f)*
sweet potato süße Kartoffel *(f)*, Süßkartoffel *(f)*
sweet wine Süßwein *(m)*, süßer Wein *(m)*
sweet yeast dumpling Dampfnudel *(f)*
sweetbreads Kalbsbries *(n)*
sweeten zuckern
sweets Süßigkeiten *(pl. f)*, Nachtisch *(m)*, Nachspeise *(f)*
sweetwater fish Süßwasserfisch *(m)*
swim schwimmen
swimmer Schwimmer *(m)*
swimming Schwimmen *(n)*
swimming bath Schwimmbad *(n)*
swimming-hall Schwimmhalle *(f)*
swimming instructor Schwimmlehrer *(m)*
swimming-lessons Schwimmunterricht *(m)*
swimming pool Schwimmbad *(n)*, Badeanstalt *(f)*
swimsuit Badeanzug *(m)*
Swiss Central Office of Tourism Schweizerische Fremdenverkehrszentrale *(f)*
Swiss chard Mangold *(m)*
Swiss cheese Schweizer Käse *(m)*
Swiss Hotel-Proprietors' Association Schweizer Hotelier-Verein *(m)*
Swiss porridge with fresh fruit Birchermüsli *(n)*
switch Lichtschalter *(m)*
switch on einschalten
switchback road Serpentinenstraße *(f)*
switchboard Telefonzentrale *(f)*, Schalttafel *(f)*
Switzerland Schweiz
swordfish Schwertfisch *(m)*
symbol Symbol *(n)*, Zeichen *(n)*
syrup Sirup *(m)*
system System *(n)*
systems and procedures (yield management) Informationstechnologie *(f)* (Yield Management)
S. O. S. message Reiseruf *(m)*

T

T-bar tow Schlepplift *(m)*
T-bone steak kleines Porterhousesteak *(n)*
T-junction Straßeneinmündung *(f)*
table Tisch *(m)*, Tafel *(f)*; Tabelle *(f)*, Schema *(n)*
table cover Tischdecke *(f)*
table d'hote Table d'Hote *(n)*
table d'hote meal Tagesgericht *(n)*, gemeinsame Mahlzeit *(f)*
table knife Tafelmesser *(n)*, Tischmesser *(n)*
table lamp Tischlampe *(f)*
table linen Tischzeug *(n)*
table mat Untersatz *(m)*
table napkin Serviette *(f)*
table number Tischnummer *(f)*
table of calorific values Kalorientabelle *(f)*
table of distances Entfernungstabelle *(f)*
table reservation Tischreservierung *(f)*
table reserved for regular customers Stammtisch *(m)*
table salt Tafelsalz *(n)*
table spoon Esslöffel *(m)*
table talk Tischgespräch *(n)*
table tennis Tischtennis *(n)*
table tennis room Tischtennishalle *(f)*
table water Tafelwasser *(n)*, Mineralwasser *(n)*
table wine Tischwein *(m)*
tablecloth Tischtuch *(n)*, Tischdecke *(f)*
tabletop Tischplatte *(f)*
tableware Tischgeschirr *(n)*
tag Etikett *(n)*, Anhängezettel *(m)*
tail Schwanz *(m)*
tail light Schlusslicht *(n)*
tail wind Rückenwind *(m)*
tailcoat Frack *(m)*
tailor Schneider *(m)*
take a holiday Ferien *(pl.)* machen
take a photo/picture fotografieren
take a supplementary ticket nachlösen
Take care! Vorsicht!
take care of sorgen für
take in tow abschleppen
take it out on s.o. seinen Zorn *(m)* an j-m auslassen
take notes sich Notizen *(pl. f)* machen
take off ausziehen
take on board an Bord *(m)* nehmen
take part in teilnehmen an
take place stattfinden
take security precautions Sicherheitsvorkehrungen *(pl. f)* treffen
take shippings an Bord *(m)* nehmen, laden
take the lead Führung *(f)* übernehmen
taken besetzt
take-off Start *(m)*, Abflug *(m)*
talk down herablassend reden; unter den Tisch reden
tally sheet Inventuraufnahmeblatt *(n)*
tang Beigeschmack *(m)*
tangerine Mandarine *(f)*
tankard Deckelkrug *(m)*
tap Fasshahn *(m)*, Wasserhahn *(m)*
taproom Bierstube *(f)*, Schankstube *(f)*
tapster Schankkellner *(m)*
tardy säumig
target Vorgabe *(f)*, Planziel *(n)*, Ziel *(n)*
target group Zielgruppe *(f)*
tariff Zolltarif *(m)*, Tarif *(m)*
tariff provision Tarifvorschrift *(f)*
tarragon Estragon *(m)*
tart (cake) Torte *(f)*
tart (of taste) herb
tartare Tatar *(n)*
tartare sauce Tartarensoße *(f)*
tartlet (Obst-)Törtchen *(n)*

task Aufgabe *(f)*
task force Arbeitsgruppe *(f)*
taste Geschmack *(m)*
tasteful geschmackvoll
tastefulness Geschmacksreichtum *(m)*
tasteless fade, unschmackhaft, geschmacklos
tastelessness Geschmacklosigkeit *(f)*
taster Probiergläschen *(n)* für Wein *(m)*
tastiness Schmackhaftigkeit *(f)*
tasty schmackhaft
tartare steak Beefsteak Tartar *(n)*
tattoo Zapfenstreich *(m)*, Abendparade *(f)* mit Musik *(f)* (Vorführungen)
tavern Lokal *(n)*, Wirtshaus *(n)*, Ausschank *(m)*, Schenke *(f)*
tavern keeper Schankwirt *(m)*
tax Steuer *(f)*, besteuern
tax de séjour Kurtaxe *(f)*
tax paid versteuert
taxation Besteuerung *(f)*
taxes payable Steuerverbindlichkeiten *(pl. f)*
taxi Taxi *(n)*
taxi driver Taxifahrer(in) *(m/f)*, Taxichauffeur *(m)*
taxi rank Taxistand *(m)*
tea Tee *(m)*
tea caddy Teebüchse *(f)*
tea cakes Teegebäck *(n)*
tea cart Teewagen *(m)*
tea cloth kleine Tischdecke *(f)*, Geschirrtuch *(n)*
tea cosy Teewärmer *(m)*
tea dance Tanztee *(m)*
tea garden Gartenrestaurant *(n)*
tea kettle Teekessel *(m)*
tea party Teegesellschaft *(f)*
tea room Frühstückszimmer *(n)*, Teestube *(f)*
tea service Teegeschirr *(n)*
tea set Teeservice *(n)*
tea shop Teerestaurant *(n)*
tea towel Geschirrtuch *(n)*
tea trolley Teewagen *(m)*
tea urn Teemaschine *(f)*, Warmhaltegerät *(n)* für Teewasser *(n)*
tea with lemon Tee *(m)* mit Zitrone *(f)*
tea with milk Tee *(m)* mit Milch *(f)*
teaching method Lehrmethode *(f)*
teacup Teetasse *(f)*
teahouse Teehaus *(n)* (in China und Japan)
teal Krickente *(f)*
team Arbeitsgruppe *(f)*, Team *(n)*
teamwork Gemeinschaftsarbeit *(f)*
teapot Teekanne *(f)*
teaspoon Teelöffel *(m)*
teatime Teestunde *(f)*
technician Techniker(in) *(m/f)*
tee Golf: künstlich erhöhte Abschlagstelle *(f)*, Ball *(m)* auf die Abschlagstelle *(f)* legen
tee off Golf: abschlagen, Spiel eröffnen *(n)*
TEE train, Trans-Europe-Express TEE-Zug *(m)*
teetotaller Abstinenzler *(m)*
telecommunication Telekommunikation *(f)*
telegram Telegramm *(n)*
telegram by telephone Telegramm *(n)* telefonisch aufgeben
telegram charges Telegrammkosten *(pl.)*
telegram form Telegrammformular *(n)*
telegraph office Telegrafenamt *(n)*
telegraphic telegrafisch
telegraphic address Telegrammadresse *(f)*
telegraphic order telegrafische Anweisung *(f)*
telephone Telefon *(n)*
telephone booth Fernsprechzelle *(f)*, Telefonzelle *(f)*
telephone box Telefonzelle *(f)*, Fernsprechzelle *(f)*

telephone directory Telefonbuch *(n)*, Telefonverzeichnis *(n)*
telephone exchange Telefonvermittlung *(f)*, Fernsprechamt *(n)*
telephone installation Telefonanlage *(f)*
telephone on the train Zugtelefon *(n)*
telephone operator Telefonist(in) *(m/f)*
telephone receiver Telefonhörer *(m)*
telephoto lens Teleobjektiv *(n)*
teleprinter Fernschreiber *(m)*
teleprinter code Fernschreibercode *(m)*
teleregister elektronische Platzbelegung *(f)*
telescope Fernglas *(n)*
teletype Fernschreiber *(m)*
television (TV) Fernsehen (TV) *(n)*
television room Fernsehraum *(m)*
television set Fernsehgerät *(n)*, Fernsehapparat *(m)*
television tower Fernsehturm *(m)*
telex Fernschreibnetz *(n)*, Telex *(n)*
telly Fernseher *(m)*
temperature Temperatur *(f)*, Fieber *(n)*
tempest Unwetter *(n)*
tempestuous stürmisch
template Schablone *(f)*, Vorlage *(f)*
temporary vorläufig, vorübergehend, zeitweilig
temporary cash investments vorübergehend angelegte flüssige Mittel *(pl. n)*
temporary guest Logiergast *(m)*
temporary help Aushilfe *(f)*
temporary hotel guest Durchreisende(r) *(f/m)*, Passant(in) *(m/f)*
temporary residence visa Aufenthaltsvisum *(n)*
tenant Pächter(in) *(m/f)*, Mieter(in) *(m/f)*
tench Schleie *(f)*
tendency Tendenz *(f)*, Entwicklungsrichtung *(f)*
tender zart
tenderloin zartes Lendenstück *(n)*
tenderloin of beef „Wellington" Rindsfilet *(n)* im Blätterteig *(m)*
tenderloin steak Lendenschnitte *(f)*
tennis Tennis *(n)*
tennis ball Tennisball *(m)*
tennis club Tennisklub *(m)*
tennis court Tennisplatz *(m)*
tennis court fee Platzmiete *(f)*
tennis match Tennisspiel *(n)*
tennis racket Tennisschläger *(m)*
tennis tournament Tennisturnier *(n)*
tense (an)gespannt, verkrampft
tent Zelt *(n)*
tent awning Zeltvordach *(n)*
tent camp Zeltlager *(n)*
tent peg Zelthering *(m)*
tentative vorläufig
tentative agreement Vertragsentwurf *(m)*
tentative conclusion vorläufige Meinung *(f)*
tepid water lauwarmes Wasser *(n)*
term deposit Termingeld *(n)*, Termineinlage *(f)*
terminal Endstation *(f)*, Datenendstation *(f)*
terminal stop Endhaltestelle *(f)*, Endstation *(f)*
terminate kündigen, beenden
termination Kündigung *(f)*, Beendigung *(f)*
terminus Endstation *(f)*
terms Vertragsbestimmungen *(pl. f)*, Vertragsbedingungen *(pl. f)*
terms of business Geschäftsbedingungen *(pl. f)*
terms of delivery Lieferbedingungen *(pl. f)*
terrace facing south Südterrasse *(f)*
terrace restaurant Terrassenrestaurant *(n)*

terrain treatment Terrainkur *(f)*
territorial waters Hoheitsgewässer *(pl. n)*
territory Gebiet *(n)*
test prüfen, untersuchen, Prüfung *(f)*, Untersuchung *(f)*
thatched strohgedeckt
thalassotherapy Meerwasserkur *(f)*
Thanksgiving Day Erntedankfest *(n)*
thaw (auf)tauen, schmelzen, Tauwetter *(n)*, Schneeschmelze *(f)*
the day's dish Tagesplatte *(f)*
the day's soup Tagessuppe *(f)*
theatre festival Bühnenfestspiele *(pl. n)*
theatre ticket Theaterkarte *(f)*
theatrical performance Theatervorstellung *(f)*
theatrical season Theatersaison *(f)*
theft Diebstahl *(m)*
theft insurance Diebstahlversicherung *(f)*
theme hotel Themenhotel *(n)*
theme restaurant Themenrestaurant *(n)*
therapeutical therapeutisch
therapeutical facilities Kureinrichtungen *(pl. f)*
thermal baths Thermalbad *(n)*
thermal indoor swimming pool Thermalhallenbad *(n)*
thermal pool Thermalbecken *(n)*
thermal water Thermalwasser *(n)*
Thermos flask Thermosflasche *(f)*
thermotherapy Thermotherapie *(f)*
thick oxtail soup gebundene Ochsenschwanzsuppe *(f)*
thick soup legierte Suppe *(f)*
thieve stehlen
thin pancakes filled with jam Palatschinken *(m)*
third party insurance Haftpflichtversicherung *(f)*
third party liability Haftpflicht *(f)*
thirst Durst *(m)*
thirsty durstig
thoroughfare Durchgangsstraße *(f)*
three-bed room Dreibettzimmer *(n)*
three-berth compartment Dreibettabteil *(n)*
three-berth room Dreibettkabine *(f)*
three-mile zone Dreimeilenzone *(f)*
three-minute egg Dreiminutenei *(n)*
threshold Schwelle *(f)*
thrifty sparsam
throng of people Andrang *(m)*
through carriage Kurswagen *(m)*
through coach Kurswagen *(m)*
through fare Gesamtstreckenfahrpreis *(m)*
through flight Direktflug *(m)*
through traffic Durchgangsverkehr *(m)*
through train durchgehender Zug *(m)*
throw overboard über Bord werfen
throw up sich übergeben
thunder donnern
thunderstorm Gewitter *(n)*
thyme Thymian *(m)*
ticket Fahrkarte *(f)*, Fahrschein *(m)*, Billett *(n)*
ticket barrier Bahnsteigsperre *(f)*
ticket clerk Schalterbeamter *(m)*
ticket for reserved seat Platzkarte *(f)*
ticket inspection Fahrscheinkontrolle *(f)*
ticket inspector Kontrolleur(in) *(m/f)*
ticket machine Fahrkartenautomat *(m)*
ticket of admission Eintrittskarte *(f)*
ticket office Fahrkartenschalter *(m)*, Bahnschalter *(m)*, Stadtbüro *(n)*
ticket office window Fahrkartenschalter *(m)*
ticket reservation Kartenreservierung *(f)*
tides Gezeiten *(pl.)*
tidy sauber, ordentlich

tie-in sale Kopplungsverkauf *(m)*
till (Laden)kasse *(f)*
till this day bis heute
tilsit cheese Tilsiter Käse *(m)*
time Zeit *(f)*
time and motion study Zeit- und Bewegungsstudie *(f)*
time exposure Zeitaufnahme *(f)*
time limit Frist *(f)*
time of arrival Ankunftszeit *(f)*
time of day Tageszeit *(f)*
time of delivery Lieferzeit *(f)*
time of departure Abfahrtszeit *(f)*, Abflugzeit *(f)*
time of sailing Abfahrtszeit *(f)*
time of stay Aufenthaltsdauer *(f)*
time signal Zeitansage *(f)*, Zeitzeichen *(n)*
time standard Zeitvorgabe *(f)*
timekeeper Personalpförtner *(m)*
timeliness Zeitnähe *(f)* (Rechnungslegung)
timetable Fahrplan *(m)*, Kursbuch *(n)*, Flugplan *(m)*
timing Zeitnahme *(f)*, Terminierung *(f)*
tin Konservenbüchse *(f)*
tin opener Büchsenöffner *(m)*
tinned beer Dosenbier *(n)*
tinned food Konserve *(f)*
tinned meat Büchsenfleisch *(n)*
tiny flour dumplings Spätzle *(pl.)*
tip Trinkgeld *(n)*, Trinkgeld *(n)* geben
tipple zechen
tips included Bedienungsgeld *(n)* eingeschlossen (im Preis)
tire Reifen *(m)*
tire change Reifenwechsel *(m)*
tire pressure Reifendruck *(m)*
tissue paper Seidenpapier *(n)*
to zu (Richtung)
to date bis heute
To your health! Prosit!
toad-in-the-hole Schweinswürstchen *(n)* in gebackenem Eierteig *(m)*
toast Rostbrotschnitte *(f)*, Toast *(m)*
toast (to propose a toast) Trinkspruch *(m)*
toasted geröstet
toasted cheese Käseschnitte *(f)*
toaster Toaströster *(m)*, Toaster *(m)*
toastmaster Toastmeister *(m)*
tobacco Tabak *(m)*
tobacco pipe Tabakspfeife *(f)*
tobacco tax Tabaksteuer *(f)*
tobacconist Zigarettenverkäufer *(m)*
tobacconist's shop Tabakladen *(m)*
toboggan Schlitten *(m)*, rodeln
toboggan run Rodelbahn *(f)*
toboggan slide Rodelbahn *(f)*, Rodelhang *(m)*
toboggan tow Rodellift *(m)*, Schlittenlift *(m)*
tobogganing Rodeln *(n)*, Rodelsport *(m)*
toby jug Figurkrug *(m)*
today heute
today's bill of fare Tageskarte *(f)*
today's menu Tageskarte *(f)*
today's program Tagesprogramm *(n)*
today's special dish Tagesspezialität *(f)*
today's speciality Tages Spezialität *(f)*
toddy Grog *(m)*
toilet Toilette *(f)*
toilet paper Toilettenpapier *(n)*
toilet soap Toilettenseife *(f)*
toll Straßenzoll *(m)*, Maut *(f)*, Straßenbenutzungsgebühr *(f)*, Autobahngebühr *(f)*
toll road gebührenpflichtige Straße *(f)*
tomato Tomate *(f)*
tomato juice Tomatensaft *(m)*
tomato ketchup Tomatenketchup *(m)*
tomato pulp Tomatenmark *(n)*
tomato salad Tomatensalat *(m)*
tomato sauce Tomatensoße *(f)*
tomato soup Tomatensuppe *(f)*

tomorrow morgen
tongue Zunge *(f)*
tonic(water) Tonic(wasser) *(n)*
tonnage Schiffstonnage *(f)*
too zu, allzu
tool Handwerkszeug *(n)*, Gerät *(n)*
tools and dies Hand- und Maschinenwerkzeuge *(pl. n)*
toothbrush Zahnbürste *(f)*
toothpaste Zahnpaste *(f)*
toothpick Zahnstocher *(m)*
top cut roast Rindsrostbraten *(m)*
top executive leitende(r) Angestelle(r) *(f/m)*
top management Betriebsführung *(f)*, Geschäftsleitung *(f)*
top salary Spitzengehalt *(n)*
top secret streng geheim
top speed Höchstgeschwindigkeit *(f)*
top terminal Bergstation *(f)*
top up the radiator Kühlwasser *(n)* nachfüllen
topic Gesprächsstoff *(m)*
torch Taschenlampe *(f)*
tornado Wirbelsturm *(m)*
tortoise (Land)schildkröte *(f)*
tossed salad gemischter Salat *(m)*
tot Gläschen *(n)*, Schlückchen *(n)*
total amount Gesamtbetrag *(m)*
total cash flüssige Mittel *(pl. n)* insgesamt
total current assets Umlaufvermögen *(n)* insgesamt
total income Gesamteinkommen *(n)*
total liabilities Passiva *(pl.)* insgesamt
total other assets sonstiges Vermögen *(n)* insgesamt
total receivables Forderungen *(pl. f)* insgesamt
touch anfassen, berühren
tough zäh
tour Tour *(f)*, Reise *(f)*, bereisen
tour conductor Reiseleiter(in) *(m/f)*
tour group Reisegruppe *(f)*
tour management Reiseleitung *(f)*
tour manager Reiseleiter(in) *(m/f)*
tour of/the company Betriebsbesichtigung *(f)*
tour operator Reiseveranstalter *(m)*
tour program Ausflugsprogramm *(n)*
tour region Ausflugsgebiet *(n)*
tour rep(resentative) Kundenbetreuer (vor Ort) *(m)*
tour ticket Ausflugskarte *(f)*
touring area Reisegebiet *(n)*
touring exhibition Wanderschau *(f)*
touring facilities Ausflugmöglichkeiten *(pl. f)*
touring itinerary Reisestrecke *(f)*, Reiseroute *(f)*, Reiseverlauf *(m)*
tourism Fremdenverkehr *(m)*, Tourismus *(m)*, Touristik *(f)*, Touristenverkehr *(m)*, Fremdenverkehrswesen *(n)*
tourism company Touristikunternehmen *(n)*
tourism organization Fremdenverkehrsorganisation *(f)*
tourist Tourist(in) *(m/f)*, Reisende(r) *(f/m)*, Ausflügler(in) *(m/f)*
tourist abroad Auslandsreisende(r) *(f/m)*
tourist advertising Fremdenverkehrswerbung *(f)*
tourist agency Reiseagentur *(f)*, Reisebüro *(n)*
tourist agent Reiseagent *(m)*, Reisemittler *(m)*
tourist area Reisegebiet *(n)*
tourist association Fremdenverkehrsverband *(m)*, Verkehrsverein *(m)*
tourist atlas Reiseatlas *(m)*
tourist-board Fremdenverkehrsamt *(n)*
tourist campaign Fremdenverkehrskampagne *(f)*
tourist card Touristenkarte *(f)*, Touristenausweis *(m)*
tourist centre Fremdenverkehrsort *(m)*

tourist class Touristenklasse *(f)*
tourist country Fremdenverkehrsland *(m)*
tourist economy Fremdenverkehrswirtschaft *(f)*
tourist fare Touristenflugpreis *(m)*
tourist hotel Touristenhotel *(n)*
tourist industry Fremdenverkehrsindustrie *(f)*
tourist information office Verkehrsamt *(n)*, Verkehrsbüro *(n)*
tourist journal Fremdenverkehrszeitschrift *(f)*
tourist market Reisemarkt *(m)*
tourist office (Fremden)verkehrsamt *(n)*, Fremdenverkehrsbüro *(n)*
tourist party Reisegesellschaft *(f)*
tourist policy Fremdenverkehrspolitik *(f)*
tourist publicity Fremdenverkehrswerbung *(f)*
tourist region Fremdenverkehrsgebiet *(n)*, Reisegebiet *(n)*, Touristengebiet *(n)*
tourist resort Fremdenverkehrsort *(m)*
tourist season Fremdenverkehrssaison *(f)*, Reisezeit *(f)*
tourist town Fremdenverkehrsstadt *(m)*
tourist trade Fremdenverkehr *(m)*
tourist trade establishment Fremdenverkehrsbetrieb *(m)*
tourist trade statistics Fremdenverkehrstatistik *(f)*
tourist traffic Fremdenverkehr *(m)*, Touristenverkehr *(m)*, Reiseverkehr *(m)*, Ausflugsverkehr *(m)*
tourist traffic institution Fremdenverkehrsträger *(m)*
tourist visa Touristenvisum *(n)*
tourist weather insurance Reisewetterversicherung *(f)*
touristic touristisch
touristic map Tourenkarte *(f)*
touristic poster Reiseplakat *(n)*
tow abschleppen
tow-rope Abschleppseil *(n)*
towel Handtuch *(n)*
towel rack Handtuchhalter *(m)*
tower Turm *(m)*
tower room Turmzimmer *(n)*
towing Abschleppen *(n)*
town Stadt *(f)*, Ort *(m)*
town bus Linienbus *(m)*
town centre Innenstadt *(f)*, Stadtzentrum *(n)*
town hall Rathaus *(n)*
town office Stadtbüro *(n)*
town plan Stadtplan *(m)*
town terminal Flugplatzbahnhof *(m)*
town wall Stadtmauer *(f)*
toxic(al) giftig, toxisch
toy Spielzeug *(n)*
trace zurückverfolgen, ausfindigmachen
track Gleis *(n)*, Bahnsteig *(m)*; Spur *(f)*
tracksuit Trainingsanzug *(m)*
trade Handel *(m)*, Gewerbe *(n)*, handeln
trade bill Handelswechsel *(m)*
trade custom Handelsbrauch *(m)*
trade discount Händlerrabatt *(m)*
trade fair Fachmesse *(f)*
trademark Markenrecht *(n)*; Warenzeichen *(n)*
trading vessel Handelsschiff *(n)*
tradition Tradition *(f)*, Brauchtum *(n)*
traffic Verkehr *(m)*, Handel *(m)*
traffic accident Verkehrsunfall *(m)*
traffic block Verkehrsstockung *(f)*
traffic circle Kreisverkehr *(m)*
traffic congestion Verkehrsstau *(m)*
traffic control Verkehrsüberwachung *(f)*
traffic density Verkehrsdichte *(f)*
traffic flow Verkehrsfluss *(m)*

traffic hold-up Verkehrsstockung *(f)*
traffic island Verkehrsinsel *(f)*
traffic jam Verkehrsstockung *(f)*, Stau *(m)*
traffic lights Verkehrsampel *(f)*
traffic offense Verkehrsdelikt *(n)*
traffic peak Verkehrsspitze *(f)*
traffic police Verkehrspolizei *(f)*
traffic regulation Verkehrsregelung *(f)*, Verkehrsordnung *(f)*
traffic restriction Verkehrseinschränkung *(f)*
traffic safety Verkehrssicherheit *(f)*
traffic warden Politesse *(f)*
trafficability Befahrbarkeit *(f)*
trafficking Handel *(m)*
trail Pfad *(m)*, Spur *(f)*, Rennstrecke *(f)*, Abfahrt (Ski) *(f)*
trailer Autoanhänger *(m)*, Wohnwagen *(m)*
trailerite Wohnwagenfahrer(in) *(m/f)*
train ausbilden, anlernen, trainieren; Zug *(m)*
train conductor Zugschnaffer(in) *(m/f)*
train ferry Eisenbahnfähre *(f)*
train formation Zusammensetzung *(f)* der Züge *(pl. m)*
train journey Bahnfahrt *(f)*, Bahnreise *(f)*
train number Zugnummer *(f)*
train reservation Zugreservierung *(m)*
train set Zugteil *(m)*
train times Zugzeiten *(pl. f)*
trainee Auszubildende(r) *(f/m)*, Praktikant(in) *(m/f)*
trainer Ausbilder(in) *(m/f)*
training (schedule 9) Aus- und Weiterbildung *(f)* (Service Center 9)
training film Lehrfilm *(m)*
training ground Übungsgelände *(n)*
training hotel Schulungshotel *(n)*
training manager Ausbilder(in) *(m/f)*, Ausbildungsleiter(in) *(m/f)*
training method Lehrmethode *(f)*, Ausbildungsmethode *(f)*
training on the job Ausbildung *(f)* am Arbeitsplatz *(m)*
tram Straßenbahn *(f)*
tram line Straßenbahnlinie *(f)*
tram stop Straßenbahnhaltestelle *(f)*
tram ticket Straßenbahnkarte *(f)*
tramcar Straßenbahnwagen *(m)*
tramp Landstreicher *(m)*, Trampschiff *(n)*
tramping Wandern *(n)*
tramway Straßenbahn *(f)*
transaction Verhandlung *(f)*, Geschäft *(n)*, Geschäftsvorfall *(m)*
transatlantic flight Ozeanflug *(m)*, Transatlantikflug *(f)*
transatlantic liner Ozeandampfer *(m)*
transfer übertragen, überweisen, Übertrag *(m)*, Übertragung *(f)*, Umbuchung *(f)*, Versetzung *(f)*, Transfer *(m)*, Umsteigekarte *(f)*
transfer free of charge kostenlose Zubringung *(f)*
transfer from airport to town terminal Transfer *(m)* vom Flughafen *(m)* zum Terminal *(m)*
transfer ticket Umsteigekarte *(f)*
transfer to hotel Transfer *(m)* zum Hotel *(n)*
transferable übertragbar
transient (guest) Durchreisende(r) *(f/m)*, Passant(in) *(m/f)*, Übernachtungsgast *(m)*
transient hotel Hotel *(n)* für Durchreisende *(pl.)*, Passantenhotel *(n)*, Übernachtungshotel *(n)*
transient rate Übernachtungspreis *(m)* für Durchreisende *(pl.)*
transire Zolldurchlassschein *(m)*
transit Transit *(m)*
transit area Transferbereich *(m)*

transit country Durchgangsland *(n)*
transit good Transitgut *(n)*
transit journey Transitreise *(f)*
transit passenger Transitreisende(r) *(f/m)*, Durchgangsreisende(r) *(f/m)*
transit traffic Transitverkehr *(m)*, Durchgangsverkehr *(m)*
transit visa Transitvisum *(n)*, Durchreisevisum *(n)*
transitional period Übergangszeit *(f)*
translate umrechnen, übersetzen
translation Übersetzung *(f)*, Umrechnung *(f)*
translator Übersetzer(in) *(m/f)*
transmission Getriebe *(n)* (Fahrzeug), Sendung *(f)*, (Radio)übertragung *(f)*
transoceanic voyage Ozeanreise *(f)*, Überseefahrt *(f)*
transport Transport *(m)*, Beförderung *(f)*, transportieren
transport charge Beförderungspreis *(m)*
transport charges Beförderungskosten *(pl.)*
transport company Transportunternehmen *(n)*
transport contractor Transportunternehmer *(m)*
transport insurance Transportversicherung *(f)*
transport planning Verkehrsplanung *(f)*
transport policy Verkehrsplanung *(f)*
transportable transportierbar
transportation Transport *(m)*, Transportgewerbe *(n)*
transportation advertising Verkehrsmittelwerbung *(f)*
transportation costs Transportkosten *(pl.)*, Versandkosten *(pl.)*
transportation industry Verkehrsgewerbe *(n)*
transshipment point Umschlagplatz *(m)*
trash Kitsch *(m)*, Schund *(m)*, Müll *(m)*
travel Reise *(f)*, Reisen *(n)*, Reiseverkehr *(m)*, (be)reisen
travel accident insurance Reiseunfallversicherung *(f)*
travel agency Reisebüro *(n)*
travel booklet Reiseprospekt *(m)*, Fremdenverkehrsprospekt *(m)*
travel boom Reisewelle *(f)*
travel by train mit dem Zug *(m)* reisen
travel cancellation insurance Reiserücktrittsversicherung *(f)*
travel commencement Fahrtantritt *(m)*
travel companion Reisebegleiter(in) *(m/f)*
travel documents Reisepapiere *(pl. n)*, Reiseunterlagen *(pl. f)*
travel expenses Reisespesen *(pl.)*, Reisekosten *(pl.)*
travel for senior citizens Seniorenreise *(f)*
travel industry Reisebranche *(f)*
travel information Reiseauskunft *(f)*
travel insurance Reiseversicherung *(f)*
travel market Reisemarkt *(m)*
travel necessities Reisebedarf *(m)*
travel organizer Reiseveranstalter *(m)*
travel planning Reiseplanung *(f)*
travel poster Ferienplakat *(n)*, Reiseplakat *(n)*
travel preparations Reisevorbereitungen *(pl. f)*
travel program Reiseprogramm *(n)*
travel research Fremdenverkehrsforschung *(f)*
travel service Reisebetreuung *(f)*, Reisedienst *(m)*
travel souvenir Reiseandenken *(n)*
travel statistics Fremdenverkehrstatistik *(f)*

travel supervisor Reiseleiter(in) *(m/f)*
travel supplement Reisebeilage *(f)*
travel time Reisezeit *(f)*, Fahrzeit *(f)*, Wegzeit *(f)*
travel voucher Reisegutschein *(m)*
travel(l)er Reisende(r) *(f/m)*
Travellers' Air Office Bahnhofsmission *(f)*
Travellers' cheque Reisescheck *(m)*
travel(l)ers' letter of credit Reisekreditbrief *(m)*
travel(l)ing day Reisetag *(m)*
travel(l)ing expenses Fahrtkosten *(pl.)*
travel(l)ing provisions Reiseproviant *(m)*
travel(l)ing bag Reisetasche *(f)*
tray Tablett *(n)*, Ablagekorb *(m)*
treacle Sirup *(m)*
treasury stock eigene Aktien *(pl. f)* einer Unternehmung *(f)*
treat Gaumenfreude *(f)*
treatment Behandlung *(f)*, Kurmittel *(n)*
treatment at a spa Brunnenkur *(f)*
treatment with aerosols Aerosoltherapie *(f)*
treaty Vertrag *(m)*
trellis cake Linzertorte *(f)*
trend Tendenz *(f)*, Trend *(m)*
trial balance Probebilanz *(f)*
trial run Probelauf *(m)*
trifle Mürbekuchen *(m)* (getaucht in Sirup, Sherry etc.)
trigger Auslöser *(m)*
trimmings Beilage *(f)*
trip Reise *(f)*, Fahrt *(f)*
trip confirmation Reisebestätigung *(f)*
tripe Kuttel *(f)*
tripe à la mode de Caen Kutteln *(pl. f)* gekocht in Weißwein *(pl. n)*
tripe and onions Rindsmagen *(m)* in Milch *(f)* und Wasser *(n)* gekocht mit Zwiebeln *(pl. f)*
tripes soup Kuttelnsuppe *(f)*
triple room Dreibettzimmer *(n)*
triplicate dreifach
tripod Stativ *(n)*
tripper Ausflügler(in) *(m/f)*
tropical tropisch
tropics Tropen *(pl.)*
trotting race Trabrennen *(n)*
troublemaker Streithahn *(m)*, Querulant *(m)*
trout Forelle *(f)*
trout fishing Forellenfischen *(n)*
trout in champagne Forelle in Champagner *(f)*
truck Lastwagen *(m)*
truck trailer Lastwagenanhänger *(m)*
truffle Trüffel *(f)*
truffled getrüffelt
trunk Kabinenkoffer *(m)*, Kofferraum *(m)*
trunk call Ferngespräch *(n)*
trunk exchange Fernsprechamt *(n)*, Telefonvermittlung *(f)*
trunk road Fernverkehrsstraße *(f)*
trunks Badehose *(f)*
trustworthiness Vertrauenswürdigkeit *(f)*
trustworthy vertrauenswürdig
try versuchen, probieren
tub Wanne *(f)*; Kahn *(m)*
tube U-Bahn *(f)*, Röhre *(f)*
tube post Rohrpost *(f)*
tug boat Schlepper *(m)*
tumbler Wasserglas *(n)*
tuna fish Thunfisch *(m)*
tunny Thunfisch *(m)*
turbo-ship (TS) Turbinenschiff *(n)*
turbo-steamship (TSS) Turbinendampfschiff *(n)*
turbot Steinbutt *(m)*
tureen Suppenschüssel *(f)*
turkey Truthahn *(m)*, Puter *(m)*
Turkish bath türkisches Bad *(n)*
Turkish coffee türkischer Kaffee *(m)*
Turkish towel Frottiertuch *(n)*
turn back kehrtmachen, umkehren
turn off abbiegen, abschalten

turn on einschalten
turn round wenden
turn upside down sich überschlagen
turning Straßenbiegung *(f)*
turnip weiße Rübe *(f)*
turnover Umsatz *(m)*, Umschlag *(m)*
turnpike Schlagbaum *(m)*
turtle Schildkröte *(f)*
turtle soup, real echte Schildkrötensuppe (f)
tuxedo Smoking *(m)*
twilight Zwielicht *(n)*
twin Zimmer *(n)* mit zwei einzelnen Betten *(pl. n)*
two berth compartment Zweibettabteil *(n)*
two berth cabin Zweibettkabine *(f)*
twin double Doppelzimmer *(n)* mit zwei großen Betten *(pl. n)*
two storied zweistöckig
two-lane road zweibahnige Straße *(f)*, zweispurige Straße *(f)*
two-way traffic Gegenverkehr *(m)*
typewriter Schreibmaschine *(f)*
typical typisch
tyre Reifen *(m)*
tyre change Reifenwechsel *(m)*
tyre pressure Reifendruck *(m)*

U

ugly hässlich
ultra-violet lamp Höhensonne *(f)*
ultrasonic Ultraschall *(m)*
ultrasound Ultraschall *(m)*
ultraviolet rays ultraviolette Strahlen *(pl. m)*
umber Umberfisch *(m)*
umbrella Schirm *(m)*
umbrella tent Hüttenzelt *(n)*
unappropriated retained earnings offene Rücklagen *(pl. f)*; freie Rücklagen *(pl. f)* einschließlich Gewinn- oder Verlustvortrag (m); Bilanzgewinn (m)
unappropriated surplus freie Rücklage *(f)* einschließlich Gewinn- oder Verlustvortrag *(m)*; Bilanzgewinn *(m)*
unattainable unerschwinglich
unauthorized unbefugt, unerlaubt, unberechtigt
unbilled receivables Forderungen *(pl. f)* aus noch nicht abgerechneten Leistungen *(pl. f)*
unbreakable unzerbrechlich
uncalled capital ausstehende Einlagen *(pl. f)*
unclean unsauber
unclear undeutlich, unklar
uncomfortable unbequem, ungemütlich
unconventional zwanglos
undated undatiert
under construction im Bau *(m)* befindlich
under penalty of interest bei entsprechendem Zinsverlust *(m)*
underage minderjährig
undercut unterschreiten, unterbieten
underdone blutig gebraten, fast roh
underestimate unterschätzen, unterbewerten
underground U-Bahn *(f)*
underground bar Kellerbar *(f)*
underground garage Tiefgarage *(f)*
underground parking lot Tiefgarage *(f)*
underground restaurant Kellerlokal *(n)*
underlying zugrunde liegend
underpants Unterhose *(f)*
underpass Unterführung *(f)*
understand verstehen
understandability Verständlichkeit *(f)* (der Rechnungslegungsinformation)
understanding Verständnis *(n)*, Einsicht *(f)*
undertake unternehmen

underwater equipment Unterwasserausrüstung *(f)*
underwater exercise Unterwassergymnastik *(f)*
underwater massage Unterwassermassage *(f)*
underwater sport Unterwassersport *(m)*
underwear Unterwäsche *(f)*
underwriter Emissionsbank *(f)*, Konsortialbank *(f)*, Mitglied *(n)* eines Emissionskonsortiums *(n)*
underwriting vollständige Übernahme *(f)* einer Emission *(f)*
undiluted unverdünnt
undisturbed ungestört
undisturbed possession ungestörter Besitz *(m)*
undivided (attention) ungeteilt (Aufmerksamkeit)
undress sich ausziehen
uneasiness Unbehagen *(n)*
unemployed arbeitslos
unexpired insurance vorausbezahlte Versicherungsbeiträge *(pl. m)*
unfamiliar unbekannt, fremd
unfounded unbegründet, grundlos
unfriendly unfreundlich
uniform Uniform *(f)*
union Gewerkschaft *(f)*
unit Einheit *(f)*
unit price Preis *(m)* pro Einheit *(f)*
unite vereinigen
unknown unbekannt
unlawful ungesetzlich
unlikely unwahrscheinlich
unload ausladen
unloading station Bergstation *(f)*
unlock aufschließen
unmarried ledig, unverheiratet
unoccupied leer stehend, unbewohnt
unpack auspacken
unpaid unbezahlt
unproductive unproduktiv
unripe unreif
unskilled manpower ungelernte Arbeitskräfte *(pl. f)*
unsuccessful erfolgslos
unused credit nicht in Anspruch *(m)* genommener Kredit *(m)*
unwell unwohl
upgrading Upgrading *(n)* (Verkaufsmethode)
uphill bergauf
upon arrival nach Ankunft *(f)*
upper berth Oberbett *(n)*
upper circle zweiter Rang *(m)* (Theater)
upper deck Oberdeck *(n)*
upper-bracket hotel Hotel *(n)* der gehobenen Mittelklasse *(f)*
upselling Upselling *(n)* (Verkaufsmethode)
up-to-date auf dem laufenden, aktuell, zeitgemäß
upstream sales unrealisierte Gewinne *(pl. m)*, die aus einem Verkauf *(m)* der Tochter- an die Muttergesellschaft *(f)* resultieren
uptrend steigende Tendenz *(f)*
up-value aufwerten
upward and downward journey Berg- und Talfahrt *(f)*
upward journey Auffahrt *(f)*, Bergfahrt *(f)*
urban städtisch
urban area Stadtgebiet *(n)*
urban bus service städtischer Autobusbetrieb *(m)*
urban expressway Stadtschnellstraße *(f)*
urban freeway Stadtautobahn *(f)*
urban traffic Stadtverkehr *(m)*
urgent dringend, zwingend
usable brauchbar, befahrbar
usage Brauch *(m)*
usage of trade Handelsbrauch *(m)*
use Gebrauch *(m)*, verwenden
use of kitchen Küchenbenutzung *(f)*
used gebraucht
useful zweckmäßig, nützlich, dienlich

useful life of the asset betriebsgewöhnliche Nutzungsdauer *(f)*
user Verbraucher(in) *(m/f)*, Benutzer(in) *(m/f)*
user group Interessengruppe *(f)* der Jahresabschlussverwender *(pl. m)*
usher Türsteher *(m)*, Platzanweiser *(m)*
usherette Platzanweiserin *(f)*
usual üblich
utilities Leistungen *(pl. f)* öffentlicher Versorgungsbetriebe *(pl. m)*
utility taxes (schedule 14) Gebühren *(pl. f)* für öffentliche Versorgungsbetriebe *(pl. m)* (Service Center 14)
utilization of capacity Beschäftigungsgrad *(m)*, Kapazitätsausnutzung *(f)*
utilize auslasten
utility program Dienstprogramm *(n)*

V

v-belt Keilriemen *(m)*
vacancy offene Stelle *(f)*
vacancy list Belegungsliste *(f)*
vacant frei, unbesetzt
vacate räumen, freimachen
vacation Urlaub *(m)*
vacation apartment Ferienwohnung *(f)*, Ferienunterkunft *(f)*
vacation catalog(ue) Urlaubskatalog *(m)*
vacation destination Urlaubsziel *(n)*
vacation experience Ferienerlebnis *(n)*
vacation hostel for kids Ferienhort *(m)*
vacation pay Urlaubsgeld *(n)*
vacation pictures Urlaubsbilder *(pl. n)*
vacation program Ferienprogramm *(n)*
vacation schedule Urlaubseinteilung *(f)*, Ferienordnung *(f)*
vacationer Urlauber(in) *(m/f)*
vaccinate impfen
vaccination Impfung *(f)*
vacuum staubsaugen; Vakuum *(n)*
vacuum cleaner Staubsauger *(m)*
valet Hausdiener *(m)*, Etagendiener *(m)*, Bügel- und Reinigungsdienst *(m)*
valet (schedule 6) Bügel- und Reinigungsdienst *(m)* und Verkauf *(m)* von Herrenbekleidung *(f)* (Umsatzbereich 6)
valid wirksam, gültig
validation Gültigkeitserklärung *(f)*
validity Gültigkeit *(f)*, Geltungsdauer *(f)*
valley Tal *(n)*
valuables Wertsachen *(pl. f)*
valuation Bewertung *(f)*
valuation of current assets Bewertung *(f)* des Umlaufvermögens *(n)*
valuation of inventory Bewertung *(f)* des Vorratsvermögens *(n)*
value bewerten, Wert *(m)*
value-(added)-chain Wertschöpfungskette *(f)*
value added tax (V. A. T.) Mehrwertsteuer *(f)*
value adjustment Wertberichtigung *(f)*
valve Ventil *(n)*
van Kleinbus *(m)*
vanilla Vanille *(f)*
vanilla ice Vanilleeis *(n)*
vanilla ice-cream Vanilleeis *(n)*
vapo(u)r bath Dampfbad *(n)*, Schwitzbad *(n)*
variable veränderlich, variabel
variance Abweichung *(f)*
varied diet abwechslungsreiche Kost *(f)*

waiting time Wartezeit *(f)*
waitress Kellnerin *(f)*, Serviererin *(f)*, Bedienung *(f)*
waits Wartezeiten *(pl. f)*
wake up wecken, aufwachen
wake-up call Weckruf *(m)*
wake-up service Weckdienst *(m)*
walk gehen, spazierengehen, wandern, Spaziergang *(m)*, Spazierweg *(m)*
walk in the woods Waldspaziergang *(m)*
walk round Rundgang *(m)*
walking Wandern *(n)*
walking shoes Straßenschuhe *(pl. f)*
walking tour Wanderung *(f)*, Wanderfahrt *(f)*
walkway Laufgang *(m)*
wall Mauer *(f)*
wall map Wandkarte *(f)*
wall socket Steckdose *(f)*
wallet Brieftasche *(f)*
walnut Walnuss *(f)*
waltz Walzer *(m)*
want Bedürfnis *(n)*, wollen
wardrobe Garderobe *(f)*, Kleiderschrank *(m)*
wardrobe trunk Schrankkoffer *(m)*
warehouse Lagerhaus *(n)*, Warenlager *(n)*
warm wärmen, erwärmen, warm
warmth Wärme *(f)*
warning Verwarnung *(f)*, Warnung *(f)*
warning sign Warnschild *(n)*
warrant officer Deckoffizier *(m)*
warranted garantiert
warranty Garantie *(f)*
warranty without legal obligations Gewährleistung *(f)* ohne rechtliche Verpflichtung *(f)*
wash up spülen, abspülen
washable waschbar, waschecht
washbasin Waschbecken *(n)*
washcloth Waschlappen *(m)*
washing and lavatory facilites Wasch- und Toilettenanlagen *(pl. f)*
washing tub Waschwanne *(f)*
washing machine Waschmaschine *(f)*
washing powder Waschpulver *(n)*
washroom Toilette *(f)*
washstand Waschtisch *(m)*
waste verderben, verfallen, Verderb *(m)*, Abfall *(m)*
waste disposal Müllbeseitigung *(f)*
waste disposer Müllschlucker *(m)*
wastebasket Papierkorb *(m)*
wastepaper basket Papierkorb *(m)*
watch television fernsehen
watchman Wächter *(m)*
water Wasser *(n)*
water borne traffic Schifffahrtsverkehr *(m)*
water bottle Feldflasche *(f)*
water closet, W. C. Toilette *(f)*
water cress Kresse *(f)*
water cure Wasserkur *(f)*
water gliding Wasserfliegen *(n)*
water heater Heißwasserboiler *(m)*
water hen Blässhuhn *(n)*, Wasserhuhn *(n)*
water level Wasserstand *(m)*
water pipe Wasserleitung *(f)*
water pollution Wasserverunreinigung *(f)*
water polo Wasserball *(m)*
water sports Wassersport *(m)*
water tap Wasserhahn *(m)*
water temperature Wassertemperatur *(f)*
water wave Wasserwelle *(f)*
waterfall Wasserfall *(m)*
watering place Wasserstelle *(f)*, Badeort *(m)*
watering place visitor Badegast *(m)*
watermelon Wassermelone *(f)*
waterproof wasserdicht
water-ski Wasserski *(m)*
wave Welle *(f)*, winken, schwenken
wave damage insurance Hochwasserversicherung *(f)*
wavy wellig
wax wachsen, Wachs *(n)*
wax bean Wachsbohne *(f)*
wax-egg Wachsei *(n)*

way here/there Anreiseweg *(m)*
way in Autoeinfahrt *(f)*
way out Ausgang *(m)*, Ausfahrt *(f)*
way up Aufgang *(m)*
wayside inn Dorfgasthaus *(n)*
wear and tear Abnutzung *(f)* durch Gebrauch *(m)*
weary (travel(l)er) müde, matt, erschöpft (Reisender)
weather bureau Wetteramt *(n)*
weather chart Wetterkarte *(f)*
weather forecast Wettervorhersage *(f)*, Wetterbericht *(m)*
weather station Wetterwarte *(f)*
weatherproof wetterfest
wedding Hochzeit *(f)*
wedge strap Keilriemen *(m)*
weekday Wochentag *(m)*
weekend Wochenende *(n)*
weekend guest house Wochenendpension *(f)*
weekend outing Wochenendfahrt *(f)*
weekend return ticket Sonntagsrückfahrkarte *(f)*
weekend ticket Wochenendfahrkarte *(f)*
weekend tourism Wochenendtourismus *(m)*
weekend tourist traffic Wochenendreiseverkehr *(m)*
weekend trip Wochenendfahrt *(f)*
week-end-excursion Wochenendausflug *(m)*
weekly wöchentlich
weekly bill Wochenrechnung *(f)*
weekly market Wochenmarkt *(m)*
weigh wiegen
weigh anchor Anker *(m)* lichten
weight Gewicht *(n)*
welcome willkommen
welcome drink Begrüßungsgetränk *(n)*
well gut, wohl
wellbeing Wohlbefinden *(n)*
well-cooked mürbe
well-done durchgebraten
well-furnished gut eingerichtet
well-groomed gepflegt
well-seasoned würzig
well-wooded waldreich
wellington boots Gummistiefel *(pl. m)*
Welsh rabbit (rarebit) geröstetes Brot *(n)* mit heißem Käse *(m)*, Welsh rabbit *(n)* (walisische Käseschnitte)
Wensleydale Wensleydale-Käse *(m)*
Western European time westeuropäische Zeit (WEZ) *(f)*
Westphalian rye-bread Pumpernickel *(m)*
wet nass
wet paint frisch gestrichen
wetness Nässe *(f)*
wharf Schiffsanlegestelle *(f)*, Kai *(m)*, Landeplatz *(m)*
wheaten bread Weizenbrot *(n)*
wheelage Rollgeld *(n)*
wheelchair Rollstuhl *(m)*
when shipped nach Verladung *(f)*
whereabouts Aufenthaltsort *(m)*
whet anregen (Appetit, Appetitanreger)
whipped cream Schlagsahne *(f)*
whisk Schneebesen *(m)*
Whisky, Whiskey Whisky *(m)*
whistle pfeifen
white bass Meerbarsch *(m)*
white bean weiße Bohne *(f)*
white bean-soup weiße Bohnensuppe *(f)*
white beer Weißbier *(n)*
white bread Weißbrot *(n)*
white bread dumpling Semmelknödel *(m)*
white cabbage Weißkohl *(m)*, Weißkraut *(n)*
white cheese dumpling Quarkknödel *(m)*
white coffee Milchkaffee *(m)*
white collar worker Büroangestellter *(m)*

white fish Felchen *(m)*
white grape weiße Traube *(f)*
white sausage Weißwurst *(f)*
white stew weißes Ragout *(n)*
white wine Weißwein *(m)*
white wine from the cask Weißwein *(m)* offen
whitebait Breitling *(m)*
whiting Kohlfisch *(m)*, Weißling *(m)*
Whitsun Pfingsten *(n)*
Whitsun holidays Pfingstferien *(pl.)*
wholefood cooking Vollwertkost *(f)*
wholesale discount Großhandelsrabatt *(m)*
wholesome gesund
wholesome climate Heilklima *(n)*
whole(meal) bread Vollkornbrot *(n)*
wick Docht *(m)*
wide-vision window Aussichtsfenster *(n)*
width Breite *(f)*
Wieners Wiener Würstchen *(pl. n)*
wife Ehefrau *(f)*
wild wild
wild boar Wildschwein *(n)*
wild boar haunch Wildschweinkeule *(f)*
wild boar saddle Wildschweinrücken *(m)*
wild duck Wildente *(f)*
wild goose Wildgans *(f)*
wild rabbit Wildkaninchen *(n)*
wild strawberry Walderdbeere *(f)*
wilderness Wildnis *(f)*
wildfowl Federwild *(n)*
wildlife conservation Naturschutz *(m)*
willow Weide *(f)*
Winchester hard disk Winchesterplattenlaufwerk *(n)*
wind force Windstärke *(f)*
wind up aufziehen
windbreaker Windjacke *(f)*
windcheater Windjacke *(f)*
winding road Serpentinenstraße *(f)*
window Fenster *(n)*, Schalter *(m)*
window cleaner Fensterputzer *(m)*
window dressing Bilanzfrisur *(f)*
window pane Fensterscheibe *(f)*
window seat Fensterplatz *(m)*
window shade Fensterladen *(m)*
window-shopping Schaufensterbummel *(m)*
window technique Fenstertechnik *(f)*
windscreen Windschutzscheibe *(f)*
windshield Windschutzscheibe *(f)*
windshield wiper Scheibenwischer *(m)*
windsurfing Windsurfen *(n)*
windy windig
wine Wein *(m)*
wine bottle Weinflasche *(f)*
wine bouquet Weinblume *(f)*
wine by the glass Schoppenwein *(m)*, offener Wein *(m)*
wine cellar Weinkeller *(m)*, Weinlokal *(n)*
wine cooler Weinkühler *(m)*
wine cup Bowle *(f)*
wine festival Weinfest *(n)*
wine glass Weinglas *(n)*
wine grower Winzer *(m)*
wine growing Weinbau *(m)*
wine-growing district Weingegend *(f)*
wine house Weinschenke *(f)*
wine in a carafe offener Wein *(m)*
wine list Weinkarte *(f)*
wine merchant Weinhändler *(m)*
wine shop Weinhandlung *(f)*
wine tasting Weinprobe *(f)*
wine tavern Weinstube *(f)*
wine with soda water Weinschorle *(f)*
wing Flügel *(m)*
winglet Flügelspitze *(f)* vom Huhn *(n)*
winter cure Winterkur *(f)*
winter garden Wintergarten *(m)*
winter health resort Winterkurort *(m)*
winter holiday resort Winterfrische *(f)*

winter holiday village Winterferiendorf *(n)*
winter season Wintersaison *(f)*
winter sports Wintersport *(m)*
winter sports centre Wintersportort *(m)*
winter sports equipment Wintersportausrüstung *(f)*
winter sports event Wintersportveranstaltung *(f)*
winter sports facilities Wintersporteinrichtungen *(pl. f)*
winter sports resort Wintersportort *(m)*
winter sports season Wintersportsaison *(f)*
winter sports trip Wintersportreise *(f)*
winter stay Winteraufenthaltsort *(m)*
winter timetable Winterfahrplan *(m)*, Winterflugplan *(m)*
winter tire Winterreifen *(m)*
winter tourism Wintertourismus *(m)*
winter tourist traffic Winterreiseverkehr *(m)*
winter tyre Winterreifen *(m)*
wintry winterlich
wipe abtrocknen, wischen
wire Telegramm *(n)*, telegrafieren
wireless Radio *(n)*, Rundfunk *(m)*
wish wünschen
withdrawal Abhebung *(f)*, Entnahme *(f)*
within the radius of im Umkreis *(m)* von
without delay unverzüglich
without fat fettlos, ohne Fett *(n)*
without obligation unverbindlich
without salt salzlos, ohne Salz *(n)*
wok Wok *(m)*
wood Wald *(m)*, Holz *(n)*
wood fire Holzfeuer *(n)*
woodcock (Wald)schnepfe *(f)*
woodruff Waldmeister *(m)*, Maikräuter *(pl. n)*
wool blanket Wolldecke *(f)*
Worcester sauce Worcestersoße *(f)*
word processing Textverarbeitung *(f)*
work Arbeit *(f)*; funktionieren
work area Arbeitsbereich *(m)*
work climate Betriebsklima *(n)*
work flow analysis Arbeitsablaufanalyse *(f)*
work in process unfertige Erzeugnisse *(pl. n)*
work load Arbeitsbelastung *(f)*
work permit Arbeitserlaubnis *(f)*
work place Arbeitsplatz *(m)*
work place design Arbeitsplatzgestaltung *(f)*
work sampling study Multimomentaufnahme *(f)*
work satisfaction Arbeitszufriedenheit *(f)*
work sheet Abschlussübersicht *(f)*, Betriebsübersicht *(f)*; Arbeitsunterlage *(f)*, Arbeitsbogen *(m)*
worksheet calculation Tabellenkalkulation *(f)*
workshop Fortbildungsseminar *(n)*, Werkstätte *(f)*
work simplification Arbeitsvereinfachung *(f)*
work terms Arbeitsbedingungen *(pl. f)*
working condition Arbeitsbedingung *(f)*
working group Arbeitsgemeinschaft *(f)*
working instruction Dienstanweisung *(f)*
working knowledge praktisch verwertbare Kenntnisse *(pl. f)*
working papers Arbeitspapiere *(pl. n)*, Arbeitsunterlagen *(pl. f)*
workout Training *(n)*
works committee Betriebsrat *(m)*
works council Betriebsrat *(m)*
World Association of Travel Agencies Weltverband *(m)* der Reisebüros *(pl. n)*

world exhibition Weltausstellung *(f)*
World Fair Weltausstellung *(f)*
world-wide reputation Weltruf *(m)*
worn out abgenutzt
worry Kummer *(m)*, Aufregung *(f)*, sich sorgen
worth seeing sehenswert
worthless wertlos
wrapping paper Packpapier *(n)*
wreck Strandgut *(n)*, Wrack *(n)*
wrecking car Abschleppwagen *(m)*
write off abschreiben, ausbuchen
write out ausschreiben
writing case Schreibmappe *(f)*
writing kit Schreibzeug *(n)*
writing paper Schreibpapier *(n)*
written schriftlich
wrong falsch, verkehrt, Unrecht *(n)*
wrongly routed luggage verschlepptes Reisegepäck *(n)*

X

Xmas, Christmas Weihnachten *(n)*
X-ray photo Röntgenaufnahme *(f)*
xenophobia Fremdenfeindlichkeit *(f)*
xylose Holzzucker *(m)*

Y

y Flugscheinvermerk *(m)* für Touristenklasse *(f)*
yacht Segelboot *(n)*, Jacht *(f)*
yachting Segelsport *(m)*
yachting regatta Segelregatta *(f)*
yachting school Segelschule *(f)*
yachting season Segelsaison *(f)*
yachtsman Sportsegler *(m)*
yard Hof *(m)*
yardstick Maßstab *(m)*
yarn Garn *(n)*
yawl Segeljolle *(f)*
yawn gähnen
yeanling Lamm *(n)*, Zicklein *(n)*
year-round service Ganzjahresbetrieb *(m)*
yearly jährlich
yeast Hefe *(f)*
yeast extract Hefeextrakt *(m)*
yeast powder Backpulver *(n)*
yellow filter Gelbfilter *(m)*
yellow pea gelbe Erbse *(f)*
yellow plum Mirabelle *(f)*
yesterday gestern
yield management Yield Management *(n)*
yield management team Yield Management-Team *(n)*
yoghourt Joghurt *(m/n)*
yolk Eigelb *(n)*, Eidotter *(m)*
Yorkshire pudding gebackener Eierteig *(m)*
Yorkshire relish pikante fertige Soße *(f)*
young jung
young chicken Küken *(n)*
young wild boar Frischling *(m)*
young wine junger Wein *(m)*
youth Jugend *(f)*, Jugendliche(r) *(f/m)*
youth club Jugendklub *(m)*
youth fare Jugendfahrpreis *(m)*
youth group journey Jugendgruppenreise *(f)*
youth hostel Jugendherberge *(f)*
Youth Hostel Association Membership Card Jugendherbergsausweis *(m)*
youth travel Jugendreise *(f)*
Yule Weihnachten *(n)*

Z

zealous eifrig, hitzig
zebra crossing Zebrastreifen *(m)*
zero Null *(f)*
zero balancing Nullkontrolle *(f)*
zest Würze *(f)*, Reiz *(m)*
zigzag cruise Kreuzundquerfahrt *(f)*
zinc Zink *(n)*

zip(per) Reißverschluss *(m)*
zip code Postleitzahl *(f)*
zitherist Zitherspieler(in) *(m/f)*
zone Zone *(f)*, Gebiet *(n)*
zoned street Kurzparkzone *(f)*
zoo Tiergarten *(m)*, Zoo *(m)*
zoological garden zoologischer Garten *(m)*
zoom Steilflug *(m)*, steil hochziehen, zoomen
zoom lens Gummilinse *(f)*, Zoomobjektiv *(n)*

3

Verzeichnis aller Aufwendungen (USAH)

Deutsch – Englisch

Expense and Payroll Dictionary (USAH)

German – English

Teil III: Verzeichnis aller Aufwendungen (USAH) Deutsch – Englisch

Part III: Expense and Payroll Dictionary (USAH) German – English

Abkürzungen

deutsch:

A	Abschreibungen
B	Beherbergung
E	Energie
F&B	Food und Beverage
MKT	Marketing
P	Personal
T	Technische Abteilung
Trans.	Transport
V	Verwaltung
Zinsaufw.	Zinsaufwendungen
zusätzliche, lohnabhängige (Personal-)Kosten	ohne Abkürzung

englisch:

D&A	depreciation and amortization
R	rooms
EC	energy cost
F&B	food and beverage
MKT	marketing
HR	human resources
POM	property, operation, and maintenance
Trans.	transportation
A&G	administrative and general
Int. Exp.	interest expense
PTEB	payroll taxes and employee benefits

Abfallbeseitigung (T) rubbish removal **(POM)**
Abfalltonnen (F&B) garbage cans **(F&B)**
Abfall, beim Sieben zurückbleibender (T) screening **(POM)**
Abhörgerät (beim Telefon) – Mietaufwendungen (V) dictograph – rentals **(A&G)**
Abschreibung – Einbauten in gemieteten (geleasten) Objekten (A) amortization – leasehold improvements **(D&A)**
Abschreibung – Emissionsdisagio (Zinsaufw.) amortization – bond issue **(Int. Exp.)**
Abschreibung – Finanzierungskosten (Zinsaufw.) amortization – financing costs **(Int. Exp.)**
Abschreibung – geleaste Gebäude, Mietbesitz (A) amortization – leasehold **(D&A)**
Abschreibung auf Kosten der Anleiheemission (Zinsaufw.) bond expense amortization **(Int. Exp.)**
Abschreibungen – Gebäude (A) depreciation – buildings **(D&A)**
Abschreibungen auf zweifelhafte Forderungen (V) provision for doubtful accounts **(A&G)**
Abschrift, Kopie, Verhandlungsprotokoll (V) transcript **(A&G)**
Abwasserkanal – Reparaturen (T) sewer system – repairs **(POM)**
Abzeichen, Kennzeichen (B); (F&B) badges **(R); (F&B)**
Addiermaschine – Papierstreifen (T) adding machine – tape **(POM)**
Adressbuch, Telefonbuch (B) directory **(R)**
Adressenkartei (MKT) mailing list **(MKT)**
Adressiermaschine – Hilfs- und Betriebsstoffe (MKT) addressing machine – supplies **(MKT)**
Aktendeckel, Einband, Umschlag (B); (F&B); (V) binder **(R); (F&B); (A&G)**
Alarmvorrichtungen – Feuer und Einbruch (V) alarm service – fire and burglar **(A&G); (R); (F&B)**
Alkali, Laugensalz, alkalischer Stoff (Wasserenthärtungsmittel) (T) alkalies (water softener) **(POM)**
Alkohol – Brennstoff für Kochgeräte (F&B) alcohol – cooking fuel **(F&B)**
Alkohol – Reinigungszwecke (B); (F&B) alcohol – cleaning **(R); (F&B)**
alkoholfreies Getränk (F&B) soft drink **(F&B)**
Aluminium – Tablett (F&B) aluminium-tray **(F&B)**
Ammoniak – Kühlmittel (T) ammonia – refrigerant **(POM)**
Ammoniak – Reinigungszwecke (B); (F&B) ammonia – cleaning **(R); (F&B)**
Andenken, Souvenir (B) souvenir **(R)**
Anmeldeformulare – Gäste (B) registration cards – guests **(R)**
Annonce, Inserat – Aushilfskräfte (P) help wanted ad **(HR)**
(An-)Pflanzung (T) planting **(POM)**
Anschlagbrett (MKT) billboard **(MKT)**
Anschreibeblöcke (B) core pads **(R)**
Ansteckblumen, Anstecksträußchen (B) boutonnieres **(R)**
Ansteckbukett (Gäste) (B) corsage (guests) **(R)**
Anstecknadeln (Angestellte) (F&B); (B); (V) pins (employees) **(F&B); (R); (A&G)**
Anwaltskosten (V) attorney's fees **(A&G)**
Anzug (B) suit **(R)**
Arbeitskittel (B); (F&B) smock **(R); (F&B)**

Arbeitslosenversicherung (Arbeitgeberanteil) (zusätzliche, lohnabhängige (Personal-) Kosten) employee benefits **(PTEB)**

Arbeitslosenversicherung (Arbeitgeberanteil) (zusätzliche, lohnabhängige (Personal-)Kosten) federal unemployment taxes **(PTEB)**

Arzneimittel, Drogeriewaren und sonstige pharmazeutische Präparate (Angestellte) (P) drugs and other medical supplies (employees) **(HR)**

Arzneimittel, Drogeriewaren und sonstige pharmazeutische Präparate (Gäste) (B) drugs and other medical supplies (guests) **(R)**

Arzthonorare (Angestellte) (P); (V) physician fees (employees) **(HR); (A&G)**

Arzthonorare (Leistungen für Angestellte) (V) medical fees (service to employees) **(A&G)**

Arztkosten (Angestellte) (V) fees – physician (employees) **(A&G)**

Aschekasten, Abfalleimer, Müllkübel (T) ash can **(POM)**

Aschenbecher (B); (F&B) ash tray **(R); (F&B)**

Aufzeichnungen, Unterlagen, Geschäftsbücher (B); (F&B); (V) record books **(R); (F&B); (A&G)**

Aufzugkabel (T) elevator cable **(POM)**

Aufzüge – Kontrolldienst (T) elevator inspection service **(POM)**

Ausschusspapier (B); (F&B) waste paper **(R); (F&B)**

Ausstellung – im Hotel (MKT) exposition – local **(MKT)**

Austernmesser (F&B) knives – oyster **(F&B)**

Autoreparaturkosten (Gäste) (Trans.); (B) auto repairs (guest use) **(Trans.); (R)**

Autoreparaturkosten (Hotel) (Trans.); (T) auto repairs (property use) **(Trans.); (POM)**

Ätznatron (B); (F&B) caustic soda **(R); (F&B)**

Badematten (B) bath mats **(R)**

Bademützen (Gäste) (B) bathing caps (guests) **(R)**

Bandsäge (T) band saw **(POM)**

Band, Borte (Geschenkladen) ribbon **(gift shop)**

Bankettbericht (F&B) banquet report **(F&B)**

Banner, Fahnen (B); (F&B) banner **(R); (F&B)**

Bar – Geräte (F&B) bar – utensils **(F&B)**

Batterien und Taschenlampen (T) batteries and flashlights **(POM)**

Bauholz (T) lumber **(POM)**

Beeper – Mietkosten (V) beeper rental **(A&G)**

Beförderungskosten – Angestellte (P) employee transportation **(HR)**

Beförderungskosten für Transport zum Flughafen, die dem Gast nicht berechnet werden können (V) airport transportation – not chargeable to guest **(A&G); (MKT)**

Behälter – Spülung (T) tank – toilet floats **(POM)**

Behälter, Halter (F&B) holder **(F&B)**

Behang, Volant (am Bett oder Baldachin) (T) valance **(POM)**

Beiträge – Hotel- und Gaststättenverband (V) dues – hotel association **(A&G)**

Beiträge, Gebühren – Fachpresse (V) subscriptions – trade publications **(A&G)**

Beiträge, Zuwendungen – Kongressbüro- (MKT) contributions – convention bureau **(MKT)**

Beitrag, Gebühr – Kreditauskunfteien (V) subscription – mercantile agencies **(A&G)**
Beitrag, Spende (V) contribution **(A&G)**
Benzin – Fahrzeuge (B); (V) gasoline – motor vehicles **(R); (A&G)**
Benzin – Reinigung (B) benzine-cleaning **(R)**
Beratungskosten (V) consultant fees **(A&G)**
Bericht, Protokoll (V) report **(A&G)**
Beseitigung von Asche, Küchenabfall und Müll (T) removal of ashes, garbage, and waste matter **(POM)**
Besen (B); (F&B) broom **(R); (F&B)**
Betriebshaftpflichtversicherung (zusätzlich, lohnabhängige (Personal-)Kosten) workers' compensation insurance **(PTEB)**
Bettbezüge, farbige (B) color spreads **(R)**
Bettdecken, Tagesdecken (B) bedspreads **(R)**
Bettlaken – Leinen (B) sheets – linen **(R)**
Bettroste (T) bed springs **(POM)**
Beutel, Taschen – Schlüssel (B); (F&B) pouches – key **(R); (F&B)**
Bilderrahmen (T) picture frame **(POM)**
Bilder, Fotografien (MKT) photographs **(MKT)**
Bindfaden, Schnur (B); (F&B); (Geschenkladen) twine **(R); (F&B); (gift shop)**
Blaupause (MKT) blueprint **(MKT)**
Bleichmittel (Hotelwäscherei) bleach **(house laundry)**
Bleistifte (B); (F&B); (V) pencils **(R); (F&B); (A&G)**
Bleistiftspitzer (B); (F&B); (V) pencil sharpeners **(R); (F&B); (A&G)**
Blumentöpfe (B); (F&B) flower pots **(R); (F&B)**
Boilerinspektion (T) boiler inspection **(POM)**
Boilermanometer (T) boiler gauge **(POM)**
Boilerreparaturen (T) boiler-repairs **(POM)**
Borte, Litze, Tresse, Zierband, Flechtschnur für Uniformen (B); (F&B) braid for uniforms **(R); (F&B)**
Brennholz – Zimmer und Hotelhalle (B) fire wood – rooms and lobby **(R)**
Brennstoff (T) fuel **(POM)**
Briefmarken – allgemein (V) stamps – general **(A&G)**
Briefmarken – Werbung (MKT) stamps – advertising **(MKT)**
Briefpapier (B); (F&B); (V) stationery **(R); (F&B); (A&G)**
Briefumschläge (B); (V) envelopes **(R); (A&G)**
Briefumschläge – telefonische Nachrichten (B) envelopes – telephone messages **(R)**
Brikett, Presskohle (F&B) briquet **(F&B)**
Broschüre, Heft, Flugschrift (MKT) pamphlet **(MKT)**
Broschüre, Werbematerial (MKT) brochure **(MKT)**
Buchungsbeleg, Buchungsunterlage (auch: Gutschein) (B); (F&B); (V) voucher **(R); (F&B); (A&G)**
Büchsenöffner (F&B) can openers **(F&B)**
Bügelbrett (B) ironing board **(R)**
Bügelmaschine – Abdeckung (B) pressing machine – cover **(R)**
Bürger – und Gemeindeprojekt (MKT) civic and community project **(MKT)**
Büroausstattung – Reparaturen (T) office equipment – repairs **(POM)**

Haken, Türangel (T) hook **(POM)**
Handbuch, Leitfaden – Servicepersonal (Weiterbildungsmaterial) (B); (F&B); (V) manuals – service (instructional materials) **(R); (F&B); (A&G)**
Handbücher für Personal (B); (A&G) service manuals **(R); (A&G)**
Handels-Kreditauskunftei – Beiträge (V) mercantile agency – subscription **(A&G)**
Handschuhe (B); (F&B) gloves **(R); (F&B)**
Handtücher – Leinen (B); (F&B) towels – linen **(R); (F&B)**
Hausdamenabteilung – Berichte (B) housekeeper – reports **(R)**
Heftmaschine (B); (F&B); (V) stapler **(R); (F&B); (A&G)**
Heftpflaster (T) adhesive tape **(POM)**
Heizungsanlage – Reparaturen (T) heating plant – repairs **(POM)**
Hilfsmittel, medizinische (für Angestellte) (V) medical supplies (for employees) **(A&G)**
Hinweisschild (im Hotel) (MKT) directional sign (inside bid.) **(MKT)**
Holzkohle (F&B) charcoal **(F&B)**
Honorar für Wirtschafts- und Buchprüfer (V) accountant's fees **(A&G)**
Honorare für Werbeagenturen (MKT) advertising agency fees **(MKT)**
Hose (B) pants **(R)**
Hose (B); (F&B) trousers **(R); (F&B)**
Hotelhallenreinigung (B) lobby cleaning **(R)**
Hypothekenzinsen auf die 1. Hypothek (Zinsaufw.) interest on first mortgage **(Int. Exp.)**

Illustration, Grafik (MKT) art work **(MKT)**
Inhaltsverzeichnis, Tabelle, Register, Index (B); (F&B); (V) index **(R); (F&B); (A&G)**
Inkasso-Einzugsspesen (V) collection fees **(A&G)**
Insektenvertilgung – Vertragsfirmen (B) contract exterminating **(R)**
Insektenvertilgungsmittel insecticide **(R); (F&B)**
interne Prüfungsgebühren (Kettenhotels) (V) internal audit fees (chain properties) **(A&G)**
Interviewkosten (P) interview expense **(HR)**

Jackett für Uniformen (B); (F&B) coat (uniforms) **(R); (F&B)**
Jalousie (T) Venetian blind **(POM)**

Kabelfernsehen – Mietaufwendungen (MVV) cable television – rentals **(RTI)**
Kabel, (Draht-)Seil – Aufzug (T) cable – elevator **(POM)**
Kaffee – kostenlos (B) coffee – free **(R)**
Kaffeekannen (F&B) coffee pots **(F&B)**
Kaffeesack (F&B) coffee bag **(F&B)**
Kalender (MKT) calendar **(MKT)**
Kälteerzeugung – Elektrizität (Kochnische in Apts.) (B) refrigeration – electricity (kitchenette apts) **(R)**
Kalzium (T) calcium **(POM)**
Kämme (Gäste) (B) combs (guests) **(R)**
Karaffe (B) carafe **(R)**
Karte zur Verwendung im Zimmerbelegungsplan (B) rack card **(R)**
Karteikarten (B); (F&B); (V) index cards **(R); (F&B); (A&G)**

Kassen-Überschuss und -Fehlbetrag (V) cash overage and shortage **(A&G)**
Kassenzettel, Verkaufsschecks (F&B); (Geschenkladen) sales checks **(F&B); (gift shop)**
Kasserolle, Auflaufform (F&B) casserole **(F&B)**
Kassierer – Formulare (V) cashier forms **(A&G)**
Kaution(-sverpflichtung) des Versicherers im Falle von Veruntreuung (V) bond fidelity **(A&B)**
Kehrichtschaufel (B); (F&B) dust pan **(R); (F&B)**
Kehrmaschine – Teppich (B); (F&B) sweeper – carpet **(R); (F&B)**
Kelch, Becher, Pokal (F&B) goblet **(F&B)**
Kerzen (B); (F&B) candles **(R); (F&B)**
Kerzenhalter, Kerzenständer (B); (F&B) candlesticks **(R); (F&B)**
Kesselstein-Schutzmittel (T) boiler compound **(POM)**
Kessel (aus Metall) (F&B) kettel **(F&B)**
Klavier-Mietkosten – Bankette(F&B) piano rentals – banquets **(F&B)**
Klavierstimmen – Appartement (B) piano tuning – apartment **(R)**
Klavierstimmen – Bankette (F&B) piano tuning – banquets **(F&B)**
Klebestreifen, durchsichtiger (Geschenkladen); (V) scotch tape **(gift shop); (A&G)**
Kleider-Reparaturen – Fremdbetriebe (B); (F&B) clothing repairs – outside establishments **(R); (F&B)**
Kleiderbügel (B) clothes hanger, coat hanger, garment hanger **(R)**
Kleidersäcke (Gäste) (B) garment bags (guests) **(R)**
Kleidung (Uniformen) (B); (F&B); (Hotelwäscherei) dresses (uniforms) **(R); (F&B); (house laundry)**
Klempner – Installateurarbeiten (T) plumbing – repairs **(POM)**
Klinik – Angestellte (Arztkosten) (P) clinic – employees **(HR)**
Klischeeherstellung, fotografische (MKT) photo – engraving **(MKT)**
Knöpfe – Uniformen (B); (F&B) buttons – uniforms **(R); (F&B)**
Knöpfe – Wäscherei (Hotelwäscherei) buttons – laundry **(house laundry)**
Knöpfe (Gäste) (B) buttons (guests) **(R)**
Kochnische – Aufwendungen (B) kitchenette expenses **(R)**
Kochtöpfe (F&B) pots **(F&B)**
Kohle – Heizung (T) coal – heating **(POM)**
Kohle – Küche (F&B) coal- cooking **(F&B)**
Kohlensäure (F&B) carbonated gas **(F&B)**
Kohlenschaufeln (T) coal shovels **(POM)**
Kohlepapier (B); (F&B); (V) carbon paper **(R); (F&B); (A&G)**
Kompottschalen (F&B) compotes **(F&B)**
Kontobuch (V) account-book **(A&B)**
Kopfkissen (B) pillow cases **(R)**
Korkenzieher (F&B) corkscrews **(F&B)**
Korkenzieher (Gäste) (B) corkscrews (guests) **(R)**
Körperpuder (Gäste) (B) talcum powder (guests) **(R)**
Kraftfahrzeugbedarf (Gäste) (z.B. Öl) (Garage) auto supplies (sold to guests) **(garage – cost of sales)**
Kraftfahrzeugbedarf – Hotel (Trans.) auto supplies (used by property) **(Trans.)**
Kragen (B) collar **(R)**
Kratzer, Schabeisen, Streichmesser – Farbe (T) scraper – paint **(POM)**
Krawatte (B) tie **(POM)**

Kreditinformationsbücher (V) credit information books **(A&G)**
Kreditkarten-Provision (V) credit card commission **(A&G)**
Kreditkosten und Inkassospesen (V) credit and collection expenses **(A&G)**
Kreide (B); (F&B) chalk **(R); (F&B)**
Krug (mit Henkel) (B); (F&B) pitcher **(R); (F&B)**
Kuchenschachteln (F&B) pastry boxes **(F&B)**
Kugellager (T) ball bearing **(POM)**
Kugelschreiber (Angestellte) (B); (F&B); (V) pens (employees) **(R); (F&B); (A&G)**
Kundendienstkosten für Addiermaschinen (T) adding machines – service **(POM)**
Kunstdünger, Düngemittel (T) fertilizer **(POM)**
Küchenausstattung – Reparaturen (T) kitchen equipment – repairs **(POM)**
Küchengeräte (einschließlich Messer, Gabeln, Schöpflöffel, und Löffel) (F&B) kitchen utensils (including knives, forks, ladles, and spoons) **(F&B)**
Küchengeräte (Kochnische in Appartements) (B) cooking utensils (in kitchenette apts.) **(R)**
Kühlmittel (T) refrigerant **(POM)**
Kühlvorrichtung – Faser, Fiber (F&B) cooler – fiber **(F&B)**
künstliche Blumen (B); (F&B) artificial flowers **(R); (F&B)**

Laborkosten (T) laboratory costs **(POM)**
Lack (T) varnish **(POM)**
Lackfarbe (T) lacquer **(POM)**
Lagerfachkarten – Spirituosen (F&B) bin cards – liquor **(F&B)**
Lagerkosten – Getränke (F&B) warehouse costs – beverage **(F&B)**
Lagerungsgebühren für Speisen und Getränke (F&B) storage charges on food and beverages **(F&B)**
Lampenschirm – Reinigung (B); (F&B) lamp shade – cleaning **(R); (F&B)**
Landkarte (MKT) map **(MKT)**
Landschaftsgestaltung (T) landscaping **(POM)**
Lappen – Reinigung (B); (F&B) rags – cleaning **(R); (F&B)**
Lastschriftzettel (B); (F&B) charge voucher **(R); (F&B)**
Lauge (B); (F&B) lye **(R); (F&B)**
Lautsprecheranlage (zur Übertragung von Ansagen etc. für eine große Zuhörerschaft) – Reparaturen (T) public address systems – repairs **(POM)**
Lebensversicherung (gewerkschaftlich organisierte Arbeitnehmer) (zusätzliche, lohnabhängige (Personal-) Kosten) insurance – life (union employees) **(PTEB)**
Leder (B) chamois **(R)**
Leim, Klebstoff, Gummilösung (B); (P&B); (A&G) mucilage **(R); (F&B); (A&G)**
Leine, Schnur (V); (F&B) cord **(A&G); (F&B)**
Leinwand – Malerarbeiten (T) canvas – painting **(POM)**
Leiter (T) ladder **(POM)**
Leitungsnetz, elektrisches – Reparaturen (T) wiring – repairs **(POM)**
Lieferkosten – Getränke (F&B) delivery charges on beverages **(F&B)**
Lieferkosten – Speisen (F&B) delivery charges on food **(F&B)**
Limousine (B) limousine **(R)**
Lineal (B); (F&B); (V) ruler **(R); (F&B); (A&G)**
Lizenzen – Schlosser (T) licenses – locksmith **(POM)**

Lizenzgebühr für Getränkeausschank (F&B) beverage license **(F&B)**
Logbuch, Reisetagebuch (B) log book **(R)**
Löffel – Getränke, Küche, Mixen (F&B) spoons – beverage, kitchen, mixing **(F&B)**
Löffel – Silber (F&B) spoons-silver **(F&B)**
Lösungsmittel (T) solvent **(POM)**
Luftkühlung – Reparaturen (T) air cooling system – repairs **(POM)**

Malerarbeiten und Dekorieren (T) painting and decorating **(POM)**
Malerpinsel (T) paint brush **(POM)**
Mantel – Türsteher (B) greatcoat – door attendant **(R)**
Marketinggebühren (MKT) marketing service fees **(MKT)**
Markise (über einem Hoteleingang) – Lizenz marquee license **(A&G)**
Markisen – Reinigung (B); (F&B) awnings – cleaning **(R); (F&B)**
Markisen – Reparaturen (B); (F&B) awnings – repairs **(R); (F&B)**
Maschinenöl (T) machine oil **(POM)**
Matratze (B) mattress **(R)**
Matten – Fußboden (T) mats – floor **(POM)**
Matte, Vorleger, Abtreter – Bad (B) mat – bath **(R)**
Mauerwerk – Reparaturen (T) masonry – repairs **(POM)**
Mausefalle (B) mouse trap **(R)**
Messen – am Ort (MKT) fairs – local **(MKT)**
Messer – Silber (F&B) knives – silver **(F&B)**
Messinstrument, Messwerkzeug – Mietaufwendungen (T) meter – rentals **(POM)**
Mietaufwendungen – Fernschreiber (V) rentals – teletype **(A&G)**
Mietaufwendungen – Scheinwerfer (F&B) rentals – spotlights **(F&B)**
Mietautokosten (V); (MKT) auto rental **(A&G); (MKT)**
Mietkosten für Stühle – Bankette (F&B) chair rentals – banquets **(F&B)**
Mineralwasserausschank, Erfrischungshalle, Eisbar – Reparaturen (T) soda fountain – repairs **(POM)**
Mitgliedsbeiträge – Vereinigungen (V) membership dues – associations **(A&G)**
Mitteilungen – Briefumschläge (Telefonzentrale) message envelopes **(telephone)**
Mittel, deodorierende (B); (F&B) deodorants **(R); (F&B)**
Mixer – Reparaturen (T) mixer – repairs **(POM)**
Mobiliar für Veranstaltungsräume – Mietaufwendungen (Bankette) (F&B) furniture for public rooms – rentals (banquets) **(F&B)**
Mopp (B); (F&B) mop **(R); (F&B)**
Möbelpflegemittel, Möbelpolitur (B); (F&B) furniture polish **(R); (F&B)**
Musiker (F&B) musician **(F&B)**
Müllabfuhr (F&B) garbage removal **(F&B)**
Müllbeseitigung (T) refuse removal **(POM)**
Münzgeldbehälter (V) coin bag **(A&G)**
Mütze (B) cap **(R)**

Nachtkleidung (B) night apparel **(R)**
Nadeln und Faden (T) needles and thread **(POM)**
Nadeln und Faden (Gast) (B) needles and thread (guests) **(R)**
Nähmaschinen – Reparaturen (T) sewing machines – repairs **(POM)**

Notariatsgebühren (Honorare) (V) notary fees **(A&G)**
Notenblatt (F&B) music-sheet **(F&B)**
Notizblöcke (B); (F&B) desk pads **(R); (F&B)**

Obligationszinsen (Zinsaufw.) bond interest **(Int. Exp.)**
Obst (Gäste) (B) fruit (guests) **(R)**
Overall (B) overall **(R)**
Oxal-Kleesäure (Hotelwäscherei) oxalic acid **(house laundry)**
Öl (zum Weiterverkauf) (Garage und Parkplatz – Warenkosten) oil (resale) **(garage and parking – cost of sales)**
Öle und Schmierfette (T) oil and greases – lubrication **(POM)**

Pachtbesitz, Mietbesitz, Miet-Pachtland, Mietgrundstück – Abschreibung (A) leasehold amortization **(D&A)**
Packpapier (B); (F&B); (V) wrapping paper **(R); (F&B); (A&G)**
Paketpostversicherung (V) insurance – parcel post **(A&G)**
Pannenservice, Service bei Betriebsstörungen (T) breakdown service **(POM)**
Papier – Küche (F&B) paper – cooking **(F&B)**
Papierbecher (F&B); (Geschenkladen) paper cups **(F&B); (gift shop)**
Papierbeutel (F&B) paper bags **(F&B)**
Papierhandtücher (Angestellte) (B); (F&B); (V) paper towels (employees) **(R); (F&B); (A&G)**
Papierhandtücher (Gäste) (B); (F&B) paper towels (guests) **(R); (F&B)**
Pappschachtel (F&B) cardboard box **(F&B)**
Parken, kostenloses (B) complimentary parking **(R)**
Pensionen (zusätzliche, lohnabhängige (Personal-)Kosten) pensions **(PTEB)**
Pergament (F&B) parchment **(F&B)**
Personalbeherbergung (V); (P) employee lodging **(A&G); (HR)**
Personalverpflegung (B); (F&B) employee meals **(R); (F&B)**
Pfannen, Tiegel (F&B) pans **(F&B)**
Pflanze (B); (F&B) plant **(R); (F&B)**
Pizzaschachteln (F&B) pizza boxes **(F&B)**
Plakat – Sicherheitshinweise (V) poster – safety **(A&G)**
Plakat, (Anschlag-)Zettel (MKT) placard **(MKT)**
Platzkarte (B) place card **(R)**
Polier- und Reinigungsmasse (B); (F&B) buffing compound **(R); (F&B)**
Poliermittel für Messing (B); (F&B) brass polish **(R); (F&B)**
Politur – Fußboden (B); (F&B) polish – floor **(R); (F&B)**
Polsterei – Hilfs- und Betriebsstoffe (T) upholstery – supplies **(POM)**
Portiere, Türvorhang (T) portiere **(POM)**
Porto, Postgebühr, Postspesen (V) postage **(A&G)**
Porzellan für Hotelzimmer (B) china – guestroom use **(R)**
Porzellan für Umsatzbereich Speisen (F&B) china – F&B use **(F&B)**
Postbriefbeutel (V) mail bag **(A&G)**
Postfach – Mietaufwendungen (V) post office box (P. O. B.) – rentals **(A&G)**
Postkarten – zum Weiterverkauf (Miet- und sonstige Erträge – Warenkosten) postcards – for resale **(rentals and other income – cost of sales)**

Postkarten (Gäste) (B) postcards (guests) **(R)**
Preis für Verbesserungsvorschlag – Angestellte (P) suggestion award – employees **(HR)**
Preise und Prämien – Angestellte (P); (V) awards – employees **(HR); (A&G)**
Presse (F&B) squeezer **(F&B)**
Provisionen – Getränke (F&B) commissions – beverage **(F&B)**
Provisionen – Kreditkartenkosten (V) commissions – credit card charge **(A&G)**
Provisionen für Angestellte (F&B) commissions (employees) **(F&B)**
Provisionen für Bedienungspersonal (F&B) servers' commissions **(F&B)**
Provisionen für Reiseagenturen (B) commissions – tour agencies **(R)**
Provisionen für Zimmervermittlung (B) commissions – rental agents **(R)**
Puddingschalen (F&B) custard cups **(F&B)**
Puder-, Staubzuckerverzierung (F&B) icing sugar decoration **(F&B)**
Pumpenreparaturen (T) pump repairs **(POM)**
Pyjama, Schlafanzug (Gäste) (B) pajamas (guests) **(R)**

Quasten, Troddeln (T) tassels **(POM)**

Radiergummis (B); (F&B); (V) erasers **(R); (F&B); (A&G)**
Radiowecker – Reparaturen (T) clock radios – repairs **(POM)**
Rahmen (Bild) (T) frame (picture) **(POM)**
Rahmequin, Käseauflauf (Geschirr) (F&B) ramekin **(F&B)**
Rasierklingen (Gäste) (B) razor blades (guests) **(R)**
Räucherapparat (B); (F&B) fumigator **(R); (F&B)**
Raumverteilungsplan (B) floor plan **(R)**
Rechenmaschine – laufende Instandhaltung (T) calculator – maintenance **(POM)**
Rechenschaftsbericht des Nachtbuchhalters (V) night auditors' report **(A&G)**
Rechtsberatungskosten (V) legal expenses **(A&G)**
Regenmantel (B) raincoat **(R)**
Regenschirme (für Türsteher) (B) umbrellas (for door attendants) **(R)**
Registrierkasse – Hilfs- und Betriebsstoffe (B); (F&B) cash register – supplies **(R); (F&B)**
Registrierkasse – Reparaturen (T) cash register – repairs **(POM)**
Reinigung – Hilfs- und Betriebsstoffe (B); (F&B) cleaning – supplies **(R); (F&B)**
Reinigungsapparat und Wasserenthärter (T) purifier and softener for water **(POM)**
Reinigungsflüssigkeit (B); (F&B) cleaning fluid **(R); (F&B)**
Reinigungslappen (B); (F&B) cleaning rags **(R); (F&B)**
Reinigungsmasse (B); (F&B) cleaning compound **(R); (F&B)**
Reinigungsmittel, Waschmittel (B); (F&B) detergents **(R); (F&B)**
Reiseagentur – Provision (B) tour agency – commission **(R)**
Reisebüro – Provision (B) travel agent – commission **(R)**
Reisekosten für die wirtschaftliche Förderung (MKT) traveling expenses – business promotion **(MKT)**
Reisekosten (V) traveling expenses **(A&G)**

Reklamebeilage (zu Werbebriefen) (MKT) stuffer **(MKT)**
Reservierungsformulare (B) reservation forms **(R)**
Reservierungskosten (B) reservation expenses **(R)**
Restauranthinweisschild (F&B) restaurant sign **(F&B)**
Revision, Rechnungsprüfung, Buchprüfung, Jahresabschlussprüfung - Gebühren (V) audit fees **(A&G)**
Rohrleitung (T) tube **(POM)**
Rohrleitungen – Reparaturen (T) pipe – repairs **(POM)**
Rollladen, Rollo (T) blind **(POM)**
Room Service – Bestellformulare (F&B) room service – order blanks **(F&B)**
Rouleaus, Jalousien – Reinigung (B); (F&B) window shades – cleaning **(R); (F&B)**
Röhre, pneumatische (Rohrpost) – Reparaturen (T) pneumatic tube – repairs **(POM)**
Rundfunkübertragung (MKT) radio broadcasting **(MKT)**
Rupfen, grobe Leinwand, Sackleinen (T) burlap **(POM)**
Rührholz, Rührlöffel (F&B) stirrer **(F&B)**
Rührlöffel für Getränke – Glas (F&B) beverage stirrers – glass **(F&B)**

Safeschlüssel, Geldschrankschlüssel (B) safe deposit box keys **(R)**
Sägemehl, Sägespäne (F&B) saw dust **(F&B)**
Salatschüsseln (F&B) salad bowls **(F&B)**
Salz (Hotelwäscherei) salt **(house laundry)**
Sand – Feuereimer (V) sand – fire buckets **(A&G)**
Sand (T) sand **(POM)**
Sandpapier (T) sandpaper **(POM)**
sanitäre Überprüfung – privat (F&B) sanitary inspection – private **(F&B)**
Säure (B; F&B) acid **(R; F&B)**
Schablone, Matrize (B); (F&B); (V) stencil **(R); (F&B); (A&G)**
Schachteln – Konditorwaren, Backwaren, Torten, Pasteten (F&B) boxes – pastry **(F&B)**
Schachteln – Wäsche (Hotelwäscherei) boxes – laundry **(house laundry)**
Schallplatte (F&B) record **(F&B)**
Schaufeln (T) shovels **(POM)**
Scheck (V) bank check **(A&G)**
Scheren (B); (F&B); (V) scissors **(R); (F&B); (A&G)**
Schilder – auf dem Hotelgelände (MKT) signs – road (on premises) **(MKT)**
Schilder – Landstraße (nicht auf dem Hotelgelände) (MKT) signs – road (off premises) **(MKT)**
Schlüssel – Reparaturen (T) key repairs **(POM)**
Schlüssel für Tresorfach, Stahlfach, Geldschrank (B) key for safe deposit boxes **(R)**
Schmiermittel, Schmiertet (T) grease **(POM)**
Schmieröl und Schmierfett (Garage und Parkplatz) lubricating oil and greases (garage and parking)
Schneebesen (F&B) eggbeaters **(F&B)**
Schneeräumung (T) snow removal **(POM)**
Schnittblumen (B) cut flowers **(R)**
Schonbezüge – Matratzen (B) protectors – mattresses **(R)**
Schornstein – Reparaturen (T) smoke stack – repairs **(POM)**
Schönheitsmittel, kosmetische Mittel (B) cosmetics **(R)**
Schöpflöffel (F&B) ladles **(F&B)**

Schuhputzlappen (Gäste) (B) shoe cloths (guests) **(R)**
Schutt, Müll (T) waste **(POM)**
Schüsseln – Porzellan, Glas, Salat (F&B) bowls – china, glass, salad **(F&B)**
Schwämme – Maler (T) sponges – painters **(POM)**
Schwämme – Reinigung (B); (F&B) sponges – cleaning **(R); (F&B)**
Seife für Reinigungszwecke (B); (F&B) soap for cleaning **(R); (F&B)**
Seife (Gäste) (B) soap (guests) **(R)**
Seiher, Sieb, Filter – Küche (F&B) strainer – kitchen **(F&B)**
Seil, Strick (T) rope **(POM)**
Servierplatten (F&B) platters **(F&B)**
Servietten – Papier (F&B) napkins – paper **(F&B)**
Servietten, Deckchen – Leinen (B); (F&B) doilies – linen **(R); (F&B)**
Shaker – Getränke (F&B) shaker-beverages **(F&B)**
Sicherheitszündhölzer (Gäste) (B); (F&B) safety matches (guests) **(R); (F&B)**
Sicherung des Hotels – Personal von Vertragsfirmen (V) security – contracted **(A&G)**
Sicherungen (T) fuses **(POM)**
Sieb, Seiher (F&B) colander **(F&B)**
Silber-Reinigungsmittel (F&B) silver cleaner **(F&B)**
Sitzplan (F&B) seating list **(F&B)**
Soda, kohlensaures Natrium (Hotelwäscherei) soda – laundry (house laundry)
Sonderaufwendungen für Arbeitnehmer (zusätzliche, lohnabhängige (Personal-)Kosten) employee benefits **(PTEB)**
Sonnenschutz (Schirm) (T) sunshade **(POM)**
Soziale- und Sport-Veranstaltungen – Angestellte (P) social and sports activities – employees **(HR)**
Speise(n)karte (F&B) bill of fare, menu **(F&B)**
Spiegel-, Fensterglasversicherung (MVV) insurance – plate glass **(RTI)**
Spielkarten (B); (F&B) playing cards **(R); (F&B)**
Spielplatz – Instandhaltung (T) playground – maintenance **(POM)**
Spielzeug (B) toys **(R)**
Spitzenvorhänge (T) lace curtains **(POM)**
Sportgeräte für Angestellte (P); (V) athletic equipment for employees **(HR); (A&G)**
Spüllappen (B) wash cloth **(R)**
Stahlwolle (B); (F&B) steel wool **(R); (F&B)**
Stand – Messen und Ausstellungen (MKT) booth – trade shows **(MKT)**
Stangen – Vorhänge (T) poles – curtains **(POM)**
Stärke (Wäsche) (Hotelwäscherei) starch **(house laundry)**
Staubmop (B); (F&B) dust brush **(R); (F&B)**
Staubsaugerzubehör (B) vacuum cleaner accessories **(R)**
Staubtuch, Staublappen (B); (F&B) dust cloth **(R); (F&B)**
Staubtuch, Staublappen, Staubwedel (B); (F&B) duster **(R); (F&B)**
Stechuhr – Reparaturen (T) time clock – repairs **(POM)**
Stellenvermittlungsbüro (Beiträge) (P) employment agency fees **(HR)**
Stempelkissen (B); (F&B); (V) stamp pad **(R); (F&B); (A&G)**
Stöpsel, Pfropf (F&B) stopper **(F&B)**
Straße – Besprengen, Besprühen (T) street sprinkling **(POM)**
Straßenhinweisschild (MKT) road sign **(MKT)**

Straßenreinigung (T) street cleaning **(POM)**
Streichhölzer (Gäste) (B); (F&B) matches (guests) **(R); (F&B)**
Strohhalme – Bar (F&B) straws bar **(F&B)**
Strom für Kühlung, Kälteerzeugung (Kochnischen in Apts.) (B) electricity for refrigerators (in kitchenette apts.) **(R)**
Strom, elektrischer (E) electric current **(EC)**
Suppentopf – Reparaturen (T) stock pot – repairs **(POM)**
Süßigkeit (B); (F&B) candy (guests) **(R); (F&B)**
Swimmingpool – Chemikalien, chemische Präparate (T) pool – chemicals **(POM)**
Swimmingpool – Zubehör (T) pool – accessories **(POM)**
Szenerie, Bühnenbildausstattung (Bankette) (F&B) scenery rental for public rooms (banquets) **(F&B)**

Tagesbericht (V) daily report **(A&G)**
Tantiemen und Gehaltsprämien - Angestellte (B); (F&B) bonuses – employees **(R); (F&B)**
Tantiemen, Ertragsgewinnanteil (F&B) royalties **(F&B)**
Tanzerlaubnis (F&B) dance license **(F&B)**
Tapete (T) wall paper **(POM)**
Taschenlampen und Batterien (T) flashlights and batteries **(POM)**
Technische Abteilung – Hilfs- und Betriebsstoffe (Z) engineering supplies **(POM)**
Teekannen (F&B) tea pots **(F&B)**
Teer (T) tar **(POM)**
Teigrührmaschinen (F&B) batter mixers **(F&B)**
Teigschüsseln (F&B) batter bowls **(F&B)**
Telefon – Buchungsbeleg (Telefon) telephone voucher **(telephone)**
Telefonanlage – Mietaufwendungen (MVV) telephone rentals **(RTI)**
Telefonanlagekosten (MVV) telephone equipment charges **(RTI)**
Telefonbuch – Werbung (MKT) telephone directory – advertising **(MKT)**
Telefonbücher (B) telephone directories **(R)**
Telefongebühren (Telefon – vom Hotel zu bezahlende Beträge) telephone charges **(telephone – cost of sales)**
Telefonzentrale – Reparaturen (T) switchboard – repairs **(POM)**
Telegramm (V) telegram **(A&G)**
Telegrammadresse, eingetragene (V) registered cable address **(A&G)**
Teller für Brot und Butter (F&B) bread and butter plates **(F&B)**
Teller (F&B) plates **(F&B)**
Teppiche und Bettvorleger – Reinigung (B) carpets and rugs – cleaning **(R)**
Teppiche, Läufer etc. – Reparaturkosten (T) carpet repairs **(POM)**
Teppichkehrmaschine (B); (F&B) carpet sweeper **(R); (F&B)**
Teppichstift (T) carpet tack **(POM)**
Terpentin (T) terpentine **(POM)**
(Tinten-)Löscher (B) blotter **(R)**
Tischtücher (F&B) table cloths **(F&B)**
Tischwäsche – Ersatzbeschaffung (in Kochnische-Apts.) (B) table linen – replacements (in kitchenette apts.) **(R)**
Trockeneis (F&B) dry ice **(F&B)**
Treppenhaus – Reparaturen (T) stairway – repairs **(POM)**

Treuhänder – Aufwendungen (V) trustee's expenses **(A&G)**
Trinkgelder und Weihnachtsgeschenke (V) gratuities and christmas presents **(A&G)**
Trinkgläser (B) drinking glasses **(R)**
Türschloss – Reparaturen (T) lock – repairs **(POM)**
Türvorhänge (T) door hangings **(POM)**
Tüte für Back- und Konditoreiwaren (Papier) (F&B) pastry bag (paper) **(F&B)**

Umfrage (F&B) survey-special **(F&B)**
(Um-)Rührlöffel, Rührstab (F&B) muddler **(F&B)**
Umsatzsteuer (MVV) sales tax **(RTI)**
uneinbringliche Forderungen (V) bad debts **(A&G)**
Unfallversicherung (zusätzliche, lohnabhängige (Personal-)Kosten) insurance – accident **(PTEB)**
Uniformjacke (B); (F&B) blouse **(R); (F&B)**
Unterhaltung – Vertragsfirmen (F&B) contract entertainment **(F&B)**
Unterhaltung und Musik (F&B) entertainment and music **(F&B)**
Unterhaltungsprogramm (F&B) program – entertainment **(F&B)**
Untertassen (F&B) saucers **(F&B)**
Übernachtung, kostenlose (MKT) complimentary rooms **(MKT)**
Überweisungsgebühren (V) transfer fees **(A&G)**

Vase (B); (F&B) vase **(R); (F&B)**
Ventilator, elektrischer – Reparaturen (T) electric fan – repairs **(POM)**
Ventil, Absperrvorrichtung, Klappe – Reparaturen (T) valve – repairs **(POM)**
Veranstaltungsräume (öffentlich genutzte Räume) – Reinigung (Vertragsfirmen) – Bankette (F&B) public rooms cleaning (on contract) – banquets **(F&B)**
Veräußerungsgewinne aus dem Verkauf von Anlagevermögen (Gewinne und Verluste aus Anlageverkäufen) gain on sale of property **(gain or loss on sale of property)**
Veräußerungsverluste aus dem Verkauf von Anlagevermögen (Gewinne und Verluste aus Anlageverkäufen) loss on sale of property **(gain or loss on sale of property)**
Verbrennungsofen – Reparaturen (T) incinerator – repairs **(POM)**
Verbrennungsrückstände – Beseitigungskosten (T) ashes - removal **(POM)**
Vereinigungen – Gebühren und Beiträge (V) associations – dues **(A&G)**
Verkaufsausrüstung (MKT) sales kits **(MKT)**
Vermögenssteuer (MVV) personal property tax **(RTI)**
Verpackung – Hilfs- und Betriebsstoffe (Geschenkladen) packing supplies **(gift shop)**
Verpackung (T) packing **(POM)**
Verpflegung, kostenlose (MKT) complimentary food **(MKT)**
Versandkosten für Lebensmittel und Getränke (F&B) transportation charges on food and beverage **(F&B)**
Versicherung – Berufshaftpflicht (zusätzliche, lohnabhängige (Personal-)Kosten) insurance – workers' compensation **(PTEB)**

Versicherung – Berufskrankheiten (zusätzliche, lohnabhängige (Personal-)Kosten) insurance – occupational disease **(PTEB)**

Versicherung – Betriebsunterbrechung (V) insurance – use and occupancy **(A&G)**

Versicherung – Diebstahl (V) insurance – theft **(A&G)**

Versicherung – Kassenraub (V) insurance – robbery **(A&G)**

Versicherung – Krankenhausaufenthalt (nicht gewerkschaftlich organisierte Arbeitnehmer) (zusätzliche, lohnabhängige (Personal-) Kosten) insurance – hospitalization (non union employees) **(PTEB)**

Versicherung – Wetter (MVV) insurance – weather **(RTI)**

Vervielfältigungs- und Kopierarbeiten (V) duplicating and copying services **(A&G)**

Visitenkarten (B); (F&B) business cards **(R); (F&B)**

Voreröffnungskosten (A) preopening expenses **(D&A)**

Vorhänge – Hilfs- und Betriebsstoffe (B) curtains – supplies **(R)**

Vorhangreinigung (B) curtain cleaning **(R)**

Wachs (B); (F&B) wax **(R); (F&B)**

Wachspapier (F&B) wax paper **(F&B)**

Wandbehang (T) wall hanging **(POM)**

Wandbehang, Wandbekleidung, Tapete, Vorhang – Reparaturen (T) hanging – repairs **(POM)**

Warenanforderungsscheine – Berichte (F&B) storeroom issue – reports **(F&B)**

Warenanforderungsscheine (F&B) storeroom orders **(F&B)**

Wartungsvertrag (T) maintenance contract **(POM)**

Wäsche (B); (F&B) laundry **(R); (F&B)**

Wäschesäcke (Hotelwäscherei) laundry bags **(house laundry)**

Waschlappen (B) face cloth **(R)**

Waschpulver (B); (F&B) soap powder **(R); (F&B)**

Waschpulver, Waschmittel (B) washing powder **(R)**

Wasserglas (B); (F&B) tumbler **(R); (F&B)**

Weihnachtsfest – Kosten (V) christmas expenses **(A&G)**

Weihnachtsgeschenke – Angestellte (P) christmas gifts – employees **(HR)**

Weinkeller – Geräte, Gerätschaften (F&B) wine cellar – utensils **(F&B)**

Weinkeller – Hilfs- und Betriebsstoffe (F&B) wine cellar- supplies **(F&B)**

Weiter- und Fortbildung von Angestellten (V) educational activities for employees **(A&G)**

Werbeausgaben für Adressbücher, Einwohnerverzeichnisse (MKT) advertising – directories **(MKT)**

Werbeausgaben für Anzeigen (MKT) advertising – announcements **(MKT)**

Werbeausgaben für Außenwerbung, Straßenwerbung (MKT) advertising – outdoor **(MKT)**

Werbeausgaben für Beförderungskosten (MKT) advertising – transportation **(MKT)**

Werbeausgaben für Postwurfsendungen (MKT) advertising – direct mail **(MKT)**

Werbeausgaben für Radio und Fernsehen (MKT) advertising – Radio & TV **(MKT)**

Werbeausgaben für Werbegeschenkartikel (MKT) advertising – novelties **(MKT)**
Werbeausgaben für Werbeliteratur (MKT) advertising – publications **(MKT)**
Werbebroschüren (MKT) advertising – booklets **(MKT)**
Werbegeschenkartikel (MKT) novelties (advertising) **(MKT)**
Werbematerial (Verkaufsförderung) (MKT) literature (promotional) **(MKT)**
Werbung in Tageszeitungen (MKT) newspaper advertising **(MKT)**
Werkzeuge (T) tools **(POM)**
Wetzstein, Gerät zum Messerscherten (F&B) knife sharpening **(F&B)**
Winkeleisen (T) angle iron **(POM)**
wirtschaftliche Förderung, Verkaufsförderung -Reisekosten (MKT) business promotion – traveling expenses **(MKT)**

Zahnbürsten (B) toothbrushes **(R)**
Zahnstocher (F& B) toothpicks **(F&B)**
Zeichentinte, Wäschetinte (Hotelwäscherei) marking ink – laundry **(house laundry)**
Zeitschriftenwerbung (MKT) magazine advertising **(MKT)**
Zeitung für (Zeitungs-)Ausschnitte (MKT) newspaper for clippings **(MKT)**
Zeitungen und Zeitschriften (für Angestellte) (P) house publications (for employees) **(HR)**
Zeitungen (zum Weiterverkauf) (Miet- und sonstige Erträge - Warenkosten) newspapers (for resale) **(rentals and other income – cost of sales)**
Zeitungsausschnitte (MKT) clippings **(MKT)**
Zellophan (F&B) cellophane **(F&B)**
Zement (T) cement **(POM)**
Zinsaufwendungen für rückständige Steuern (Zinsaufw.) interest on taxes in arrears **(Int. Exp.)**
Zinsaufwendungen (Zinsaufw.) interest **(Int. Exp.)**
Zinsen auf Schuldwechsel (Zinsaufw.) interest on notes **(Int. Exp.)**
Zirkular, Rundschreiben (MKT) circular **(MKT)**
Zitronenöl (B); (F&B) lemon oil **(R); (F&B)**
Zitronenpresse – Bar (F&B) lemon squeezer – bar **(F&B)**

4

Verzeichnis aller
Aufwendungen (USAH)
Englisch – Deutsch

Expense and Payroll
Dictionary (USAH)
English – German

Teil IV: Verzeichnis aller Aufwendungen (USAH)
Englisch – Deutsch

Part IV: Expense and Payroll Dictionary (USAH)
English – German

Abbreviations

english:

D&A	depreciation and amortization
R	rooms
EC	energy cost
F&B	food and beverage
MKT	marketing
HR	human resources
POM	property, operation, and maintenance
Trans.	transportation
A&G	administrative and general
Int. Exp.	interest expense
PTEB	payroll taxes and employee benefits

german:

A	Abschreibungen
B	Beherbergung
E	Energie
F&B	Food und Beverage
MKT	Marketing
P	Personal
T	Technische Abteilung
Trans.	Transport
V	Verwaltung
Zinsaufw.	Zinsaufwendungen
zusätzliche, lohnabhängige (Personal-)Kosten	ohne Abkürzung

accountant's fee (A&G) Honorar *(n)* für Wirtschafts- und Buchprüfer *(m)* **(V)**

acid (R); (F&B) Säure *(f)* **(B); (F&B)**

adding machine – service (POM) Kundendienstkosten *(pl.)* für Addiermaschine *(f)* **(T)**

adding machine – tape (POM) Addiermaschine *(f)* – Papierstreifen *(m)* **(T)**

addressing machine – supplies (MKT) Adressiermaschine *(f)* – Hilfs- und Betriebsstoffe *(pl. m)* **(MKT)**

adhesive tape (POM); (A&G) Heftpflaster *(n)* **(T); (V)**

advertising – announcements (MKT) Werbeausgaben *(pl. f)* für Anzeigen *(pl. f)* **(MKT)**

advertising – direct mail (MKT) Werbeausgaben *(pl. f)* für Postwurfsendungen *(pl. f)* **(MKT)**

advertising – directories (MKT) Werbeausgaben für Adressbücher *(pl. n)*, Einwohnerverzeichnisse *(pl. n)* **(MKT)**

advertising – novelties (MKT) Werbeausgaben *(pl. f)* für Werbegeschenkartikel *(pl. m)* **(MKT)**

advertising – out door (MKT) Werbeausgaben *(pl. f)* für Außenwerbung *(f)*, Straßenwerbung *(f)* **(MKT)**

advertising – publications (MKT) Werbeausgaben *(pl. f)* für Werbeliteratur *(f)* **(MKT)**

advertising – radio & TV (MKT) Werbeausgaben *(pl. f)* für Radio *(n)* und Fernsehen *(n)* **(MKT)**

advertising – transportation (MKT) Werbeausgaben *(pl. f)* für Beförderungskosten *(pl.)* **(MKT)**

advertising agency fee (MKT) Honorar *(n)* für Werbeagentur *(f)* **(MKT)**

advertising booklet (MKT) Werbebroschüre *(f)* **(MKT)**

air cooling system – repairs (POM) Luftkühlung *(f)* – Reparaturen *(pl. f)* **(T)**

airport transportation – not chargeable to guest (A&G); (MKT) Beförderungskosten *(pl.)* für Transport *(m)* zum Flughafen *(m)*, die dem Gast *(m)* nicht berechnet werden können **(V)**

alarm service – fire and burglar (A&G); (R); (F&B) Alarmvorrichtungen *(pl. f)* – Feuer *(n)* und Einbruch *(m)* **(V)**

alcohol – cleaning (R); (F&B) Alkohol *(m)* – Reinigungszwecke *(pl. m)* **(B); (F&B)**

alcohol – cooking fuel (F&B) Alkohol *(m)* – Brennstoff *(m)* für Kochgeräte *(pl. n)* **(F&B)**

alkalies (water softener) (POM) Alkali *(n)*, Laugensalz *(n)*, alkalischer Stoff *(m)* (Wasserenthärtungsmittel) **(T)**

aluminum trays (F&B) Aluminiumtabletts *(pl. n)* **(F&B)**

ammonia – cleaning (R); (F&B) Ammoniak *(n)* – Reinigungszwecke (pl. m) **(B); (F&B)**

ammonia – refrigerant (POM) Ammoniak *(n)* – Kühlmittel *(n)* **(T)**

amortization – bond issue (Int. Exp.) Abschreibung *(f)* – Emissionsdisagio *(n)* **(Zinsaufw.)**

amortization – financing costs (Int. Exp.) Abschreibung *(f)* – Finanzierungskosten *(pl.)* **(Zinsaufw.)**

amortization – leasehold improvements (D&A) Abschreibung *(f)* – Einbauten *(pl. m)* in gemieteten (geleasten) Objekten *(pl. n)* **(A)**

amortization – leasehold (D&A) Abschreibung *(f)* – geleaste Gebäude *(pl. n)*, Mietbesitz *(m)* **(A)**

angle iron (POM) Winkeleisen *(n)* **(T)**
armored car service (A&G) (Gebühren für) gepanzerte Fahrzeuge *(pl. n)* **(V)**
art work (MKT) Illustration *(f)*, Grafik *(f)* **(MKT)**
artificial flowers (R); (F&B) künstliche Blumen *(pl. f)* **(B); (F&B)**
ash can (POM) Aschekasten *(m)*, Abfalleimer *(m)*, Mülleimer *(m)* **(T)**
ash trays (R); (F&B) Aschenbecher *(pl. m)* **(B); (F&B)**
ashes – removal (POM) Verbrennungsrückstände *(pl. m)* – Beseitigungskosten *(pl.)* **(T)**
associations – dues (A&G) Vereinigungen *(pl. f)* – Gebühren *(pl. f)* und Beiträge *(pl. m)* **(V)**
athletic equipment for employees (H R); (A&G) Sportgeräte *(pl. n)* für Angestellte *(pl.)* **(P); (V)**
attorney's fees (A&G) Anwaltskosten *(pl.)* **(V)**
audit fees (A&G) Gebühren *(pl. f)* für Revision *(f)*, Rechnungsprüfung *(f)*, Buchprüfung *(f)*, Jahresabschlussprüfung *(f)* **(V)**
auto rental (A&G); (MKT) Kosten *(pl.)* für Mietwagen *(m)* **(V); (MKT)**
auto repairs – guest use (Trans.); (R) Autoreparaturkosten *(pl.)* – Gäste **(Trans.); (B)**
auto repairs – property use (Trans.); (POM) Autoreparaturkosten *(pl.)* – Hotel **(Trans.); (T)**
autosupplies – sold to guests (garage – cost of sales) Kraftfahrzeugbedarf *(m)* (z. B. Öl) – Gäste **(Garage – Warenkosten)**
autosupplies – used by property (Trans.) Kraftfahrzeugbedarf *(m)* – Hotel **(Trans.)**
awards – employees (HR) Preise *(pl. m)* und Prämien *(pl. f)* – Angestellte *(pl.)* **(P); (V)**
awnings – cleaning (R); (F&B) Markisen *(pl. f)* – Reinigung *(f)* **(B); (F&B)**
awnings – repairs (R); (F&B) Markisen *(pl. f)* – Reparaturen *(pl. f)* **(B); (F&B)**

bad debts (A&G) uneinbringliche Forderungen *(pl. f)* **(V)**
badges (R); (F&B) Abzeichen *(pl. n)*, Kennzeichen *(pl. n)* **(B); (F&B)**
bag (house laundry) Wäschesack *(m)* **(Hotelwäscherei)**
ball beaming (POM) Kugellager *(n)* **(T)**
band saw (POM) Bandsäge *(f)* **(T)**
bank check (A&G) Scheck *(m)* (Bank) **(V)**
banner (R); (F&B) Banner *(n)*, Fahne *(f)* **(B); (F&B)**
banquet report (F&B) Bankettbericht *(m)* **(F&B)**
bar – utensils (F&B) Bar *(f)* – Geräte *(pl. n)* **(F&B)**
bath mats (R) Badematten *(pl. f)* **(B)**
bathing caps (guests) (R) Bademützen *(pl. f)* (Gäste) **(B)**
bathroom – glass shelve (POM) Glasregal *(n)* – Badezimmer *(n)* **(T)**
batter bowls (F&B) Teigschüsseln *(pl. f)* **(F&B)**
batter mixers (F&B) Teigrührmaschinen *(pl. f)* **(F&B)**
batteries and flashlights (POM) Batterien *(pl. f)* und Taschenlampen *(pl. f)* **(T)**
bed spreads (R) Bettdecken *(pl. f)*, Tagesdecken *(pl. f)* **(B)**
bed springs (POM) Bettenroste *(pl. m)* **(T)**
beeper rental (A&G) Mietkosten *(pl.)* für Beeper *(m)* **(V)**
belt (POM) Treibriemen *(m)*, Förderband *(n)* **(T)**

benzine-cleaning (R) Benzin-Reinigung *(f)* **(B)**
beverage license (F&B) Lizenzgebühr *(f)* für Getränkeausschank *(m)* **(F&B)**
beverage mixer (F&B) Getränkemixer *(m)* **(F&B)**
beverage stirrers – glass (F&B) Rührlöffel *(pl. m)* für Getränke *(pl. n)* -Glas *(n)* **(F&B)**
beverage tax (F&B) Getränkesteuer *(f)* **(F&B)**
bill of fare (F&B) Speise(n)karte *(f)* **(F&B)**
billboard (MKT) Anschlagbrett *(n)* **(MKT)**
bin cards – liquor (F&B) Lagerfachkarten *(pl. f)* – Spirituosen *(pl. f)* **(F&B)**
binder (R); (F&B); (A&G) Aktendeckel *(m)*, Einband *(m)* **(B); (F&B); (V)**
blankets (R) Decken *(pl. f)* **(B)**
bleach (house laundry) Bleichmittel *(n)* **(Hotelwäscherei)**
blind (POM) Rollladen (m), Rollo *(n)* **(T)**
blotter (R) (Tinten-)Löscher **(B)**
blouse (R); (F&B) Uniformjacke *(f)* **(B); (F&B)**
blueprint (MKT) Blaupause *(f)* **(MKT)**
boiler – repairs (POM) Boiler *(m)* – Reparaturen *(pl. f)* **(T)**
boiler compound (POM) Kesselstein-Schutzmittel *(n)* **(T)**
boiler explosion insurance (RTI) Dampfkessel-Explosionsversicherung *(f)* **(MVV)**
boiler gauge (POM) Boilermanometer *(n)* **(T)**
boiler inspection (POM) Boilerinspektion *(f)* **(T)**
bond discount (Int. Exp.) Emissionsdisagio *(n)*, Abschlag *(m)* auf den Anleihekurs *(m)* **(Zinsaufw.)**
bond expense amortization (Int. Exp.) Abschreibung *(f)* auf Kosten *(pl.)* der Anleiheemission *(f)* **(Zinsaufw.)**
bond fidelity (A&G) Kautionsverpflichtung *(f)* des Versicherers *(m)* im Falle *(m)* von Veruntreuung *(f)* **(V)**
bond interest (Int. Exp.) Obligationszinsen *(pl. m)* **(Zinsaufw.)**
bonuses – employees (R); (F&B) Tantiemen *(pl. f)* und Gehaltsprämien *(pl. f)* – Angestellte *(pl.)* **(B); (F&B)**
booth – trade shows (MKT) Stand *(m)* – Messen *(pl. f)* und Ausstellungen *(pl. f)* **(MKT)**
bottle openers (R) Flaschenöffner *(pl. m)* **(B)**
boutonnieres (R) Ansteckblumen *(pl. f)*, Anstecksträußchen *(pl. n)* **(B)**
bowls – china, glass, salad (F&B) Schüsseln *(pl. f)* – Porzellan *(n)*, Glas *(n)*, Salat *(m)* **(F&B)**
boxes – laundry (house laundry) Schachteln *(pl. f)* – Wäsche *(f)* **(Hotelwäscherei)**
boxes – pastry (F&B) Schachteln *(pl. f)* – Konditorwaren *(pl. f)*, Backwaren *(pl. f)*, Torten *(pl. f)*, Pasteten *(pl. f)* **(F&B)**
braid for uniforms (R); (F&B) Borte *(f)*, Litze *(f)*, Tresse *(f)*, Zierband *(n)*, Flechtschnur *(f)* für Uniformen *(pl. f)* **(F&B)**
brass polish (R); (F&B) Poliermittel *(n)* für Messing *(n)* (B); **(F&B)**
bread and butter plates (F&B) Teller *(pl. m)* für Brot *(n)* und Butter *(f)* **(F&B)**
breakdown service (POM) Pannenservice *(m)*, Service *(m)* bei Betriebsstörungen *(pl. f)* **(T)**
briquet (F&B) Brikett *(n)*, Presskohle *(f)* **(F&B)**

broad casting (MKT) Rundfunkübertragung *(f)* **(MKT)**
brochure (MKT) Broschüre *(f)*, Werbematerial *(n)* **(MKT)**
broom (R); (F&B) Besen *(m)* **(B); (F&B)**
buffing compound (R); (F&B) Polier- und Reinigungsmasse *(f)* **(B); (F&B)**
building repairs – outside contract (POM) Gebäudereparaturen *(pl. f)* – Fremdaufträge *(pl. m)* **(T)**
building repairs (POM) Gebäudereparaturen *(pl. f)* **(T)**
buildings and contents insurance (RTI) Gebäudeversicherung *(f)* **(MVV)**
bunting and flags (R); (F&B) Flaggentuch *(n)* und Flaggen *(pl. f)* **(B); (F&B)**
burglary insurance (A&G) Einbruchs- und Diebstahlversicherung *(f)* **(V)**
burlap (POM) grobe Leinwand *(f)*, Rupfen *(m)*, Sackleinen *(n)* **(T)**
business cards (R); (F&B) Visitenkarten *(pl. f)* **(B); (F&B)**
business promotion – traveling expenses (MKT) wirtschaftliche Förderung *(f)*, Verkaufsförderung *(f)* – Reisekosten *(pl.)* **(MKT)**
buttons – laundry (house laundry) Knöpfe *(pl. m)* – Wäscherei *(f)* **(Hotelwäscherei)**
buttons – uniforms (R); (F&B) Knöpfe *(pl. m)* – Uniformen *(pl. f)* **(B); (F&B)**
buttons (guests) (R) Knöpfe *(pl. m)* (Gäste) **(B)**

cable television – rental (RTI) Kabelfernsehen *(n)* – Mietaufwendungen *(pl. f)* **(MVV)**
cables – elevator Kabel *(pl. n)*, (Draht-)Seile *(pl. n)* – Aufzug *(m)* **(T)**
calcium (POM) Kalzium *(n)* **(T)**
calculator – maintenance (POM) Rechenmaschine *(f)* – laufende Instandhaltung *(f)* **(T)**
calendar (MKT) Kalender *(m)* **(MKT)**
can openers (F&B) Büchsenöffner *(pl. m)* **(F&B)**
candles (R); (F&B) Kerzen *(pl. f)* **(B); (F&B)**
candlesticks (R); (F&B) Kerzenhalter *(pl. m)*, Kerzenständer *(pl. m)* **(B); (F&B)**
candy (guests) (R); (F&B) Süßigkeit *(f)* **(B); (F&B)**
canvas – painting (POM) Leinwand *(f)* – Malerarbeiten *(pl. f)* **(T)**
cap (R) Mütze *(f)* **(B)**
car fare (A&G) Fahrgeld *(n)*, Fahrpreis *(m)* **(V)**
carafe (R) Karaffe *(f)* **(B)**
carbon paper (R); (F&B); (A&G) Kohlepapier *(n)* **(B); (F&B); (V)**
carbonated gas (F&B) Kohlensäure *(f)* **(F&B)**
cardboard box (F&B) Pappschachtel *(f)* **(F&B)**
carpet sweeper (R); (F&B) Teppichkehrmaschine *(f)* **(B); (F&B)**
carpet tack (POM) Teppichstift *(m)* **(T)**
carpets – repairs (POM) Teppiche *(pl. m)*, Läufer *(pl. m)* – Reparaturen *(pl. f)* **(T)**
carpets and rugs – cleaning (R) Teppiche *(pl. m)* und Bettvorleger *(pl. m)* – Reinigung *(f)* **(B)**
cash overage and shortage (A&G) Kassen-Überschuss *(m)* und -Fehlbetrag *(m)* **(V)**
cash register – repairs (POM) Registrierkasse *(f)* – Reparaturen *(pl. f)* **(T)**
cash register – supplies (R); (F&B) Registrierkasse *(f)* – Hilfs- und Betriebsstoffe *(pl. m)* **(B); (F&B)**

cashier forms (A&G) Formulare *(pl. n)* für den Kassierer *(m)* **(V)**
casserole (F&B) Kasserolle *(f)*, Auflaufform *(f)* **(F&B)**
caustic soda (R); (F&B) Ätznatron *(n)* **(B); (F&B)**
cellophane (F&B) Zellophan *(n)* **(F&B)**
cement (POM) Zement *(m)* **(T)**
chair rentals – banquets (F&B) Mietkosten *(pl.)* für Stühle *(pl. m)* -Bankette *(pl. n)* **(F&B)**
chalk (R); (F&B) Kreide *(f)* **(B); (F&B)**
chamois (R) Leder *(n)* **(B)**
charcoal (F&B) Holzkohle *(f)* **(F&B)**
charge voucher (R); (F&B) Lastschriftzettel *(m)* **(B); (F&B)**
checks – waiter (F&B) Gastrechnungen *(pl. f)* – Kellner *(m)* **(F&B)**
chemicals – fire extinguisher (A&G) Chemikalien *(pl. f)* für Feuerlöscher *(m)* **(V)**
chemicals (house laundry) Chemikalien *(pl. f)* **(Hotelwäscherei)**
china – F&B use (F&B) Porzellan *(n)* für Umsatzbereich *(m)* Speisen **(F&B)**
china – guestroom use (R) Porzellan *(n)* für Hotelzimmer *(n)* **(B)**
chintz (POM) Chintz *(m)*, Möbelkattun *(m)* **(T)**
chloride of lime (house laundry) Chlorcalcium *(n)* **(Hotelwäscherei)**
chlorine (POM) Chlor *(n)* **(T)**
christmas expenses (A&G) Kosten *(pl.)* für Weihnachtsfest *(n)* **(V)**
christmas gifts – employees (HR) Weihnachtsgeschenke *(pl. n)* – Angestellte *(pl.)* **(P)**
christmas tree and decorations (R); (F&B) Christbaum *(m)* und Christbaumschmuck *(m)* **(B); (F&B)**
circular (MKT) Rundschreiben *(n)* **(MKT)**
civic and community project (MKT) Bürger- und Gemeindeprojekt *(n)* **(MKT)**
cleaning – supplies (R); (F&B) Reinigung *(f)* – Hilfs- und Betriebsstoffe *(pl. m)* **(B); (F&B)**
cleaning compound (R); (F&B) Reinigungsmasse *(f)* **(B); (F&B)**
cleaning fluid (R); (F&B) Reinigungsflüssigkeit *(f)* **(B); (F&B)**
cleaning rags (R); (F&B) Reinigungslappen *(pl. m)* **(B); (F&B)**
clinic – employees (HR) Klinik *(f)* – Angestellte *(pl.)* (Arztkosten) **(P)**
clippings (MKT) Zeitungsausschnitte *(pl. m)* **(MKT)**
clock radio – repairs (POM) Radiowecker *(m)* – Reparaturen *(pl. f)* **(T)**
clothes hanger (guests) (R) Kleiderbügel *(m)* (Gäste) **(B)**
clothing repairs – outside establishments (R); (F&B) Kleiderreparaturen *(pl. f)* – Fremdbetriebe *(pl. m)* **(B); (F&B)**
coal – cooking (F&B) Kohle *(f)* für Küche *(f)* **(F&B)**
coal – heating (POM) Kohle *(f)* für Heizung *(f)* **(T)**
coal shovel (POM) Kohlenschaufel *(f)* **(T)**
coat hanger (guests) (R) Kleiderbügel *(m)* (Gäste) **(B)**
coat (uniforms) (R); (F&B) Jackett *(n)* für Uniformen *(pl. f)* **(B); (F&B)**
cocktail napkins – paper (F&B) Cocktail-Servietten *(pl. f)* – Papier *(n)* **(F&B)**
cocktail shaker (F&B) Cocktailshaker *(m)* **(F&B)**
coffee – free (R) Kaffee *(m)* – kostenlos **(R)**
coffee bag (F&B) Kaffeesack *(m)* **(F&B)**

coffee pots (F&B) Kaffeekannen *(pl. f)* **(F&B)**
coin bag (A&G) Behälter *(m)* für Münzgeld *(n)* **(V)**
colander (F&B) Sieb *(n)*, Seiher *(m)* **(F&B)**
collar (R) Kragen *(m)* **(B)**
collection fees (A&G) Inkasso-Einzugsspesen *(pl.)* **(V)**
color spreads (R) farbige Bettbezüge *(pl. m)* **(B)**
combs (guests) (R) Kämme *(pl. m)* (Gäste) **(B)**
commissions – beverage (F&B) Provisionen *(pl. f)* – Getränke *(pl. n)* **(F&B)**
commissions – credit card charge (A&G) Provisionen *(pl. f)* – Kreditkartenkosten *(pl.)* **(V)**
commissions – F&B employees (F&B) Provisionen *(pl. f)* für Angestellte *(pl.)* **(F&B)**
commissions – rental agents (R) Provisionen *(pl. f)* für Zimmervermittlung *(f)* **(B)**
commissions – tour agencies (R) Provisionen *(pl. f)* für Reiseagenturen *(pl. f)* **(B)**
complimentary beverage – musicians and entertainers (F&B) kostenlose Getränke *(pl. n)* – Musiker *(pl. m)* und Entertainer *(pl. m)* **(F&B)**
complimentary beverage (MKT) kostenlose Getränke *(pl. n)* **(MKT)**
complimentary food (MKT) kostenlose Verpflegung *(f)* **(MTK)**
complimentary parking (R) kostenloses Parken *(n)* **(B)**
complimentary rooms (MKT) kostenlose Übernachtung *(f)* **(MKT)**
compotes (F&B) Kompottschalen *(pl. f)* **(F&B)**
computer printer (RTI) Computerdrucker *(m)* **(MVV)**
consultant fees (A&G) Beratungskosten *(pl.)* **(V)**
containers – liquid, paper (F&B) Container *(pl. m)* – Flüssigkeit *(f)*, Papier *(n)* **(F&B)**
contract – disinfecting (R); (F&B) Fremdreinigung *(f)* – Desinfektion *(f)*, Entkeimen *(n)* **(B); (F&B)**
contract cleaning – dining room (F&B) Fremdreinigung *(f)* - Speisesaal *(m)* **(F&B)**
contract cleaning – lobbies (R) Fremdreinigung *(f)* - Empfangshalle *(f)* und Foyer *(n)* **(B)**
contract cleaning – windows (R); (F&B) Fremdreinigung *(f)* – Fenster *(pl. n)* **(B)**
contract entertainment (F&B) Vertragsfinnen *(pl. f)* - Unterhaltung *(f)* **(F&B)**
contract exterminating (R) Vertragsfirmen *(pl. f)* - Insektenvertilgung *(f)* **(B)**
contribution (A&G) Beitrag *(m)*, Spende *(f)* **(V)**
contributions – convention bureau (MKT) Beiträge *(pl. m)*, Zuwendungen *(pl. f)* – Kongressbüro *(n)* **(MKT)**
cooking utensils (in kitchenette apts.) (R) Küchengeräte *(pl. n)* (Kochnische in Appartements) **(B)**
cooler – fiber (F&B) Kühlvorrichtung *(f)* – Faser *(f)*, Fiber *(f)* **(F&B)**
copyright – license (A&G); (F&B) Copyright *(n)* – Lizenzen *(pl. f)* **(V); (F&B)**
cord (A&G); (F&B) Leine *(f)*, Schnur *(f)* **(V); (F&B)**
corking equipment (F&B) Flaschenverkorkgerät *(n)* **(F&B)**
corkscrews (F&B) Korkenzieher *(pl. m)* **(F&B)**
corkscrews (guests) (R) Korkenzieher *(pl. m)* (Gäste) **(B)**

corsage (guests) (R) Ansteckbukett *(n)* (Gäste) **(B)**
cosmetics (R) kosmetische Mittel *(pl. n)*, Schönheitsmittel *(pl. n)* **(B)**
court fees (A&G) Gerichtskosten *(pl.)* **(V)**
creamers (F&B) Rahmtopf *(m)* **(F&B)**
credit and collection expenses (A&G) Kreditkosten *(pl.)* und Inkassospesen *(pl.)* **(V)**
credit card commission (A&G) Kreditkarten-Provision *(f)* **(V)**
credit information books (A&G) Kreditinformationenbücher *(pl. n)* **(V)**
cruet (F&B) Essig-/Ölfläschchen *(n)* **(F&B)**
cups – paper (F&B) Papierbecher *(pl. m)* **(F&B)**
curtain cleaning (R) Vorhangreinigung *(f)* **(B)**
curtains – supplies (R) Vorhänge *(pl. m)* – Hilfs- und Betriebsstoffe *(pl. m)* **(B)**
custard cups (F&B) Puddingschalen *(pl. f)* **(F&B)**
cut flowers (R) Schnittblumen *(pl. f)* **(B)**

daily report (A&G) Tagesbericht *(m)* **(V)**
damaged articles – guests (A&G) beschädigte Gegenstände *(pl. m)* – Gäste **(V)**
dance license (F&B) Tanzerlaubnis *(f)* **(F&B)**
data processing – rentals (RTI) Datenverarbeitung *(f)* – Mietaufwendungen *(pl. f)* **(MVV)**
data processing – supplies (A&G) Datenverarbeitung *(f)* – Hilfs- und Betriebsstoffe *(pl. m)* **(V)**
decoration and painting (POM) Dekorations- und Malerarbeiten *(pl. f)* **(T)**
decorations (R); (F&B) Dekorationsarbeiten *(pl. f)* **(B); (F&B)**
deliver charges on food (F&B) Lieferkosten *(pl.)* für Lebensmittel *(pl. n)* **(F&B)**
delivery charges on beverages (F&B) Lieferkosten *(pl.)* für Getränke *(pl. n)* **(F&B)**
deodorants (R); (F&B) deodorierende Mittel *(pl. n)* **(B); (F&B)**
depreciation – buildings (D&A) Abschreibungen *(pl. f)* – Gebäude *(pl. n)* **(A)**
desk pads (employees) (R); (F&B) Notizblöcke *(pl. m)* (Angestellte) **(B); (F&B)**
desk pads (guests) (R); (F&B) Notizblöcke *(pl. m)* (Gäste) **(B); (F&B)**
detective service (A&G) Detektivleistungen *(pl. f)* **(V)**
detergents (R); (F&B) Reinigungsmittel *(pl. n)*, Waschmittel *(pl. n)* **(B); (F&B)**
dictograph – rentals (A&G) Abhörgerät *(n)* (beim Telefon) – Mietaufwendungen *(pl. f)* **(V)**
directional sign (inside bldg.) (MKT) Hinweisschild *(n)* (im Hotel) **(MKT)**
directory (R) Adressbuch *(n)*, Telefonbuch *(n)* **(B)**
dish-washer – repairs (POM) Geschirrspüler *(m)* – Reparaturen *(pl. f)* **(T)**
dishes (F&B) Geschirr *(n)* **(F&B)**
disinfectants (R); (F&B) Desinfektionsmittel *(pl. n)* **(F&B)**
doilies – linen (R); (F&B) kleine Servietten *(pl. f)*, Zierdeckchen *(pl. n)* – Leinen *(n)* **(B); (F&B)**
donations (A&G) Geschenke *(pl. n)* **(V)**
door hangings (POM) Türvorhänge *(pl. m)* **(T)**

drapery – cleaning (R); (F&B) Draperie *(f)* – Reinigung *(f)* **(B); (F&B)**
drapery – repairs (POM) Draperie *(f)* – Reparaturen *(pl. f)* **(T)**
dresses (uniforms) (R); (F&B); (house laundry) Kleidung *(f)* (Uniformen) **(B); (F&B); (Hotelwäscherei)**
drinking glasses (R) Trinkgläser *(pl. n)* **(B)**
drugs and other medical supplies – employees (HR) Arzneimittel *(pl. n)*, Drogeriewaren *(pl. f)* und sonstige pharmazeutische Präparate (pl. n) – Angestellte (P)
drugs and other medical supplies – guests (R) Arzneimittel *(pl. n)*, Drogeriewaren *(pl. f)* und sonstige pharmazeutische Präparate (pl. n) – Gäste (B)
dry cleaning (R); (F&B) chemische Reinigung *(f)* **(F&B)**
dry ice (F&B) Trockeneis *(n)* **(F&B)**
dues – hotel association (A&G) Beiträge *(pl. m)* – Hotel- und Gaststättenverband *(m)* **(V)**
duplicating and copying services (A&G) Vervielfältigungs- und Kopierarbeiten *(pl. f)* **(V)**
dust brush (R); (F&B) Staubmop *(m)* **(B); (F&B)**
dust cloth (R); (F&B) Staubtuch *(n)*, Staublappen *(m)* **(B); (F&B)**
dust pan (R); (F&B) Kehrichtschaufel *(f)* **(B); (F&B)**
duster (R); (F&B) Staubwedel *(m)*, Staubbesen *(m)* **(B); (F&B)**
dye for carpets and rugs (POM) Färbeflüssigkeit *(f)* für Teppiche *(pl. m)* und Brücken *(pl. f)* **(T)**
dynamo – repairs (POM) Dynamo *(m)* (Maschine) – Reparaturen *(pl. f)* **(T)**
ecru (house laundry) Ekrüstoff *(m)*, Ekrü *(n)* **(Hotelwäscherei)**
educational activities for employees (A&G) Weiter-, Fortbildung *(f)* von Angestellten *(pl.)* **(V)**
eggbeaters (F&B) Schneebesen *(pl. m)* **(F&B)**
electric bulbs (POM) Glühbirnen *(pl. f)* **(T)**
electric current (EC) elektrischer Strom *(m)* **(E)**
electric fan – repairs (POM) elektrischer Ventilator *(m)* – Reparaturen *(pl. f)* **(T)**
electricity – cooking (F&B) Elektrizität *(f)* – Küche *(f)* **(F&B)**
electricity for refrigerators (in kitchenette apts.) (R) Strom *(m)* für Kühlung *(f)*, Kälteerzeugung *(f)* (Kochnischen in Apts.) **(B)**
elevator cable (POM) Aufzugkabel *(n)* **(T)**
elevator inspection service (POM) Aufzüge *(pl. m)* – Kontrolldienst *(m)* **(T)**
elevator liability insurance (A&G) Haftpflichtversicherung *(f)* für Aufzüge *(pl. m)* **(V)**
employee benefits (PTEB) gesetzliche Sozialabgaben *(pl. f)* (Arbeitgeberanteil) **(zusätzliche, lohnabhängige (Personal-)Kosten)**
employee bonuses (R); (F&B) Angestellte *(pl.)* – Tantiemen *(pl. f)*, Gehaltsprämien *(pl. f)* **(B); (F&B)**
employee lodging (A&G); (HR) Personalbeherbergung *(f)* **(V); (P)**
employee meals (R); (F&B) Personalverpflegung *(f)* **(B); (F&B)**
employee transportation (HR) Beförderungskosten *(pl.)* – Angestellte *(pl.)* **(P)**
employment agency fees (HR) Stellenvermittlungsbüro *(n)* – Gebühren *(pl. f)* **(P)**
enamel (POM) Email- oder Glasurmasse *(f)* **(T)**

engineering – supplies (POM) technische Abteilung *(f)* – Hilfs- und Betriebsstoffe *(pl. m)* **(T)**
entertainment and music (F&B) Unterhaltung *(f)* und Musik *(f)* **(F&B)**
envelopes – telephone messages (R) Briefumschläge *(pl. m)* – telefonische Nachrichten *(pl. f)* **(B)**
envelopes (R); (A&G) Briefumschläge *(pl. m)* **(B); (V)**
erasers (R); (F&B); (A&G) Radiergummis *(pl. m)* **(B); (F&B); (V)**
exposition – local (MKT) Ausstellung *(f)* im Hotel *(n)* **(MKT)**

face cloth (R) Waschlappen *(m)* **(B)**
fair – local (MKT) Messe *(f)* – am Ort *(m)* **(MKT)**
fan (guests) (R); (F&B) Fächer *(m)* (Gäste) **(B); (F&B)**
favors (F&B) Geschenke *(pl. n)* **(F&B)**
federal income tax (income tax) Einkommen- und Ertragssteuer *(f)* des Bundes *(m)* **(Steuern auf Einkommen und Ertrag)**
federal retirement taxes (PTEB) Arbeitgeberanteile *(pl. m)* zur gesetzlichen Sozialversicherung *(f)* des Bundes *(m)* **(zusätzliche lohnabhängige (Personal-) Kosten)**
federal unemployment taxes (PTEB) Arbeitslosenversicherung *(f)* (Arbeitgeberanteile) **(zusätzliche, lohnabhängige (Personal-)Kosten)**
fees – management (management fees) Gebühren *(pl. f)* – Management *(n)* **(Management-Gebühren)**
fees – physician (employees) (A&G) Arztkosten *(pl.)* (Angestellte) **(V)**
felt (POM) Filz *(m)* **(T)**
fern (R); (F&B) Farnkraut f n), Farn *(n)* **(B); (F&B)**
fertilizer (POM) Kunstdünger *(m)*, Düngemittel *(n)* **(T)**
film (F&B) Film *(m)* **(F&B)**
filter paper (F&B) Filterpapiere (n) **(F&B)**
fine (A&G) Geldstrafe *(f)*, Geldbuße *(f)* **(V)**
fire escape – repairs (POM) Feuerleiter *(f)* – Reparaturen *(pl. f)* **(T)**
fire extinguisher (A&G) Feuerlöscher *(m)* **(V)**
fire hose (POM) Feuerwehrschlauch *(m)* **(T)**
fire wood – rooms and lobby (R) Brennholz (n) – Zimmer (pl. n) und Hotelhalle *(f)* **(B)**
first aid supplies (A&G) Erste-Hilfe-Material *(n)* **(V)**
flashlights and batteries (POM) Taschenlampen *(pl. f)* und Batterien *(pl. f)* **(T)**
flatware (F&B) Essbesteck *(n)* **(F&B)**
floor plan (R) Grundriss *(m)*; Raumverteilungsplan *(m)* **(B)**
floor polish (R); (F&B) Fußbodenpolitur *(f)* **(B); (F&B)**
floor wax (R); (F&B) Fußbodenwachs *(n)* **(B); (F&B)**
floppy disks (A&G) Disketten *(pl. f)* **(V)**
flower pots (R); (F&B) Blumentöpfe *(pl. m)* **(B); (F&B)**
fly swatter (R); (F&B) Fliegenklatsche *(f)* **(B); (F&B)**
forks (F&B) Gabeln *(pl. f)* **(F&B)**
forms (R); (F&B); (A&G) Formulare *(pl. n)* **(B); (F&B); (V)**
fountain pens (R); (F&B); (A&G) Füllfederhalter *(pl. m)* **(B); (F&B); (V)**

frames (picture) (POM) Rahmen *(pl. m)* (Bild) **(T)**
franchise fees (MKT) Franchisegebühren *(pl. f)* **(MKT)**
freight charges (A&G) Frachtkosten *(pl.)* – Gebühren *(pl. f)* **(V)**
fruit (guests) (R) Obst *(n)* (Gäste) **(B)**
fuel (POM) Brennstoff *(m)* **(T)**
fumigator (R); (F&B) Räucherapparat *(m)* **(B); (F&B)**
furniture for public rooms (banquets) – rentals (F&B) Mobiliar *(n)* für Veranstaltungsräume *(pl. m)* (Bankette) – Mietaufwendungen *(pl. f)* **(F&B)**
furniture polish (R); (F&B) Möbelpflegemittel *(n)*, Möbelpolitur *(f)* **(B); (F&B)**
fuses (POM) Sicherungen *(pl. f)* **(T)**

gain on sale of property (gain or loss on sale of property) Veräußerungsgewinne *(pl. m)* aus dem Verkauf *(m)* von Anlagevermögen *(n)* **(Gewinne oder Verluste aus Anlageverkäufen)**
garage (R); (F&B) Garage *(f)* **(B); (F&B)**
garbage cans (F&B) Abfalltonnen *(pl. f)* **(F&B)**
garbage removal (F&B) Müllabfuhr *(f)* **(F&B)**
garment bags (guests) (R) Kleidersäcke *(pl. m)* (Gäste) **(B)**
garment hangers (guests) (R) Kleiderbügel *(pl. m)* (Gäste) **(B)**
gas range – rentals (F&B) Gasofen (m) – Mietaufwendungen *(pl. f)* **(F&B)**
gasoline – motor vehicles (R); (A&G) Benzin *(n)* – Fahrzeuge *(pl. n)* **(B); (V)**
generator – repairs (POM) Generator *(m)*, Dynamo *(m)*, Lichtmaschine *(f)* – Reparaturen *(pl. f)* **(T)**
gifts (guests) (R); (F&B) Geschenke *(pl. n)* (Gäste) **(B); (F&B)**
glass bowls (P&B) Glasschüsseln *(pl. f)* **(F&B)**
glass dishes (F&B) Glasgeschirr *(n)* **(F&B)**
glass pitcher (R); (F&B) Glaskanne *(f)* **(B); (F&B)**
glass tray (R); (F&B) Glastablett *(n)* **(B); (F&B)**
glassware (R); (F&B) Glas *(n)*, Glasgeschirr *(n)* **(B); (F&B)**
glazing (replacing window glass) (POM) Glaserarbeiten *(pl. f)* (Ersatz von Fensterglas) **(T)**
gloves (R); (F&B) Handschuhe *(pl. m)* **(B); (F&B)**
goblet (F&B) Kelch *(m)*, Becher *(m)*, Pokal *(m)* **(F&B)**
gratuities and christmas presents (A&G) Trinkgelder *(pl. n)* und Weihnachtsgeschenke *(pl. n)* **(V)**
grease (POM) Schmiermittel *(n)*, Schmierfett *(n)* **(T)**
greatcoat – door attendants (R) dekorativer Mantel *(m)* – Türsteher *(pl. m)* **(B)**
greeting cards (MKT) Glückwunschkarten *(pl. f)* **(MKT)**
ground rent (RTI) Grundpacht *(f)* **(MVV)**
guest history (MKT) Guest History *(f)* **(MKT)**
guest ledgers (A&G) Gästebuchhaltung *(f)* **(V)**
guest soap (R) Gästeseife *(f)* **(B)**
guides (guest use) (R) Berg-, Reise-, Fremdenführer *(pl. m)* (Gäste) **(B)**

hair nets (employees) (R); (F&B) Haarnetze *(pl. n)* (Angestellte) **(B); (F&B)**

hairpins (guests) (R) Haarnadeln *(pl. f)* (Gäste) **(B)**
hangers (guests) (R) Kleiderbügel *(pl. m)* (Gäste) **(B)**
hanging – repairs (POM) Wandbehang *(m)*, Wandbekleidung *(f)*, Tapete *(f)*, Vorhang *(m)* – Reparaturen *(pl. f)* **(T)**
heating plant – repairs (POM) Heizungsanlage *(f)* – Reparaturen *(pl. f)* **(T)**
help wanted – ad (HR) Annonce *(f)*, Inserat *(n)* – Aushilfskräfte **(P)**
holder (F&B) Behälter *(m)* **(F&B)**
hooks (POM) Haken *(m)*, Türangel *(f)* **(T)**
house publications (for employees) (HR) hauseigene Zeitungen *(pl. f)* und Zeitschriften *(pl. f)* (für Angestellte) **(P)**
housekeeper – reports (R) Hausdamenabteilung *(f)* – Berichte *(pl. m)* **(B)**
housing (employees) (HR) Personalbeherbergung *(f)* **(P)**

ice pick (F&B) Eispfriem *(m)* zum Zerkleinern *(n)* von Eis *(n)* **(F&B)**
ice tong (F&B) Eiszange *(f)* **(F&B)**
ice (F&B) Eis *(n)* **(F&B)**
icing sugar decoration (F&B) Puder-, Staubzuckerverzierung *(f)* **(F&B)**
incinerator – repairs (POM) Verbrennungsofen *(m)* - Reparaturen *(pl. f)* **(T)**
income tax – federal (income tax) Einkommen- und Ertragssteuer *(f)* **(Steuern auf Einkommen und Ertrag)**
index (R); (F&B); (A&G) Inhaltsverzeichnis *(n)*, Tabelle *(f)*, Register *(n)*, Index *(m)* **(B); (F&B); (V)**
index cards (R); (F&B); (A&G) Karteikarten *(pl. f)* **(B); (F&B); (V)**
insecticide (R); (F&B) Insektenvertilgungsmittel *(n)* **(B); (F&B)**
insurance – accident (PTEB) Unfallversicherung *(f)* **(zusätzliche, lohnabhängige (Personal-)Kosten)**
insurance – burglary (A&G) Einbruchsversicherung *(f)* **(V)**
insurance – group (non union) (PTEB) Gemeinschaftsversicherung *(f)* (nicht gewerkschaftlich organisierte Arbeitnehmer) **(zusätzliche, lohnabhängige (Personal-)Kosten)**
insurance – group (union) (PTEB) Gemeinschaftsversicherung *(f)* (gewerkschaftlich organisierte Arbeitnehmer) **(zusätzliche, lohnabhängige (Personal-)Kosten)**
insurance – hospitalization (non union employees) (PTEB) Krankenhausversicherung *(f)* (nicht gewerkschaftlich organisierte Arbeitnehmer) **(zusätzliche, lohnabhängige (Personal-Kosten)**
insurance – life (union employees) (PTEB) Lebensversicherung *(f)* (gewerkschaftlich organisierte Arbeitnehmer) **(zusätzliche lohnabhängige (Personal-)Kosten)**
insurance – occupational disease (PTEB) Versicherung *(f)* - Berufskrankheiten *(pl. f)* **(zusätzliche, lohnabhängige (Personal-)Kosten)**
insurance – parcel post (A&G) Paketpostversicherung *(f)* **(V)**
insurance – plate glass (RTI) Spiegel-, Fensterglasversicherung *(f)* **(MVV)**

insurance – robbery (A&G) Versicherung *(f)* – Kassenraub *(m)* **(V)**
insurance – theft (A&G) Versicherung *(f)* – Diebstahl *(m)* **(V)**
insurance – use and occupancy (A&G) Versicherung *(f)* - Betriebsunterbrechung *(f)* **(V)**
insurance – weather (RTI) Versicherung *(f)* – Wetter *(n)* **(MVV)**
insurance – workers' compensation (PTEB) Versicherung *(f)* – Berufshaftpflicht *(f)* **(zusätzliche, lohnabhängige (Personal-)Kosten)**
interest (Int. Exp.) Zinsaufwendungen *(pl. f)* **(Zinsaufw.)**
interest on bonds (Int. Exp.) Obligationenzinsen *(pl. m)* **(Zinsaufw.)**
interest on first mortgage (Int. Exp.) Hypothekenzinsen *(pl. m)* auf die 1. Hypothek *(f)* **(Zinsaufw.)**
interest on notes (Int. Exp.) Zinsen *(pl. m)* auf Schuldwechsel *(pl. m)* **(Zinsaufw.)**
interest on taxes in arrears (Int. Exp.) Zinsaufwendungen *(pl. f)* für rückständige Steuern *(pl. f)* **(Zinsaufw.)**
internal audit fees (chain properties) (A&G) interne Prüfungsgebühren *(pl. f)* (Kettenhotels) **(V)**
interview expenses (HR) Interviewkosten *(pl.)* **(P)**
ironing board (R) Bügelbrett *(n)* **(B)**

kettel (F&B) Kessel *(m)* (aus Metall) **(F&B)**
key – repairs (POM) Schlüssel *(m)* – Reparaturen *(pl. f)* **(T)**
key for safe deposit box (R) Schlüssel *(m)* für Tresorfach *(n)*, Stahlfach *(n)*, Geldschrank *(m)* **(B)**
kitchen equipment – repairs (POM) Küchenausstattung *(f)* - Reparaturen *(pl. f)* **(T)**
kitchen utensils (including knives, forks, ladles, and spoons) (F&B) Küchengeräte *(pl. n)* (einschließlich Messer, Gabeln, Schöpflöffel und Löffel) **(F&B)**
kitchenette expenses (R) Kochnische *(f)* – Aufwendungen *(pl. f)* **(B)**
knife sharpening (F&B) Wetzstein *(m)*, Gerät *(n)* zum Messerschärfen *(n)* **(F&B)**
knives – silver (F&B) Messer *(pl. n)* – Silber *(n)* **(F&B)**

laboratory costs (POM) Laborkosten *(pl.)* **(T)**
lace curtains (POM) Spitzenvorhänge *(pl. m)* **(T)**
lacquer (POM) Lackfarbe *(f)* **(T)**
ladder (POM) Leiter *(f)* **(T)**
ladles (F&B) Schöpflöffel *(pl. m)* **(F&B)**
lamp shades – cleaning (R); (F&B) Lampenschirme *(pl. m)* – Reinigung *(f)* **(B); (F&B)**
landscaping (POM) Landschaftsgestaltung *(f)* **(T)**
laundry bags (house laundry) Wäschesäcke *(pl. m)* **(Hotelwäscherei)**
laundry (R); (F&B) Wäsche *(f)* **(B); (F&B)**
leasehold improvements – amortization (D&A) Ein- und Ausbauten *(pl. m)* in gemieteten Räumen *(pl. m)* – Abschreibung *(f)* **(A)**
legal expenses (A&G) Rechtsberatungskosten *(pl.)* **(V)**

lemon oil (R); (F&B) Zitronenöl *(n)* **(B); (F&B)**
lemon squeezer – bar (F&B) Zitronenpresse *(f)* – Bar *(f)* **(F&B)**
licenses – lock smith (POM) Lizenzen *(pl. f)* – Schlosser *(m)* **(T)**
limousine (R) Limousine *(f)* **(B)**
liquid container (F&B) Flüssigkeitsbehälter *(m)* **(F&B)**
literature (promotional) (MKT) Werbematerial *(n)* (Verkaufsförderung) **(MKT)**
lobby cleaning (R) Hotelhallenreinigung *(f)* **(B)**
lock repairs (POM) Türschloss *(n)* – Reparaturen *(pl. f)* **(T)**
lodging of employees (HR) Personalbeherbergung *(f)* **(P)**
log book (R) Logbuch *(n)*, Reisetagebuch *(n)* **(B)**
loss on sale of property (gain or loss on sale of property) Veräußerungsverluste *(pl. m)* aus dem Verkauf (in) von Anlagevermögen *(n)* **(Gewinne oder Verluste aus Anlageverkäufen)**
lost & found – reports (A&G) Fundbüro *(n)* – Berichte *(pl. m)* **(V)**
lubricating oil and greases (garage and parking) Schmieröl *(n)* und Schmierfett *(n)* **(Garage und Parkplatz)**
lumber (POM) Bauholz *(n)* **(T)**
lye(R); (F&B) Lauge *(f)* **(B); (F&B)**

machine oil (POM) Maschinenöl *(n)* **(T)**
magazine advertising (MKT) Zeitschriftenwerbung *(f)* **(MKT)**
mail bag (A&G) Postbeutel *(m)* **(V)**
mailing list (MKT) Adressenkartei *(f)* **(MKT)**
maintenance contract (POM) Wartungsvertrag *(m)* **(T)**
manual – service (instructional materials) (R); (F&B); (A&G) Handbuch *(n)*, Leitfaden *(m)* – Servicepersonal *(n)* (Weiterbildungsmaterial) **(B); (F&B); (V)**
map (MKT) Landkarte *(f)* **(MKT)**
marketing service fees (MKT) Marketing-Gebühren *(pl. f)* **(MKT)**
marking ink (house laundry) (unauslöschliche) Zeichentinte *(f)*, Wäschetinte *(f)* **(Hotelwäscherei)**
marquee licence (A&G) Markise *(f)* (über einem Hoteleingang) - Lizenzgebühr *(f)* **(V)**
masonry – repairs (POM) Mauerwerk *(n)* – Reparaturen *(pl. f)* **(T)**
mat – bath (R) Matte *(f)*, Vorleger *(m)*, Abtreter *(m)* – Bad *(n)* **(B)**
mat – floor (POM) Matte *(f)* – Fußboden *(m)* **(T)**
matches (guests) (R); (F&B) Streichhölzer *(pl. n)* **(B); (F&B)**
mattress (R) Matratze *(f)* **(B)**
meals – employees (R); (F&B) Personalverpflegung *(f)* **(B); (F&B)**, etc.
medical fees (service to employees) (A&G) Arzthonorare *(pl. n)* (Leistungen für Angestellte) **(V)**
medical supplies (for employees) (A&G) medizinische Hilfsmittel *(pl. n)* (für Angestellte) **(V)**
membership dues – associations (A&G) Mitgliedsbeiträge *(pl. m)* -Vereinigungen *(pl. f)* **(V)**
menu (F&B) Speise *(n)* karte *(f)* **(F&B)**
mercantile agency – subscription (A&G) Handels-Kreditauskunftei *(f)*- Beiträge *(pl. m)* **(V)**
message envelopes (telephone) Briefumschläge *(pl. m)* - Mitteilungen *(pl. f)* (Telefonzentrale)

meter – rentals (POM) Messinstrument *(n)*, Messwerkzeug *(n)* – Mietaufwendungen *(pl. f)* **(T)**
mixer – repairs (POM) Mixer *(m)* – Reparaturen *(pl. f)* **(T)**
mold (F&B) Form *(f)* (für Speisen) **(F&B)**
mop (R); (F&B) Mopp *(m)*, Staubbesen *(m)* **(B); (F&B)**
mortgage interest on first mortgage (Int. Exp.) Hypothekenzinsen *(pl. m)* auf die 1. Hypothek *(f)* **(Zinsaufw.)**
mouse trap (R) Mausefalle *(f)* **(B)**
mucilage (R); (F&B); (A&G) Leim *(m)*, Klebstoff *(m)*, Gummilösung *(f)* **(B); (F&B); (A&G)**
muddler (F&B) (Um-)Rührlöffel, (Um-) Rührstab **(F&B)**
music-sheet (F&B) Notenblatt *(n)* **(F&B)**
musician (F&B) Musiker *(m)* **(F&B)**

napkins – paper (F&B) Servietten *(pl. f)* – Papier *(n)* **(F&B)**
needles and thread (guests) (R) Nadeln *(pl. f)* und Faden *(m)* (Gäste) **(B)**
needles and thread (POM) Nadeln *(pl. f)* und Faden *(m)* **(T)**
newspaper advertising (MKT) Werbung *(f)* in Tageszeitungen *(pl. f)* **(MKT)**
newspaper for clippings (MKT) Zeitung *(f)* für (Zeitungs-) Ausschnitte *(pl. m)* **(MKT)**
newspapers (for resale) (rentals and other income – cost of sales) Zeitungen *(pl. f)* (zum Weiterverkauf) **(Miet- und sonstige Erträge – Warenkosten)**
night apparel (R) Nachtkleidung *(f)* **(B)**
night auditors' report (A&G) Rechenschaftsbericht *(m)* des Nachtbuchhalters *(m)* **(V)**
notary fees (A&G) Notariatsgebühren *(pl. f)* **(V)**
novelties (advertising) (MKT) Werbegeschenkartikel *(pl. m)* **(MKT)**

office equipment – repairs (POM) Büroausstattung *(f)* – Reparaturen *(pl. f)* **(T)**
office supplies (R); (F&B); (A&G) Bürobedarf *(m)* **(B); (F&B); (V)**
oil (resale) (garage and parking – cost of sales) Öl *(n)* (zum Weiterverkauf) **(Garage und Parkplatz – Warenkosten)**
organization expenses (D&A) Gründungsaufwand *(m)* **(A)**
overages and shortages – cash (A&G) Kassen-Überschüsse *(pl. m)* und -Fehlbeträge *(pl. m)* **(V)**
overall (R) Overall *(m)* **(B)**
oxalic acid (house laundry) Oxal-Kleesäure *(f)* **(Hotelwäscherei)**
oyster knives (F&B) Austernmesser *(pl. n)* **(F&B)**

packing – supplies (gift shop) Verpackung *(f)* – Hilfs- und Betriebsstoffe *(pl. m)* **(Geschenkladen)**
packing (POM) Verpackung *(f)* **(T)**
pails – painting and decorating (POM) Eimer *(pl. m)* – Malerarbeiten *(pl. f)* und Dekoration *(f)* **(T)**
pails (R) Eimer *(pl. m)*, Kübel *(pl. m)* **(B)**
paint brush (POM) Malerpinsel *(m)* **(T)**

painting and decorating (POM) Malerarbeiten *(pl. f)* und Dekoration *(f)* **(T)**
pajama (guests) (R) Pyjama *(m)*, Schlafanzug *(m)* (Gäste) **(B)**
pamphlet (MKT) Broschüre *(f)*, Heft *(n)*, Flugschrift *(f)* **(MKT)**
pans (F&B) Pfannen *(pl. f)*, Tiegel *(pl. m)* **(F&B)**
pants (R) Hose *(f)* **(B)**
paper – cooking (F&B) Papier *(n)* – Küche *(f)* **(F&B)**
paper bags (F&B) Papierbeutel *(pl. m)* **(F&B)**
paper clips (R); (F&B); (A&G) Büroklammem *(pl. f)*, Aktenklammern *(pl. f)* **(B); (F&B); (V)**
paper cups (F&B); (gift shop) Papierbecher *(pl. m)* **(F&B); (Geschenkladen)**
paper towels (employees) (R); (F&B); (A&G) Papierhandtücher *(pl. n)* (Angestellte) **(B); (F&B); (V)**
paper towels (guests) (R); (F&B) Papierhandtücher *(pl. n)* (Gäste) **(B); (F&B)**
parchment (F&B) Pergament *(n)* **(F&B)**
paste (R); (F&B); (A&G) Paste *(f)*, Brei *(m)* **(B); (F&B); (V)**
pastry bags (paper) (F&B) Tüten *(pl. f)* für Back- und Konditoreiwaren *(pl. f)* (Papier) **(F&B)**
pastry boxes (F&B) Kuchenschachteln *(pl. f)* **(F&B)**
pencil sharpeners (R); (F&B); (A&G) Bleistiftspitzer *(pl. m)* **(B); (F&B); (V)**
pencils (R); (F&B); (A&G) Bleistifte *(pl. m)* **(B); (F&B); (V)**
pens (employees) (R); (F&B); (A&G) Kugelschreiber *(pl. m)* (Angestellte) **(B); (F&B); (V)**
pensions (PTEB) Pensionen *(pl. f)* **(zusätzliche, lohnabhängige (Personal-)Kosten)**
periodicals – for sale (rentals and other income – cost of sales) Fachzeitschriften *(pl. f)*, Magazine *(pl. n)* – zum Verkauf **(Miet- und sonstige Erträge – Warenkosten)**
permit (R); (F&B) Erlaubnis *(f)* **(B); (F&B)**
personal property tax (RTI) Vermögenssteuer *(f)* **(MVV)**
photo – engraving (MKT) (fotografische) Klischeeherstellung *(f)* **(MKT)**
photographs (MKT) Bilder *(pl. n)*, Fotografien *(pl. f)* **(MKT)**
physician – fees (employees) (HR); (A&G) Arzthonorare *(pl. n)* (Angestellte) **(P); (V)**
piano rentals – banquets (F&B) Klavier-Mietkosten *(pl.)* – Bankette *(pl. n)* **(T&B)**
piano tuning – apartment (R) Klavierstimmen *(n)* – Appartement *(n)* **(B)**
piano tuning – banquets (F&B) Klavierstimmen *(n)* – Bankette *(pl. n)* **(F&B)**
picture frame (POM) Bilderrahmen *(m)* **(T)**
pillow cases (R) Kopfkissen *(pl. n)* **(B)**
pins (employees) (F&B); (R); (A&G) Anstecknadeln *(pl. f)* (Angestellte) **(F&B); (B); (V)**
pipe – repairs (POM) Rohrleitungen *(pl. f)* – Reparaturen *(pl. f)* **(T)**
pitcher (R); (F&B) Krug *(m)* **(B); (F&B)**
pizza box (F&B) Pizzaschachtel *(f)* **(F&B)**
placard (MKT) Plakat *(n)*, (Anschlag-) Zettel *(m)* **(MKT)**
place card (R) Platzkarte *(f)* **(B)**
plant (R); (F&B) Pflanze *(f)* **(B); (F&B)**
planting (POM) (An-) Pflanzung *(f)* **(T)**

plaster (POM) Gips *(m)* **(T)**
plates (F&B) Teller *(pl. m)* **(F&B)**
platters (F&B) Servierplatten *(pl. f)* **(F&B)**
playground – maintenance (POM) Spielplatz *(m)* – Instandhaltung *(f)* **(T)**
playing cards (R); (F&B) Spielkarten *(pl. f)* **(B); (F&B)**
plumbing – repairs (POM) Klempner *(m)* – Installateurarbeiten *(pl. f)* **(T)**
pneumatic tube – repairs (POM) pneumatische Röhre *(f)* (Rohrpost) – Reparaturen *(pl. f)* **(T)**
poles – curtains (POM) Stangen *(pl. f)* – Vorhänge *(pl. m)* **(T)**
polish – floor (R); (F&B) Politur *(f)* – Fußboden *(m)* **(B); (F&B)**
pool – accessories (POM) Swimmingpool *(m)* – Zubehör *(n)* **(T)**
pool – chemicals (POM) Swimmingpool *(m)* – Chemikalien *(pl. f)*, chemische Präparate *(pl. n)* **(T)**
portiere (POM) Portiere *(f)*, Türvorhang *(m)* **(T)**
post office box (P. O. B.) – rentals (A&G) Postfach *(n)* – Mietaufwendungen *(pl. f)* **(V)**
postage (A&G) Porto *(n)*, Postgebühr *(f)*, Postspesen *(pl.)* **(V)**
postcards – for resale (rentals and other income – cost of sales) Postkarten *(pl. f)* – zum Weiterverkauf *(m)* **(Miet- und sonstige Erträge – Warenkosten)**
postcards (guests) (R) Postkarten *(pl. f)* (Gäste) **(B)**
poster – safety (A&G) Plakat (n) – Sicherheitshinweise *(pl. m)* **(V)**
pots (F&B) Kochtöpfe *(pl. m)* **(F&B)**
pouches – key (R); (F&B) Beutel *(pl. m)*, Taschen *(pl. f)* – Schlüssel *(pl. m)* **(B); (F&B)**
power, cost of (POM) Energiekosten *(pl.)* **(T)**
preopening expenses (D&A) Voreröffnungskosten *(pl.)* **(A)**
pressing machine – cover (R) Bügelmaschine *(f)* – Abdeckung *(f)* **(B)**
printed forms (R); (F&B); (A&G) vorgedruckte Formulare *(pl. n)* **(B); (F&B); (V)**
printed matter (R); (F&B); (A&G) Drucksachen *(pl. f)* **(B); (F&B); (V)**
printing and stationery (R); (F&B); (A&G) Drucksachen *(pl. f)* und Schreibbedarf *(m)* **(B); (F&B); (V)**
prizes (employees) (HR) Preise *(pl. m)*, Gewinne *(pl. m)* (Angestellte) **(P)**
program – entertainment (F&B) Unterhaltungsprogramm *(n)* **(F&B)**
protectors – mattresses (R) Schonbezüge *(pl. m)* – Matratzen *(pl. f)* **(B)**
provision for doubtful accounts (A&G) Abschreibungen *(pl. f)* auf zweifelhafte Forderungen *(pl. f)* **(V)**
public address system – repairs (POM) Lautsprecheranlage *(f)* (zur Übertragung von Ansagen etc. für eine große Zuhörerschaft) -Reparaturen (pl. f) (T)
public liability insurance (A&G) Haftpflichtversicherung *(f)* **(V)**
public rooms cleaning (on contract) – banquets (F&B) Veranstaltungsräume *(pl. m)* - Reinigung *(f)* (Vertragsfirmen) - Bankette *(pl. n)* **(F&B)**
pump repairs (POM) Pumpenreparaturen *(pl. f)* **(T)**
purifier and softener for water (POM) Reinigungsapparat *(m)* und Wasserenthärter *(m)* **(T)**

rack card (R) Karte *(f)* zur Verwendung *(f)* im Zimmerbelegungsplan *(m)* **(B)**
radio broadcasting (MKT) Rundfunkübertragung *(f)* **(MKT)**
radiogram (A&G) Funkmeldung *(f)*, Funktelegramm *(m)* **(V)**
rags – cleaning (R); (F&B) Lappen *(pl. m)* – Reinigung *(f)* **(B); (F&B)**
railroad train advertising (MKT) Eisenbahnreklame *(f)* **(MKT)**
raincoat (R) Regenmantel *(m)* **(B)**
ramekins (F&B) Rahmequin *(n)*, Käseauflauf *(m)* (Geschirr) **(F&B)**
range repairs (POM) Gas- oder Elektroherd *(m)* – Reparaturen *(pl. f)* **(T)**
razor blades (guests) (R) Rasierklingen *(pl. f)* (Gäste) **(B)**
real estate rent (land and buildings) Grundbesitz *(m)*, Immobilien *(pl. f)* **(Grund und Boden – Mietaufwendungen)**
real estate tax (RTI) Grundstückssteuer *(f)* **(MVV)**
record (F&B) Schallplatte *(f)* **(F&B)**
record books (R); (F&B); (A&G) Aufzeichnungen *(pl. f)*, Unterlagen *(pl. f)*, Geschäftsbücher *(pl. n)* **(B); (F&B); (V)**
refrigerant (POM) Kühlmittel *(n)* **(T)**
refrigeration – electricity (kitchenette apts) (R) Kälteerzeugung *(f)* – Elektrizität *(f)* (Kochnische in Apts.) **(B)**
refuse removal (POM) Müllbeseitigung *(f)* **(T)**
registered cable address (A&G) eingetragene Telegrammadresse *(f)* **(V)**
registration cards – guests (R) Anmeldeformulare *(pl. n)* – Gäste *(pl. m)* **(B)**
removal of ashes, garbage, and waste matter (POM) Beseitigung *(f)* von Asche *(f)*, Küchenabfall *(m)* und Müll *(m)* **(T)**
rentals – spotlights (F&B) Mietaufwendungen *(pl. f)* – Scheinwerfer *(pl. m)* **(F&B)**
rentals – teletype (A&G) Mietaufwendungen *(pl. f)* – Fernschreiber *(pl. m)* **(V)**
replacement of window glass (POM) Ersatz *(m)* von Fensterscheiben *(pl. f)* **(T)**
report (A&G) Bericht *(m)*, Protokoll *(n)* **(V)**
reservation expenses (R) Reservierungskosten *(pl.)* **(B)**
reservation forms (R) Reservierungsformulare *(pl. n)* **(B)**
restaurant checks (F&B) Gästerechnungen *(pl. f)* **(F&B)**
restaurant sign (F&B) Restauranthinweisschild *(n)* **(F&B)**
ribbon (gift shop) Band *(n)*, Borte *(f)* (Geschenkladen)
road sign (MKT) Straßenhinweisschild *(n)* **(MKT)**
roof repairs (POM) Dachreparaturen *(pl. f)* **(T)**
room clerk – reports (R) Empfangsdame *(f)* – Berichte *(pl. m)* **(B)**
room service – order blanks (F&B) Room Service *(m)* – Bestellformulare *(pl. n)* **(F&B)**
rope (POM) Seil *(n)*, Strick *(m)* **(T)**
royalties (F&B) Tantiemen *(pl. f)*, Ertragsgewinnanteil *(m)* **(F&B)**
rubber boots (R); (F&B) Gummistiefel *(pl. m)* **(B); (F&B)**
rubber gloves (R); (F&B) Gummihandschuhe *(pl. m)* **(B); (F&B)**
rubber mats (POM) Gummimatten *(pl. f)* **(T)**
rubber stamps (R); (F&B); (A&G) Gummistempel *(pl. m)* **(B); (F&B); (V)**
rubbish removal (POM) Abfallbeseitigung *(f)* **(T)**
ruler (R); (F&B); (A&G) Lineal *(n)* **(B); (F&B); (V)**

safe deposit box keys (R) Safeschlüssel *(pl. m)*, Geldschrankschlüssel *(pl. m)* **(B)**
safety matches (guests) (R); (F&B) Sicherheitszündhölzer *(pl. n)* (Gäste) **(B); (F&B)**
salad bowls (F&B) Salatschüsseln *(pl. f)* **(F&B)**
sales checks (F&B); (gift shop) Kassenzettel *(m)*, Verkaufs Scheck *(m)* **(F&B); (Geschenkladen)**
sales kits (MKT) Verkaufsausrüstung *(f)* **(MKT)**
sales tax (RTI) Umsatzsteuer *(f)* **(MVV)**
salt (house laundry) Salz *(n)* **(Hotelwäscherei)**
sand – fire buckets (A&G) Sand *(m)* – Feuereimer *(pl. m)* **(V)**
sand (POM) Sand *(m)* **(T)**
sandpaper (POM) Sandpapier *(n)* **(T)**
sanitary inspection (F&B) sanitäre Überprüfung *(f)* **(F&B)**
sanitary napkin (guests) (R) Damenbinde *(f)* (Gäste) **(B)**
saucers (F&B) Untertassen *(pl. f)* **(F&B)**
saw dust (F&B) Sägemehl *(n)*, Sägespäne *(pl. m)* **(F&B)**
scenery rental for public rooms (banquets) (F&B) Szenerie *(f)*, Bühnenbildausstattung *(f)* (Bankette) **(F&B)**
scissors (R); (F&B); (A&G) Scheren *(pl. f)* **(B); (F&B); (V)**
score pads (R) Anschreibeblöcke *(pl. m)* **(B)**
scotch tape (gift shop); (A&G) (durchsichtiger) Klebestreifen *(m)* **(Geschenkladen); (V)**
scraper – paint (POM) Kratzer *(m)*, Schabeisen *(n)*, Streichmesser *(n)* – Farbe *(f)* **(T)**
screening (POM) (beim Sieben zurückbleibender) Abfall *(m)* **(POM)**
seating list (F&B) Sitzplan *(m)* **(F&B)**
security – contracted (A&G) Sicherung *(f)* des Hotels *(n)* – Personal *(n)* von Vertragsfirmen *(pl. f)* **(V)**
servers' checks (F&B) Gästerechnungen *(pl. f)* – Bedienungspersonal *(n)* **(F&B)**
servers' commissions (F&B) Provisionen *(pl. f)* – Bedienungspersonal *(n)* **(F&B)**
service manuals (R); (A&G) Handbücher *(pl. n)* – Personal *(n)* **(B); (A&G)**
sewer system – repairs (POM) Abwasserkanal *(m)* – Reparaturen *(pl. f)* **(T)**
sewing machines – repairs (POM) Nähmaschinen *(pl. f)* – Reparaturen *(pl. f)* **(T)**
shaker – beverages (F&B) Shaker *(m)* – Getränke *(pl. n)* **(F&B)**
sheets – linen (R) Bettlaken *(pl. n)* – Leinen *(n)* **(B)**
shoe cloths (guests) (R) Schuhputzlappen *(pl. m)* (Gäste) **(B)**
shortages and overages – cash (A&G) Kassen-Fehlbeträge *(pl. m)* und Überschüsse *(pl. m)* **(V)**
shovels (POM) Schaufeln *(pl. f)*, Schippen *(pl. f)* **(T)**
shower curtains (R) Duschvorhänge *(pl. m)* **(V)**
shower Slippers (R) Duschpantoffeln *(pl. f)* **(B)**
sidewalk – repairs (POM) Fußgängerweg *(m)* – Reparaturen *(pl. f)* **(T)**
signs – road (off premises) (MKT) Schilder *(pl. n)* – Landstraße *(f)* (nicht auf dem Hotelgelände) **(MKT)**
signs – road (on premises) (MKT) Schilder *(pl. n)* – auf dem Hotelgelände *(n)* **(MKT)**

silver cleaner (F&B) Silber-Reinigungsmittel *(n)* **(F&B)**
sketch (MKT) Grundriss *(m)*, Entwurf *(m)* **(MKT)**
skewer (F&B) Fleischspieß *(m)* **(F&B)**
smock (R); (F&B) Arbeitskittel *(m)* **(B); (F&B)**
smoke stack – repairs (POM) Schornstein *(m)* – Reparaturen *(pl. f)* **(T)**
snow removal (POM) Schneeräumung *(f)* **(T)**
soap for cleaning (R); (F&B) Seife *(f)* für Reinigungszwecke *(pl. m)* **(B); (F&B)**
soap powder (R); (F&B) Waschpulver *(n)* **(B); (F&B)**
soap (guests) (R) Seife *(f)* (Gäste) **(B)**
social and sports activities – employees (HR) Soziale und Sportveranstaltungen *(pl. f)* – Angestellte *(pl.)* **(P)**
soda – laundry (house laundry) Soda *(n)*, kohlensaures Natrium *(n)* **(Hotelwäscherei)**
soda fountain – repairs (POM) Mineralwasserausschank *(m)*, Erfrischungshalle *(f)*, Eisbar *(f)* – Reparaturen *(pl. f)* **(T)**
soft drink (F&B) alkoholfreies Getränk *(n)* **(F&B)**
solvent (POM) Lösungsmittel *(n)* **(T)**
souvenir (R) Andenken *(n)*, Souvenir *(n)* **(B)**
sponges – cleaning (R); (F&B) Schwämme *(pl. m)* – Reinigung *(f)* **(B); (F&B)**
sponges – painters (POM) Schwämme *(pl. m)* – Maler *(pl. m)* **(T)**
spoons – beverage, kitchen, mixing (F&B) Löffel *(pl. m)* – Getränke *(pl. n)*, Küche *(f)*, Mixen *(n)* **(F&B)**
spoons – silver (F&B) Löffel *(pl. m)* – Silber *(n)* **(F&B)**
squeezer (F&B) Presse *(f)* **(F&B)**
stairway – repairs (POM) Treppenhaus *(n)* – Reparaturen *(pl. f)* **(T)**
stamp pad (R); (F&B); (A&G) Stempelkissen *(n)* **(B); (F&B); (V)**
stamps – advertising (MKT) Briefmarken *(pl. f)* – Werbung *(f)* **(MKT)**
stamps – general (A&G) Briefmarken *(pl. f)* – allgemein **(V)**
stapler (R); (F&B); (A&G) Heftmaschine *(f)* **(B); (F&B); (V)**
starch (house laundry) Stärke *(f)* (Wäsche) **(Hotelwäscherei)**
state income tax (income tax) Einkommensteuer *(f)* (Landesebene) **(Steuern auf Einkommen und Ertrag)**
stationery (R); (F&B); (A&G) Briefpapier *(n)* **(B); (F&B); (V)**
steam (POM) Dampf *(m)* **(T)**
steam – kitchen (F&B) Dampf *(m)* – Küche *(f)* **(F&B)**
steel wool (R); (F&B) Stahlwolle *(f)* **(B); (F&B)**
stencil (R); (F&B); (A&G) Schablone *(f)*, Matrize *(f)* **(B); (F&B); (V)**
stirrer (F&B) Rührholz *(n)*, Rührlöffel *(m)* **(F&B)**
stock pot – repairs (POM) Suppentopf *(m)* – Reparaturen *(pl. f)* **(T)**
stoppers (F&B) Stöpsel *(m)*, Pfropf *(m)* **(F&B)**
storage charges on food and beverages (F&B) Lagerungsgebühren *(pl. f)* für Lebensmittel *(pl. n)* und Getränke *(pl. n)* **(F&B)**
storeroom issue – reports (F&B) Warenanforderungsscheine *(pl. m)* – Berichte *(pl. m)* **(F&B)**
storeroom orders (F&B) Warenanforderungsscheine *(pl. m)* **(F&B)**

strainer – kitchen (F&B) Seiher *(m)*, Sieb *(n)*, Filter *(m)* – Küche *(f)* **(F&B)**
straws – bar (F&B) Strohhalme *(pl. m)* – Bar *(f)* **(F&B)**
street cleaning (POM) Straßenreinigung *(f)* **(T)**
street sprinkling (POM) Straße *(f)* – Besprengen *(n)*, Besprühen *(n)* **(T)**
stuffer (MKT) Reklamebeilage *(f)* (zu Werbebriefen) **(MKT)**
subscription – mercantile agencies (A&G) Beitrag *(m)*, Gebühr *(f)* – Kreditauskunfteien *(pl. f)* **(V)**
subscriptions – trade publications (A&G) Gebühren *(pl. f)* – Fachpresse *(f)* **(V)**
suggestion award – employees (H R) Preis für Verbesserungsvorschlag *(m)* – Angestellte *(pl.)* **(P)**
suit (R) Anzug *(m)* **(B)**
sunshade (POM) Sonnenschutz *(m)* (Schirm) **(T)**
survey (F&B) Umfrage *(f)* **(F&B)**
switchboard – repairs (POM) Telefonzentrale *(f)* – Reparaturen *(pl. f)* **(T)**

table cloths (F&B) Tischtücher *(pl. n)* **(F&B)**
table linen – replacements (in kitchenette apts.) (R) Tischwäsche *(f)* – Ersatzbeschaffung *(f)* (in Kochnische Apts.) **(B)**
talcum powder (guests) (R) Körperpuder *(m)* (Gäste) **(B)**
tank – toilet floats (POM) Behälter *(m)* – Spülung *(f)* **(T)**
tar (POM) Teer *(m)* **(T)**
tassels (POM) Quasten *(pl. f)*, Troddeln *(pl. f)* **(T)**
taxicab fares (employees) (HR) Fahrpreise *(pl. m)* – Taxis *(pl. n)* (Angestellte) **(P)**
taxicab fares (guests) (R) Fahrpreise *(pl. m)* – Taxis *(pl. n)* (Gäste) **(B)**
tea pots (F&B) Teekannen *(pl. f)* **(F&B)**
telegram (A&G) Telegramm *(n)* **(V)**
telephone charges (telephone – cost of sales) Telefongebühren *(pl. f)* **(Telefon – vom Hotel zu bezahlende Beträge)**
telephone directories (R) Telefonbücher *(pl. n)* **(B)**
telephone directory – advertising (MKT) Telefonbuch *(n)* – Werbung *(f)* **(MKT)**
telephone equipment charges (RTI) Telefonanlagekosten *(pl.)* **(MVV)**
telephone rentals (RTI) Telefonanlage *(f)* – Mietaufwendungen *(pl. f)* **(MVV)**
telephone vouchers (telephone) Telefon *(n)* – Buchungsbeleg *(m)* **(Telefon)**
teletype – paper (A&G) Fernschreiber *(m)* – Papier *(n)* **(V)**
television – rentals (RTI) Fernseher *(m)* – Mietaufwendungen *(pl. f)* **(MVV)**
terpentine (POM) Terpentin *(n)* **(T)**
tickets (for promotion) (MKT) Eintrittskarten *(pl. f)* (Verkaufsförderung) **(MKT)**
ticking (POM) Drell *(m)*, Drillich *(m)* **(T)**
tie (R) Krawatte *(f)* **(B)**
tiling – rubber (POM) Fliesen *(pl. f)*, Kacheln *(pl. f)* – Gummi *(n)* **(T)**
time clock – repairs (POM) Stechuhr *(f)* – Reparaturen *(pl. f)* **(T)**
timetables (R) Fahrpläne *(pl. m)* Flugpläne *(pl. m)* **(B)**
tools (POM) Werkzeug *(n)* **(T)**
toothbrushes (R) Zahnbürsten *(pl. f)* **(B)**
toothpicks (F&B) Zahnstocher *(pl. m)* **(F&B)**
tour agency – commission (R) Reiseagentur *(f)* – Provision *(f)* **(B)**

towels – linen (R); (F&B)
Handtücher *(pl. n)* – Leinen *(n)* **(B); (F&B)**
toys (R) Spielzeug *(n)* **(B)**
transcript (A&G) Abschrift *(f)*, Kopie *(f)*, Verhandlungsprotokoll *(n)* **(V)**
transfer fees (A&G)
Überweisungsgebühren *(pl. f)* **(V)**
transportation charges on food and beverage (F&B) Versandkosten *(pl.)* für Lebensmittel *(pl. n)* und Getränke *(pl. n)* **(F&B)**
travel agent – commission (R)
Reisebüro *(n)* – Provision *(f)* **(B)**
traveling expenses (A&G)
Reisekosten *(pl.)* **(V)**
traveling expenses – business promotion (MKT) Reisekosten *(pl.)* für die wirtschaftliche Förderung *(f)* **(MKT)**
trousers (R); (F&B) Hose *(f)* **(B); (F&B)**
trustee's expenses (A&G)
Treuhänder *(m)* – Aufwendungen *(pl. f)* **(V)**
tube (POM) Rohrleitung *(f)* **(T)**
tumbler (R); (F&B) Wasserglas *(n)* **(B); (F&B)**
twine (R); (F&B); (gift shop) starker Bindfaden *(m)*, Schnur *(f)* **(B); (F&B); (Geschenkladen)**

umbrellas (for door attendants) (R)
Regenschirme *(pl. m)* (für Türsteher) **(B)**
uncollectible accounts (A&G)
uneinbringliche Forderungen *(pl. f)* **(V)**
union – insurance and pension fund (employer's contribution) (PTEB)
Gewerkschaft – Versicherungs- und Pensionskassenbeiträge *(pl. m)* (Arbeitgeberanteil) **(zusätzliche lohnabhängige (Personal-)Kosten)**
upholstery – supplies (POM)
Polster *(n)* – Hufs- und Betriebsstoffe *(pl. m)* **(T)**

vacuum cleaner accessories (R)
Staubsaugerzubehör *(n)* **(B)**
valance (POM) kurzer Behang *(m)*, Volant *(m)* (am Bett oder Baldachin) **(T)**
valve – repairs (POM) Ventil *(n)*, Absperrvorrichtung *(f)*, Klappe *(f)* – Reparaturen *(pl. f)* **(T)**
varnish (POM) Lack *(m)* **(T)**
vase (R); (F&B) Vase *(f)* **(B); (F&B)**
vehicle depreciation (D&A)
Fahrzeugabschreibung *(f)* **(A)**
Venetian blind (POM) Jalousie *(f)* **(T)**
voucher (R); (F&B); (A&G)
Buchungsbeleg *(m)*, Buchungsunterlage *(f)*, (auch: Gutschein) **(B); (F&B); (V)**

wall hanging (POM) Wandbehang *(m)* **(T)**
wall paper (POM) Tapete *(f)* **(T)**
warehouse costs – beverage (F&B)
Lagerkosten *(pl.)* – Getränke *(pl. n)* **(F&B)**
wash cloth (R) Spüllappen *(m)* **(B)**
washing powder (R) Waschpulver *(n)*, Waschmittel *(n)* **(B)**
waste paper (R); (F&B) Abfall *(m)*, Ausschusspapier *(n)* **(B); (F&B)**
waste (POM) Schutt *(m)*, Müll *(m)* **(T)**
wax paper (F&B) Wachspapier *(n)* **(F&B)**
wax (R); (F&B) Wachs *(n)* **(B); (F&B)**
wick(F&B) Docht *(m)* **(F&B)**
window shades – cleaning (R); (F&B) Rouleaus *(pl. n)*, Jalousien *(pl. f)* – Reinigung *(f)* **(B); (F&B)**

wine cellar – supplies (F&B)
Weinkeller *(m)* – Hufs- und Betriebsstoffe *(pl. m)* **(F&B)**

wine cellar – utensils (F&B)
Weinkeller *(m)* – Gerätschaften *(pl. f)* **(F&B)**

wiring – repairs (POM)
Elektrisches Leitungsnetz *(n)* – Reparaturen *(pl. f)* **(T)**

workers' compensation insurance (PTEB)
Betriebshaftpflichtversicherung *(f)* **(zusätzliche, lohnabhängige (Personal-)Kosten)**

wrapping foil (F&B) Einpackfolie *(f)* **(F&B)**

wrapping paper (R); (F&B); (A&G)
Packpapier *(n)* **(B); (F&B); (V)**

5

Anhang
Regelungsinstitutionen (Bilanzrecht) in den USA

Appendix
Regulatory Bodies (accounting legislaton) in the USA

Accounting and Review Service Committee (ARSC) Ausschuss des „AICPA", der Richtlinien für die Rechnungslegung nicht geprüfter, nicht öffentlicher Einheiten (unaudited, nonpublic entities) festlegt.

Accounting Interpretations Verlautbarungen, die zwecks schnellerer Behandlung von aktuellen Fragen herausgegeben wurden.

Accounting Principles Board (APB) Gremium von amerikanischen Fachleuten, das 1959 vom „AICPA" ins Leben gerufen wurde. Es befasst sich mit offiziellen Verlautbarungen zu Fragen der Rechnungslegung.

Accounting Research Bulletin 43 wichtige Veröffentlichung des Committee on Accounting Procedures, das eine Zusammenfassung von wesentlichen Bilanzierungs- und Bewertungsvorschriften enthält.

Accounting Review weltweit führende wissenschaftliche Zeitschrift, die von der „AAA" herausgegeben wird.

Accounting Series Release 150 die „SEC" bekräftigt hier die rechtsverbindliche Wirkung der FASB-Verlautbarungen.

Accounting Series Releases (ASR) Verlautbarungen zu verschiedenen Problembereichen des Rechnungswesens; Rechnungslegungsnormen.

Accounting Standards Board (ASB) Ausschuss des „AICPA", der die „Statements on Auditing Standards" (SAS) und die dazugehörigen Interpretationen erlässt. Diese „Statements" bilden in ihrer Gesamtheit die Grundsätze ordnungsmäßiger Prüfung.

Accounting Standards Executive Committee (ASEC) Ausschuss, der unter anderem die Statements of Position (SOP), die Stellungnahmen des Berufsstandes der Wirtschaftsprüfer zu Einzelfragen, erlässt. Sie sind nicht verbindlich im Sinne der Rule 203.

American Accounting Association (AAA) Vertretung der Hochschullehrer und theoretisch interessierter Praktiker des Fachs Accounting.

American Institute of Certified Public Accountants (AICPA) wichtigste Berufsstandvereinigung der amerikanischen Wirtschaftsprüfer.

APB-Opinions offizielle Verlautbarungen des „APB" zu Fragen der Rechnungslegung. Es wurde 1973 aufgelöst.

Authoritative Support Gesetzeskraft; alle Verlautbarungen des „FAS" haben „Authoritative Support", d.h. sie werden von der „SEC" anerkannt und haben damit Gesetzescharakter.

Basic Concepts and Accounting Principles underlying Financial Statements of Business Enterprises Formulierung einer Grundlagentheorie des Rechnungswesens.

Certified Management Accountant (CMA) das unternehmensinterne Gegenstück zum „CPA", d.h. dem Wirtschaftsprüfer.

Exchange Act (SEA)). Die Bestimmungen enthalten detaillierte Regelungen zu Form, Fristen und Inhalt der Jahresabschlüsse.

restatements Zusammenfassung aller von der „EITF" bearbeiteten Problemkreise und deren Lösungen, die von dritter Seite erhältlich sind.

Rule 203 Richtlinie, die von allen Wirtschaftsprüfern, die Mitglieder des „AICPA" sind, verlangt, dass sie bei der Formulierung einer Prüfmeinung (opinion) die vom „FASB" formulierten Grundsätze ordnungsmäßiger Buchführung beachten.

Rules and Regulations Verordnungen und Formvorschriften mit Gesetzeskraft, mit deren Hilfe die „SEC" die dem Gesetz unterworfenen Unternehmen kontrolliert.

Securities Exchange Act (SEA) US-Börsengesetz, das das Börsengeschehen in den USA regelt, z.B. die Errichtung einer Wertpapier- und Börsenaufsichtsbehörde (SEC).

Security and Exchange Commission (SEC) amerikanische Börsenaufsichtsbehörde, die beauftragt wurde, den „Securities Act" (SA) und den „Securities Exchange Act" (SEA) zu verwalten.

Staff Accounting Bulletins (SAB) administrative Richtlinien für das Vorgehen der „SEC" im Zusammenhang mit der Überprüfung der vorgelegten Abschlüsse und Rechenschaftsberichte. Vergleichbar mit den Richtlinien einer Finanzbehörde.

Statements of Financial Accounting Standards (SFAS) APB-Opinions entsprechende Verlautbarungen des „FASB".

Statements on Auditing Standards in ihrer Gesamtheit die Grundsätze ordnungsmäßiger Prüfung.

Statements on Standards for Accounting and Review Services (SSARS) diese Statements regeln die so genannten „Kompilation and Review Services" seitens der „CPA" (Wirtschaftsprüfer). Unter Kompilation ist die Erstellung von Jahresabschlüssen zu verstehen.

technical bulletin veröffentlichte Rechnungslegungsprobleme mit Empfehlungscharakter.